HANS EGLI

Das Schlangensymbol

HANS EGLI

Das Schlangensymbol

GESCHICHTE · MÄRCHEN · MYTHOS

Patmos

Die Deutsche Bibliothek – CIP-Einheitsaufnahme
Ein Titeldatensatz für diese Publikation ist bei
Der Deutschen Bibliothek erhältlich

© 1982 Walter Verlag, 3. Auflage 1994
© ppb-Ausgabe 2003 Patmos Verlag GmbH & Co. KG, Düsseldorf
Alle Rechte, einschließlich derjenigen des auszugsweisen
Abdrucks sowie der fotomechanischen und elektronischen
Wiedergabe, vorbehalten.
Umschlaggestaltung: Hauptmann und Kampa, CH-Zürich
Illustration: Hauptmann und Kampa
Druck und Bindung: Bercker GmbH, Kevelaer
ISBN 3-491-69069-2
www.patmos.de

Inhaltsverzeichnis

B Die Schlange – Hüter von Schätzen

3. Teil: Die Schlangendeutung der Urzeit

A Die Urschlange – Schöpfer des Menschen

B Der Drachenkampf

Anhang

EINLEITUNG

Seit meiner Jugend waren es zwei Fragen, die mich immer wieder beschäftigten und auf die mir niemand eine befriedigende Antwort gab. Da war einmal die Schlangengeschichte auf den ersten Seiten der Bibel. Ein erratischer Block, von dem niemand wußte, woher er kommt.

Das andere waren meine vielen Schlangenträume, obwohl ich kaum je eine Schlange gesehen hatte.

Viele Jahre vergingen. Westliches Denken konnte meine Fragen nicht beantworten. Unbewußt schaute ich aus nach einem archimedischen Punkt in der Dritten Welt, von dem aus ich meine Fragen aus den Angeln heben könnte.

Da – es war während meines vieljährigen Aufenthaltes im Fernen Osten. An der Ostküste Taiwans traf ich auf den Stamm der Paiwan, ein kleines Malaienvolk von etwa 50 000 Leuten unter subtropischem Himmel. Ihre Sprache verstand ich nicht. Doch ich konnte mich auf Japanisch und Chinesisch voll mit ihnen verständigen. Der Stamm ist – verwandtschaftsethnologisch gesehen – ein Kuriosum. Er ist nämlich weder mutterrechtlich noch vaterrechtlich organisiert. Das Erbrecht liegt beim Erstgeborenen, sei er männlich oder weiblich. So ist der Dorfhäuptling bald ein Mann, bald eine Frau, also genau die Mitte zwischen Patriarchat und Matriarchat.

Hier fand ich ein Volk, fasziniert von der Schlange. Es gibt kaum ein Festgewand, kaum eine Schnitzerei ohne Schlangenmuster. Häuptlinge tragen Schlangentätowierungen auf dem Körper, Häuptlingsfrauen (und Priesterinnen) auf dem Handrücken. Im Hause des Häuptlings finden sich Schlangendarstellungen am Gebälk, auf Trinkgefäßen und anderen Gebrauchsgegenständen. Heute ist diese Exklusivität allerdings vorbei. Das ganze Volk hat das Symbol übernommen.

Wenn irgendwo – dann mußte ich hier den archimedischen Punkt für meine Fragen entdecken. Zuerst war ich enttäuscht. Zwar überall nichts als Schlangendarstellungen. Auf jedem Gang durch die Felder oder Urwälder war ich auf Schritt und Tritt gefaßt, einer Schlange zu begegnen. Nachts durfte ich mich nur im Lichte der Taschenlampe auf die Straße wagen. Alle Leute sagten: «Die Schlange ist unser Ahne.» Doch die erwartete Entdeckung stellte sich nicht ein, bis ich schließlich auf den Gedanken kam, die Leute nach Schlangengeschichten zu fragen.

«Ich hab's gefunden!» entfuhr es mir schon nach der ersten Geschichte. Durch diese Geschichten stieg ich Schicht um Schicht in die Tiefe des menschlichen Bewußtseins. Die intensive Schlangenerfahrung, die zur biblischen Schlangengeschichte geführt hat – hier lebte sie noch. Unsere Schlangenträume sind nichts anderes als erstarrtes Sediment im Ozean unseres Unbewußten. Hier aber lebte es noch an der Oberfläche des Bewußtseins – durch immer neue Erfahrung angereichert – in Dutzenden von Geschichten, die in jedem Dorf, leicht variiert, erzählt werden.

Bald sah ich mich einer dreigestuften Struktur des Schlangensymbols gegenüber. Da war einmal – wir könnten sagen – die Schlangenerfahrung neuerer Zeit, wie sie bis in die Gegenwart hineinreicht. Die tödliche Giftschlange ist König des Tierreiches und damit Symbol für die Macht des Häuptlings. Wie die Schlange alle Tiere beherrscht, so der Häuptling das Dorf. Die symbolische Verwandtschaft geht so weit, daß die Häuptlinge die Schlange ihren Ahnen nennen und daß die lebensgefährliche «Hundertschrittschlange» im Häuptlingshause wohnt. Sie wird domestiziert und lebt in Symbiose mit der Häuptlingsfamilie.

Auf einer nächsten und tieferen Stufe – wir könnten sie die Erfahrung früherer Zeiten nennen – erscheint die Schlange als der Bote aus der anderen Welt, der Unterwelt, vornehmlich des Wassers. Die Paiwan beschäftigen sich nicht sehr mit dem Himmel. Für sie gibt es eine zweite Welt unter der Erde, mit Dörfern und sozialen Strukturen ganz ähnlich unserer Welt. Wenn die Menschen jener Unterwelt bei uns auftauchen, erscheinen sie meist in Schlangengestalt. Aus jener Welt bringen sie als kostbares Geschenk die Perlen für Halsketten.

Nochmals eine Schicht tiefer – sozusagen petrifiziert im Urgestein des Unterbewußtseins – liegt die Vorstellung von der Urschlange im

Ozean. Sie war schon am Anfang aller Zeit. Sie schafft das Leben in seinen tausendfältigen Formen und verschlingt es bisweilen auch wieder. Sie ist die Weltenschlange, die sich um den Kosmos spannt, die Urschlange, die sich in den chaotischen Weltenwassern tummelt und darum unten im Meer wie oben am Firmament erscheinen kann.

Bis jetzt gibt es kaum eine Monographie, die das Thema «Schlange» global behandelt[2]. Meine Arbeit möchte hier eine Lücke schließen, ohne allerdings auf alle Details einzugehen, denn das würde ein ganzes Leben füllen. Was ich versuche, ist die Dreierstruktur des Schlangensymbols – wie sie in den Paiwansagen aufscheint – auf die Schlangenphänomene anderer Kulturen der Gegenwart wie der Vergangenheit anzuwenden. Ziel der Ethnologen ist es ja, die Struktur hinter den Phänomenen, die der Ethnograph liefert, zu finden; mit anderen Worten: das Raster zu zeichnen, das alle Formen passieren. Dieses Raster wäre so etwas wie das Modell eines Moleküls, das nach allen Seiten neuen Verbindungen offen steht, das heißt, der Leser sollte seine eigenen Kenntnisse von Schlangenphänomenen an der entsprechenden Stelle des Modells ansetzen und einordnen können.

Im folgenden ist zunächst die Rede von der Schlangenerfahrung. Darauf folgt eine kurze Ausführung über das Schlangensymbol ganz allgemein und anschließend die Darstellung nach seiner dreiteiligen Struktur im einzelnen. Am Schluß versuche ich eine Antwort auf meine eingangs gestellten Probleme: die Schlangenträume im technisierten Zeitalter und die Schlange im biblischen Schöpfungsbericht.

So weit es geht, möchte ich die Geschichten selber sprechen lassen und den Leser nicht einfach mit den Brosamen bloßer Hinweise abfertigen.

DIE SCHLANGENERFAHRUNG

Unermüdliche Beobachtung und zahllose Erfahrungen mit Schlangen sind die Grundlage für die Bildung des Schlangensymbols.

Die Paiwan etwa leben in einem Schlangengebiet. Nachts können sie das Haus nicht ohne Lampe verlassen. Tags, wenn sie zu den Feldern oder auf Urwaldwegen gehen, sind sie bei jedem Tritt auf Schlangen gefaßt. Ich selber habe mir auf unzähligen Gängen durch die Felder und Urwälder dieselbe Vorsicht angewöhnt. Bei jedem Schritt schaute ich auf mögliche Schlangen am Boden. Wenn ich mich mit den Händen am Gebüsch halten mußte, vergewisserte ich mich zunächst, ob ich nicht statt eines Astes eine grüne Bambusschlange ergriff. Wenn ich im Urwald durch meterhohes Gras ging, schlug ich mit den Füßen auf den Boden, um die Schlangen zu warnen.

Schlangen sind überall und nirgends. Sie tauchen auf, wo man sie am wenigsten vermutet, und verschwinden auch plötzlich wieder in irgendeinem Erdloch.

Schlange als Giftträger

Die Schlangen wären harmlos und würden wenig beachtet, wären unter ihnen nicht eine ganze Reihe von Giftschlangen. Die Paiwan kennen unter den vielen Arten fünf ganz giftige Schlangen:

1. Hundertschrittschlange = Hundred Pacer = Agkistrodon acutus
2. Regenschirmschlange = Taiwan banded Krait = Bungarus multicinctus
3. Brillenschlange = Taiwan Cobra = Naja Naja atra
4. Bambusschlange = Bamboo Snake = Primeresurus gramineus Stejnegeri
5. Taiwan-Hundertschrittschlange = Taiwan Hundred Pacer = Trimeresurus mucrosquamatus

Die Hundertschrittschlange ist bei weitem die gefährlichste und gefürchtetste aller Schlangen. Wie ihr Name sagt, soll man nach einem Biß noch etwa hundert Schritte gehen können und dann dem Tod geweiht sein. Die Gefahr wird überdies vergrößert dadurch, daß nichtgiftige Schlangen zwar beim Herannahen von Menschen fliehen, giftige Schlangen aber im «Bewußtsein» ihrer Macht lässig auf der Straße liegen bleiben.

15

Häutung der Schlange

Daß Schlangen sich häuten[1], hat gewaltig zu ihrem numinosen Charakter beigetragen. Die Leute nahmen früher an, daß die Schlange sich jedes Jahr regeneriere und darum ewiges Leben besitze. In vielen Mythen liegt gerade hier der Unterschied zwischen Mensch und Schlange. Der Urmensch hat es verpaßt, sich zu häuten, und darum ist heute nur die Schlange mit ewigem Leben ausgestattet.

Klugheit der Schlange

Bekannt ist das Wort Christi: «Seid klug wie die Schlangen!» Dieses Wort deutet auf eine profunde Schlangenkenntnis. Tatsächlich hat die Schlange ein feines «Gehör», auch wenn sie keine Ohren hat[2]. Als ich einer Giftschlange auflauerte, konnte ich feststellen, daß sie herannahende Fußgänger auf fünf bis zehn Meter Distanz «hören» konnte. Jedesmal duckte sie den Kopf in ihre Höhle und schaute erst fünf bis zehn Minuten später wieder aus dem Loch.

17 Die Schlange im Paradies. In der gesamten Literatur der Menschheit gibt es kaum eine andere Geschichte, die so allgemein bekannt ist und so sehr das Denken der Menschen beeinflußt hat. Vgl. Die Schlange im Paradies, Seite 266ff. (Detail vom Adelphia-Sarkophag in Syrakus, 340–345 n.Chr. – Museum Arch. Nat. Siracusa)
18 Die beid-end-köpfige Schlange. Bei den Paiwan auf Taiwan waren früher die Häuser, Kleider, Geräte und Körper der Häuptlingsleute mit Schlangenmotiven geschmückt. Hier die beid-end-köpfige Schlange am Längsbalken unter dem Dach an einem Häuptlingshaus. Vgl. Die Hundertschrittschlange wohnt im Häuptlingshaus, Seite 34, und die beid-end-köpfige Schlange, Seite 186ff.
19 Das Drachenbootfest. Zu Beginn der Sommerzeit wird auf den großen Flüssen Chinas das Drachenbootfest durchgeführt. Die Drachen sollen animiert werden, genügend Regen zu spenden. Vgl. Spender des Regens, Seite 122f. (Tamsui-Fluß)
20 Die Schlange im Mithraskult. Sie ist Symbol der Harmonie im Makrokosmos wie auch der Harmonie von Bewußtem und Unbewußtem, die der Mensch auf dem Höhepunkt seiner Individuation erfährt. Vgl. Schlangentraum – Symbol der erreichten Harmonie, Seite 264ff. (Mithrasgottheit. Marmor, 190 n.Chr. – Vatikanische Museen, Rom)

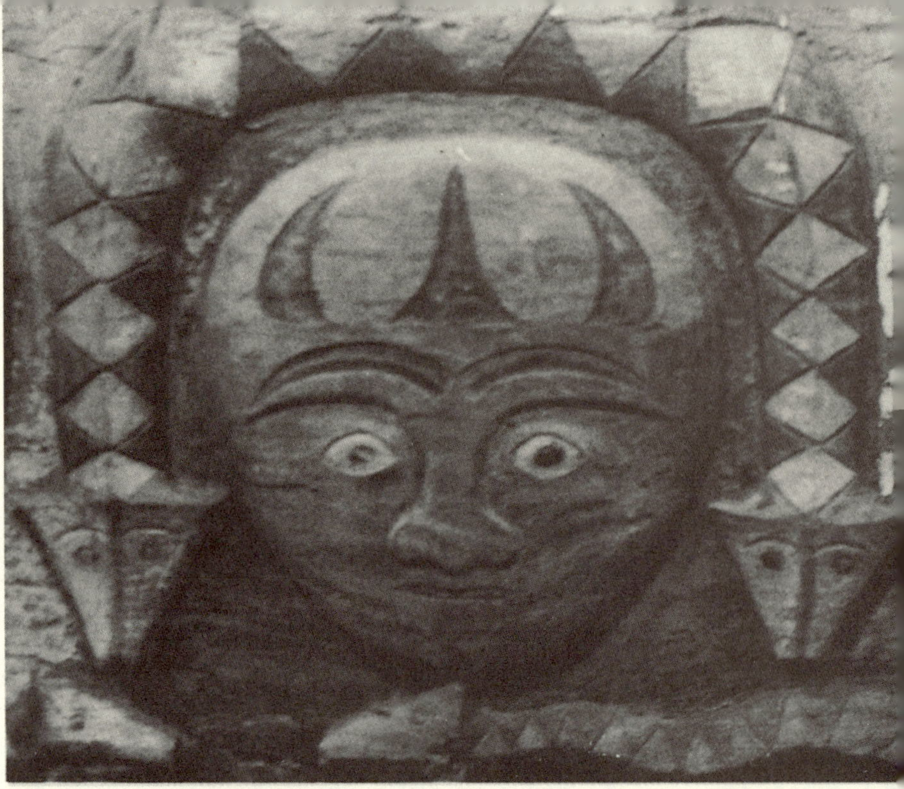

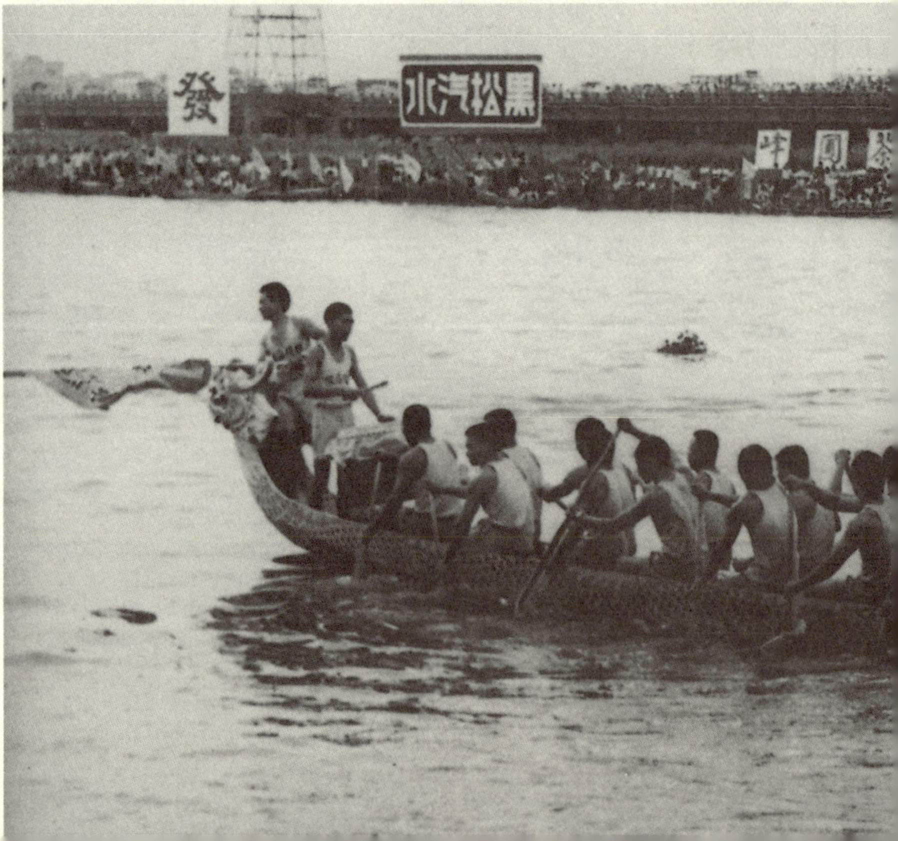

發
黑松汽水

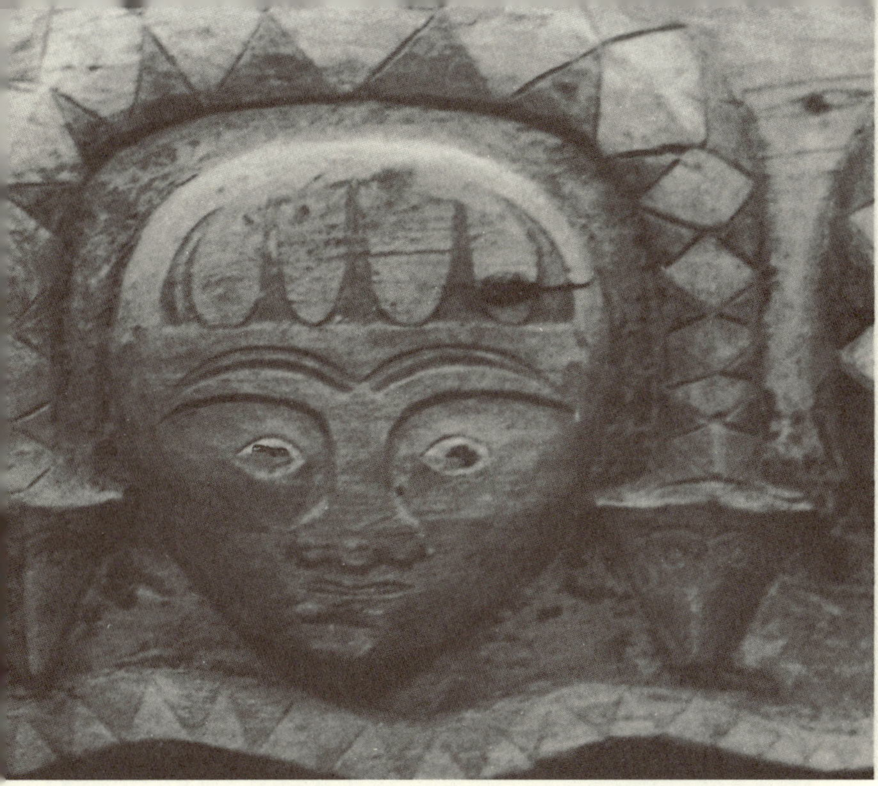

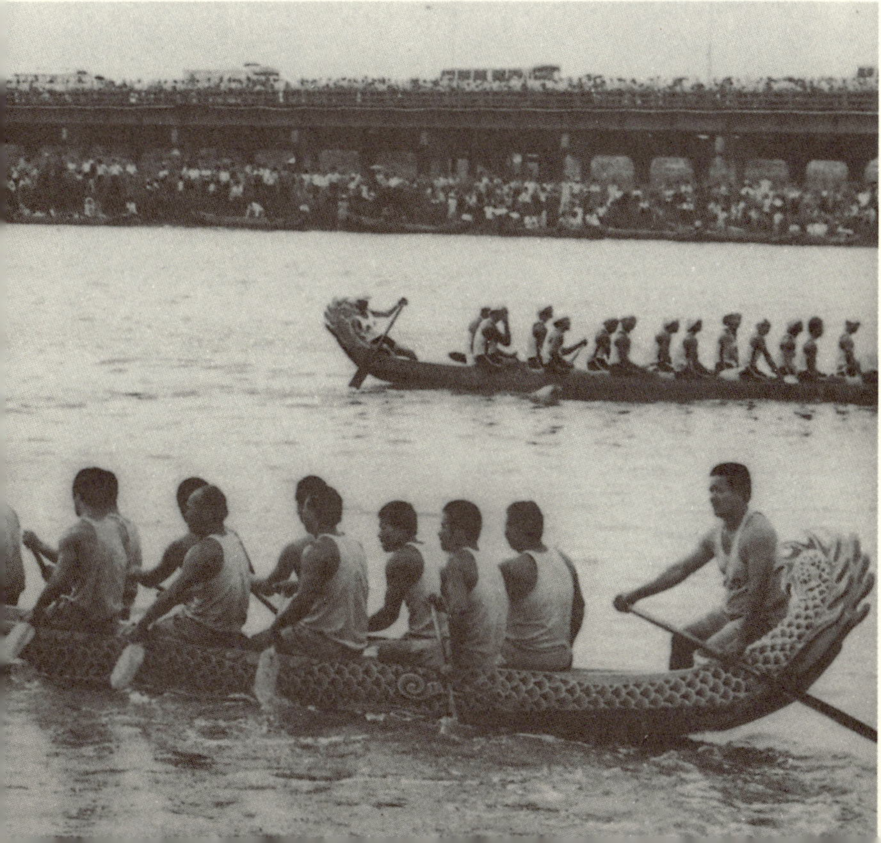

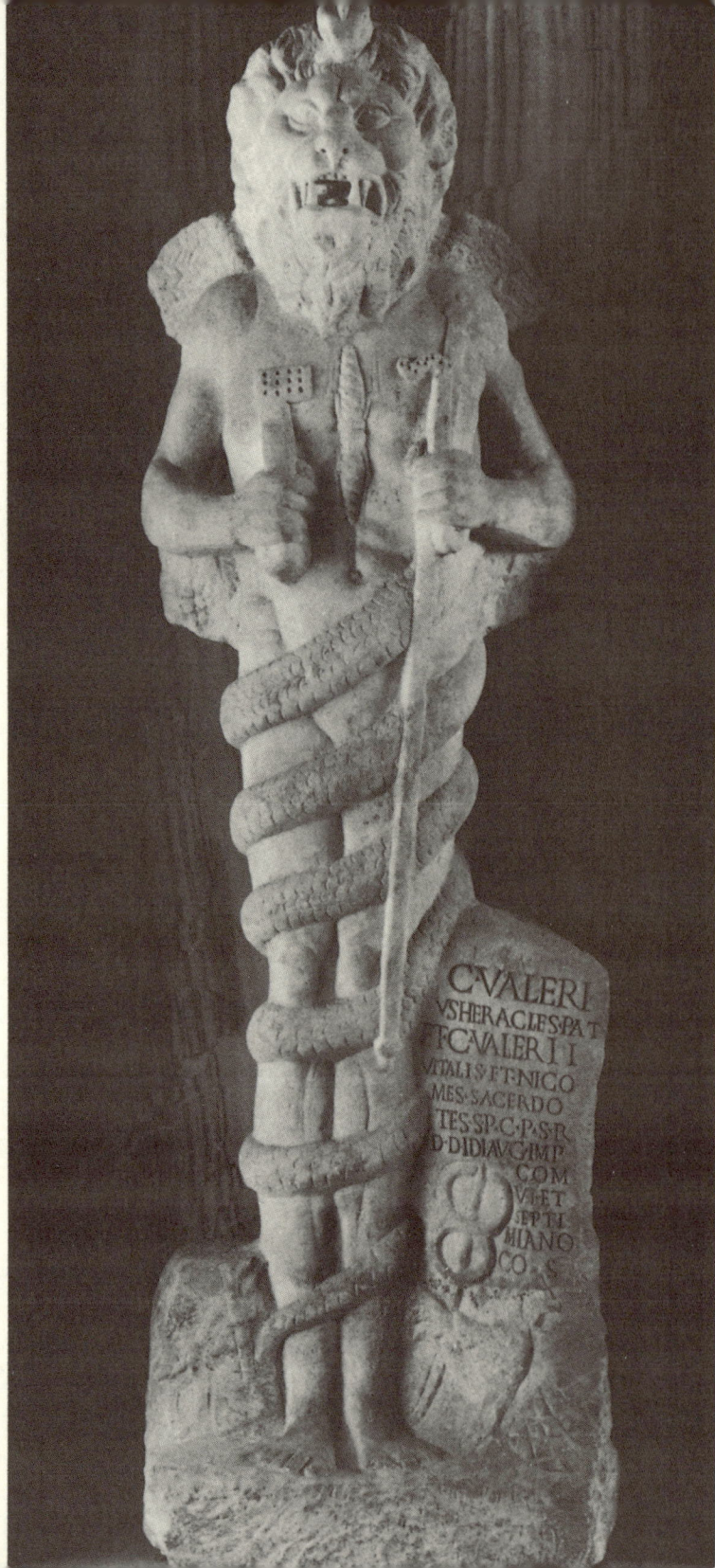

Schlangen haben eine seltsame Affinität zur menschlichen Behausung[3]. Obwohl die Schlange ein sehr scheues und vorsichtiges Tier ist, wagt sie sich immer wieder in die Häuser. Zum Teil läßt es sich erklären, daß hier mehr als anderswo Beute winkt, aber sicher nur zum Teil. Ich hatte jahrelang eine zwei Meter lange, nichtgiftige Schlange unter meinem Stiegenhaus. An schönen Sommertagen huschte sie über den Rasen und legte sich zum Sonnen auf die Gartenmauer. Mein Haus stand zwar mitten in der Stadt, trotzdem muß es der Schlange entsprochen haben.

Schlimmer ist es, wenn Schlangen sich in Zimmer verirren oder einnisten. Ich traf in einem Dorf eine Frau mit hochgeschwollenem, kaffeebraunem, lederigem Arm. Sie hatte in der Dunkelheit etwas Betelnuß und Kalk aus ihrem Rotangkörbchen nehmen wollen und war dabei von einer Taiwan-Hundertschrittschlange gebissen worden, die sich im Körbchen eingenistet hatte.

Aus Indien las ich den Bericht, wie sich eine schwergiftige Krait einem Schläfer auf die Brust setzte. Als dieser erwachte, blieb ihm nichts anderes, als ohne die geringste Bewegung den Morgen abzuwarten. Dann kamen Leute ins Zimmer, entdeckten die gefährliche Situation, setzten ein Gefäß mit Milch in den Raum und erschlugen die alsbald vom Bett herabgleitende Schlange[4].

Schlangen wurden seit alters auch in Häusern gehalten. Von drei Paiwanhäuptlingshäusern ist mir bekannt, daß sie jahrelang die höchstgiftige Hundertschrittschlange im Hause wohnen ließen.

Riesenschlangen

Auf Sulawesi (früher Celebes) wurde 1978 ein Mann bei der Feldarbeit von einer Riesenschlange verschlungen[5]. Die Dorfbewohner fanden die Schlange, schnitten ihr den Bauch auf, kamen aber zu spät. Der Mann war schon tot. – Riesenschlangen gab es früher in vielen Gegenden der Welt. Sie sind auch heute noch nicht ausgestorben. So gibt es verbürgte Messungen von Anakondas von 12 Meter Länge,

Pythons von 11 Meter und Boas von 6 Meter Länge[6]. 1978 wurden auf Taiwan zwei Riesenschlangen gefangen, von denen die eine 8 Meter maß.

Ein weiteres Moment, das zur Symbolbedeutung der Schlange beiträgt, mag ihre seltsame Art der Fortbewegung sein[7]. Ferner das flinke Spiel der Zunge, ihre Schnelligkeit, ihre Riesenkraft beim Erwürgen, die Ähnlichkeit mit dem männlichen Phallus und die lidlosen Augen[8], mit denen sie die Beute zu hypnotisieren scheint.

Schlangen als Leckerbissen

Völker wie die Chinesen und Koreaner bringen die Schlangen auf den Markt, da nach ihrer Ansicht der Genuß von Schlangenfleisch längeres Leben gewährt[9] und die sexuelle Potenz stimuliert. Auf Taiwan kann man in jeder Stadt Schlangenrestaurants finden.

Medizin gegen Schlangenbiß

Auf meinen Gängen durch den Urwald trug ich immer einen schwarzen «Schlangenstein» bei mir. Ein Freund hat einen «Schlangenstein» innerhalb von wenigen Jahren siebenundvierzig Patienten aufgelegt und alle geheilt. Der Stein saugt in zwei bis drei Tagen das Schlangengift aus der Wunde und fällt dann ab. Er wird darauf einen halben Tag in Milch eingelegt. Dann ist er wieder gebrauchsfähig. Diese «Schlangensteine» stammen aus Afrika.

Doch auch in Indien gibt es «Schlangensteine» mit derselben Wirkung[10]. Sie sollen aus einem Stück Knochen bestehen, das in Blut getaucht und wiederholt gebacken wurde. Auch diese «Steine» saugen das Gift heraus.

DAS SCHLANGENSYMBOL

Die Schlange gehört zu den Urerfahrungen der Menschheit wie die Sonne, der Mond, das Wasser oder das Feuer. Heute gibt es Schlangen vom 65. Grad nördlicher Breite – ungefähr nördlicher Polarkreis – bis zum 45. Grad südlicher Breite – Südspitze Neuseelands[1]. Kaum ein von Menschen bewohntes Gebiet ist davon ausgenommen. Dasselbe dürfen wir auch für frühere Zeiten mit Recht vermuten. Die Menschen haben sich also immer mit der Schlange befaßt. Schon als Primaten mag ihnen die Angst vor den Schlangen angeboren gewesen sein, wie uns die neueste Forschung über Primaten lehrt[2]. Wir finden das Schlangensymbol darum nicht von ungefähr auch in den frühzeitlichen Höhlenmalereien[3].

All das Sonderbare der Schlange drang so tief in das Bewußtsein des Menschen, daß die Schlange zum Symbol wurde, das so vieldeutig ist wie die Schlangenerfahrung vielschichtig.

Das Symbol

Symbol ist ein Sinnbild – ein Bild, das für einen Sinn steht. Das Unsichtbare und Unsagbare des Sinnes bekommt Ausdruck im Bild. Das Sinnbild offenbart und verdunkelt zugleich. Für den Eingeweihten, den Kenner, ist es Offenbarung; für den ohne Erfahrung ist es Verhüllung.

Das griechische Wort «Symbolon» stammt vom Alltagsgebrauch. Man zerschlug einen Krug, einen Ring, einen Siegelabdruck oder etwas Ähnliches und machte aus den zwei Teilen ein Kennzeichen, dessen Wirklichkeit sich erst wieder beim Zusammenhalten – συμβάλλειν – zeigte. Dieses Zeichen war bloß Kennzeichen einer Ware oder eines Partners.

Das Wort «Symbolon» erhielt einen weit tieferen Sinn, als die Bedeutungsebene nicht mehr «horizontal», sondern «vertikal» verlief. Das «Symbolon» wurde zu einem vornehmlich religiösen Begriff. Sichtbare Dinge wurden Kennzeichen für das Unsichtbare, Numinose, Göttliche, eben das, was die Menschen seit je hinter den Dingen erahnten. Das Symbol macht wahrnehmbar, was den Sinnen abgeht[4]. Symbole dienen der Welterklärung. Durch die Symbole hindurch deutete der Mensch früherer Zeit die Welt. Eigentlich sind die Symbole wie Zahlen. Nicht diese sind wichtig, sondern das, wofür sie stehen, und das Verhältnis, das sie ausdrücken.

Die Hypostase

Das Symbol lief immer wieder Gefahr, mehr sein zu wollen, als es ist. Statt Sinnbild – Bild für den Sinn – zu sein, machte es sich selber zum Sinn. Das Sinnbild wurde so zur Hypostase[5]. Es stand für sich selbst als letzte Entität, als Substanz. Sein numinoser Charakter wuchs derart, daß es den Blick auf das Unsichtbare verdunkelte und selber zum Numen wurde.

Im Fall Schlangensymbol heißt das, daß es immer wieder Menschen gab, die – fasziniert von der Numinosität der gefährlichen Giftschlange oder der verschlingenden Riesenschlange – diese zu einem göttlichen oder wenigstens erhabenen geistigen Wesen machten. So etwa wurde die Paradiesschlange durch lange Zeiten hindurch als das Böse in Person angeschaut. Die eherne Schlange, die Moses emporhob und die später im Tempel aufgestellt wurde, war mehr als nur Symbol einer heilenden Naturkraft. Sie war der Heiler selbst.

Eine Darstellung des Schlangenphänomens bewegt sich notwendig zwischen den drei Bereichen Erfahrung – Symbol – Hypostase.

ERFAHRUNG

SYMBOL

HYPOSTASE

Heute stehen wir in einem Zeitalter, das die Schlangenhypostase entmythologisiert hat. Ihre symbolische Rolle spielt die Schlange höchstens noch im Traum. Sonst ist sie bloß ein Objekt der Erfahrungswelt.

Dreischichtiges Schlangensymbol

Der frühe Mensch hat sich intensiv mit der Schlange beschäftigt[6]. Darum ist ihr Symbolgehalt reicher als bei allen anderen Tieren.

26

1

Bei den Paiwan fiel mir zuerst die soziale Bedeutung des Schlangenphänomens in die Augen. Die Hundertschrittschlange ist Symbol des
Häuptlings. Nur er ist mit Schlangenmustern tätowiert, nur in seinem Haus gibt es ursprünglich Schlangendarstellungen, nur er trägt
ursprünglich Festgewänder mit Schlangendarstellungen, nur er darf
keine Hundertschrittschlange töten.

Nur von den Häuptlingen konnte gesagt werden, daß sie von den
Schlangen abstammen. Das Dorf ist unterteilt in die Häuptlingsleute
und das gewöhnliche Volk. Häuptlingsleute heiraten nur Häuptlingsleute, sonst verlieren sie den Rang. Die einen befehlen – die anderen
folgen. Die Jurisdiktion liegt in den Händen des Häuptlings. Er verfügt bei Vergehen über Leben und Tod. Er bestimmt, wann man auf
die Kopfjagd geht. Er setzt fest, welche Felder gerodet werden sollen,
wobei ihm natürlich die besten Plätze zufallen.

Der Häuptling ist dank seiner Macht der Herr des Volkes – die Hundertschrittschlange ist dank ihres Giftes der Herr der Tiere. Sie ist
darum Symbol der Macht. Darin besteht die Klammer zwischen Bild
und Sinn, wodurch es zum Sinn-Bild wird. Ganz ähnlich ist die Bedeutung der Uräusschlange bei den Pharaonen Ägyptens. Die Schlange ist auch da Symbol der Macht, Kennzeichen der sozialen Superio-
rität.

Da diese Phänomene geschichtlich faßbar sind, nenne ich sie *Schlangenphänomene neuerer Zeit.*

2

Die Paiwan erzählen in jedem Dorf Geschichten von einem Schlangenbräutigam, der um ein Mädchen wirbt, sich mit ihm verheiratet,
Schlangenkinder zeugt und schließlich Frau und Kind in seine Heimat in den Tiefen des Flusses, des Weihers oder des Ozeans führt. Soviel ich auch immer fragte, Aufhellungen über die Hintergründe dieser Geschichten konnte ich keine erhalten. Die Geschichten werden
nur noch weitergegeben. Sie sind längst aus dem lebendigen Bezug
mit dem Weltbild, in dem sie entstanden, herausgefallen.

Einige wenige Reste aus anderen Sagen deuten darauf hin, daß die Paiwan die Welt vor allem zweistufig sahen. Es ist nicht die Dualität Erde – Himmel, sondern Erde – Unterwelt, die sie beschäftigt. Die Unterwelt war so etwas wie die exemplarische Welt. Als nämlich eine Frau in der Urzeit, da alles noch heil war, durch ein Loch in der Erde hinunterschaute, sah sie drunten ein schönes Dorf. Sie ging hinunter und sagte dabei: «Wenn ich nicht mehr zurückkomme, wißt ihr, daß es drunten schöner ist als hier auf der Erde. Dann folgt mir nach!» Seither gibt es den Tod. In jener Welt herrschen dieselben sozialen Strukturen wie auf unserer Erde. Es gibt auch dort Häuptlinge und gemeines Volk. Wenn die Leute der Unterwelt bei uns auftauchen, nehmen sie die Gestalt einer Schlange an.

Diese Dualität von Erde und Unterwelt muß einmal eine weitverbreitete Grundansicht der Menschen gewesen sein. Bei uns im Westen scheint sie selten noch durch, etwa im Märchen von der Frau Holle. Aber in ganz Südostasien bis hin nach Neu-Guinea – Polynesien – Australien, dann auch bei den sibirischen Völkern finden sich unzählige Reste dieses einstigen Weltbildes.

Die Schlange in diesen Erzählungen kommt also aus der Unterwelt, der jenseitigen Welt, die zugleich die Welt der Toten ist. Diese Welt gehört bereits der Vergangenheit an, die nur noch durch die Geschichten in unsere Zeit hineinragt. Damit ist auch die Schlange in diesen Geschichten ein *Symbol früherer Zeit*.

3

Die Schlangen, die aus der jenseitigen Welt kamen, waren Giftschlangen. Die Paiwan kennen aber noch eine weitere Kategorie von Geschichten. Hier handelt es sich immer um eine vierfüßige Schlange mit einem bestimmten Kopf-Aufputz und oft mit einer Haut aus roter Farbe. In vielen Fällen ist es eine Riesenschlange, bei der niemand weiß, wo sie anfängt und wo sie aufhört. Ich habe die Stelle besucht, die «der Schlangenweg» heißt, weil dort ein Felsen in zwei Teile auseinandergeklafft ist. Denn dort soll die Riesenschlange vorbeigezogen sein. Über den ganzen langen Berghang zieht sich ihr Weg hin. Auf einer Breite von zwanzig Metern darf dort niemand roden. Denn der Boden ist tabu.

Von dieser Urschlange gibt es Berichte, daß sie die ersten Menschen schuf. Von ihr heißt es auch, daß sie am Ende des größten Festes, das nur alle fünf Jahre stattfindet und bei dem die Verstorbenen auf Besuch kommen, im Dorf auftaucht und Leute bestraft, wenn beim Fest Fehler im Zeremoniell vorgekommen sind.

Diese vierfüßige Riesenschlange mit ihrem besonderen Kopfputz ist im Fernen Osten und in Südostasien weitherum bekannt. Aber auch die Urschlangen der anderen Kontinente sind mit ihr verwandt. Sie lebt im Wasser. Sie ist es, die die Erde und die Lebewesen schafft. Sie ist es auch, die die von ihr geformten Lebewesen wieder verschlingt. Bei Initiationsfeiern wird vielfach der Initiant von ihr verschlungen und zu neuem Leben ausgespien. Diese Urschlange, die uns an die Riesenschlangen erinnert, wie sie früher zahlreich waren, und die vor allem schaffend am Anfang der Zeit steht, bildet das *Schlangensymbol der Urzeit.*

Damit haben wir das Schlangensymbol in drei Stufen aufgefächert, wie es in der Tradition der Paiwan evident ist. Also

$$\text{SCHLANGENSYMBOL} \left\{ \begin{array}{l} \text{NEUERER ZEIT} \\ \text{FRÜHERER ZEIT} \\ \text{DER URZEIT} \end{array} \right.$$

Diese Auffächerung des Schlangensymbols wäre nicht vollständig, wenn wir nicht jede dieser drei Stufen mit einer Ergänzung versähen.

Im ersten Teil ergänzen wir die Macht der Schlange mit der Häutung. Die Häutung bewirkt Leben. Leben aber ist Macht wie das Gift. Hierher gehören die Phänomene der Äskulapschlange, der ehernen Schlange im Alten Testament und andere.

Den zweiten Teil ergänzen wir mit dem Thema des Schatzes. Schon in den Paiwansagen vom Schlangenbräutigam aus der Unterwelt sehen wir, daß die Schlange Perlen für Halsketten als Geschenk mitbringt. Die Phänomene der gekrönten Schlange, der Schlange mit der Perle, der Schlange an der Quelle, der Schlange als Regenspender und andere mehr gehören hierher.

Im dritten Teil wird die unumschränkte Herrschaft der chthonischen Urschlange im Ozean durch das Auftauchen einer überlegenen uranischen Macht begrenzt. Marduk besiegt Tiamat, um ein Beispiel zu nennen. Von Indien über die ganze westliche Welt bis hin zu den Germanen hat die Urschlange ihren überlegenen Gegenpol gefunden. Der Macht des chthonischen Wesens werden von einem lichtvollen, himmlischen Wesen Grenzen gesetzt.

Somit haben wir die volle dreiteilige Struktur des Schlangensymbols mit je zwei Teilaspekten:

GIFT → SOZIALE MACHT   —   HÄUTUNG → LEBEN
UNTERIRDISCHE WELT   —   UNTERIRDISCHE SCHÄTZE
HÖCHSTER SCHÖPFER   —   KOSMISCHER KAMPF

Wenn wir sagen «Schlangensymbolik neuerer Zeit» besagt dies keineswegs, daß es diese Symbolik nur in neuerer Zeit gab, einzig, daß sie uns heutigen Menschen noch am nächsten steht, gleichsam noch an der Oberfläche der Geschichte schwebt. Umgekehrt besagt die «Schlangensymbolik der Urzeit» nicht, daß sie heute nicht mehr nachwirkt, aber daß sie unserem Verständnis schon weit entfernt vorkommt, weil sie auf dem Grunde der Geschichte liegt.

In Wirklichkeit sind die drei Aspekte nicht voneinander zu trennen. Immer sind in dem einen die beiden anderen mitenthalten.

Die dreistufige Struktur des Schlangensymbols hat 1882 schon Auguste Barth in seinem Buch über die Religionen Indiens herausgearbeitet[7]. Als erste Stufe nennt er die direkte Verehrung der Schlange, weil sie der schrecklichste und geheimnisvollste Gegner der Menschen ist. Auf der zweiten Stufe nennt er die Verehrung der Gottheiten des Wassers, der Quellen und Flüsse, die durch die Wellenlinie der Schlange symbolisiert sind. Auf die dritte Stufe setzt er Vorstellungen wie die des vedischen AHI (Schlange VRITRA) in Verbindung mit dem großen mythischen Kampf des Lichtes mit dem Dunkel.

I. TEIL: DIE SCHLANGENDEUTUNG NEUERER ZEIT

A. Die Giftschlange – Symbol der Macht

Die Schlange – ein Geist

Es war ungefähr eine Stunde nach Mittag. Hochsommer. Die Zeit, da die Sonne mittags senkrecht auf die Häuser brennt und Mensch und Tier im Schatten der Häuser oder Bäume den kühleren Nachmittag erwarten.

Meine Köchin ruft: «Eine Schlange!» – Der Schreck steht ihr im Gesicht. Es hätte ebensogut ein schreckliches Autounglück sein können. Ich eile ihr nach zum Vorratsraum. Da kniet sie schon vor der offenen Tür, die Hände zum Gebet gefaltet, und ich höre sie beten: «Bitte sei so gut, mach uns nichts! Sei so gut und gehe weg von hier!»

Die Köchin war buchstäblich außer sich.

So reagieren Menschen auf die Giftschlangen. Es ist leicht, kaltblütig – wenn auch mit leichtem Gruseln – eine träge Schlange im sicheren Käfig zu beobachten. Wenn man aber der Giftschlange urplötzlich begegnet, hält es schwer, in ihr nicht ein numinoses Wesen zu sehen. Für die Paiwan war die Hundertschrittschlange immer mehr als nur eine Schlange. Sie wird übrigens immer männlich gedacht, was sich in der deutschen Sprache nicht wiedergeben läßt. Wenn sie von ihr reden, heißt sie schlicht RHAMALENG – der «Herr». Rhamaleng ist sonst nur noch der Häuptling. So reden sie von «Herrn Schlange» und nennen im Gegensatz dazu die ungiftigen Schlangen einfach «gewöhnliche Schlangen», wie das Volk im Dorfe die «gewöhnlichen Leute» sind. Dann nennen sie die Hundertschrittschlange auch QACHUVI-AN, was die «wahre Schlange», die «leibhaftige Schlange» heißt.

Die Hundertschrittschlange ist eben nicht bloß ein Reptil. Sie ist mehr. Sie ist ein Geist. A PINAKAZUAN NOA QACHUVI, PINAKAZUAVAN

NOA TSEMAS – «Vorübergegangen ist eine Schlange, vorübergegangen ist ein Geist», sagen die Paiwan, wenn sie einer Giftschlange begegnen. Sie gehört in das Reich der Tsemas – der «Geister». Der Begriff Tsemas deckt sich so ziemlich mit dem deutschen Wort «Geist». Das höchste Wesen ist für die Paiwan ein Tsemas, aber auch die Verstorbenen sind Tsemas.

In der Tierwelt gehören nur noch die Vögel zu den Tsemas. «Wie sollte es nicht so sein», sagte ein Paiwan, «sie können ja reden.» Sie sind Boten aus der Welt der Geister. Wenn die Paiwan früher zur Arbeit gingen und ein bestimmter Vogel den Weg von rechts überquerte, mußten sie umkehren. An diesem Tag durften sie nicht ihrer Arbeit in den Bergen nachgehen. Flog der Vogel von links, war es ein gutes Omen. Gleiche Regeln galten auch auf dem Weg zur Kopfjagd. Auch die Hundertschrittschlange ist ein Tsemas und hat, wenn sie auftaucht, sehr oft Botenfunktion. Nichts könnte das besser zeigen als ein Ereignis aus dem Jahre 1946, das verursachte, daß ein ganzes Dorf innerhalb weniger Wochen Haus für Haus aufgegeben wurde und dort heute nur noch Ruinen stehen.

Früher war ein Dorf nahe am Fluß. Es hieß Vavelingan. Es stand sehr schlecht um die Gesundheit der Leute in diesem Dorf von etwa dreißig Häusern. Täglich starben zwei bis drei Personen, meistens Kinder oder junge Leute, aber auch Erwachsene.

Oft zeigte sich eine große, alte Hundertschrittschlange, der Schlangenherr, die um das Dorf zog oder auch ins Dorf hineinkam. Die Leute deuteten es als Zeichen Gottes. Gott wolle nicht, daß sie hier wohnten.

Den eigentlichen Anlaß zum endgültigen Auszug gab ein besonderes Ereignis. Drei Schlangen zogen eines Tages in das Dorf Vavelingan. Voraus ging eine Hundertschrittschlange, hinter ihr die Regenschirmschlange und zuletzt die Brillenschlange. Sie traten auf den Platz vor dem Haus des Häuptlings. Der Häuptling und andere Leute im Dorf töteten die Schlangen und banden sie mit Schnüren an Stäbe. Dann warfen sie die toten Schlangen in eine Bambushecke, wo keine Gefahr bestand, daß je jemand auf das Skelett dieser Schlangen treten könnte.

Die Priesterinnen verrichteten Gebete. Sie nahmen Blätter, auf die sie kleine Splitter von Schweineknochen legten, und beteten: «Nehmt dies an!» Sie beschwichtigten die toten Schlangen und baten sie, nicht mehr zu kommen.

Alle Leute wußten, die Schlangen waren gekommen, um sie aus dem Dorf zu weisen. Nach diesem Vorfall zogen die Einwohner sehr bald aus dem Dorf und ließen es zerfallen.

Ähnliche Vorfälle finden sich bei manchen Völkern. Die Cherokee-Indianer nennen die Schlange «großer Vater», «Bruder» und «Onkel». Der gefährlichen Rasselschlange wird nichts zuleide getan. Man spricht von ihr nur im euphemistischen Sinn oder mit umschreibenden Ausdrücken, etwa «der Verehrungswürdige». Ein Biß durch die Rasselschlange heißt: «Ein Kratzer von einem Dornstrauch». Ein Traum von einem Schlangenbiß wird vom Medizinmann behandelt, als ob es ein wirklicher Biß gewesen sei[1].

In Indien gibt es eine große Zahl von Namen für die Nāgas, ein Zeichen, daß man sich vor ihrer ungeheuren Macht fürchtet und darum schon das bloße Aussprechen des eigentlichen Namens bewirkt, daß sie auftaucht. So wurde in einer Gegend die Schlange «mütterlicher Onkel», das «gezähnte Seil» oder das «faulende Seil» genannt. Wenn einer gebissen wurde, sagte er: «Ein Seil hat mich gebissen»[2].

Bei den Bhil hütet man sich nach einem Schlangenbiß, den Namen der Schlange auszusprechen. Man sagt: «Ein Blatt hat mich gebissen»[3].

Wenn ein Inder der Malabarküste eine Giftschlange in seinem Hause findet, hält er ihr Speise vor, um sie hinauszulocken. Geht sie auch dann noch nicht, holt er Priester eines Tempels, daß diese die Schlange zum Gehen bewegen[4].

In einer anderen Gegend Indiens wieder wird eine Schlange, die ins Haus eingedrungen ist, gefüttert und geschützt, weil man nicht Unglück über das Haus bringen will. Wenn die Schlange durch ihren Biß jemanden getötet hat, nimmt man sie gefangen und bringt sie ehrfurchtsvoll in eine entlegene, unbewohnte Gegend und läßt sie dort wieder frei, damit sie ihren Weg in Frieden wandle und nicht noch weiter schade[5].

Als sich der Europäer Dellon um die Mitte des siebzehnten Jahrhunderts in Kuranur aufhielt, wurde ein Geheimschreiber des Fürsten von einer Kobra gebissen. Man brachte ihn und – in einem gut verschlossenen Gefäß – auch die Schlange in die Stadt. Der Fürst war wegen des Vorfalls sehr betrübt und ließ die Brahmanen kommen. Diese stellten der Schlange in rührender Weise vor, daß das Leben des verwundeten Schreibers für den Staat von großer Bedeutung sei. Sie drohten der Schlange, sie würde mit dem Schreiber auf dem Scheiterhaufen verbrannt, wenn der Biß zum Tode führen sollte. – Der Schreiber starb. Der Fürst war tief niedergeschlagen. Aber die Schlange wurde nicht verbrannt. Man sagte, der Tote habe sich sicher durch eine heimliche Sünde den Zorn der Götter zugezogen, und die Schlange habe nur einen göttlichen Befehl ausgeführt. Sie wurde darum wieder freigelassen, und man bat sie mit tiefen Bücklingen um Verzeihung[6].

Ganz ähnlich denken die Paiwan.

Wenn eine Hundertschrittschlange ins Haus kommt, weiß man, daß sie einen Grund dazu hat. Jemand wird sterben, oder jemand wird umfallen, oder es wird donnern.

Man sagt zur Schlange: «Warum bist du in unser Haus gekommen? Falls wir eine Sünde haben, sag es uns. Geh in dein Haus zurück! Wenn wir eine Sünde haben, laß es uns im Traum wissen.»

Während man das sagt, schneidet man von einem Schweinsknochen etwas ab und wirft es vor die Schlange. Denn Schlangen haben Knochen gern.

Will die Schlange dennoch nicht nach Hause gehen, sagt man weiter: «Geh nach Hause, sonst gehe ich mit dir zu deinem Haus.»

Man nimmt einen Stock und hält ihn vor die Schlange. Sie hört diese Worte und ringelt sich um den Stock. Darauf bindet man die Schlange mit einer Schnur fest. Dann trägt man den Stock mit der Schlange aus dem Dorf zu einem Parisi-Ort – Mana-geladener Ort – zum Beispiel, wo der Blitz eingeschlagen hat. Dort legt man sie ab, gibt ihr wieder Knochensplitter und sagt: «Ich habe dich jetzt zu deinem Haus gebracht. Bitte, komm nicht mehr zu meinem Haus. Ich gehe jetzt nach Hause und reinige mein Herz.»

Die numinose Scheu, die Schlange bei ihrem Namen zu nennen, läßt an das Verhältnis der alten subarktischen Völker zum Bären denken. Der Bär taucht ja gelegentlich ebenfalls urplötzlich vor dem Jäger oder der Beerensammlerin auf und geht zum Angriff über, wenn er sich bedroht fühlt. Seine übermenschliche Kraft und Schnelligkeit, die Möglichkeit, daß er sich wie der Mensch auf zwei Beinen aufrichten kann, gab ihm besondere Numinosität.

Die Keten in Sibirien nennen den Bären bis heute «Großvater» oder «alter Mann»[7]. – Die Ural-Altaivölker halten es für Sünde, den wirklichen Namen des Bären zu nennen. Sie heißen ihn «großer Vater», «lieber Onkel», «Herr», «geschätzter alter Mann», «guter Vater»[8].

Anderswo wird er «Meister», «Erlauchter» genannt[9]. – Die Ainu nennen ihn «Meister der Wälder»[10].

Die Indogermanen nannten ihn «goldener Freund der Heide und des Waldes»[11]. Heute noch reden wir von «Meister Petz».

Das alles zeigt, daß es bei den früheren Völkern schwer hielt, die Tiere nur als Symbolträger zu sehen. Sie waren mehr. Sie waren dem Menschen ebenbürtig oder gar überlegen. In ihnen waren geistige Wesen in-korporiert. Die Symbol-Idee war in ihnen personifiziert. Sie waren *Hypostasen*.

Dasselbe meinten die Ägypter, wenn sie sagten: «Die Seelen aller Götter wohnen in den Schlangen.»[12]

Die Hundertschrittschlange wohnt im Häuptlingshaus

Die Hundertschrittschlange ist die gefährlichste unter den Giftschlangen Taiwans. Wenn man gebissen wird, soll man noch hundert Schritte gehen können, dann aber dem Tode ausgeliefert sein. Trotzdem gab es Häuptlinge, die diese schrecklichste aller Schlangen in ihrem Hause wohnen ließen.

Ich erzähle jetzt die Geschichte von der Hundertschrittschlange. Sie lebte im Hause des Häuptlings. Bei der Bettstelle war ein Körbchen für die Betelnüsse. Die Hundertschrittschlange kam und rollte sich ins Körbchen. Die Leute des Häuptlingshauses fürchteten sich anfangs sehr. Doch die Schlange wollte den Ort nicht mehr verlassen. Was immer die Leute auch versuchten, sie brachten die Schlange nicht mehr aus dem Haus. Schließlich hielten sie die Schlange wie ihr Haustier.

Doch wenn Gäste kamen oder wenn Leute da waren, die von der Schlange nichts wußten, sagten die Häuptlingsleute zur Schlange: «Halte dich schön ruhig und toll dich nicht herum, sonst sieht dich jemand, der dich nicht kennt, und bringt dich um!» Wenn also Leute ins Haus kamen, brachten sie die Schlange ins Versteck.

Wenn ein Fest war – wie das jährliche Erntefest oder das Fünfjahresfest –, setzten sie der Schlange ihren Teil vom Essen vor, denn sie war ja ein Glied der Familie. Auch die Leute im Dorf brachten bei dieser Gelegenheit ihren Teil in das Haus, wo die Schlange war, und legten ihr Gaben vor. Auch ich nahm daran teil, als ich noch jung war. Es durfte nicht einfach jeder hingehen, nur Jünglinge, die geachtetsten Leute im Dorf und die Priesterinnen[1].

In drei Dörfern der Paiwan stieß ich auf die Tatsache, daß noch vor dreißig bis vierzig Jahren im Häuptlingshaus die höchst gefährliche

Hundertschrittschlange gehalten wurde. Dabei gibt es für die Paiwan nichts Schrecklicheres als die Hundertschrittschlange. Kaum jemand wagt sie zu töten. Für die Angehörigen des Häuptlingshauses ist das schlechthin verboten.

Wie sich Schlangen aber gern in den Häusern der Menschen einnisten, so schleicht auch die Hundertschrittschlange ins Haus. Es kommt vor, daß sie sich auf dem Bett zusammenrollt. In einem solchen Fall hat die Hundertschrittschlange sicher eine besondere Botschaft zu bringen. Niemand wird ihr darum etwas zuleide tun.

Daß die Hundertschrittschlange im Häuptlingshaus geduldet und gepflegt wurde, hat zwei Gründe. Gewisse Häuptlingsleute behaupten – nicht die Mehrzahl –, sie stammten von der Hundertschrittschlange ab. Oder dann sagen sie, sie seien mit der Hundertschrittschlange verschwägert, weil früher einmal eine Häuptlingstochter eine Hundertschrittschlange geheiratet habe[2].

Diese Vorstellungen deuten auf eine hintergründige, tiefsinnige «Wahlverwandtschaft» zwischen der Giftschlange und dem Häuptling. Der Häuptling ist der Höchste im Dorf. Er gibt – wie oben erwähnt – die Befehle zur Aussaat und zur Ernte, zur Tierjagd wie zur Menschenjagd. Er herrscht über Leben und Tod. Wer Unheil angerichtet hat, wird von ihm gerichtet. Wer ohne Heim ist, erhält von ihm Obdach und Essen. – Die Hundertschrittschlange – wie jede Giftschlange – ist die Höchste im Tierreich. Kein Lebewesen widersteht ihrem Gift. Auf je verschiedener Ebene sind sich Häuptling und Schlange gleich und somit «verwandt». Darum wird von der Hundertschrittschlange als vom «Begleiter» des Häuptlings gesprochen. Deshalb entsteht auch dieses fast intime Verhältnis zu diesem recht ungewöhnlichen Haustier.

Die Schlange biß nie einen Menschen. Wenn wir die Schlange berührten und dabei vor Angst erschraken, wurden wir allerdings krank. Deshalb vermieden wir es, die Schlange zu berühren, wenn wir Betelnüsse oder Kalk (Zutat zum Betelnußkauen) aus dem Körbchen nahmen.

Die Leute im Häuptlingshaus hingen sehr an der Schlange, wie auch die Schlange sehr an ihnen hing. Sie hing an ihnen wie an ihren Eltern, wie an ihrem Großvater oder ihrer Großmutter. In gleicher Weise liebten die Häuptlingsleute die Schlange wie ihr eigenes Kind, wie ihren Enkel.

Solange der Häuptling seiner Pflicht nachkam und das Dorf gut regierte, blieb die

Schlange im Haus. Zur Zeit der Choko – sie war ein tüchtiger Häuptling – ging die Schlange öfters aus dem Haus, kam aber immer wieder zurück und legte sich ins Körbchen.

Als Choko starb, folgte ihr der Enkel Bazuku. Doch sein Einfluß als Häuptling nahm zusehends ab. Auch die Schlange hielt sich immer weniger im Hause auf. Sie kam wohl von außen zurück, ging aber bloß um das Haus herum und ging nicht mehr hinein. Macht und Ansehen der Häuptlingsfamilie vergingen. Die Kinder des Dorfes ergriffen die Schlange und plagten sie oft. So verschwand die Schlange, und niemand weiß, wo sie hingegangen ist[3].

Diese «Verwandtschaft» zwischen Häuptling und Hundertschrittschlange hatte verschiedenste Wirkungen. Nur der Häuptling trägt die Hundertschrittschlangentätowierung auf seinem Körper. Zwei Schlangenköpfe sind auf die Brust gezeichnet, deren Leiber sich bis zum Rücken fortsetzen. Es gibt auch Häuptlinge, die zudem Tätowierungen auf dem Rücken, an den Armen und an den Beinen tragen.

Die Häuptlingsfrau trägt die Hundertschrittschlangentätowierung auf ihrem Handrücken – je zwei Schlangenmuster ohne Kopf laufen quer über die Hand – und hinter dem Handgelenk noch ein Schlangenleib ohne Kopf ebenfalls quer.

Auch die Priesterinnen tragen Schlangentätowierungen an den Händen wie die Häuptlingsfrauen, da sie im geistlichen Bereich die höchste Macht ausüben und insofern dem Häuptling ebenbürtig sind. Nur der Häuptling und seine Leute trugen früher Gewänder mit Schlangenmotiven, und auch nur in ihren Häusern wurden Schlangendarstellungen angebracht. Wenn jemand von auswärts kam und in einem Haus Schlangendarstellungen sah, wußte er gleich, daß er sich nicht im Haus eines Gewöhnlichen befand. Die Schlange im Haus war das Kennzeichen für den Häuptling, für seine Leute und für die von ihm Begünstigten.

Auch war deshalb nur an den Löffeln und Trinkgefäßen des Häuptlings die Schlangendarstellung geschnitzt. Bei Festgelagen war das Trinkgefäß neben dem Häuptling. Wer dieses Gefäß sah, wußte, daß dort der Häuptling saß.

Heute sind diese strengen Vorschriften verschwunden. Wie die Macht der Häuptlinge sind auch diese Bräuche demokratisiert worden. Bei den Festen trägt das ganze Volk Gewänder mit dem Emblem der Hundertschrittschlange.

Was die Hundertschrittschlange bei dem kleinen Volk der Paiwan, war in ähnlicher Weise die URÄUS-Schlange bei den alten Ägyptern. Sie war das Symbol der Macht. Das Volk und die Gegner hatten Pharaos Macht zu fürchten, wie der giftige Uräus zu fürchten war. Auf unzähligen Kunstwerken wurde der Uräus dargestellt, was zeigt, wie befruchtend dieses Symbol die Spekulation beeinflußt hat.

Dort wartete unser eine Überraschung, denn östlich von der Sargkammer gewährte eine niedrige Tür Einlaß zu einer weiteren Kammer, die kleiner als die äußere und nicht so hoch war. Dieser Durchgang war, ungleich den anderen, weder verschlossen noch versiegelt. Von unserem Standpunkt war es möglich, eine genaue Übersicht über den Inhalt dieser neuen Kammer zu gewinnen. Ein einziger Blick genügte, uns zu zeigen, daß sich hier die größten Schätze des Grabes befanden.
Dem Eingang gegenüber, an der anderen Seite, stand das schönste Denkmal, das ich jemals gesehen habe – so wunderbar schön, daß man vor Staunen und Bewunderung den Atem anhielt! In der Mitte dieses Denkmals stand ein großer, schreinartiger Kasten, der ganz und gar mit Gold überzogen und oben von einer Hohlkehle aus Uräusschlangen abgeschlossen war[1].

Unter den Schätzen des Königsgrabes von Tutanchamun, das 1922 durch Carter und Lord Carnarvon entdeckt wurde, tauchten zahlreiche Verzierungen der Uräusschlange auf.
Die Uräusschlange – 'ar'et – wurde ursprünglich im unterägyptischen Buto verehrt[2]. Sie ist die giftige Kobra, die ihren Hals aufbläht, wenn sie droht. Sie war schon früh das Königssymbol des Westdeltareiches von Buto-Sais und gehörte nach der Vereinigung von Ober- und Unterägypten mit dem Falken für Oberägypten zu den Insignien des Reiches. Der Uräus wurde vor allem an die Doppelkrone des Reiches gefügt[3].
Kobra wie Falke versinnbildeten die Macht des Königs. Der bekrallte Falke – vor allem heimisch in Oberägypten –, «der die Schwingen ausbreitet», «mit zupackendem Arm», der «im Flug das Lichtland erreicht», der «in den Weiten des Himmels seine Nahrung sucht»[4], sticht auf die eräugte Beute herunter und packt sie mit seinen Fängen. Der Uräus – chthonisches Tier – wohnt in den Gängen der Erde, taucht geräuschlos und unvermutet auf, bannt mit dem Blick sein

Opfer und vernichtet es mit seinem giftigen Biß. Dank des Bisses ist er das mächtigste Tier der Schöpfung. Er ist somit das Sinnbild des Pharao[5], der als König von Ägypten Macht über beide Länderstriche, über Freie und Arbeitermassen besaß, so daß er sich den Luxus von gigantischen Pyramiden und zahllosen auserlesenen Grabbeigaben leisten konnte. Der Uräus – «die-sich-Aufbäumende» – gehörte darum zum Diadem des Pharao. Seit dem Mittleren Reich wurde sie auf der Krone getragen und erscheint allüberall auf den vom Pharao benützten Gegenständen, besonders an seinem Thron[6]. Sie war die angriffslustige Verteidigerin des Pharao, die seine Feinde bedroht, die mit ihrem Blicke in Bann schlägt und mit ihrem Gifthauch die Feinde tötet[7]. Sie war die «zornige, wütende, flammende, verzehrende»[8], die nur ihrem Träger friedlich gesinnt war. Sie wehrte alles Böse ab und spie tödliche Glut[9].

Die Schlange war eine gefährliche Macht. Sie hieß «die Zauberreiche»[10]. Wenn der König mit der Krone erschien, schritt ihm der Priester voran und räucherte der Stirnschlange, um «die Aufgebäumte» für ihren Herrn zu «befrieden».

Als Geb – die Erde – die alte Stirnschlange des Rê-Atum aus ihrem Schrein herausnehmen und sich auf den Kopf setzen wollte, fuhr der Gifthauch des «Erdensohnes» Uräus ihm ins Gesicht, so daß er Brandwunden und hohes Fieber bekam[11].

In der Frühzeit glaubte man, daß sich die Macht des Uräus auch gegen den Pharao wenden könne und daß er im Auftrag des Totengottes Anubis zur festgesetzten Stunde durch seinen Biß den Pharao töte. Man vermutet, daß die Pharaonen der Frühzeit einen rituellen Tod durch Schlangenbiß erlitten, wenn sie achtundzwanzig Jahre lang regiert hatten. War dieser Zeitpunkt gekommen, erschien Anubis oder ein ihn darstellender Priester mit der Giftschlange beim Pharao[12].

Ein letztes Mal erfüllte sich dieses Geschick der Pharaonen, als der neunundreißigjährigen Kleopatra der Plan mißglückte, die Herrschaft über Ägypten durch Verbindung mit Rom für die Zukunft zu sichern. Sie ahnte, daß man sie als Gefangene im Triumphzug nach Rom bringen würde. Da kleidete sie sich in ihre königlichen Gewänder, legte einen Uräus an ihren Busen und starb. Ihre Mägde Charnion und Iris folgten ihr im Freitod[13].

In der thinitischen Königszeit glaubte man, nur der tote Pharao könne Rê verehren und in die Nachbarschaft des Sonnengottes Rê im himmlischen Jenseits gelangen[14]. Rê wurde mit der Sonne identifiziert, der tote König aber mit Rê und somit auch mit der Sonne.

Wie die Stirn des Königs mit der Uräusschlange geschmückt war, stellte man sich nun auch das Haupt des Rê mit einer Uräusschlange geschmückt vor: In den Pyramidentexten sagt der tote König beim Aufstieg in den Himmel: «Ich steige empor zu jener meiner Mutter, der lebendigen Uräusschlange am Haupt des Rê.»[15] Die Uräusschlange wurde zum Ideogramm der Ewigkeit[16].

Wenn der Sonnengott Rê in seiner Barke tagsüber am Himmel vom Osten über den Mittag nach Westen und nachts in der Nachtbarke unter der Erde zum Osten fuhr, stellte man sich auch den toten König in der Barke des Rê sitzend vor. Folgerichtig gehörte nun auch die Uräusschlange in die Barke und wurde bald am Bug oder an der Kabine dargestellt. Gelegentlich nahm der Bug die Form des Uräus an, oder Bug und Heck zusammen waren ein Uräus mit je einem Kopf an beiden Enden, oder der in der Barke sitzende Rê trug die Doppelkrone Ägyptens[17]. Auf ihrer Vorderseite erhob der Uräus seinen Kopf und spie Feuer gegen seine Feinde.

Da die Sonne oft als Scheibe in der Sonnenbarke dargestellt wurde,

41 Der goldene Kanopenschrein im Grab Tutenchamuns. Der Uräus – die giftige Kobra – gehört zu den meistgebrauchten Insignien, um die Macht des Pharao auszudrücken. Vgl. Die Uräusschlange des ägyptischen Pharao, Seite 38 ff. (Ägyptisches Museum Kairo)

42 Der Goldsarg Tutenchamuns. Die «aufgebäumte» Kobra schmückte zusammen mit dem Geier die Stirn des Pharao. Vgl. Die Uräusschlange des ägyptischen Pharao, Seite 38 ff. (Ägyptisches Museum Kairo)

43 Aeskulap mit Schlange. Asklepios (griechisch; Aeskulap, lateinisch) war der göttliche Heilarzt der Griechen. Sein Symbol und Begleittier ist die lebenspendende Schlange am Stab. Vgl. Die Schlange des Asklepios, Seite 61 ff. (Nationalmuseum Athen)

44 Vase des Fürsten Gudea von Lagasch. Deutungsversuch: Zwei Cherube in Drachengestalt bewachen das Tor zum Baum des Lebens (Stab), um den sich der Schlangengott Ningishzida und seine Gemahlin winden. Vgl. Die Schlange des Asklepios, Seite 61 ff; Die Fliegenden Drachen, Seite 168 f.; Die Schlange im Paradies – Wächter des Schatzes, Seite 270. (Sumer 2300 v. Chr. – Louvre, Paris)

verband sich der Uräusgedanke auch mit der Sonnenscheibe[18]. Der Uräus wurde darum zum Symbol des verbrennenden und zerstörenden Feuers.

Oft wurde die Sonne als Horus dargestellt, als Mann mit einem Falkenkopf. Den Kopf krönte eine Sonnenscheibe, um die sich die Uräusschlange windet und Feuer auf die Feinde des Rê speit[19].

Horus – die latinisierte Form des ägyptischen Hor – war der Himmelsgott[20]. Hor sollte eigentlich Gesicht heißen. Sonne und Mond waren seine beiden Augen. Seth raubte das eine Himmelsauge, nämlich den Mond, der ja bei Neumond verschwindet und allmählich wieder wächst. Rê beziehungsweise Hor gewann das gestohlene Auge – Udjat – wieder zurück und setzte es als Uräusschlange auf seine Stirn, «von wo aus es die ganze Welt beherrschen konnte»[21]. Daher bedeutet die Uräusschlange auf der Stirn des Pharao rückwirkend auch die Majestät des Rê beziehungsweise des Himmelsgottes.

Siehe, es (das Horusauge) ist stärker als alle Götter! Keiner kann kommen und sich mir nahen außer Rê-Atum, weil er mich als Diadem aufs Haupt gesetzt hat[22].

Dann wieder wurden die beiden Augen des Himmelsgottes Horus durch zwei Uräi dargestellt. Auch auf der Stirn des Pharao oder der Sonne wurden darum oft zwei Uräi dargestellt. Man nannte sie «Töchter des Sonnengottes»[23].

Schließlich wurden fast alle Götter, die an der Macht des Himmelsgottes Horus oder des Sonnengottes Rê partizipierten, mit dem Uräussymbol dargestellt[24]. So wird Thot als Sonnenscheibe und Uräus dargestellt[25]. Amun wird mit dem Kopf einer Uräusschlange dargestellt[26]. Mut[27], Tefnut[28], Sachmet[29], Renenet[30], sie alle tragen den Uräus auf dem Kopf. Osiris thront beim Gericht in der Unterwelt auf einem Thron mit Uräusdarstellung[31]. Month steht auf der Nachtbarke der Sonne und tötet mit einer Lanze die Feinde der Sonne[32]. Er trägt auf dem Falkenkopf die Sonnenscheibe mit der Uräusschlange zwischen zwei langen Straußenfedern. Seth, der das Sonnenauge des Himmelsgottes Horus geraubt hatte, wurde ebenfalls mit dem Uräus auf der Stirn dargestellt. Selbst der Apisstier wurde mit dem Uräus gekrönt[33]. Der aufgerichtete Uräus wurde zum Ideogramm für Göttin[34], und in vielen Tempeln wurde die Kobra gehegt als inkorporierte, fleischgewordene Gottheit. Ja selbst in Privathäusern wurde sie gehalten und verehrt[35].

Das ursprünglich chthonische Wesen, der Uräus, das dem Geb – der Erde – nahe ist, ist auf diese Weise im Laufe der Geschichte zum höchsten kosmischen Symbol geworden. Nicht nur hat es sich auf die Stirn des Pharao gesetzt, mit ihm hat es den ganzen Himmel erobert. Es wurde zum beherrschenden Zeichen der Sonne und zum Stirnauge – Udjat – des Himmelsherrn Horus. Das chthonische Zeichen wandelte sich zum solaren.

Die Schlangenbeschwörer

Der Subkontinent Indien hat keine große repräsentative Giftschlangensymbolik geschaffen – aus Mangel an dauerhaften Machtkonzentrationen. Dafür haben die indischen Schlangenbeschwörer den numinosen Charakter der Schlange bis heute zur Schau gestellt.

Der Schlangenbeschwörer gehört zum Straßen- und Tempelbild Indiens. Brahmanen befassen sich mit dem Training von Brillenschlangen. Niedere Kasten sind es jedoch, die sich durch Darbietungen mit der lebensgefährlichen Brillenschlange ihren Lebensunterhalt erwerben.

Die Brillenschlange – Kobra, Naja tripudians Merr – findet sich in Indien sehr häufig. Ihr Biß endet meist tödlich, und zwar innerhalb weniger Stunden. Tauben sterben schon nach drei bis vier Minuten, Hühner nach vier bis sechs Minuten, Hunde nach zwanzig Minuten bis mehreren Stunden[1].

Die Angst vor dem gefährlichsten Tier der gesamten Fauna ruft beim Zuschauer einer «Schlangenbeschwörung» immer wieder Staunen und Bewunderung für den Mut des Schlangenbeschwörers hervor. In Wirklichkeit ist die ganze Kunst der Schlangenbeschwörung in der genauen Kenntnis der Brillenschlange und ihres Verhaltens begründet[2].

Zum Teil werden der Kobra zuerst die Giftzähne ausgeschlagen, doch nicht zwangsläufig[3]. Wichtig ist, daß die Schlangen zuerst abgerichtet werden und sich hüten, dem Gaukler in die Hand zu beißen. Der Gaukler muß es verstehen, gewandt und schnell auf das Verhalten der

Schlange zu reagieren, ja es vielmehr zu leiten, damit es nicht zum tödlichen Biß kommt. Mancher Gaukler hat schon durch die Brillenschlange sein Leben verloren, und es ist nicht so, daß er durchaus wirkende Geheimmittel kennt.

Der Schlangenbeschwörer reizt die Kobra durch Schläge oder schnelle, drohende Bewegungen der Hand und beruhigt sie wieder durch seine Stimme, durch langsame, kreisende Handbewegungen und sanftes Streicheln. Wird sie böse, vermeidet er geschickt ihre Nähe und spielt nur mit ihr, wenn sie beruhigt ist. Dann bringt er das Maul des Tieres an seine Stirne und fährt mit ihrem Kopf über sein Gesicht[4].

Die Musik ist bei der Schlangenbeschwörung unbedeutend. Sie ist einzig für den Zuhörer berechnete Zugabe, denn die Schlange hört nicht[5].

Das sogenannte Tanzen besteht aus einem langsamen Hinundherschwenken des emporgerichteten, schweren Oberkörpers der Schlange, in der Absicht, den sich hin und her wiegenden Beschwörer zu treffen[6]. Daß dieser mit seinem Blasinstrument bis zu ihrer Schnauze kommen kann, ohne daß sie beißt, hängt damit zusammen, daß sie wie alle Giftschlangen sehr auf die Schonung ihrer Zähne bedacht ist. Darin liegt gerade das Ziel des Trainings, der Schlange beizubringen, daß sie nirgends hineinbeißt.

Ein Brahmane, der sich des Gewinnes wegen mit Brillenschlangen beschäftigte, hatte in zweiundzwanzig irdenen Töpfen je eine Brillenschlange. Wenn das Wetter nicht zu heiß war, ließ er eine Schlange nach der anderen herauskommen und übte mit ihnen je nach dem Grad des Fortschrittes längere oder kürzere Zeit. Sobald die Schlange aus dem Topf gekrochen war und entrinnen wollte, drehte der Meister ihren Kopf mit einigen Rutenschlägen zu sich hin und hielt ihr in dem Augenblikke, in dem sie ihn beißen wollte, den Topf hin, um die Bisse aufzufangen. Die Schlange sah bald ein, daß ihre Wut nichts ausrichtete und daß sie vielmehr nur ihre Zähne riskierte. Eine solche Übung dauerte fünfzehn bis dreißig Minuten. Die Schlange war dabei ständig mit ausgebreitetem Schild und mit entblößten Giftzähnen in aufgerichteter Kampfstellung.

Mit der Zeit hielt der Meister statt des Gefäßes seine Hand hin, wobei die Schlange nicht wagte vorzuschnellen aus Furcht, sie könnte wie beim Tongefäß ihre Zähne verlieren. Trotzdem war das Training gefährlich. Der Brahmane ließ darum vor jeder Übung die Schlange in ein Stück Tuch beißen und sich ihres Giftes entledigen[7].

Aus Experimenten ist erwiesen, daß mehrere aufeinanderfolgende Bisse an Intensität verlieren[8]. Die Brillenschlange hat um ihrer Zähne willen vor dem Blasinstrument einen heillosen Respekt. Der Beschwörer kann ihr mit seinem Blasinstrument so nahe kommen, daß sie sich rückwärts biegt und mit ihrem Vorderkörper ganz auf den Boden oder auf ihren Schwanzteil zu liegen kommt[9].

Louis Keimer, der eine Arbeit über die Schlangenbeschwörer Ägyptens geschrieben hat[10], betont, daß diese Kunst auf das alte Ägypten zurückgeht. Die Worte, die bei der Beschwörung gesagt werden, mögen sich im Laufe der Zeit geändert haben, die Technik ist dieselbe geblieben. Die Worte sind ohnehin nicht für die Schlange berechnet, sondern für den Zuschauer. Denn – wie gesagt – die Schlange ist taub. Um diese Tatsache zu beweisen, ließ Clyde Gord, ein New Yorker Zoologieprofessor, den Gaukler statt einer Flöte ein ähnliches Stück Holz nehmen und an ihm die gleichen Fingerbewegungen machen. Diese hatten bei der Schlange dieselbe Wirkung wie die Musik.

Auf einer prähistorischen Wandzeichnung von Assuan ist bereits ein Schlangenbeschwörer mit einer aufgerichteten Schlange dargestellt. Abbé Breuil, der bekannte Erforscher der Höhlenzeichnungen, schloß sich dieser Deutung an[11].

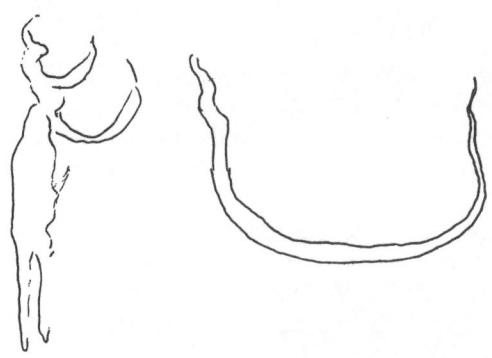

Prähistorische Wandzeichnung von Assuan

Von der aufgerichteten Haltung der Kobra stammt möglicherweise die Vorstellung von den beflügelten Schlangen, wie sie oft an ägyptischen Monumenten dargestellt sind.

Die Kette der Schlangenbeschwörer reißt nicht ab bis in die Moderne. Eine Straße im ältesten Quartier Kairos war nach den Schlangenbeschwörern benannt, ein Beweis, daß die Schlangenbeschwörer eine einflußreiche Gruppe waren.

Am 27. April 1937 starb Moussa El Haroui, der berühmteste Schlangenbeschwörer Ägyptens von damals. Er hatte während zwanzig Jahren vor allem in Luxor, wo der Fremdenstrom groß war, seine Künste vor Königen und Prinzen, Touristen und Neugierigen aller Länder gezeigt. Als er an jenem Tage im Tempel zu Karnak einer Touristengruppe seine Künste vorführen wollte und die Kobras schon aus dem Sack gelassen hatte, spürte er beim nahen Pylon die Anwesenheit einer fremden Kobra. Umsonst versuchte er, sie herauszulocken, griff mit der Hand in den Mauerspalt und wurde gebissen. Nach gut zwei Stunden war er tot[12].

Bezeichnend ist darum, daß auch für die ägyptischen Schlangenbeschwörer ihr Beruf oft alles andere als gemütlich ist.

Das Wetter war nicht warm. Doch der Schlangenbeschwörer war naß vor Schweiß. Große Tropfen fielen neben ihm auf den Boden und schufen schwarze Flecken. Seine Worte waren alle verzerrt. Schaum lag auf seinen Lippen, seltsam funkelten seine Augen, während Bächlein von Schweiß über sein Gesicht hinunterliefen. Ein bestimmtes Gefühl ging durch meinen Körper: Dieser Mann besitzt eine Kraft wie sonst niemand[13].

Trotzdem scheinen viele Schlangenbeschwörer auf Schlangengift immun zu sein. Ein Schlangenbeschwörer drückte das folgendermaßen aus: «Ich bin immun, weil ich seit meiner Jugend öfter gebissen wurde. Früher, nach den ersten Bissen, fühlte ich mich unwohl. Doch ich bin nie richtig erkrankt. Jetzt bin ich vollständig immun.»[14]

Daß Schlangenbisse in vielen Fällen Schlangenbeschwörern nicht schaden, betont auch Hediger, der sich speziell dem Schlangenstudium widmete: «Ich konnte persönlich mehrmals Bißwunden feststellen, die Schlangen ihrem Meister zugefügt haben... Die Wunden waren blutend und vergiftet. Die meisten Schlangenbeschwörer sind ohne Zweifel immunisiert, denn es ist unmöglich, daß sie bei der Ausübung ihres Metiers nicht das eine oder andere Mal gebissen werden.»[15]

Die Schlangenbeschwörung ist nicht bloß auf Indien und Ägypten beschränkt. Man findet sie im arabischen Raum von Bagdad bis Marokko. Selbst in Schwarz-Afrika ist sie nicht unbekannt.

Daß es in Tanzania eine große Zahl von Geheimgesellschaften gibt[16], die sich mit «Schlangenbeschwörung» abgeben, dürfte auf den nilotischen Ursprung dieser Stämme hinweisen. Auch hier werden Kobraschlangen benützt.

Die Schlangengesellschaften traten ursprünglich bei Festen wie Ernte- und Beschneidungsfeierlichkeiten an die Öffentlichkeit, heute auch bei Heiraten und bei Nationalfeiertagen. Der Schlangenkult ist ein Teil des Ahnenkultes dieser Geheimbünde. Wie die Kobra und ihre Bisse behandelt werden, ist strengstes Geheimnis. Möglicherweise war der tiefere Sinn dieser Bünde einst gerade die Heilung von Schlangenbissen und wurde erst mit der Zeit zu einem esoterischen Wissen. Verrat dieses Wissens würde die Strafe der Ahnen herausfordern.

Die Schlangen werden bis zur Aufführung in hölzernen Kästen gehalten. Vielleicht müssen die Schlangen eine Art Diät über sich ergehen lassen, die die Produktion von Gift hemmt, oder es werden ihnen die Giftzähne entfernt. Während der Zeremonie tragen die Männer eine besondere Tracht. Die Tänzer bilden einen weiten Halbkreis und folgen dem Rhythmus der Trommler. Jeder der Tänzer tritt dann vor, zeigt seine besonderen Künste und scheint mit lauten Rufen die Schlange zu reizen. Sie stecken die Schlangenköpfe in den eigenen Mund und legen den Rest um ihren Körper, meist ohne böse Folgen. Wenn ein Tänzer gebissen wird, verabreicht der Führer, der als Medizinmann bekannt ist, sogleich ein Mittel, das auf der Stelle wirkt. Das Staunen der Zuschauer ist grenzenlos. Für sie ist das Geschehen das Wirken der Geister.

Der Schlangenstab Aarons

Im Buch Exodus des Alten Testamentes erscheint der Herr dem Moses und befiehlt ihm, zum Pharao zu gehen und die Freilassung des Judenvolkes zu verlangen. Moses fehlt der Mut zu diesem Auftrag.

Der Herr entgegnete ihm: Was hast du in der Hand? Er antwortete: Einen Stab. Da sprach der Herr: Wirf ihn auf die Erde! Moses warf ihn auf die Erde. Da wurde der Stab zu einer Schlange, und Moses wich vor ihr zurück.
Der Herr aber sprach zu Moses: Strecke deine Hand aus und fasse sie am Schwanz! Er streckte seine Hand aus und packte sie. Da wurde sie in seiner Hand wieder zu einem Stab...[1].
Der Herr sprach zu Moses und Aaron: Wenn der Pharao zu euch sagt: Tut doch ein Wunder zu eurer Beglaubigung! Dann sag zu Aaron: Nimm deinen Stab und wirf ihn vor dem Pharao auf den Boden! Er wird zu einer Schlange werden.
Als Moses und Aaron zum Pharao kamen, taten sie, was ihnen der Herr aufgetragen hatte: Aaron warf seinen Stab vor dem Pharao und seinen Dienern auf den Boden, und er wurde zu einer Schlange. Da rief auch der Pharao Weise und Beschwörungspriester, und sie, die Zauberer der Ägypter, taten mit Hilfe ihrer Zauberkunst das gleiche: Jeder warf seinen Stab auf den Boden, und die Stäbe wurden zu Schlangen. Doch Aarons Stab verschlang die Stäbe der Zauberer[2].

Wie immer diese Stelle theologisch gedeutet wird[3], hinter dieser Geschichte zeigt sich deutlich ein Phänomen der Kobra: sie kann steif werden wie ein Stab.
Die ältesten ägyptischen Darstellungen der steifgewordenen Schlange finden sich auf Skarabäen der Hyksoszeit (17. Jh. v. Chr.) und vom Beginn des Neuen Reiches (1567 v. Chr.)[4]. Auf ihnen sieht man den Beschwörer die wie ein Stab steifgewordene Schlange in der Mitte ihres Leibes packen – ganz wie es moderne Beschwörer heute noch tun.
Als erster hat Prosper Alpinus (1553–1617), Arzt beim Konsul der Republik Venedig in Kairo, den entscheidenden Trick der ägyptischen Schlangenbeschwörer beschrieben:

Nachdem sie ihren (Uräusschlange) Zorn besänftigt haben, pressen sie schnell mit einem Finger die Spitze ihrer Nase, wobei das Tier gleich wie tot zur Erde fällt, und frei in die Hände genommen werden kann. Sie verharrt in dieser Lage wie in tiefem Schlaf, bis zu einem ganzen Tag. Um sie zu wecken, drückt man kräftig ihren Schwanz und reibt, bis sie erwacht, wobei sie gleich wieder ihre alte Wut an den Tag legt[5].

Ein Beobachter aus dem siebzehnten Jahrhundert[6] meinte, die Gaukler würden die Schlange mit ihrem Atem wie tot zu Boden fallen lassen und sie später wieder mit ihrem Hauch auferstehen lassen.
Im 19. Jahrhundert hat dann der Naturwissenschaftler Brehm wieder die richtige Beobachtung gemacht:

Alle Gerätschaften des Gauklers sind in wenigen Säcken untergebracht. In einem derselben finden sich auch die abgerichteten Schlangen – meistens der Art Naja Haie (Uräus), wie das sich von selbst versteht, mit sorgfältig ausgebrochenen Giftzähnen… Sie zieht, wenn man sie mit Wasser bespritzt oder an gewissen Körperteilen drückt und knetet, ihre Muskeln so zusammen, daß sie steif wie ein Stab wird. Eigentliche Kunststücke lernen die Schlangen nicht[7].

Von da an mehren sich dieselben Beobachtungen:

Er schlug ihr gegen das Maul. Dann drückte er seinen Daumen fest auf den Kopf des unschuldigen Tieres, das alsogleich gerade wurde und unbeweglich wie ein Stock. Diese Wirkung, die zunächst mächtig erstaunt, wie Du weißt, ist sehr leicht zu erreichen. Es genügt, heftig auf die Stirn einer Schlange zu drücken, um in ihr einen Anfall von Katalepsie zu bewirken, die sie unbeweglich macht, von einer Steifheit, daß man sie eher bräche als böge[8].

Ein deutscher Augenarzt, der viele Jahre in Kairo lebte, machte folgende Beobachtung:

Die in Ägypten sehr zahlreichen Schlangenbeschwörer wissen Giftschlangen, Skorpione und große Eidechsen sehr geschickt zu fangen und die große Uräusschlange auch zu zähmen und durch Druck in den Nacken in Starrkrampf zu versetzen[9].

Ein anderer Beobachter berichtet:

Die Schlangenbeschwörer machen die Uräusschlange steif und unbeweglich wie einen Stab. Um das zu erreichen, schlagen sie ihr einfach gegen das Maul, halten es für einen Augenblick zu und drücken ihre Hand auf den Kopf. Sogleich wird die Schlange steif und gerade wie tot. Sie lassen nun die Schlange von Hand zu Hand zirkulieren. Man kann sie nehmen, berühren, auf die Erde werfen, in der Luft drehen. Sie macht keine Bewegung. Man glaubt, einen richtigen Stock in der Hand zu halten. Um sie wieder zu wecken, rollen die Gaukler mit ihren Händen zwei oder drei Minuten das Ende ihres Schwanzes. Die Uräusschlange öffnet dann die Augen und schüttelt leicht den Kopf, wie wenn sie aus einem tiefen und langen Schlaf erwachte, und gleich ist sie wieder zu tausend Sprüngen aufgelegt[10].

Sicher ist im biblischen Bericht des Buches Exodus ein Einfluß der Kunst der Schlangenbeschwörer, die die Kobra in kataleptischen Zustand versetzen, zu sehen. Die «Echter Bibel»[11] denkt dabei an ein Wunder. Richtiger sieht vielleicht der zwölfbändige Bibelkommentar «The interpreter's Bible»: «Es ist nicht unmöglich, daß wir es hier mit dem umgestalteten Bericht über einen Trick der ägyptischen Schlangenbeschwörer zu tun haben»[12].

Das berühmteste und bestbekannte Ritual der Indianer Nordamerikas ist der Schlangentanz der Hopi-Indianer[1]. Zahlreiche Forscher, aber auch unzählige Touristen – unter ihnen Präsident Theodore Roosevelt – haben es beobachtet. Das Geheimnis hinter dem ekstatischen Tanz mit den höchst gefährlichen Klapperschlangen im Mund wurde erst 1941 teilweise gelüftet.

Chu'tiva – wie die Zeremonie heißt – wird vom Schlangen- und Antilopenklan gemeinsam ausgeführt. Es sind also zwei Kivas[2] (Klanhütten), zwei Klane, zwei Rituale, zwei Tänze gekoppelt. Die Zeremonie wird nur jedes zweite Jahr aufgeführt, denn sie wechselt mit der Flötenzeremonie ab[3].

Im Kern ist es eine Zeremonie um Regen und damit um gutes Ausreifen der Ernte. Die Schlangen werden als Boten des Wettergottes eingefangen und behandelt – und schließlich nach dem Schlangentanz wieder ins Freie gelassen. Sechzehn Tage dauert die ganze Zeremonie in der heißen Augustzeit.

Sie beginnt mit dem Auskündigen und dem Aufstecken der Standarten über der Antilopen- und Schlangenkiva. Jede Kiva errichtet einen Altar, der Antilopenklan wie allgemein üblich am Tag, der Schlangenklan in der Nacht. Es wird geraucht und gebetet, und es werden neue Mitglieder aufgenommen.

Auf dem Schlangenaltar sind zwei Schlangenmädchen dargestellt. Der Antilopenaltar stellt die Welt mit ihren Richtungen dar, mit Erde, Himmel, Pflanzen und Menschen. Das Aufrichten des Altars wird mit geheimen Gesängen begleitet. Es ist nichts anderes als das gestufte Wiederholen der Schöpfung und ihre Weihe mit heiligen Wassern.

Mittlerweile sind elf Tage vergangen. An vier Tagen hintereinander gehen nun die Schlangenbrüder – bekleidet mit einem Lendenschurz – in die vier Himmelsrichtungen der Erde – in der Reihenfolge West, Süd, Ost, Nord – und sammeln Schlangen ein. Ihre Zahl schwankt je nach Zahl der Schlangenbrüder zwischen 20 und 200[4]. Als gute Naturbeobachter erkennen die Schlangenbrüder an den Spuren im Sand den Aufenthaltsort der Schlangen. Keiner versucht eine aufgerollte, drohende Schlange zu packen, sondern jeder streut ihr Maismehl als Futter und fährt mit der Schlangen-«Peitsche» aus Bussardfedern über ihr hin und her, bis sie sich beruhigt hat und davonkriecht[5]. Dann packt er «seinen Bruder» am Genick. Darauf speit er in die noch freie Hand und fährt über den ganzen Schlangenleib hinweg. Sogleich wird die Schlange schlaff wie ein Seil. Die Schlangen werden in Töpfen verschlossen. Je größer die Zahl der gefangenen Schlangen, um so besser sind die Aussichten auf eine gute Ernte.

Abends gehen die Ältesten der Schlangenbruderschaft zur Antilopen-bruderschaft rauchen und beten. Um Mitternacht kommen sie zurück. Sand wird auf den Boden gestreut und glatt gestrichen, so daß man jede Spur der Schlangen sehen kann. Die Männer sitzen in großem Kreis, Knie an Knie, und singen weich und tief.

Dann werden die Schlangen in der Mitte ausgeschüttet, alle möglichen Arten, giftige und ungiftige. Sie kriechen nach allen Richtungen, wälzen sich im Sand, einige setzen sich den Männern auf den Schoß. Keiner hat sich vor ihnen zu fürchten, der nichts Böses denkt und tut.

Die Männer singen bis zum Morgen. Dann werden die Schlangen eingepackt. Die Männer eilen zur Quelle und nehmen ihr Bad.

In der Nacht des vierten Tages wird ein Schlangenmädchen, das bereits initiiert ist, in die Antilopenkiva gebracht. Sein Gesicht ist schwarz und weiß bemalt. Der Chef der Antilopenbruderschaft bringt einen jungen Mann. Er ist mit aschgrauer Farbe bemalt. Das Kinn ist weiß, und weiße Zickzacklinien führen über den Leib und die Glieder. Er trägt einen Tiponi-Fetisch und eine Schlange.

Das Schlangenmädchen sitzt auf der Südseite des Altars, der Antilopenbursche auf der Nordseite. Vor dem Altar ist ein Feuerherd und dazwischen eine Schale mit dem milchigen Wasser der Yucca-Wurzel. Daneben sind auf einem Gewebe Samen aller Art. An den beiden wird die Hochzeitszeremonie vollzogen. Die Haare des Schlangenmädchens werden vom Chef der Schlangenbruderschaft im milchigen Saft gewaschen. Dasselbe tut der Antilopenchef mit dem Antilopenburschen. Dann werden die Plätze vertauscht, und das Ganze wird wiederholt. Schließlich werden die Haare der beiden als Zeichen der Verbindung miteinander verflochten.

Beide gehen zu den Sitzbänken zurück. Das Mädchen setzt sich auf das Gewebe mit den Samen, die der Chef der Antilopenbruderschaft gebracht hat. Die Samen bedeuten Nahrung für die Vögel in der Luft, für die Tiere der Erde und für die Menschen.

Um Mitternacht beginnt die Zeit der Konzentration und des Singens und dauert bis zum Morgen. Das Schlangenmädchen und der Antilopenbursche haben sitzend die ganze Zeit wach zu bleiben. Dann werden sie von ihren Paten nach Hause gebracht.

In dieser Hochzeitszeremonie leuchtet der tiefere Sinn des gesamten Schlangen-Antilopenfestes auf. Die beiden Bruderschaften reflektieren die Dualität der Welt: Himmel und Erde, männlich und weiblich, Licht und Dunkel, die coniunctio oppositorum und die daraus folgende Fruchtbarkeit. Der Himmel soll Regen spenden, damit die Erde ihre Früchte hervorbringe.

Die Schlange ist Symbol der Nacht und der (Mutter) Erde. Darum wird der Altar der Schlangenbruderschaft nachts aufgerichtet, vollziehen sie die Zeremonien nachts. Darum eine weibliche Vertreterin, darum sitzt sie auf einem Gewebe mit Samen, darum ihre schwarzweiße Bemalung.

Die Antilope wirft meist zwei Junge, ein Zeichen der Fruchtbarkeit. Der Antilopenjüngling symbolisiert den Himmel, die Sonne. Darum die grau-weiße Bemalung mit den Sonnenstreifen über den Körper.

Am Morgen des fünfzehnten Tages findet der Antilopenwettlauf statt, am Morgen des sechzehnten Tages der Schlangenwettlauf. Die Zuschauermenge drängt sich in aller Morgenfrühe auf den Flachdächern und auf dem Felsenriff. Unter dem Riff stehen die Priester der beiden Bruderschaften. Von Ferne aus der Wüste tauchen schwarze Punkte auf. Es sind die Läufer der beiden Bruderschaften, die sieben Kilometer Wegstrecke zurücklegen. Auf halbem Weg steht ein Antilopenpriester, der bloß mit einem Lendenschurz bekleidet ist. In seinen Händen hält er die påhos – das Bündel Gebetsstäbe – und einen Topf mit gesegnetem Wasser. Der alte Priester überreicht beides dem schnellsten Läufer: «Vielen Dank dir und sei gesegnet, mein Sohn! Bring das in unser Haus!» Wer den ersten Läufer einholt, darf die påhos und den Topf mit Wasser in die Kiva tragen.

Bei den Priestern am Fuße des Riffs stehen die Qualetaqa, die Wächter, und schwingen die tovókinpi, die Schwirrhölzer, die das Rollen des Donners simulieren und antizipieren.

Das Volk drängt sich um die Läufer und Priester, die in der Kiva verschwinden. Dann trägt der Sieger die Gebetsstäbe und den Topf mit Wasser hinunter auf seine eigenen Felder als gutes Zeichen der kommenden Ernte.

Am Abend des fünfzehnten Tages ist der Antilopentanz mit Kürbissen, Melonen und Bohnenranken, am Abend des sechzehnten der Schlangentanz mit den Schlangen.

Während des Antilopentanzes schwingen Antilopenmänner die Schwirrhölzer und beschwören die Wolken, herzukommen. Beim Schlangentanz sollen die Schlangen den Regen aus den Wolken saugen, damit die Felder befruchtet werden.

Am Vormittag des sechzehnten Tages werden die Schlangen in der Schlangenkiva unter Gesängen gebadet[6].

Der Höhepunkt des langen, vieltägigen Festes ist der Schlangentanz. Die Schlangen werden am frühen Nachmittag aus der Kiva in eine Schattenhütte (Kisi) auf dem Platz (típkyavi – Schoß) davor getragen. In seiner Mitte ist das sipapúni, ein schmales Loch, der Ausgang aus dem (Mutter-)Schoß der Unterwelt. Der Zusammenhang der Schlangen mit dem Mund des Unterweltschoßes ist evident. Die Schlangenbrüder malen ihre Leiber in Rot. Weiß ist ein großes Oval über Brust und Schulter. Weiß zieht sich über die Stirn und die Gurgel. Der Rest des Gesichtes ist schwarz. Jeder trägt einen rotbraunen Rock mit einem Schlangenmuster in Schwarz und braune Mokassins, auf denen Meermuscheln aufgesetzt sind (feminines Symbol).

Die Antilopenbrüder sind aschgrau bemalt mit weißen Zickzacklinien von der Brust zu den Schultern und hinunter über die Arme bis zu den Fingern und vorne über die Beine bis hinunter zu den großen Zehen[7]. Jeder trägt eine Rassel aus einer Kürbisschale, um die sich ein Hodensack der Antilope spannt. Der Rock ist weiß, dazu kommt eine bestickte Schleife. Über das Kinn bis hin zu den beiden Ohren zieht sich ein weißer Streifen.

Um vier Uhr nachmittags erscheinen zwei Kolonnen von je zwölf Männern der beiden Bruderschaften und umschreiten viermal den Platz[8]. Jedesmal, wenn einer vor die Kiva gelangt, verbeugt er sich und schlägt mit dem rechten Fuß beschwörend auf das Brett über dem sipapúni, dem Loch aus der Unterwelt[9]. Dumpf dröhnt das Brett, die Melonen rasseln, die Muscheln klingen.

Der Schlangenchef bückt sich vor der Schattenhütte und erhebt sich mit einer Schlange im Mund[10].

Er hält sie mit den Zähnen im Nacken. Mit der linken Hand greift er ihren Vorderkörper, mit der rechten ihren Schwanz. Ein Schlangenpriester mit einer Federpeitsche tritt als Begleiter neben ihn. So bildet sich Paar um Paar und tanzt über den Platz. Am Ende übergeben sie die Schlange einem Antilopenbruder[11], der sie in die eine Hand nimmt und mit der andern über ihren Leib fährt, während er im Chor weitersingt. Die Paare holen Schlange um Schlange, bis keine mehr im Schattenhaus ist.

Es wird Abend. Frauen ziehen mit Maismehl einen Kreis neben der Schattenhütte[12]. Die Antilopenbrüder tragen die Schlangen an einen Haufen in der Mitte. Dann ergreifen die Schlangenbrüder so viele Schlangen, wie sie können und tragen sie hinaus in die Nacht und in die Wüste, nach West, Süd, Ost und Nord, damit die Schlangen in alle vier Himmelsrichtungen Regen und neues Leben bringen.

1941 gelang die teilweise Enthüllung des Rätsels um die «heiligen Boten». Charles Bogart versteckte sich nach dem Tanz in der Prärie und verfolgte in der eindunkelnden Nacht die dahineilenden Schlangenbrüder mit ihren Schlangen, schlich sich an den Ort, wo die Schlangen freigelassen wurden, fand eine der gebrauchten Klapperschlangen und versteckte sie in einem Säckchen unter seinem Hut.

Das Ergebnis war: Die Giftzähne, selbst sämtliche Reservezähne waren alle – offenbar mit einem Messer – entfernt worden. Auch in späteren Jahren konnten nach dem Fest Schlangen erwischt werden, die dasselbe Bild zeigten[13].

B. Die Häutung – Symbol des Lebens

Die Häutung und das ewige Leben

Unzählige Erzählungen aus aller Welt beweisen, daß die Menschen seit je der Schlangenhäutung große Bedeutung beigemessen haben[1].
Das scharfe Beobachterauge früherer Menschen entdeckte, wo immer Schlangen waren, ihre regelmäßige Häutung. Da aber kaum Erfahrungen von ihrem Sterben vorhanden waren, sah man darin den Beweis ihrer unbegrenzten Verjüngung. Die Schlangen waren im Besitz ewigen Lebens.

Die Schlange ist wie ein Kind, wenn sie ihre Haut wechselt. Wenn nämlich ein Kind ausgewachsen ist, verläßt es den Mutterschoß... Es verläßt die Mutter und ihren Schoß und gleitet hinaus. Die Schlange tut dasselbe. Sie gleicht dem Kind, das herausgleitet. Sie gleitet aus ihrer alten Haut.
Das Kind wächst volle neun Monate. Im zehnten wird es geboren. Es gleitet heraus und läßt seine Haut (Plazenta) hinter sich. Ganz gleich ist es mit der Schlange, die ihre Haut verläßt. Sie ist wie das Kind, das aus dem Schoß kommt. Die Schlange verläßt die Haut und das Kind die Plazenta[2].

So denken Zulu über die Häutung der Schlange. Für sie ist die Häutung eine immer neu wiederkehrende Geburt, die immer neu junges Leben gewährt.
Daß ich bei den Paiwan bisher keine Erzählung dieser Art gefunden habe, erachte ich eher als Zufall. Vielleicht ist mir die Geschichte von der Häutung entgangen. Jedenfalls ist die Erzählung von der Häutung bei vielen austronesischen Völkern vorhanden.
Ich fand bei den Paiwan nur die Angabe, daß die Hundertschritt-schlange im Alter kürzer wird[3]. Früher gab es eine Zeit, da die alten Hundertschrittschlangen zum Teil Menschen wurden, zum Teil sich in den Qaris-Vogel, die Elster, verwandelten. Die Elster lieferte die schönsten Federn für den Kopfputz. Jedes Mal, wenn eine Elster wegen ihrer Federn getötet wurde, mußte ein großes Opfer dargebracht werden, um Sühne zu leisten «wie bei der Beichte». Es wurde ein Schwein geschlachtet. Dazu wurden die Verwandten gerufen und

dem Häuptling die besten Stücke gegeben. Dieses Opfer konnte auch mit Hirsewein durchgeführt werden.

Aus Südchina[4] – der mutmaßlichen Wiege sämtlicher austronesischen Völker – wird berichtet: Früher häuteten sich die Menschen wie die Schlangen und wurden jedesmal wieder jung. Eine Frau und ein Mann wollten jedoch lieber sterben, als die Qualen der Häutung überstehen. Seither sterben die Menschen.

Damit ist das Grundthema dieser Schlangenhäutungsgeschichten gegeben: Eigentlich sollten sich auch die Menschen häuten wie die Schlangen. Weil die Menschen es aufgegeben oder verpaßt haben, können sie sich nicht verjüngen, müssen vielmehr sterben.

Bei den Dajak auf Borneo[5] heißt es, daß die Schlangen ewig leben, weil nur sie die Botschaft von der Häutung vernommen, die Menschen sie aber verpaßt haben.

Bei den Mianbalantak auf Celebes[6] setzt der Himmelsherr – im Sinn sympathetischer Magie – den Menschen Garnelen, die sich häuten, zum Essen vor. Die Menschen verschmähen die Garnelen und bevorzugen Bananen, die man vor dem Essen häuten muß. Da sie nicht auf Gottes Vorschlag eingegangen sind, verpassen sie die Unsterblichkeit.

Den gleichen Zusammenhang zeigt die Geschichte von der Insel Nias[7], deren Bewohner wie die Mianbalantak ein austronesisches Volk sind. Der erste Mann schält und ißt eine Banane statt einer Garnele. Die Schlange ißt die Garnele und versteht sich seither zu häuten.

Die Todjo-Toradja auf Celebes[8] berichten, daß Gott einst alle Menschen und Tiere zusammengerufen habe, um ihr Schicksal zu bestimmen. Er schlug unter anderem vor, die alte Haut zu wechseln. Unglücklicherweise war als Vertreterin der Menschheit eine alte Frau erschienen, die den Vorschlag Gottes überhörte. Die Schlangen und Garnelen hörten den Vorschlag und häuten sich seither.

Ähnliches wird aus der Südsee[9] berichtet. Am Anfang lebte eine Mutter mit ihren zwei Söhnen. Die Mutter wirft ihre alte Haut ab und wird wieder jung. To Korvuvu, der jüngere, erkennt sie nicht mehr und weint. Er findet die alte Haut und zieht sie seiner Mutter wieder über. To Kabinana, der ältere, sagt wütend: «Du bist ein großer Narr! Nun müssen unsere Nachkommen immer sterben, und nur die Schlangen werden sich häuten.»

Ganz ähnliche Vorstellungen haben die Leute auf den Banks-Inseln, den Shortland-Inseln, den Neuen Hebriden und der To Koolawi-Stamm auf Zentral-Celebes[10].

Bei den Gunantuna auf Neu-Britannien[11] hat die Schlange am Anfang die den Menschen zugedachte Unsterblichkeit an sich gerissen und häutet sich seither, wenn alt geworden, immer wieder zu neuem Leben. Der Mensch aber stirbt.

Die Idee der Häutung als Inbegriff «ewigen Lebens» ist den melanesischen Völkern so tief im Bewußtsein, daß in ihren Sprachen die übliche Redewendung für ewiges Leben «seine Haut abstreifen» lautet[12].

Auch in Indien ist der Gedanke der Schlangenhäutung in Verbindung mit ewigem Leben weit bekannt. Durch das Häuten werden die Schlangen zu Adityas, zu Göttern[13].

Im Mittelmeerraum gab es kaum ein altes Volk, das nicht an die unbegrenzte Verjüngung der Schlange durch Häutung glaubte.

Davon waren auch die Ägypter überzeugt[14]. Im Totenbuch betet darum der Tote: «Ich bin die Schlange Sata. Ich sterbe und werde wiedergeboren.»[15] Der Kirchenhistoriker Eusebius berichtet zu Anfang des vierten Jahrhunderts, die Ägypter und die Phönizier glaubten, daß die Schlange durch Häutung ihre Jugend beinahe ohne Ende erneuere[16].

Die Phönizier nahmen auch an, daß die Schlange durch die Häutung ihre Stärke und Statur vergrößere[17].

Die alten griechischen Schriftsteller sahen in der Häutung der Schlange einen Verjüngungsprozeß[18]. Das griechische Wort für Schlangenhaut heißt gēras – «hohes Alter»[19], ein sicherer Hinweis auf die symbolische Bedeutung der Schlangenhäutung.

Bei den Babyloniern[20] war es die Geschichte von Gilgamesch, der das Kraut der Unsterblichkeit suchen ging. Er fand es, verlor es aber an eine Schlange, die es fraß, sich häutete und damit die Unsterblichkeit erlangte.

Auch aus Afrika[21] lassen sich nicht wenige Beispiele für die Unsterblichkeitsbedeutung der Schlangenhäutung anführen.

Die Wafipa und Wabende[22] in Ostafrika erzählen, Gott sei eines Tages auf die Erde herabgekommen und habe alle Kreaturen gefragt: «Wer will nicht sterben?». Unglücklicherweise schliefen die Men-

schen und alle Tiere. Nur die Schlange war wach und sagte: «Ich.»
Das ist der Grund, warum Mensch und Tier sterben und nur die
Schlange nicht stirbt, es sei denn, sie werde getötet. Jedes Jahr wechselt sie ihre Haut und bleibt jung und stark.

Auch in der Neuen Welt, bei den Indianern, scheint der Gedanke der
Häutung nicht zu fehlen[23].

Mircea Eliades Satz ist sicher nicht übertrieben: «Die Schlange hat
viele Wertigkeiten, und zu den wichtigsten muß man ihre ‹Regeneration› rechnen.»[24]

Die Schlange des Asklepios

Glaukos spielte eines Tages, als er noch ein Kind war, mit einem Ball im Palast zu
Knossos. Vielleicht jagte er auch eine Maus. Jedenfalls war er plötzlich verschwunden, Minos und Pasiphae, seine Eltern, suchten ihn überall, aber ohne Erfolg.
Da wandten sie sich um Hilfe an Polyeidos. Dieser wanderte durch den riesigen Palast, bis er am Eingang zum Keller eine Eule traf, die einen Schwarm Bienen verjagte. Dies hielt er für ein Omen. Im Keller fand er einen großen Krug, in dem Honig
aufbewahrt wurde. Glaukos war kopfüber in den Krug gestürzt und erstickt. Man
brachte Minos die Nachricht vom Tode seines Sohnes. Minos besprach sich mit den
Ältesten und folgte ihrem Rat. Er befahl Polyeidos: «Nun, da du den Körper meines Sohnes gefunden hast, mußt du ihn wieder ins Leben zurückrufen!» Polyeidos
entgegnete, daß er nicht Asklepios sei und also nicht Tote zum Leben erwecken
könne. «Das weiß ich besser», erwiderte Minos. «Du sollst solange zusammen mit
dem Körper des Knaben und einem Schwert in ein Grab eingeschlossen werden, bis
du meinen Befehl erfüllt hast!» ...
Langsam gewöhnte sich Polyeidos an die Dunkelheit des Grabes. Da sah er, wie sich
eine Schlange dem Körper des Knaben näherte. Mit seinem Schwert tötete er sie.
Da kroch eine zweite Schlange heran. Als sie ihre Genossin erschlagen fand, verschwand sie und kehrte kurz darauf mit einer Pflanze im Maul zurück. Diese legte
sie auf den toten Körper der Schlange. Langsam kehrte das Leben zurück.
Polyeidos war zunächst erstaunt, dann aber legte er geistesgegenwärtig die magische
Pflanze auf den toten Glaukos – und hatte Erfolg. Beide riefen laut um Hilfe. Bald
hörte ein Vorübergehender ihre Schreie und rannte zu Minos. Höchst erfreut ließ
Minos die Gruft öffnen[1].

Bei den Griechen war die Schlange als Heiler berühmt. Sie erschien
dort am Stab des Asklepios, des göttlichen Arztes, der besonders in
Epidauros verehrt wurde[2]. Im spätrömischen Reich zählte man über
300 Asklepieien, meist mit Heilquellen, die Asklepios, dem Heiler,

geweiht waren. In diesen Asklepieien wurden die harmlosen Äskulapnattern gehalten, die 1,5 Meter lang werden und eigentlich nur in Südeuropa heimisch sind. Die Römer haben diese Schlangen auch in ihre besetzten Gebiete Germaniens gebracht, weshalb sie dort auch heute noch anzutreffen sind (Taunus, Donaulandschaft)[3]. Die zahmen Schlangen wurden als «Symbol der Erneuerung gehalten, denn Schlangen werfen ihre Haut jedes Jahr neu ab.»[4]

Der Asklepioskult scheint auf einen Arzt der homerischen Zeit zurückzugehen. Die Zwillingssöhne des Asklepios, die Ärzte Podaleirios und Machaon, haben nach Homer die Krankheiten und Wunden der griechischen Helden vor Troia behandelt[5].

Podaleirios wurden mehr internistische, Machaon mehr chirurgische Fähigkeiten zugeschrieben. Auch König Menelaos gehörte nach seiner Verwundung zu den Patienten des Machaon. Homer erwähnt Asklepios als «untadeligen Arzt». Zu dieser Zeit hatte er noch keine göttliche Bedeutung, und auch von Schlangen wird kein Wort gesprochen. Das Schlangensymbol wurde Asklepios erst später gegeben. Ziemlich sicher steht minoischer Einfluß dahinter, denn König Minos' Sohn Glaukos, der dritte unter sieben Kindern, kam – wie vorher beschrieben – schon als kleiner Bub ums Leben und wurde mit Hilfe von heilkundigen Schlangen durch ein besonderes Heilkraut wieder zum Leben erweckt[6].

Die Schlange am Asklepiosstab weist hinüber nach Ägypten und Babylonien. So war die Schlange, die um einen Stab gewunden ist, ein Emblem des ägyptischen Gottes Thot[7]. Im ganzen Vorderen Orient war die Schlange Symbol der Fruchtbarkeit wie der Heilung. Seit mehr als 3000 Jahren vor Christus verehrten die Babylonier den Caduceus, den Stab, an dem sich zwei Schlangen emporheben und ihre Köpfe nach außen wenden. Oft findet sich eine Vase dazwischen. Das Symbol bedeutet Fruchtbarkeit und Gesundheit. Möglicherweise bedeutet es den Schlangengott Ningishzida[8].

Die periodische Häutung der Schlange war für die Griechen der Inbegriff steter Verschönerung, Wiedergeburt und der von Menschen von jeher ersehnten ewigen Jugend und Unsterblichkeit[9]. Die Häutung der Schlange nach dem Winterschlaf war darum auch Sinnbild körperlicher Regeneration nach Krankheit und damit Zeichen medizinischer Heilung. Die Schlange wurde als weise und damit als Kennerin heilkräftiger Kräuter betrachtet. Somit war die Symbolbedeutung im Asklepioskult gegeben. Als Symbol überirdischer Heilkräfte ringelt sie sich um den Stab des Heilgottes.

In Epidauros war inmitten des Tempelbezirkes ein kleiner Rundbau, die Tholos – wie auch in Delphi und Pergamon. In ihr wurden die Äskulapnattern gehalten. Welches genau die Funktion dieser Tholos war, hat bis heute niemand zu deuten vermocht. Ob sie für die Patienten zu einem Gang durch das Dunkel diente oder ob hier die eigentliche Inkubation – Tempelschlaf mit Traumerlebnissen – stattfand, kann niemand sagen. Sicher hatte dieser Bau eine wichtige Funktion im Heilprozeß.

Unzählige Votivtäfelchen schmückten die innere Wand der Säulenhallen[10]. Dort waren auch die offiziellen Listen der Heilungen eingemeißelt:

Ein Hund heilte einen Knaben aus Aigina. Dieser hatte ein Gewächs am Hals. Als er zu dem Gotte gekommen war, pflegte ihn einer von den heiligen Hunden mit seiner Zunge und machte ihn gesund.

Ein Mann wurde von einer Schlange an der Zehe geheilt. Als ihn der Schlaf ergriff, kam eine Schlange aus dem innersten Gemach des Heiligtums, heilte seine Zehe mit der Zunge und zog sich dann wieder zurück. Als er erwachte und geheilt war, sagte er, er habe ein Gesicht gehabt; er habe geträumt, ein Jüngling von schöner Erscheinung habe eine Arznei auf seine Zehe gestrichen.

Von einem stummen Mädchen heißt es:

Als dieses im Heiligtum herumlief, sah es eine Schlange von einem der Bäume im Hain herabkriechen. Voller Furcht schrie es sofort nach Mutter und Vater. Und geheilt ging es weg.

Zum Asklepioskult gehörte längere Vorbereitung durch rituelle Reinigungsbäder an den Heilquellen, Bittopfer und kultische Zeremonien, auf die eine epidaurische Inschrift hinweist: «Rein muß sein, wer in das duftende Heiligtum eintritt. Rein wird, wer Heiliges denkt.» Das Quellwasser war wichtiger Bestandteil der Riten. Es wurde getrunken, für Arzneien sowie zum Kochen ritueller Gerichte verwandt. Es diente für Bäder und Waschungen. Das Quellwasser in Epidauros soll ähnlichen Mineralgehalt haben wie die Quelle von Evian in Frankreich.

Epidauros war der Ort für Massenwallfahrten. Die Tempel und Kultbauten gehörten zu den berühmtesten der griechischen Welt. Das Amphitheater, das 15 000 Leute fassen konnte, war eines der schönsten und akustisch vortrefflichsten seiner Art. Selbst Flüstertöne drangen von der Bühne bis in die höchsten Ränge.

Von weit her kamen die Pilger und Heilsuchenden, einzeln oder in Gruppen, vorzugsweise über das Meer. Auf Eseln, in Sänften oder zu Fuß erfolgte der Aufstieg von dem kleinen Hafen durch die gewundene, zwölf Kilometer lange Schlucht hinauf ins Waldtal von Epidauros. Vom alten Korinth her waren es zwei Tagereisen (etwa 60 Kilometer). Viele Karawansereien und Pilgerunterkünfte sind an den großen Zufahrts-Straßen ausgegraben worden.

Die weitläufigen Anlagen müssen während der Hauptzeremonien mit gewaltigen Menschenmassen angefüllt gewesen sein. Die Prozessionen und Massengottesdienste endeten im großen Theater. Dort zelebrierten Schauspieler kultische Vorführungen zu Ehren des Gottes, des Heilands Asklepios. Vor den Altären flammten unaufhörlich Opferfeuer. Die Nacht war dem Gebet, der Meditation und dem Tempelschlaf geweiht. Die Priester betreuten die Heilsuchenden durch Handauflegen, wahrscheinlich auch durch Hypnose. Während der Inkubation scheint Fasten üblich gewesen zu sein. Der Heilschlaf im Tempel begann geheimnisvoll im Schein flackernder Öllampen und Fackeln. In Feuerbecken brannten duftende Kräuter mit Weihrauch. Wenn der Gott nahe schien, löschten die Priesterärzte die Lichter. Höhepunkt der Inkubation war die plötzliche Krankenheilung. Aber auch mit geringfügiger Besserung gingen die Pilger dankbar in ihre Heimat zurück.

Die eherne Schlange

Die «eherne Schlange» der Juden widersteht jedem sinnvollen Erklärungsversuch, es sei denn, man betrachte sie unter dem Aspekt der sich häutenden Schlange, die neues Leben verspricht.

Daß es bei den Juden einen ziemlich massiven Schlangenkult gegeben hat, beweist 2 Könige 18,3:

Hiskia (der König) schaffte die Höhenheiligtümer ab, zertrümmerte die Gedenksteine, haute die Asheren um und zerschlug die eherne Schlange, die Moses gemacht hatte, denn bis zu dieser Zeit hatten die Israeliten ihr geopfert. Man nannte sie Nehusthan, das heißt Erzbild.

Einen Vers vorher heißt es sanktionierend:

Hiskia tat, was dem Herrn wohlgefiel, ganz wie sein Ahnherr David getan hatte.

Wir finden noch mehr Hinweise auf mögliche Schlangenverehrung. 1 Könige 1,9 berichtet:

Als nun Adonia beim Schlangenstein neben der Walkerquelle Schafe, Rinder und Mastvieh zum Opfermahl schlachtete, lud er seine Brüder, die Söhne des Königs (David), ein, und dazu alle Männer aus Juda, die königliche Beamte waren. Aber den Propheten Nathan, Benaja, die Leibwache und seinen Bruder Salomon (der von David zum König vorgesehen war) lud er nicht ein.

Man traf sich also bei einer althergebrachten und insofern unauffälligen religiösen Zeremonie, um die Frage der Königsnachfolge nach eigenem Gutdünken zu regeln.
Auch Nehemias 2,13 berichtet von derselben Quelle bei Jerusalem:

Und ich ritt bei Nacht zum Taltor hinaus, gegen die Schlangenquelle und das Misttor hin,

wobei wir allerdings nicht wissen, welche Bedeutung dieser Quelle zukommt.
Wichtiger aber ist, daß Israel mit seiner Verehrung einer bronzenen Schlange in keiner Weise allein stand. Bei vielen Grabungen in Palästina[1] wie im übrigen Vorderen Orient[2] wurden bronzene Schlangen gefunden, die auf kultische Verehrung hinweisen. Ihre Geschichte läßt sich zweitausend Jahre zurückverfolgen[3]. Die Schlange bedeutete die befruchtende Kraft eines göttlichen Wesens.
Wüßten wir mehr über die Stellung der Heilsschlange bei den Minoern auf Kreta, bei den Babyloniern und vor allem bei den Phöniziern und Kanaanäern, wäre diese Stelle von der ehernen Schlange im Tempel leichter zu erklären. Von den Phöniziern wissen wir nur, daß die Schlange das heilige Tier der Anat war[4]. In den Astarte-Tempeln standen Schreine mit Schlangenmotiven[5]. Die Schlange war auch Symbol des Baal und seines Fruchtbarkeitskultes.

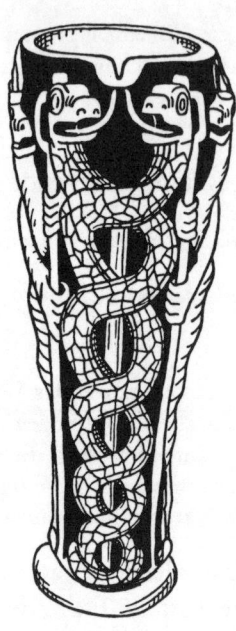

Weihgefäß Gudeas v. Lagasch
(Sumer, etwa 2300 v. Chr.)

Im biblischen Bericht von der Wüstenwanderung wurden die Juden von Schlangen gebissen, weil sie gesündigt hatten. Die Schlangen waren von Gott zur Strafe geschickt.

Unterwegs aber verlor das Volk den Mut, es lehnte sich gegen Gott und Moses auf und sagte: Warum habt ihr uns aus Ägypten herausgeführt? Etwa damit wir in der Wüste sterben? Es gibt weder Brot noch Wasser. Dieser elenden Nahrung sind wir überdrüssig.

Da sandte der Herr die Schlangen, die Saraphe, wider das Volk, die bissen die Leute, uns es starb viel Volk in Israel. Die Leute kamen zu Moses und sagten: Wir haben gesündigt, da wir wider den Herrn und dich geredet haben. Bitte den Herrn, daß er die Schlangen von uns nehme. Und Moses bat für das Volk.

Der Herr aber sprach: Mache dir einen Saraph und stecke ihn auf eine Stange. Dann wird jeder Gebissene, der ihn anschaut, am Leben bleiben. Da machte Moses eine eherne Schlange und steckte sie auf die Stange. Wen die Schlangen bissen, der schaute auf die eherne Schlange und blieb am Leben[6].

Nach Joines[7] schuf Moses gemäß ägyptischem Brauch die eherne Schlange im Sinne sympathetischen Zaubers gegen Schlangengefahr in

66

der Wüste. Die Deutung im Sinne der Heilkraft dieser ehernen Schlange nach Schlangenbissen sei späteren Datums und entspreche dem kanaanäischen Schlangenverständnis. Herbert Haag spricht in seinem Bibellexikon[8] einfach von einer «Kultätiologie der ehernen Schlange». Die Interpreter's Bible[9] nennt es kurz «sympathetische Magie». Noth[10] deutet die Stelle als einen Versuch, den Schlangenkult nachträglich zu legitimieren.

Wie das zweite Buch der Könige zeigt, pflegten die Juden tatsächlich einen Schlangenkult mit einer ehernen Schlange im Tempel zu Jerusalem. Wenn wir den Mosesbericht von der ehernen Schlange als nachträgliche Ätiologie jüdischer Theologen für einen bestehenden Kult deuten, sind wir vielleicht nicht weit entfernt von der geschichtlichen Wirklichkeit.

Die Giftschlangen in der Wüste wären dann als Boten einer höheren Macht zu verstehen, des höchsten Schlangengeistes, den die eherne Schlange repräsentiert und der Herr über Leben und Tod ist. Statt den vorhandenen Kult mühsam zu unterdrücken, hätte man ihn also in einer theologisch fortgeschritteneren Zeit neu motiviert, das heißt Jahwe unterstellt[11].

Die eherne Schlange als Symbol des höchsten Herrn über Leben und Tod konnte von Johannes in seinem Evangelium sinnvoll als das abwehrende Heil schlechthin aufgegriffen werden:

Und wie Moses die Schlange in der Wüste erhöhte, so muß des Menschen Sohn erhöht werden, damit jeder, der an ihn glaubt, in ihm das ewige Leben habe[12].

Die apotropäische Schlange

Wenn die Wikinger auf ihren schnellen Schiffen in See stachen, setzten sie auf die Steven geschnitzte Drachenköpfe, um durch sie die Meerdämonen zu verscheuchen. Wenn sie nach langer Fahrt wieder in die Nähe heimatlicher Gefilde kamen, nahmen sie die Drachenköpfe weg, um nicht dem eigenen Land zu schaden[1].

Diese apotropäische (Unheil abwehrende) Funktion der Schlange[2], wie sie schon bei der ehernen Schlange der Juden aufscheint, läßt sich an unzähligen Beispielen nachweisen. Immer ist es die numinose Gestalt der Schlange, die Heil gewährt und Unheil abwehrt. Oft stammt dieses Unheil von der Schlange selber. Die Schlange soll vor Schlangenbiß schützen oder nach einem Schlangenbiß Heilung schenken. Unwillkürlich denken wir an das Bibelwort: «Beelzebub mit Beelzebub austreiben», das im englischen Sprachgebrauch eine Entsprechung gefunden hat: «Like cures like», Gleiches mit Gleichem heilen[3].

Vor vielen ägyptischen Tempeln gab es Stelen mit Schlangendarstellungen. Auf den einen sind es Uräi in aufgerichteter Drohhaltung, auf andern sind es beflügelte Schlangen. In vielen Tempeln wurden auch lebendige Schlangen gehalten, die als Hypostasen des entsprechenden Gottes angesehen wurden[4].

Meretseger war die «Herrin des Westens, das heißt des Totenreiches»[5]. Sie war streng in der Verfolgung der Sünde, aber auch wohltätig den Gerechten gegenüber. Besonders mächtig war ihr Schutz, den sie gegen Schlangen verlieh. Sie wurde darum viel verehrt und oft als Schlange oder als Frau mit Schlangenkopf dargestellt.

Das Volk trug allerlei Amulette, wie Ringe oder Anhänger, mit Schlangendarstellungen, um Schlangengefahren abzuwehren[6].

Sicher übertrifft kein Land den Subkontinent Indien an apotropäischen Schlangenvorstellungen[7]. Am auffälligsten erscheint die viel verehrte Manasā[8], selber eine Nāgini, eine Schlangengöttin. Sie war die Tochter Kasyapas und Kadrus, Schwester des Schlangenkönigs Shesha, der in der Urzeit beim Quirlen des Milchmeeres entscheidend mitgeholfen hat.

Indien ist ein Land der Schlangen. Schlangenbiß ist eine recht häufige Erscheinung. Manasā, die Schlangengöttin, soll vor dem Biß schützen oder nach einem Biß wieder heilen. Sie heißt darum Vishahari – «Giftzerstörerin»[9]. Sie wird als eine auf einer Schlange stehende Frau dargestellt, die von Schlangen umringt ist. Oft wird sie auch einfach als ein Zweig oder ein Wasserstrahl oder eine Schlange dargestellt, oder dann wieder als eine schöne Frau, die auf einer Wasserlilie sitzt und mit Schlangen bekleidet ist[10].

Wer sie nicht verehrte, mußte einen Schlangenbiß gewärtigen, wer sie aber verehrte, durfte auf Heilung von Schlangenbiß zählen[11].

Guga ist eine andere Schlangenheilerfigur[12], die weithin im Ostpanjab und Rājasthān verehrt wird. Seine Gestalt ist an den Wänden der Schreine dargestellt. Guga sitzt auf einem Pferd inmitten von Schlangen. In der Hand hält er einen langen Speer oder Stab, über dem sich zwei Schlangen treffen, von denen eine um den Stab gewunden ist.

Nach einer Tradition war Guga eine Schlange, die sich in einen Menschen verwandelte. Ihm zu Ehren sind allerorts Schreine gebaut. Denn Guga ist der Patron gegen Schlangenbisse. Er verursacht sie aber auch, wenn man ihn nicht gehörig verehrt. Die Priester beim Schrein geben als Heilmittel Blätter von den Bäumen beim Heiligtum. Oder sie sprengen geweihtes Wasser über die vom Schlangenbiß geschwollene Stelle. Dann wieder wird von den Gebissenen Erde aus der Umgebung des Heiligtums gegessen und die Bißwunde mit der Erde eingerieben. Wallfahrer nehmen sie mit als Schutz gegen Schlangenbiß. Auch wird das Vieh gelegentlich zum Schrein gebracht und eine Nacht dort gelassen, damit es vor Schlangenbiß sicher sei. Von Schlangen gebissene Menschen werden zur Heilung auch neben den Schrein gelegt.

In weiten Teilen Indiens wird jedes Jahr im August – mitten in der Regenzeit – das große Schlangenfest Nāgapanchamī gefeiert. Es wird dabei besonders der Schlangengöttin Manasā gedacht. Je nach Gegend variieren die Zeremonien.

So etwa zieht das Volk zu Plätzen, von denen man weiß, daß es dort Schlangen, vor allem die giftige Kobra, gibt und bringt ihnen Milch und Früchte dar[13].

Dieses Fest beschreibt ein Hindu folgendermaßen:

An diesem Morgen stellt jede Familie eine Schlange aus Ton auf oder malt eine Gruppe von fünf, sieben oder neun Schlangen an die Wand. Die zeremonialen Geräte werden davor aufgestellt. Gerichte, Früchte und Blumen werden den Schlangen dargebracht. Auch Milch wird aufgestellt. Lampen werden angezündet und brennen den ganzen Tag. Weihrauch wird verbrannt.

Am Nachmittag gehen die Leute zu irgendeinem Platz, meist zu einem Ameisenhaufen, von dem man weiß, daß sich dort Schlangen aufhalten. Dort treten auch die Schlangenbeschwörer mit ihren Kobras auf. Das Volk bringt ihnen große Geschenke dar.

Am Abend werden dem Schlangenbild im Hause wieder Gerichte, Blumen und Weihrauch dargebracht. Die Lampen brennen. Die Leute bleiben die ganze Nacht auf. Man nennt das: die Schlangen wach halten.

Die Zeremonien vor den Schlangenbildern werden meist von den Frauen des Hauses durchgeführt. Am Ende wird den umstehenden Frauen und Kindern die folgende Kāhānī – Geschichte – erzählt:

O Gott? Ihr Nāgas hört! Es war einmal eine Stadt, die hieß Mānikpura. In ihr lebte ein Brahmane, der nichts vom Nāgapanchamī-Fest wußte. Er wußte nicht einmal, daß man an diesem Tag nicht pflügen, nicht graben, nichts pflücken, nichts rösten darf.

So ging er denn wie jeden Tag aufs Feld, um zu pflügen. Im Feld war aber ein Loch mit den Jungen einer Nāgina, einer weiblichen Kobra. Sie starben alle, weil der Pflug über sie hinwegging.

Die Nāgina war nicht zur Stelle. Als sie zurückkam und ihre Kleinen tot sah, wurde sie zornig und zog aus, den Übeltäter zu finden. Sie kam zum Hause des Brahmin und fand am Pflug Blut von ihren Kindern. Da wußte sie, der Brahmin war es, der die Kinder getötet hatte. Sie biß darum den Brahmin und die Leute im Haus, die alle in tiefem Schlafe lagen.

Es lebte aber eine Tochter dieser Familie im nächsten Dorf, wohin sie geheiratet hatte. Auch sie sollte sterben.

Doch sie hatte die Schlangen an die Wand gemalt, hatte sie verehrt und ihnen Gaben dargebracht. Sie verbrachte die Nacht wachend, verbrannte Weihrauch, hielt die Lampen brennend und opferte Eßwaren.

Als die Nāgina das sah, war sie hoch erfreut und sagte zum Mädchen: «Mädchen, dein Vater hat heute alle meine Jungen getötet, als er auf dem Felde pflügte. Nachdem ich alle deine Angehörigen getötet habe, bin ich hierher gekommen, um auch dich zu beißen. Doch da du meiner gedacht hast und mich verehrst, bin ich sehr erfreut und will dich schonen.»

Die Tochter sagte darauf: «Du hast alle meine Leute zu Hause getötet, gib mir ein Heilmittel, das sie wieder zum Leben bringt.»

Die Nāgina sagte: «Nimm diesen Nektar und spritze ihn über ihre Leiber – und sie werden zum Leben zurückkehren.»

Die Leute im Dorf des Brahmin hatten inzwischen nachgeforscht, warum niemand im Hause des Brahmin aufstand. Sie öffneten die Tür und sahen, daß alle im Hause gestorben waren.

In diesem Moment erschien die Tochter und spritzte Nektar über die Toten. Und sie kamen wieder zum Leben. Darauf erzählte sie dem Vater alles, was passiert war, und sagte: «Von heute ab, wenn der Monat Śrāvana kommt, sollst du am fünften Tag des Vollmondes die Nāgas verehren. Nachts sollst du Lampen anzünden, Weihrauch verbrennen und Eßwaren opfern. An diesem Tage sollst du nicht graben und auch nichts töten!»

Von diesem Tag an hielt sich der Brahmin daran. Das Nāganpanchamī wurde im ganzen Dorf bekannt, und alles feierte das Schlangenfest.

Wie die Nāgas Freude hatten an der Brahmintochter, so werden sie auch Freude haben an uns und euch.

O, ihr Nāgas! Möge diese eure Geschichte dem Erzähler wie dem Hörer zu Nutzen sein. –

Wenn diese Geschichte erzählt wird, nehmen alle ein paar Reiskörner in die Hände, und wenn die Geschichte zu Ende ist, tauschen sie einen Teil der Körner aus, und einen Teil kleben sie auf die Stirn[14].

Anders wieder sehen die Chinesen die apotropäische Macht der Schlangen, doch ist dieses Wissen bereits auf die Stufe der Märchen abgesunken.

Eine kranke Frau betrinkt sich mit Wein, in den eine Schlange gefallen ist, und wird gesund[15]. Oder ein Mann trinkt Wein, in den eine giftige Schlange gefallen ist, und wird geheilt[16].

Noch in der Tangzeit allerdings war Schlangenwein als Heilmittel geschätzt. So soll ein Leprakranker geheilt worden sein, weil er Wein trank, in den eine schwarze Schlange gefallen war[17].

Schlangenleber gilt bis heute als Medizin und ist für Südchina schon sehr früh bezeugt. Die Schlangenleber schützt vor inneren Krankheiten und erneuert die Sehkraft der Augen. Vor allem suchte man früher am fünften Mai, dem Knabenfest, Schlangenleber zu erhalten und zu essen. Man glaubte, daß der Schlange die Leber wieder nachwachsen würde[18].

II. TEIL: DIE SCHLANGENDEUTUNG FRÜHERER ZEIT

A. Die Schlange der Unterwelt

Die Schlangenwelt im Wasser

Die Trennung der Welt in eine obere und eine untere scheint Traditionsgut eines großen Teils früherer Völker gewesen zu sein. Ganz besonders gilt dies vom Osten und von Südostasien. Für uns überraschend gesellt sich dazu oft die Vorstellung von einem Schlangenreich im Wasser[1]. Die Schlangen hausen in Seen, Flüssen und Quellen.
In Japan gibt es viele Hinweise auf diese frühe Vorstellung. Schon im Nihonshoki (720 n. Chr.) steht ein Bericht:

In diesem Jahr (379 n. Chr.) lebte bei einer Gabelung des Kahashimaflusses in der Mitte der Kibiprovinz eine große Wasserschlange, die die Leute bedrohte[2].

Eine alte Sage berichtet:

Am Fuße des Berges Shinobu in der Fukushimapräfektur gab es früher einen großen See. Die Bauern brauchten Felder zum Anpflanzen und beschlossen, den See trockenzulegen, da sie wußten, daß er nicht tief war. Sie gruben einen Kanal und ließen das Wasser des Sees abfließen, sehr zum Leidwesen der großen Schlange, die dort wohnte[3].

In einem Märchen heißt es:

Die alte Frau sagte zum Mädchen: Wenn du in diesem schönen Kimono nach Hause gehen willst, wirst du von dem wilden Tier, das im Fluß wohnt, gefressen werden[4].

Schlangen, Kappa – Wasserkobolde mit wasserhaltiger Einbuchtung auf dem Kopf – und Schleichen lebten nach japanischer Auffassung[5] im Wasser und hatten die Herrschaft über Flüsse und Seen. Sie wurden darum als höhere Wesen angeschaut und entsprechend verehrt.

Zahllos sind die Hinweise aus China[6]. Die Drachen wohnen im Wasser, vor allem in Teichen und Seen, aber auch in den Flüssen und im Meer, gelegentlich in Höhlen. Nach dem chinesischen Weltbild ist das Land auf vier Seiten vom Meer umgeben. Das Wort «die vier Meere» wurde zum festen Begriff, der auch heute noch gebraucht wird. In diesen vier Meeren wohnten die vier Drachenfürsten – Lung Wang[7]. Ein jeder hatte in der Tiefe des Meeres seinen eigenen Palast aus kostbarem Gestein und Metall.

Aus Indonesien sei als Beispiel die kleine Insel Kédang vor Neuguinea erwähnt[8]. Die Dörfer kennen mythische Schlangen – die mier ringa –, die Dorf und Volk beschützen. Die Häuptlinge nennen sich nach ihnen[9], weil sie dieselbe Funktion im Dorfe innehaben. Die mier ringa sind die Ahnenschlangen des Dorfes. Von ihnen stammt alles Leben ab. Sie spenden das Quellwasser und sorgen für die Fruchtbarkeit der Felder.

Sie wohnen in den Quellen, sind ihre Besitzer und Wächter. Frauen dürfen ihre Haare nicht in der Quelle waschen[10], sonst faßt die Schlange Zuneigung zu ihnen und heiratet sie; doch eine solche Frau würde wahnsinnig.

Nachts erscheinen diese Schlangen als Menschen und nehmen unerkannt an den nächtlichen Tänzen teil. Träume von der großen Schlange[11] haben böse Bedeutung. Durch Zeremonien muß die drohende Gefahr abgewandt werden.

Wo die üblichen Zeremonien zu Ehren der Schlange vernachlässigt werden[12], sterben Haustiere und der Reis verschwindet vom Speicher.

Recht deutlich ist die Vorstellung von der unteren Welt auch auf Neuguinea[13], in Melanesien[14] und bei den australischen Ureinwohnern[15]. Vielfach wohnt die Urschlange im Wasser oder wandert unter der Erde und verschwindet schließlich unter ihr.

Einen Begriff von der Unterweltsvorstellung der Leute in Ostneuguinea gibt die Geschichte vom Geist Wadup[16]:

Wadup war auf dem Platz der Masalai, der Verstorbenen. Diese pflegten sich zu verstecken. Die Tumbuna, die Leute im Menschendorf, sagten darum: «Nur in der Nacht gehen sie umher, helfen den Menschen und essen allerhand Sachen.»

Eine Gruppe von Masalai lebte in einem Erdloch. Wadup, einer von ihnen, pflegte sich sehr schön zu schmücken. Er sah aus wie ein sehr schöner, junger Mann. Aber man nannte ihn Geist-Mann, weil man ihn nicht sehen und halten konnte. An einem Ort in der Nähe unseres Dorfes gab es immer einen sehr guten Geruch. Es war ein Geruch wie von parfümierter Seife oder Salbe. Dieser Ort hatte den Geruch eines jungen Mannes, der sich sehr schön schmückt.

Die Frau war auch noch jung. Jeden Morgen ging sie dorthin, roch diesen Geruch und schaute sich um. «Eh, wo ist dieser Mann?» dachte sie. Sie schaute und schaute umher. Dann ging sie zurück.

Vater und Mutter fragten: «Was hast du getan?» Die Frau sagte: «Nichts. Ich ging Wasser schöpfen. Das Wasser war sehr schmutzig und voll Würmer. Die Vögel haben viel Unrat gemacht. So gab es viel Arbeit.» Das tat die Frau jeden Morgen. Sie roch diesen Mann, suchte ihn und wollte ihn zu ihrem Manne machen.

Die Frau ging immer am Morgen dorthin. Nun probierte sie es am Abend. Da sah sie diesen Mann. Die Frau ging schnell hin und versteckte sich sehr gut. Als der Mann in die Nähe kam, erhob sie sich und hielt ihn fest. Der Mann sprang erschrocken auf und sagte: «Entschuldige! Es ist nicht gut, wenn du mich liebst und enttäuscht wirst. Ich bin nicht wie ein Mensch, ich bin ein Fisch.»

Die Frau sagte: «Das macht nichts. Ich habe dich gesehen. Ich fühle, du bist ein schöner Mann. Ich will bei dir bleiben, und du wirst mein Mann sein.»

Der Mann verwandelte sich sogleich in eine sehr große Schlange. Die Frau sagte: «Nicht so, ich habe dich nicht als eine Schlange gesehen. Du bist ein Mensch. Ich habe es gesehen.»

Da verwandelte er sich wieder in diesen Mann. Dann verwandelte er sich in etwas, das stinkt. Die Frau aber liebte diesen Mann. Sie sagte: «Nicht so, ich habe dich ja gesehen.» Der Mann verwandelte sich in allerlei Wesen, die heißen: Schlange, Hund und Schwein. Die Frau sagte: «Nicht so, ich kenne dich. Du bist mein Mann.» Der Mann verwandelte sich immer wieder in etwas anderes.

Nun sah er wieder aus wie ein Mann und sagte: «Entschuldige! Wenn ihr umhergeht, schlafen wir. Wenn ihr schlaft, gehen wir umher.» – Die Frau sagte: «Das macht nichts. Wenn ich zu dir gehe, kann ich deine Gebräuche verfolgen, dein Umhergehen und dein Aussehen. Ich werde es genau gleich machen, und wir können beieinander sein.»

Der Mann sagte: «Meinetwegen!»

Die Frau erhob sich und heiratete diesen Geist-Mann. Sie gingen nun und kamen zum Platz der Masalai, der Verstorbenen. Der Mann traf seine Mutter. Diese fragte: «Wo hast du diese Frau genommen?» – Er sagte: «Die Frau selbst liebte mich und hielt mich draußen fest. Ich wollte sie verlassen und habe vieles probiert. Sie wollte mich nicht verlassen und liebte mich. So kam ich mit ihr nach Haus.»

So brachte der Mann diese Frau zu seinem Vater und zu seiner Mutter. Dieser Mann heißt Wadup.

Vater und Mutter belehrten die Frau. «Gut, daß du noch am Leben bist. Du hast es gut. Ihr seid Menschen, die allerhand Sachen essen. Wir arbeiten nicht wie ihr Menschen draußen. Wir schlafen tags. Nachts suchen wir Essen, Baumfrüchte und anderes. Nachts gehen wir umher. Das ist der Tag der Geister. Tags ist der Tag für die Menschen oben.»

Der Mann lebte nun mit der Frau zusammen. Abends, etwa um fünf Uhr, gingen sie jeweils in den Garten und aßen schnell, so wie wir morgens um fünf Uhr essen. Morgens, etwa um fünf Uhr, beeilte sich der Mann, schlafen zu gehen. Aber er schlief nicht wie ein Mensch. Wenn er schlafen gehen wollte, ging er zum Platz, wo man Sachen trocknete. Er zerstückelte sich. Es war sehr gutes Fleisch von Fischen, das er trocknete. Dann schlief er. Seine Frau veränderte sich nicht. Sie sah weiter aus wie eine Menschenfrau. Sie saß da, und wenig später schlief sie ein. So taten sie es.

Vater und Mutter draußen im Menschendorf suchten die junge Frau. Aber sie fanden sie nicht.

Als einige Zeit vergangen war, sagten Vater und Mutter des Wadup: «He, bring die Frau zu ihren Eltern, damit sie wissen, wo sie ist. Dann kommt wieder zurück!» Wadup erhob sich also und nahm etwas aus ihrem Garten. Es waren eßbare Blätter des Kumus. Er nahm eine große Menge. Sie schnürten sie an einen Stecken. Mit seiner ganzen Familie brachte er das alles hinaus zum Ort der Menschen. Sie kannten ja ihren Tag und ihre Nacht. Sie gingen darum erst, als es draußen hell war, kamen zum Dorf der Frau und setzten sich mit allen zusammen.

Die Menschen von draußen sahen die Geschenke und sagten: «Mensch, ihr bringt keine Schweine. Ihr bringt nur dieses Gemüse?» – Die Frau sagte ihnen: «Es ist schon in Ordnung. Ihr werdet sehen!»

Die Leute sahen zu, wie die Frau der Familie des Wadup half. Sie machten Töpfe voll mit Essen für alle. Die Frau sagte zu ihren Vätern und Müttern: «Wenn ihr die Töpfe aufs Feuer stellt und das Wasser aufwallt, nehmt einzelne Blätter der Aibika und legt sie in das heiße Wasser!» Ihre Väter und Mütter taten so, wie es die Frau gesagt hatte.

Sie bereiteten die Kochtöpfe für die Familie des Wadup. Dann verteilten sie die Aibika-Blätter an jeden einzelnen der ganzen Familie der Menschen draußen. Sie stellten die Töpfe aufs Feuer. Als die Töpfe dampften, taten sie die Aibika-Blätter hinein. Die Frau schaute zu und half ihnen dabei. Dann sagte sie: «Paßt auf, wenn der Topf siedet! Wartet etwas und erst dann öffnet den Deckel etwas!» – Sie taten, wie die Frau gesagt hatte.

Als die Töpfe dampften, taten sie Aibika-Blätter hinein. Etwas später öffneten sie. Es war viel Fleisch darin. Sie sagten zu ihrem Kind: «Ihr habt doch Kumus- und Aibika-Blätter gebracht. Wie kommt das denn?» – Die Frau sagte: «Das ist so Brauch in der Sippe meines Mannes.»

So half sie ihnen, und sie besaßen nun auch dieses Wissen. Sie kochten Blätter von Bäumen, und wenn es kochte, sah es aus wie Fleisch. So aßen sie Fleisch von Schweinen und anderem. Die Frau hatte ihnen geholfen und erzählte ihnen nun die Geschichte, wie es ihr ergangen war.

Als sie die Versammlung beenden und heimkehren wollte, sah eine Schwester dieser Frau den Geistmann. Sie liebte ihn gleich und wollte ihn heiraten. Sie dachte nach, wie sie es anstellen sollte. Wenn Vater und Mutter etwas sagten, wollte sie nicht hören. Sie hörte nur auf die Worte ihrer Schwester, die diesen Fischmann Wadup geheiratet hatte.

Als Wadup und seine Sippe bereit waren, wegzugehen, nahm auch die Schwester der Frau dieses Geistmannes ihre kleine Netztasche. Sie gingen und gingen.

Dann sagte die Frau zu ihrer Schwester: «Geh zurück, der Ort ist nicht gut zum Wohnen. Es ist ein ganz anderer Ort. Du wirst Hunger leiden. Du wirst keine gute Stelle zum Schlafen finden.»

Die Schwester sagte: «Das macht nichts, gehen wir zu zweit.»

Die ältere Schwester redete auf sie ein, aber die jüngere Schwester hörte nicht auf ihre Worte. Die Frau versuchte immer von neuem, ihre jüngere Schwester zurückzuhalten. Doch diese blieb hartnäckig und wollte einfach mitgehen.

Vater und Mutter des Wadup sagten nun: «Es ist schon recht, laß sie kommen.» – Sie gingen also alle zu ihrem Platz.

Als es dunkel wurde, gingen sie schlafen. Vater und Mutter des Wadup sagten der Frau: «Sage deiner jüngeren Schwester: «Wenn wir schlafen, darfst du nicht hinaufgehen und Schüsseln, Töpfe und anderes holen kommen. Es ist streng verboten. Du mußt unten bleiben.»

Einmal geschah es: Sie hatten das Essen gekocht. Es war schon bereit. Die Frau sagte zu ihrer jüngeren Schwester: «Geh hinauf, bring die Schüsseln herunter! Wir wollen das Essen verteilen und essen.»

Die jüngere Schwester ging hinauf und sah sehr viel Fleisch von Fischen. Sie schaute und schaute. Es war sehr verlockend. Sie verlangte darnach und nahm ein Stück in den Mund. Die ältere Schwester merkte es und sagte: «Geh, mach schnell und komm herunter!»

Die jüngere Schwester sagte: «Ich bin noch am Suchen», und setzte sich nieder.

Die ältere Schwester fragte: «Was machst du denn?» – Die jüngere Schwester zermalmte schnell einen Fisch und kam herunter. Die ältere Schwester fragte: «Was hast du nun eigentlich getan?»

Die jüngere Schwester sagte: «Ich habe keine gute Schüssel gefunden. Ich suchte und suchte, dann nahm ich eine Schüssel und brachte sie herunter.»

Nun wurde es langsam hell für den Tag der Geister. Der Mann wollte sich wieder zu einem Menschen zusammenfügen. Er fügte und fügte zusammen, aber jenes kleine Stück Fleisch war weg. Er hatte nicht mehr alles zum Zusammenfügen. Das Fleisch fiel herunter und machte Geräusch.

Er versuchte es immer und immer wieder.

Vater und Mutter des Wadup sagten: «Schaut, ihr Menschen von draußen, ihr eßt allerhand Sachen. Ihr kommt und bringt uns um. So tut ihr Unrecht.»

Sie sprachen miteinander. Darauf nahm der Geist seine Frau und ihre jüngere Schwester und führte sie hinaus. Er sagte ihnen: «In Zukunft werdet ihr harte Arbeit zu leisten haben. Diese Aibika-Blätter müßt ihr pflanzen und ihr werdet sie essen wie Blätter. Schweine und andere Tiere müßt ihr ernähren und aufziehen. Erst dann werdet ihr Fleisch haben. Von jetzt ab könnt ihr nicht mehr so tun, wie wir es euch gezeigt haben. Ihr werdet nicht mehr das Wissen haben, das wir haben.»

Der Geist schickte die Frau und ihre jüngere Schwester weg. Dann verwischte er den Weg, auf dem sie zu den Menschen kamen.

Als Beispiel für die sibirischen Völker möchte ich die Ainu nennen[17]. Ihr Weltbild ist klar zweigeteilt in eine obere und eine untere Welt. Sie nennen die untere Welt «die Welt, über der wir wandeln». Die Unterwelt ist der Antipode der Oberwelt. Wenn es bei uns Tag ist, herrscht dort Nacht. «Wir dürfen auf der Oberwelt nachts nicht arbeiten, weil die Götter und die Seelen der Vorfahren beleidigt werden, die dann ihre Tagesarbeit verrichten.» Sterben heißt bei ihnen «in die tiefere Welt eingehen».

In der unteren Welt lebt man als Mann oder Frau wie auf dieser Erde, aber ohne Mühsal und Tod. Die Angehörigen werden nach dem Tod wieder vereint. Sogar seinen geliebten Hund findet der Jäger wieder. Es gibt Hochzeiten und Feste wie auf Erden und die reichsten Fisch- und Jagdgründe. Die Arbeit ist leicht und macht Freude. Es gibt Essen und Trinken, soviel immer man will. Niemals herrscht Not[18].

Ein Ainu erzählt:

Ein junger Jäger verfolgte einen Bären und gelangte dabei in eine Höhle. An ihrem Ende befand er sich in der anderen Welt. Hier war alles wie in der Menschenwelt, nur viel schöner. Da waren Häuser, Dörfer und menschliche Wesen. Da er müde und hungrig war, pflückte er von den Weintrauben und Maulbeeren, die er am Wege fand, und aß sie. Plötzlich merkte er, daß sich sein ganzer Körper in eine Schlange verwandelt hatte. Er erschrak sehr. Doch sein Schreien war nun ebenfalls das Schreien einer Schlange.

Er kroch wieder zur Mündung der Höhle zurück, die in die Welt der Menschen führte. Im Traum erhielt er den Rat eines Gottes, sich von der nahen Fichte zu stürzen, dann würde er wieder Mensch. Er tat es – und neben ihm lag eine riesige Schlangenhaut, wie wenn eben jemand aus ihr geschlüpft wäre[19].

Die Vorstellung von der Schlangenwelt im Wasser finden wir wieder in Indien[20], vor allem im Kaschmirgebiet. Die Nāgas wohnen im

Wasser der Flüsse und Quellen, aber auch im Wasser der Teiche und Seen. In den indischen Flüssen wohnen die Nāga-Rājas mit großer Gefolgschaft in herrlichen Palästen. Von dort steigen sie auf in die Welt der Menschen.

Ein Śākya-Jüngling, ein Verwandter Buddhas, sah am Seeufer ein herrliches Mädchen ruhen. Es war eine Nāgatochter, die sich in einen Menschen verwandelt hatte und sich dem Jüngling freundlich zuwandte. Als der Śākya ihr den Heiratsantrag stellte, tauchte sie in den See und kam mit ihrem Nāgavater, dem Nāgarāja, zurück. Dieser zeigte sich hocherfreut und lud den Śākyajüngling in seinen Palast auf dem Grunde des Sees zu einem Besuche ein[21].

In den griechischen Mythen wohnen die Schlangen und Drachen fast ohne Ausnahme im Wasser – denken wir etwa an die Lernäische Schlange[22], die eine Quelle bewachte, an die Pythonschlange in Delphi[23], die ebenfalls beim Felsspalt mit der Quelle wohnte, an Typhon[24], der in einer Höhle wohnte, von der wohl Wasser hervorfloß. Aber auch die Eingänge zur Unterwelt lagen in Höhlen.

Selbst in der germanischen Märchen- und Sagenwelt gibt es viele Geschichten von Drachen, die im Wasser wohnen. Auch gibt es nicht wenige Hinweise auf die Vorstellung von einer Welt unter der Erde, etwa bei «Frau Holle»[25], wo das arme Mädchen die Spindel suchen geht und durch das Brunnenwasser in die Unterwelt gelangt, in der es alles ähnlich unserer Welt vorfindet.

Im Märchen «Die zertanzten Schuhe»[26] gehen die zwölf Königstöchter jede Nacht in die Unterwelt und dort über einen See zu einem Schloß, wo sie die Nacht mit Tanzen zubringen. Im Märchen «Die Wassernixe»[27] spielen zwei Kinder, ein Bruder und seine Schwester, an einem Brunnen und plumpsen hinein. Unten treffen sie eine Wassernixe, für die sie arbeiten müssen, bis ihnen die Flucht gelingt. Im Märchen «Die Nixe im Teich»[28] wird ein junger Mann von der Nixe im Teich in die Tiefe gezogen, nach langer Zeit durch den Einsatz seiner Frau jedoch wieder gerettet.

In all diesen Hinweisen finden wir jedoch keinen Bezug zum Wasserreich der Schlangen, es sei denn, daß gerade die Wassernixen nichts anderes als abgewandelte Schlangenwesen sind – eine Vermutung, die vieles für sich hat, deren Beweis aber aussteht[29].

Als Beispiel aus der neuen Welt möchte ich die Ursprungslegende vom Schlangentanz der Hopi-Indianer anfügen:

Tiyo, der Jüngling, war recht neugierig von Natur und voll Abenteuerlust. Oft fragte er sich, wohin nur der große Fluß ging, der durch sein Land floß. Das war natürlich der Colorado.

Dieser Frage wollte er auf den Grund gehen und baute darum ein primitives Boot, in das er sich setzte. Er war gespannt, in welches unbekannte Land der Fluß sein Boot treiben würde. Als er schließlich zum Meer kam, landete er auf einer Insel.

Doch er wußte nicht, was er nun tun sollte. Gegen den schnellen Fluß konnte er in seinem Boot nicht aufkommen. Während er sich das überlegte, traf er Frau Spinne, die ihm von nun an mit Rat beistand.

Sie gab ihm zu essen, dann kroch sie hinter sein Ohr. Von dort gab sie ihm Rat und sagte ihm, was er zu tun hätte. Dann führte sie ihn durch die Unterwelt, die der Himmel der Hopi ist.

Auf dem Wege hatte Tiyo viele Gefahren von seiten wilder Tiere zu bestehen. Er traf nacheinander einen Bären, einen Panther, eine Wildkatze, einen Wolf und schließlich eine große Rasselschlange. Sie alle versperrten ihm den Weg. Doch Frau Spinne gab ihm magische Medizin, mit der er seine Gegner unschädlich machte und sich Platz schaffte.

Nachdem er viele Gefahren mit knapper Not überstanden hatte, gelangte er in das Land der Schlangenleute. Dort war eine Schlangen-Kiva. Zuoberst an der Leiter, die zur Kiva hinunterführte, hing das Tiponi, die Bogenstandarte der Schlangenleute, was bedeutete, daß sie gerade Zeremonien durchführten.

Auf den Rat von Frau Spinne kletterte der junge Tiyo über die Leiter in die Kiva hinunter, wo er Männer und Frauen beieinander fand. Anstatt von ihnen hinauskomplimentiert zu werden, wie er erwartet hatte, bot ihm der Chef eine Pfeife an und bat ihn zu rauchen, allerdings mit der Auflage, er müsse den Rauch hinunterschlucken.

Das war die höchste Prüfung, die er zu bestehen hatte.

Frau Spinne flüsterte ihm ins Ohr, er solle nur rauchen. Denn ohne daß die Leute es sahen, sog sie den Rauch von hinten und ermöglichte es Tiyo, die Probe zu bestehen.

Dann kleideten sich die Schlangenmenschen in Schlangenhäute, die an den Wänden hingen, und verwandelten sich alsogleich in Rasselschlangen. Das jüngste und schönste Mädchen in der Kiva verwandelte sich in eine höchst gefährlich aussehende Rasselschlange. Tiyo versuchte, sich an sie heranzumachen, doch benahm sie sich äußerst tückisch. Frau Spinne kam ihm zu Hilfe und gab ihm eine magische Medizin, die er der Schlange entgegenspuckte. Das machte sie zahm und leicht zu fassen. Darauf war sie ganz nett und brachte ihm zu essen.

Damit hatte er die Probe bestanden und wurde Mitglied des Schlangenklans. Die Schlangenleute lehrten ihn ihre Geheimnisse und die Gebete der wunderbaren Zeremonien, die die Götter erfreuen, so daß sie Regen senden und damit die Ernte der Hopi retten.

Nachdem Tiyo alle diese Zeremonien gelernt hatte, wurden ihm die Gewänder und magischen Medizinen gegeben, die er beim Tanz zu gebrauchen hatte, und er erhielt ein Schlangenmädchen zur Frau.

Seine Leute zuhause hatten ihn längst als verloren aufgegeben. Als er schließlich mit einem wunderbaren Schlangenmädchen zurückkam, wurde er begrüßt wie einer, der von den Toten zurückkehrt.

Seine Frau wurde schwanger, was seine Leute ungemein erfreute. Als sie dann junge Rasselschlangen gebar, wurden sie vom Stamm gut aufgenommen. Doch die Schlangen stifteten Unruhe, da sie die Hopikinder bissen, wenn diese mit ihnen spielen wollten. Die Leute hatten schließlich eine solche Wut auf die jungen Schlangen, daß man sie und ihre Mutter aus dem Dorf trieb.

Eine schreckliche Dürre kam über das Land. Die Frucht verdorrte und starb, die Quellen trockneten aus. Das wunderschöne Land mit seinem grünen Gras und den grünen Bäumen wurde eine heiße und trockene Wüste – die farbige Wüste von heute.

Die Leute waren voll Schrecken, als sie sahen, was mit ihrem einst so herrlichen Land geschehen war, und riefen nach Tiyo, den sie für einen sehr klugen jungen Mann hielten. Er sagte ihnen, daß die Götter der Unterwelt erzürnt seien, weil sie das Schlangenmädchen mit seinen Kindern fortgetrieben hätten. Das einzige Mittel, das die Götter umstimmen könne, sei, die Schlangenleute zurückzubringen.

Bevor jedoch die Männer dazu auszogen, lehrte sie Tiyo die Gesänge und Gebete, wie er es am Ende seiner Reise auf dem großen Strom von den Schlangenleuten gelernt hatte und wie es den Göttern gefiel. Dann schickte er die Männer in die Wüste hinaus und ließ sie alle Schlangen, die sie finden konnten, sammeln und ins Dorf bringen.

Während der nächsten vier Tage zogen die Hopimänner in die vier Himmelsrichtungen und sammelten Schlangen. Die Schlangen, die sie fingen, brachten sie in die Kiva. Während der folgenden drei Tage wurden sie sorgfältig gewaschen. Gebete und Lieder der Reue wurden den Göttern dargebracht.

Gerade als die Sonne hinter den großen Gipfeln im Südwesten unterging, erschienen die jungen Männer aus der Kiva und tanzten mit den Schlangen auf dem Platz. Als sie mit dieser Zeremonie fertig waren, trugen sie die Schlangen hinaus in die Wüste und ließen sie frei, daß sie die Reuegebete der Hopileute zu den Göttern der Unterwelt brächten.

Die Götter waren darüber erfreut und sandten Regen, so daß die Hopi-Ernte gerettet war.

Seit jenem längst vergangenen Tag bis hin zur Gegenwart haben die Hopi jedes zweite Jahr ihren Schlangentanz abgehalten, damit er Regen bringe auf das ausgedörrte Land, und dies meist mit Erfolg[30].

Der Schlangenbräutigam aus dem Wasser

Bei den Paiwan finden wir beinahe gleiche Vorstellungen von Oberwelt und Unterwelt wie bei den Ainu oder den Hopi, und ebenso dieselbe Schlangenvorstellung.

In der Geschichte über die Herkunft des Todes[1] sieht eine Paiwanfrau ein Loch in der Erde und durch dieses Loch ein herrliches Dorf, schöner als jedes Paiwandorf oben auf der Erde. Sie steigt hinunter und sagt: «Wenn ich nicht zurückkomme, wißt, daß es dort unten schöner ist als hier oben. Dann folgt mir nach!»

Jedes Dorf kennt eine oder mehrere Versionen der Geschichte vom Schlangenbräutigam, dessen Heimat tief drunten im Wasser ist. Dort gibt es Dörfer mit sozialen Strukturen wie bei uns auf der Erde. Die Schlangen haben dort die Erscheinungsform von Menschen. Nur wenn sie zu uns auf die Erdoberfläche kommen, verwandeln sie sich in Schlangen. «Gewöhnliche» Menschen sehen eine Schlange, die Heldin der Schlangengeschichte, das Mädchen, sieht in ihr einen schönen Jüngling.

Das Mädchen ist immer eine Häuptlingstochter und ihr Schlangenbräutigam ein Häuptlingssohn des Wasserreiches. In allen Geschichten zieht das Mädchen schließlich ins Wasserreich der Schlange, nicht gewaltsam, sondern freiwillig.

Es gab einmal ein Dorf. Auf japanisch hieß es Naibun, auf Paiwan Chakufukufur. Dort wohnte der Häuptling Parigor. Im Hause dieses Häuptlings lebte eine Tochter. Sie hieß Luvuan. Es war ein schön gewachsenes Mädchen.

In ihren jungen Tagen kam immer wieder eine Schlange zu Besuch. Sie war in Luvuan verliebt.

Eines Tages saß Luvuan auf der Steinbank im Garten und war mit jemandem fest in ein Gespräch verwickelt. Die Eltern waren darob nicht wenig überrascht und fragten die Tochter: «Mit wem redest du eigentlich?» Die Tochter sagte: «Ich rede mit meinem Freunde, der Schlange.»

Auch später kam die Schlange immer wieder. Schließlich kam sie bis ins Haus und legte sich in die Wandnische. Die Mutter erschrak heftig, als sie die Schlange sah, und bekam schrecklich Angst. Sie wandte sich an die Tochter: «Welch ein schreckenerregendes Ding!» – Doch die Tochter sagte: «Mutter, habe keine Angst! Das ist mein Geliebter. Er ist ein sehr guter Mensch. Beruhige Dich!»

Die Schlange kam weiter regelmäßig ins Haus des Mädchens. Die beiden wurden immer intimer, bis das Mädchen schließlich schwanger wurde und zehn Schlangen das Leben schenkte. Die Mutter war hierüber nicht sehr erfreut und meinte, daß sie in ihrem Haus keine Schlangen nötig habe. Darum verlangte sie von der Tochter, daß sie sich ein für allemal von der Schlange trenne.

Doch diese sagte: «Ich kann keine Scheidung mehr eingehen, ich habe ja schon Kinder geboren. Wenn du, meine Mutter, sie anschaust, siehst du Schlangen, ich aber sehe Menschen. Begreife, daß ich darum nicht auf eine Scheidung eingehen kann.»

Die Schlange allerdings meinte: «Da deine Mutter eine solche Angst vor mir zeigt, ist es wohl besser, wenn ich nachgebe. Ich bin bereit zur Scheidung und will nach Hause zurückkehren. Die Kinder werde ich mit mir nehmen und dich im Hause der Mutter zurücklassen.» Doch Luvuan, die Frau der Schlange, wollte sich unter keinen Umständen trennen lassen.

Für die Schlange war im Hause keine Bleibe mehr, und so bat sie die Frau, Abschied nehmen zu dürfen.

Luvuan hatte zur Hochzeit von der Schlange einen Glasperlen-Halsschmuck von acht Ketten erhalten. Den übergab Luvuan ihrer Mutter: «Das ist der Schmuck, den mir damals die Schlange als Hochzeitsgeschenk gegeben hat. Als Andenken an mich übergebe ich ihn dir. Ich und die Kinder wollen unbedingt mit meinem Gemahl ins Haus der Schlange ziehen.»

Dann zog die Tochter aus dem Haus. Zu ihrer Rechten führte sie fünf Schlangen, zu ihrer Linken ebenfalls fünf. Die Mutter lief, verzweifelt und traurig, hinter ihr her. Auf jede Weise versuchte sie, die Tochter am Fortgehen zu hindern. Doch es war nichts mehr zu machen. Schließlich zog Luvuan mit ihren zehn Kindern und dem Gemahl ins Haus der Schlange.

Beim Verlassen des Hauses hatte Luvuan zu ihrer Mutter gesagt: «Wir gehen jetzt. Wenn ich ins Meer gestiegen bin und du den Hut auf dem Wasser schwimmen siehst, dann wisse, daß dein Kind im Haus ihres Gemahls angekommen ist.»

So zog Luvuan mit ihren zehn Kindern und dem Gemahl von zuhause fort.

Als Luvuan später Enkel erhielt, entschlossen sich diese, zum jährlichen Erntefest, zum Fünfjahresfest und zu anderen Festen ins Haus von Vater und Mutter der Luvuan zu ziehen. In großer Zahl zogen die Schlangen jedes Mal hin, setzten sich auf die verschiedenen Steinbänke und rollten sich darauf zusammen. Luvuans Eltern brachten jeweils Reisklöße und Fleisch und nötigten sie zu essen. Auch Luvuans Geschwister kamen zur Begrüßung von Luvuans Enkeln, den Schlangen, wann immer ein Fest sie zu Besuch brachte[2].

In manchen Geschichten nimmt das Mädchen durch den Umgang mit der Schlange mehr und mehr schlangenhafte Züge an, so sehr, daß es schließlich halb Schlange, halb Mensch ist.

In einem Dorf mit Namen Makararau lebte ein Häuptling mit vier Kindern. Der Häuptling hieß Simidarudaru. Seine Frau hieß Sasarpan, sein ältester Sohn Pulaluyan, sein zweiter Sohn Kolilir, sein dritter Sohn Simidarudaru. Seine einzige Tochter hieß Tchukutchuku. Sie war die jüngste.

Eines Tages gingen die Söhne ein Hirsefeld bestellen. Als sie zum Roden auszogen, baten sie die Mutter, die jüngere Schwester solle ihnen das Mittagsmahl hinaustragen.

Die Mutter bereitete Reisklöße, die sie mit Schweinefleisch füllte. Kurz vor Mittag sagte sie zu Tchukutchuku: «Schau her, hier nimm und bring dieses Mittagessen deinen Brüdern!»

Tchukutchuku zog schöne Kleider an, nahm ihren Hut und ging. Tchukutchuku war ein überaus gut gewachsenes, liebliches Mädchen. In der Nähe des Feldes, wo die Brüder arbeiteten, war ein Tal mit einem großen Weiher. Darin schwamm eine mächtig große Hundertschrittschlange. Wie Tchukutchuku die Schlange sah, erschrak sie. In diesem Moment wehte eine kühle Brise, und schon flog ihr Hut in den Weiher.

Da rief Tchukutchuku: «Aya, mein Hut ist in den Weiher geflogen», und zur Schlange sagte sie: «Onkel, bitte, nimm mir nicht den Hut, reich ihn mir, bitte, her!»

Wie Tchukutchuku das sagte, kam der Hut aus dem Wasser heraus. Tchukutchuku wollte ihn holen gehen. Da – pah! – hatte die Schlange den Hut schon erfaßt und tauchte ihn wieder in die Tiefe. Tchukutchuku war dabei ins Wasser gestiegen. Das Wasser reichte ihr bis an die Fußknöchel. Da nahm ihre Haut bis zu den Knöcheln Schlangenmuster an.

Tchukutchuku sagte wieder: «Onkel, gib mir meinen Hut!» Und wieder tauchte der Hut auf. Als Tchukutchuku ihn nehmen wollte, – pah! – schnappte ihn die Schlange wieder, und er verschwand in der Tiefe. Tchukutchuku war dabei weiter ins Wasser gestiegen. Jetzt kam ihr das Schlangenmuster bis zu den Knien.

«Onkel, bitte, gib mir meinen Hut!», sagte sie erneut. Wieder kam der Hut empor. Wieder wollte sie ihn fassen. Da – siehe! – schnappte ihn die Schlange wieder weg, und so verschwand er wieder in der Tiefe. Um den Hut zu erwischen, war Tchukutchuku immer weiter ins Wasser gestiegen. Jetzt kam ihr das Schlangenmuster bis zu den Hüften.

Wieder sagte sie: «Onkel, gib mir meinen Hut, bitte!» Wieder kam der Hut empor. Tchukutchuku ging ihm noch mehr entgegen. Nun kam das Schlangenmuster schon bis zur Brust.

Wieder sagte sie: «Onkel, gib mir den Hut!» Der Hut kam empor und Tchukutchuku ging ihm entgegen. Doch die Schlange riß ihn wieder weg. Jetzt reichte ihr das Schlangenmuster bis zum Hals.

Da es schon über Mittag ging, und Tchukutchuku noch nicht auftauchte, dachten die Brüder: «Kommt denn Tchukutchuku mit dem Mittagessen noch nicht?» Wie sie zur Sonne schauten, wußten sie, daß Tchukutchuku schon hier sein mußte. Denn wenn immer Tchukutchuku aus dem Hause trat, veränderte die Sonne ihren Schein. «Komisch, warum kommt Tchukutchuku immer noch nicht?» fragten sie sich.

«Geh ins Tal hinunter und hol Wasser, denn wir alle haben trockene Kehlen!» sagte der Vater zu Pulaluyan, dem Ältesten. Pulaluyan ging, um Wasser zu holen. Wie er zum Weiher kam und über den Weiher blickte, sah er seine jüngere Schwester mit der Schlange spielen. Er erschrak gewaltig und rief: «Weh! Meine jüngere Schwester!» – Dann holte er seinen Vater und seine jüngeren Brüder.

Als sie zum Weiher kamen, war Tchukutchuku im Wasser schon ganz zur Schlange geworden. Der Vater und die älteren Brüder riefen Tchukutchuku zu: «Tu das doch nicht! Komm gleich zurück! Was sollen denn dein Vater und deine Mutter machen?» Doch wieviel sie auch sagten, Tchukutchuku antwortete nur: «Es ist nichts mehr zu machen. Ich gehe nun in die Welt der Schlangen.»

Als Tchukutchuku so geredet hatte, schwamm sie zur tiefsten Stelle im Weiher, wo am meisten Wasser war, tauchte unter und verschwand.

Der Vater und die Brüder kehrten nach Hause zurück und berichteten der Mutter, Tchukutchuku sei zur Schlange geworden und in die Welt der Schlangen gegangen. So sei Tchukutchuku verlorengegangen.

Da sie nun alle wußten, daß Tchukutchuku zur Schlange geworden, also gestorben war, vollzogen sie die Beerdigungsfeier.

Doch sobald Tchukutchuku sich in eine Schlange verwandelt hatte, befand sie sich mit der Schlange zusammen auf dem Ruheplatz vor einem großen Dorf. Sie beide saßen auf dem Ruhestein. Das Dorf hieß Inasaras. Tchukutchuku und die Schlange zogen von da ins Dorf. Doch die Schlange war nun nicht mehr eine Schlange, sondern ein flotter Jüngling. Sein Name war Pulaluyaluyan. Er war niemand anders als der Häuptling des Dorfes. Jetzt wurde Hochzeit gefeiert.

Fünf Tage nach der Hochzeit wurde Tchukutchuku schwanger, und nach weiteren fünf Tagen gebar sie einen Sohn. Sie nannte ihn Kolili. Damit ihr Sohn schnell zum Manne heranwachse, ließ sie die Priesterin Gebete verrichten. Kolili wurde zu einem schönen Jungen.

Die Mutter sagte zu ihrem Kind: «Mein Kind, gehe deinen Großvater und deine Großmutter besuchen. Dort sind meine Geschwister. Du bist Häuptling jenes Dorfes. Das Haus deiner Großeltern ist dein Haus, wie du auch Häuptling dieses Dorfes bist und wie dieses Haus auch dein Haus ist. Da deine Großeltern noch leben, geh sie besuchen. Wenn du in mein Dorf ziehst, wirst du auf dem Ruheplatz vor dem Dorfe das Zeichen von meinem Tode sehen. Nimm es weg! Dann geh ins Dorf bis zu meinem Haus. Auch dort vor dem Haus nimm das Zeichen meines Todes weg!» – So sprach die Mutter zu ihrem Sohn. Dann machte sich Kolili auf den Weg.

Als er zum Dorfe Makararau kam, machte er auf dem Ruheplatz halt, stieg sogleich auf den Baum und schnitt die Äste herunter. Auch von den Betelnußbäumen schnitt er die Äste herunter.

Die Leute vom Dorf sahen es und riefen: «Was für ein fremder Kerl ist das? Schneidet so frech die Trauerzeichen unseres Häuptlings vom Baum! Was ist er für ein vornehmer fremder Kerl? Haa, diesen Kerl stechen wir und legen ihn um!» So sagten sie, wetzten ihre langen Messer, schärften ihre Speere und legten Kugeln in ihre Gewehre.

Kolili schritt von dort gleich weiter ins Dorf, ging zu seinem Haus und schnitt auch dort die Äste vom Baum. Dann sagte Kolili: «Versammelt euch, ihr Leute vom Dorf! Erfahrt, von wo dieser vornehme Kerl kommt! Ob er wirklich so viel Kraft besitzt? Warum er die Trauerzeichen der Schwester so frech herunterschneidet?» Als Pulaluyan das hörte, versammelte er gleich das ganze Dorf. Kolili setzte sich auf eine Bank.

«Bitte schön, bringt mich um! Doch bitte ich Großvater Simidarudaru und Groß-mutter Sasarpan zu bedenken: Warum wollt ihr mich töten? Wollt ihr mich töten, weil ihr in mir den Sohn eurer Tochter gesehen habt?» sagte Kolili.

«Aya, ist das unser Enkel? Ist das das Kind unserer Tochter, die zur Schlange ge-worden ist?» – Sie nahmen ihn in die Arme.

Voller Freude sagten sie: «Wie geht es deiner Mutter? Wie ist die Welt der Schlan-gen?»[3]

Wie immer diese Geschichten nach Dörfern variieren, fest steht eines: Das Mädchen, das ins Schlangendorf unter dem Wasser gezogen ist, kommt nicht mehr zurück, so sicher wie der Tod.

Der Schlangenbräutigam als Erzähltyp ist nicht nur bei den Paiwan zu finden[4]. In Japan ist er in über hundert Varianten bekannt[5]. In vielen dieser Geschichten ist es ein unbekannter Liebhaber, der Nacht für Nacht die einzige Tochter eines reichen Mannes besucht. Aller-dings findet sich hier oft ein besonderes Element: Auf den Rat der Mutter steckt das Mädchen insgeheim eine Nadel mit Garn in das Kleid des Liebhabers. Am nächsten Morgen geht die Mutter der Garnspur nach und findet im tiefen Wasser eine Schlange. In zehn Varianten wird das Mädchen, das die Schlange heiratet, ebenfalls eine Schlange.

Zur Tochter einer Familie kam jeden Abend ein Jüngling. Eines Tages sah die Mut-ter heimlich ins Zimmer hinein und fand ihn wirklich schön. Beim Abschied hörte sie die Worte des Mädchens, aber nicht das, was der Jüngling sagte. Es schien, daß er lautlos wegging, denn man hörte keinen Ton, als er die Tür aufmachte.

Einige Zeit verging, ohne daß die Mutter und die Tochter darüber sprachen. Weil er aber jeden Abend kam, konnte die Mutter nicht mehr an sich halten und warnte die Tochter. Diese aber sagte: «Er redet sehr interessant und ist ein guter Mann.»

Die Mutter riet ihr: «Wenn er morgen wieder da ist, stecke diese Nadel unbemerkt in den Saum seines Kleides.» Und sie gab ihr eine Nadel, an der sie eine Schnur be-festigt hatte.

Als der Jüngling nun am nächsten Abend Abschied nehmen wollte, steckte das Mädchen die Nadel in den Saum seines Kleides, wie die Mutter gesagt hatte.

Am nächsten Morgen ging die Mutter – immer der Schnur nach – in die Berge. Da kam sie zu einem großen Baum auf der Spitze des Berges, unter dem der Eingang zu einer großen Höhle war. Drinnen sprach laut eine große Schlange: «Ich kann nicht mehr lange leben, weil mir eine Nadel in den Körper gesteckt wurde. Da ich aber viel Samen im Leib des Mädchens gelassen habe, werde ich viele Nachkommen haben.»

Darauf sagte eine andere Schlange: «Aber man sagt, wenn eine Frau in Kalmuswasser badet, werden alle Samen getötet.»

Als die Mutter dies gehört hatte, kehrte sie nach Hause zurück und ließ die Tochter gleich in Kalmuswasser baden.

Da wurden viele Schlangenkinder tot geboren[6].

Dieser Typus des Schlangenbräutigams ist auch bis an die Ostküste Neuguineas nachweisbar.

Eines Tages gingen alle jungen Mädchen in den Busch, um Feuerholz zu holen.

Da fand ein junges Mädchen – die erste und die schönste von allen – ein großes Zuckerrohr, so groß wie ein Baum. Sie sprach zu den anderen: «Bringt ein Messer her!» Doch keine wollte. Aber ein Mädchen, das nicht schön war und Wunden hatte, gab ihr ein Messer. Damit schnitt sie das Zuckerrohr entzwei. Sie rief die anderen Mädchen herbei, und ein jedes bekam ein Stück. Alle aßen unterwegs. Ein schönes, gutes und junges Mädchen erhielt das unterste Stück von dem Zuckerrohr. Die Kaureste von dem Zuckerrohr warfen die Mädchen auf den Weg.

Die Schlange Muin ging hinter den Mädchen her, klaubte die Kaureste auf und hob sie gut auf.

Sie kamen zum Platz. Die Schlange ging zu dem Haus des Mädchens, das den untersten Teil des Zuckerrohres bekommen hatte. Sie legte sich auf den Platz der Leiter und ringelte sich ein. Mit den Resten des Zuckerrohres bedeckte sie sich in der Nacht.

Frühmorgens stand das Mädchen auf, nahm die Leiter und wollte sie hinunter stellen. Da erblickte es die Schlange und warf die Leiter hin. Weinend ging es in seinen Schlafsack zurück. Da fragten sie ihre Eltern: «Warum weinst du und gehst in deinen Schlafsack zurück?» Sie antwortete: «Geht hinaus und beschaut es euch!» – «Was denn?» – «Geht und seht!» Beide, Vater und Mutter, gingen hinaus und sahen die Schlange. «Oh, eine große Schlange!» Da riefen und weckten sie die andern Leute. «Schaut die Schlange!»

Sie fragten nun die Schlange: «Was willst du? Wozu bist du hergekommen?» Die Schlange wackelte mit dem Kopf. «Willst du ein Mädchen?» Da nickte sie mit dem Kopf. Nun weinten alle Leute um ihre Kinder.

Dann schmückten die Väter ihre kleinen Töchterchen. Ein Vater brachte seine Tochter und zeigte sie der Schlange. Sie hatte Wunden. «Willst du die?» Die Schlange schüttelte den Kopf. Sie wollte nur das Mädchen, das das unterste Stück von dem Zuckerrohr erhalten hatte. Als sie es ihr zeigten, nickte sie. Da fingen ihre Eltern an zu weinen.

Das Mädchen sprach zur Schlange: «Geh du voran, ich komme hinterher.» Doch die Schlange gab mit dem Kopf ein Zeichen. «Geh du voran, hab keine Angst, ich kann dich nicht beißen.»

Da ging das Mädchen voran. Die Eltern kamen hinter der Schlange. Sie gingen tief in den Busch hinein.

Da machte die Schlange mit dem Kopf eine Bewegung zu den Eltern: «Geht zurück zum Platz!» Und sie gingen zurück.

Das Mädchen und die Schlange gingen weiter und tiefer in den Busch hinein, die Schlange immer hinter dem Mädchen.

Da gab sie dem Mädchen ein Zeichen stehenzubleiben und verschwand. Das Mädchen wartete.

Die Schlange ging in einen Baum und legte die Schlangenhaut ab. Geschmückt mit Gürtel, Kopfschmuck (Purpur) und Armbändern kam dann ein junger Mann hervor. Das Mädchen roch ihn von weitem, sah ihn und sprach: «Ich warte auf die Schlange.» – «Auf was? Schon gut, wir gehen zusammen!» Da ging das Mädchen mit. Sie sprach: «Zuerst ging ich mit einer Schlange, jetzt kommt ein Mann.»

Als sie zu einem großen Wasser kamen, rief der Mann nach seiner Mutter. Diese – unten im Wasser – nahm einen Stock und bewegte ihn im Wasser hin und her. Da verschwand das Wasser.

Nun sprach der Mann zu dem Mädchen. «Komm mit! Stell dich auf meinen Gürtel. Wir gehen hinunter! Wir stellen uns auf das Bett, mein kleines Bett ist da.» Da stellte sich das Mädchen auf den Gürtel, und sie gingen hinunter. Das Wasser kam nun wieder zurück.

Da sprach der Schlangenmann zu seiner Mutter: «Koche Sago, meine Frau will essen.» Da machte die Mutter Feuer auf ihren Beinen, kochte schnell Sago und gab es der Frau.

Das Mädchen sprach zur Frau: «Später will ich euch lehren, wie wir Feuer machen und kochen. Ihr macht es nicht gut.»

Als der Mann mit seinem Hund in den Busch ging und ein Schwein tötete, kamen einige andere Schlangen herbei und schimpften auf das Mädchen.

Da ging es in seinen Schlafsack. Die Mutter schimpfte auf die Schlangen und sprach: «Wenn mein Sohn kommt, wird er euch töten.» Da kam der Mann zurück mit dem Schwein und rief: «Komm herunter und koch das Schwein!» Das Mädchen aber blieb in dem Schlafsack. Da erzählte die Mutter: «Alle Schlangen waren böse auf es, darum hat es sich versteckt.» Da schimpfte er alle aus: «Noch einmal, und ich werde euch töten!»

Die beiden bekamen später zwei Schlangenkinder. Wenn sie in den Busch gingen, legten sie die Kinder in die Tasche und hingen sie an einen Baum. Beide wurden groß.

Später gingen Mann und Frau zu den Eltern des Mädchens. Die Mutter hing die Tasche mit den beiden Kindern am Haus ihrer Eltern auf.

Zwei Knaben jagten kleine Eidechsen und erblickten die Tasche. Sie fragten die Eltern: «Was ist das für eine Tasche?» Diese erwiderten: «Laßt die Tasche in Ruh! Daß ihr euch in acht nehmt!»

Doch die beiden Jungen stellten eine Leiter an, gingen hinauf und öffneten die Tasche. Da sprang eine Schlange, die größere, hinunter und verbarg sich in einer Kokosnußschale. Das andere Schlangenkind töteten die Knaben.

Später ging der Vater der Schlangenkinder hinauf und hob die Tasche auf. Sie war nicht schwer und leer. Er wurde böse auf seine Frau: «Warum hast du die Tasche hier hinaufgehängt? Warum hast du sie nicht an unserem Haus aufgehängt?»

Da meldete sich das Kind, das sich in der Kokosnußschale versteckt hatte, und sagte: «Mutter, ich bin hier. Das andere Kind haben sie getötet!» Da nahmen sie das Kind und gingen nach Hause[7].

Eine Schlangenbräutigamgeschichte aus dem indischen Punjab enthält eine Reihe gleicher Elemente. Dabei muß man sich bewußt sein, daß die Nāgas meist im Wasser wohnen.

Im Dorfe Gosāl stieg eine Bauernfrau auf das Dach ihres Hauses, um zu sehen, ob das Korn, das dort ausgebreitet war, trocken sei. Bāski Nāg, der Nāgafürst der Gegend, sah sie und verfiel in Liebe zu ihr. Er verwandelte sich in einen Mann und trug die Frau durch die Luft in die höheren Regionen. Er verbot ihr, je das Haar auf seinem Kopf zu heben.

Als eines Tages der Nāga, den Kopf auf dem Schoß der Frau, in Schlaf fiel, konnte sie der Neugierde nicht widerstehen und hob das Haar des Nāga. In diesem Moment schaute sie von der oberen Region hinunter und sah ihr Haus und ihre Felder – und begann zu weinen.

Sobald ihre Tränen auf das Gesicht des Nāgafürsten fielen, erwachte dieser. Da nahm er sie zur Frau und sagte: «Was aus deinem Schoß geboren wird, mußt du verehren.» – Nach diesen Worten fand sie sich wieder auf ihrem Hausdach.

Nach neun Monaten gebar sie an einem einzigen Tag achtzehn Schlangen. Diese legte sie in einen irdenen Topf, der im Kulūdistrikt «Bhandal» heißt. In den Topf machte sie achtzehn Öffnungen, preßte die Milch ihrer Brüste in ein Gefäß und nährte die Schlangen durch je eine Öffnung und verehrte viele Tage hindurch die Schlangen mit Weihrauch.

Nach vier bis fünf Monaten beschloß die Frau, ihre Eltern zu besuchen. Darum sagte sie zu ihrer Schwiegermutter: «Verehre du die Schlangen in meiner Abwesenheit!» – Darauf ging sie. Am andern Tag legte die Schwiegermutter Weihrauch in einen großen eisernen Löffel, legte Feuer bei und trat nahe an die Schlangen heran, um sie zu verehren.

Wie die Schlangen dies merkten, streckten sie die Köpfe durch die Löcher. Als die Schwiegermutter die Schlangen sah, ließ sie vor Schreck den Löffel mit dem Weihrauch in den Topf fallen. Die Schlangen flohen aus dem Topf in alle Richtungen. Von den achtzehn Schlangen gingen zwei nach Mandi und Sukei und zwei in das Gebiet von Kaul[8].

Teilweise ähnliche Züge zeigt eine Geschichte der Paiwan:

Es war einmal eine Familie: Vater, Mutter und eine Tochter. Der Name des Mädchens war Moakai.
Dieses Mädchen spielte gelegentlich mit einer Hundertschrittschlange. Doch tat es das immer im geheimen, so daß ihre Eltern nichts davon erfuhren.
Eines Tages jedoch – die Eltern kamen gerade vom Felde – stellten sie fest, daß ihre Tochter mit einer Schlange ins Bett gegangen war. Die Schlange hatte sich um die Beine und den Leib der Moakai gewunden. Der Kopf der Schlange ruhte am Hals der Moakai. Die Eltern erschraken darob nicht wenig und fanden die Sache höchst seltsam.
Einmal trug die Schlange Holz in die Küche. Sie wollte damit zeigen, daß sie mit Moakai verheiratet sei und darum im Haushalt mithelfe.
Später war die Schlange für einige Zeit verschwunden. Die Eltern hatten die Tochter fest im Verdacht, daß sie mit der Schlange verheiratet sei. Moakai war auf dem Felde bei der Arbeit. Bevor sie das Haus verlassen hatte, hatte sie der Mutter noch ans Herz gelegt, die Truhe in ihrem Zimmer ja nicht zu öffnen.
Doch die Muter hatte keine Ruhe, bis sie die Truhe im Zimmer der Moakai geöffnet hatte. Wie staunte sie, als sie den Deckel der Truhe in die Höhe hob: Hundertzwanzig kleine Schlangen waren in der Truhe. Doch nach einer kurzen Weile starben alle die kleinen Schlangen.
Als Moakai vom Felde kam, ging sie – von einer dunklen Ahnung getrieben – gleich in ihr Zimmer und sah, daß jemand den Deckel der Truhe gehoben hatte. «Ai», seufzte sie, «sicher sind meine Kinder gestorben.»
Wirklich! Als die den Deckel hob, sah sie, daß alle ihre Kinder gestorben waren. Moakai wurde schrecklich böse auf ihre Mutter. «Warum mußte nur meine Mutter die Truhe öffnen und so meine Kinder umbringen?» dachte sie, ging hin, nahm ihre Kleider, faltete sie zusammen, legte sie in einen Koffer, nahm ihren breiten Hut und ging aus dem Haus.
Als die Mutter sah, wie Moakai aus dem Hause ging, bereute sie ihr Vorgehen aufs tiefste. Mit allen möglichen Worten versuchte sie, Moakai zum Einlenken zu bringen. Doch alles war umsonst. Moakai lief immer weiter, bis sie zum Meer kam, schritt hinein, bis sie ganz tief im Wasser stand, dann verschwand sie.

Amor und Psyche

Eines der berühmtesten Märchen der Antike ist ohne Zweifel «Amor und Psyche». Diese Geschichte hatte nachhaltigen Einfluß auf das ganze Abendland bis hin zu «La belle et la bête»[1]. Ob dies allerdings die ursprüngliche Fassung ist? – Vielleicht vermögen fernöstliche Par-

allelen diesen Schlangenbräutigam-Typus in neues Licht zu rücken.
Bei den Paiwan stellt sich die Geschichte folgendermaßen dar:

Es war einmal eine Familie von vier Personen: Vater, Mutter und zwei Töchter.
Eines Tages ging der Vater in die Berge, um ein Wildschwein zu erjagen.
Gegen Abend machte er sich auf den Heimweg. Da sah er auf einem Baum schöne
Blumen. «Die nehme ich heim als Gruß für meine beiden Töchter», dachte er, stieg
auf den Baum und pflückte die Blumen.
Als er hinunterklettern wollte, sah er am Fuß des Baumes eine große Schlange auf
ihn warten. Die Schlange sagte zu ihm: «Warum hast du meine Blumen von die-
sem Baum gepflückt? Dieser Baum gehört mir. Die Blumen darauf hättest du nie
pflücken dürfen, wenn dir dein Leben lieb ist. Gibst du mir allerdings eine deiner
Töchter zur Frau, will ich dein Leben schonen. Sonst werde ich mit einem Biß dei-
nem Leben eine Ende bereiten.»
Der Mann versuchte sein Leben zu retten und sagte: «Gut, ich werde dir eine mei-
ner Töchter geben.»
«Dann komm nur herunter!» sagte die Schlange.
Der Mann stieg vom Baum und sagte zur Schlange: «Warte hier, während ich nach
Hause gehe und diese Angelegenheit meinen Töchtern mitteile.»
Die Schlange sagte: «Ja, geh!»
Der Mann ging nach Hause.
Als er vor sein Haus gelangte, kamen seine beiden Töchter herausgeeilt, um die
Blumen zu empfangen.
Als der Vater sie sah, wurde er traurig und weinte. Sie fragten ihn: «Vater, warum
weinst du?»
«Diese Blumen wollte ich euch als Gruß heimbringen, weil ich wußte, daß ihr an
ihnen Freude hättet. Diese Blumen gehören jedoch der Schlange. Wenn eine von
euch bereit ist, die Schlange zu heiraten, wird das mein Leben retten, sonst werde
ich es mit meinem Leben bezahlen. Denn die Schlange wird mich unweigerlich bei-
ßen und töten.»
Wie antwortete darauf die ältere Schwester? «Nie in meinem Leben werde ich jene
Schlange heiraten. Wer hat denn je eine Schlange geheiratet?»
Die jüngere Schwester jedoch gedachte, das Leben ihres Vaters zu retten. «Gut, ich
nehme es auf mich», sagte sie, «ich bin bereit, die Schlange zu heiraten.»
Der Vater war auf diese Antwort hin über alle Maßen glücklich.
Die Schlange war dem Mann auf dem Fuß gefolgt und hatte sich im Garten vor
dem Hause versteckt. Das Gespräch des Vaters mit den Töchtern hatte sie gehört
und wußte, was die Töchter dem Vater geantwortet hatten.
Verstohlen schlich sie sich ins Haus und sagte zum Vater und zur Mutter: «Vater
und Mutter dieser Mädchen, machen wir uns auf den Weg! Nehmen wir die jüngere Tochter mit! In meinem Haus wollen wir Hochzeit feiern!»
Die ältere Schwester blieb im Hause zurück. Die Eltern nahmen die jüngere Toch-

ter und zogen mit der Schlange zu deren Haus. Die Schlange ging vor den dreien her. Als sie in die Nähe des Hauses gelangt waren, sagte die Schlange: «Mein Körper schmeckt nach Ananas. Ihr könnt diesen Geschmack sicher nicht ausstehen. Bitte, geht ihr voraus. Ich folge euch nach.»

So gingen denn die Eltern und die jüngere Tochter vor der Schlange einher. Gerade vor dem Hause ging der Weg einige Stufen hinunter. Als nun die Schlange diese Stufen hinunterging, ließ sie einen Ton wie von kleinen Schellen hören. Eltern und Tochter waren so überrascht, daß sie nach hinten schauten.

Da war die Schlange keine Schlange mehr. Jetzt war sie ein schöner Jüngling. Die Eltern und die Tochter, die die Schönheit sahen, freuten sich sehr.

Nun schritt die Schlange ins eigene Haus, führte Eltern und Tochter hinein und hieß sie Platz nehmen. Die Einrichtung und die Habe zeugten von großem Reichtum.

Am folgenden Tag wurde Hochzeit gehalten. Am Tag darauf kehrten die Eltern wieder nach Hause zurück. Die Schlange gab den Eltern der Braut eine große Menge Gold und Sachen als Andenken mit auf den Weg. Einen Teil wickelten sie in ein Tuch, das der Vater bald auf den Schultern, bald auf dem Rücken trug; einen Teil legten sie in einen Korb, den die Mutter auf dem Kopf trug. So kehrten sie nach Hause zurück. Weil all die Sachen so schwer waren, mußten sie auf dem Weg immer wieder ausruhen. Schließlich erreichten sie mit aller Mühe ihr Haus.

Zuhause fragte die zurückgebliebene ältere Schwester: «So viel habt ihr als Andenken erhalten?» – Da sagten Vater und Mutter: «Das ist das Andenken von der Schlange. Sie ist gewaltig reich. Ihr Haus ist wunderschön. Nichts fehlt im Hause. Deine Schwester hat überaus glücklich geheiratet.»

Als die ältere Schwester dies hörte, wurde sie ungemein eifersüchtig auf ihre jüngere Schwester und war ganz traurig über sich selbst: «Wenn ich das gewußt hätte, hätte ich die Schlange geheiratet.» Aber es war nichts mehr zu machen.

Da sagte die Tochter zu den Eltern: «Wenn ich Zeit habe, werde ich meine jüngere Schwester besuchen.» – Doch das sagte sie nicht, weil sie ihre Schwester sehen wollte, sondern weil sie in ihrem Herzen bereits den Entschluß gefaßt hatte, ihre Schwester zu töten.

Die Schlange und ihre Frau lebten nach der Hochzeit in großem Glück zusammen. Die Schlange sagte zur Frau: «Du bist meine Frau geworden. Wir haben Geld in Hülle und Fülle. Laß alle Sorgen fahren. Du brauchst keine ermüdenden Arbeiten zu verrichten. Tag für Tag magst du vergnügt zu Hause sein.»

Die Frau freute sich ob dieser Worte sehr.

Eines Tages ging ihr Gemahl in die Berge. Gerade an jenem Tag kam die ältere Schwester zur jüngeren Schwester zu Besuch. Als sie das schöne Haus und all die Sachen im Hause sah, stieg ihr Neid gewaltig, und sie fühlte sich ganz traurig im Herzen.

«Wie stelle ich es an, daß ich meine Schwester töten und an ihrer Stelle die Frau der Schlange werden kann?» überlegte die ältere Schwester hin und her.

Dann fragte sie ihre jüngere Schwester: «Wo gehst du jeweils Wasser schöpfen? Ich möchte dorthin gehen. Gehen wir zusammen dorthin uns waschen und baden!» – So überredete sie die jüngere Schwester. Die ahnungslose jüngere Schwester sagte mit Freuden zu und führte ihre ältere Schwester zum Platz, wo sie Wasser zu schöpfen pflegte.

Als sie dort angekommen waren, sagte die Ältere zur Jüngeren: «Ziehen wir die Kleider aus und waschen wir uns!» – So zogen sich beide aus und wuschen sich im Wasser. Nach dem Bade sah die Ältere das schöne Gewand der Jüngeren und sagte zu ihr: «Willst du mir nicht dein Kleid zum Probieren geben. Ich möchte es anprobieren.»

So bat sie und zog das Kleid an. Dann stand sie an den Rand des Wassers und sah sich und das Kleid im Wasser spiegeln. «Dieses Kleid ist hübsch, und wie gut es mir steht!» sagte sie. Dann faßte sie die ahnungslose, jüngere Schwester, trug sie ans Wasser und warf sie hinein. So starb die jüngere Schwester im Wasser.

Darauf ging die ältere Schwester im Kleid der Jüngeren ins Haus. «Wenn mich die Schlange sieht, wird sie mich hassen. Darum werde ich mich ins Bett legen, mich krank stellen und die Decke ganz über mich ziehen.

Als gegen Abend die Schlange zurückkam, sah sie ihre Gattin im Bette liegen. «Was mag ihr denn nur passiert sein?» fragte sie sich besorgt, näherte sich ihrem Bett und wollte den Körper der Frau berühren. Doch die ältere Schwester sagte mit ganz schwacher Stimme: «Laß es sein. Berühre mich nicht! Ich bin krank. Nimm die Decke nicht weg!»

Die Schlange wollte nicht, daß sich die Frau ob ihres Vorgehens ärgern müsse und sagte: «Ich will in die Küche gehen und für meine Frau das Essen zubereiten.» – Da hörte sie aus dem Garten eine Unzahl von Grillen zirpen.

Die Schlange bereitete nun selber das Mahl. Als sie damit fertig war, aß sie ganz allein. Während sie das Mahl bereitet hatte, war eine Unzahl von Grillen ins Haus gekommen und zirpte nun in voller Lautstärke, so daß es der Schlange schrecklich auf die Nerven ging.

Als das Gezirpe der Grillen nachgelassen hatte, kam eine Unzahl von Fliegen ins Haus und flog der Schlange ums Gesicht, so daß sie sich ihrer kaum erwehren konnte.

«Was soll das bedeuten? Bisher habe ich nie so etwas erlebt. Warum passiert das heute?» dachte sie verwundert.

Bis zum Morgen konnte die Schlange nicht schlafen. Kurz bevor die Sonne aufging, saß ein Vogel auf dem Gipfel eines Baumes im Garten. Der Vogel begann zu singen. Als die Schlange die Melodie hörte, dachte sie: «Diese Melodie hat sicher einen tiefen Sinn.»

Dann bat sie den Vogel: «Lieber Vogel, sing mir doch das Lied noch einmal!»

Als der Vogel zum zweiten Mal sang, kam das Lied viel deutlicher herüber. Was hatte es für einen Sinn?

«Mein Gatte, du wirst glauben, daß die Frau, die in unserem Zimmer auf dem Bet-

te liegt, deine Frau sei. Du magst dich darüber freuen. Doch in Wirklichkeit ist es nicht deine Frau. Ich bin deine wirkliche Frau. Jene, die dort liegt, ist meine ältere Schwester, die mich ermordet hat.»
So klang das Lied.
Doch die Schlange wünschte den Sinn der Melodie noch deutlicher zu erfahren und bat den Vogel zum dritten Mal: «Lieber Vogel, sing das Lied, bitte, ein drittes Mal und laß mich seinen Sinn noch besser verstehen!»
So sang der Vogel, wie gewünscht, noch deutlicher, mit noch lauterer Stimme.
Als die Schlange nun beim dritten Mal den Sinn des Liedes ganz deutlich erfaßt hatte, ging sie gleich ins Haus, nahm die Decke vom Bett, riß das Schwert von der Säule und stach wild auf die Frau im Bett ein, bis sie tot war. Den Leichnam trug sie in die Berge und warf ihn dort weg.
Als die Schlange von den Bergen zurückkam, flog der Vogel, der vorher auf dem Wipfel des Baumes gesessen hatte, auf das Bett im Haus. Wie er dort ankam, war er kein Vogel mehr. Jetzt war es wieder die schöne, hübsche, frühere Frau.
Als die Schlange das sah, fragte sie, wie das alles gekommen sei, warum sie getötet worden sei. Die Frau erklärte ihrem Mann alles vom Anfang bis zum Schluß. So begriff nun die Schlange die Ursache und wie alles gekommen war.
Von da an lebten die beiden, Mann und Frau, fröhlich und glücklich bis zum Tod[2].

Diese Geschichte besticht durch die klassische Einfachheit der Motive und den inneren Zusammenhang im Ablauf der Handlung[3]. Eine andere Fassung aus dem Paiwangebiet kennt fünf Töchter – die Zahl fünf ist das bedeutendste Zahlensymbol der Paiwan. Als Zusatz findet sich in dieser Fassung das Machandelbaummotiv: Die Ermordete verwandelt sich nacheinander in einen Vogel, einen Baum, eine Nackenstütze, einen Hirsekloß und wieder zurück in die Frau. Schon vor zweitausend Jahren dürften die Paiwan in Taiwan ansässig geworden sein[4]. Dazu ist Taiwan durch die zweihundert Kilometer breite Taiwanstraße vom Festlandchina getrennt – das heißt, daß der kulturelle Kontakt der kopfjägerischen Paiwan mit ihrem Ursprungsland schon vor zweitausend Jahren abgebrochen ist.
Nun ist ganz unabhängig von den Paiwan aus dem südchinesischen Raum eine Fassung des Schlangenmärchens[5] aufgetaucht, das in allen wichtigen Zügen den beiden Fassungen aus Taiwan entspricht. Nur handelt es sich hier um sieben Töchter. Doch auch das überrascht nicht, wenn man weiß, daß die Siebenzahl auch bei anderen austronesischen Völkern – wie etwa den Ngadju-Dajak auf Borneo – besondere Symbolbedeutung hat. Eine weitere Fassung aus dem chinesi-

schen Raum handelt von zwei Töchtern, der eigenen und der Stief-
tochter[6].
Aus Japan gibt es eine Reihe Versionen dieses Schlangenbräutigamtypus[7] mit dem für Europa klassischen Drei-Töchtermotiv.
Die Erzählung von Amewakahiko[8] geht auf die Zeit um 1400 n.Chr.
zurück. Der Text diente zur Unterweisung des jungen Kaisers.

Zur Zeit, da der erhabene dritte Nachfolger des Tennô Jimmu das Reich regierte,
lebte irgendwo im Lande ein reicher Edelmann mit seiner Frau und seinen drei
Töchtern, die im ganzen Reich wegen ihrer Schönheit bekannt waren. Unermeßli-
che Schätze besaß er, und vierzigtausend wohlgefüllte Speicher in allen vier Himmelsrichtungen zeugten von seinem Wohlstand. Armut und Knappheit waren dort
unbekannte Gäste.
Eines Tages wusch eine Frau im Bach vor dem Hause des Edelmannes ihre Wäsche.
Da kam eine große Schlange gekrochen, sprach zu ihr: «Höre genau zu, was ich dir
sage. Führst du meinen Befehl nicht aus, so werde ich dir alle Knochen im Leibe
zerbrechen.»
Die Frau sagte: «Was hast du mir mitzuteilen? Ist es mir möglich, deinen Befehl
auszuführen, so will ich es tun.»
Da spie die Schlange einen Brief aus und sagte: «Den bringe dem Edelmann hier im
Hause!»
Die Frau nahm den Brief und gab ihn dem Edelmanne. Als der ihn öffnete und las,
stand darin geschrieben: «Gebt Ihr mir nicht die eine Eurer drei Töchter zur Frau,
will ich Euch alle, Vater und Mutter und Eure Töchter gleichfalls, töten. So soll das
Hochzeitsgemach sein, das Ihr an dem und dem Teiche errichten sollt: Ein Pfahl-
rostbau, siebzehn Klafter lang, damit ich Platz habe, meinen Körper dort auszu-
breiten.» – So stand es geschrieben.
Als die Eltern dies gelesen hatten, kannte ihr Schmerz keine Grenzen, die Trauer
wollte nicht enden. Als sie nun die älteste Tochter riefen und fragten, antwortete
diese: «Ehe ich dies tue, etwas so Unausdenkbares, will ich lieber sterben. Ich werde
es nicht tun.»
Sie fragten die mittlere Tochter; die gab dieselbe Antwort. Da riefen sie die jüngste
Tochter – das war ihr liebstes Kind – unter Tränen herbei und fragten diese. Sie
antwortete: «Ehe Vater und Mutter von der Schlange verschlungen werden sollen,
will ich zu ihr gehen.»
Da gab es Mitleid und Bedauern ohne Grenzen und großes Weinen, das kein Ende
nehmen wollte.
Man baute, dem Befehl der Schlange gemäß, am Ufer des Teiches einen Palast und
zog mit der geschmückten Braut dorthin. Dann ließ man sie dort zurück, und alle
Begleiter kehrten heim. Zur Stunde des Ebers erhob sich ein starker Wind, und
Regen strömte hernieder, von Donner und Blitzen begleitet. Haushoch gingen die

Wellen des Teiches, und die Prinzessin wurde von solcher Angst befallen, daß sie nicht mehr wußte, ob sie leben oder sterben sollte, denn sie sah keinen Ausweg, ihrem schrecklichen Schicksal zu entrinnen.

Während sie so in Ängsten dasaß, tauchte aus dem Teiche eine siebzehn Klafter lange Schlange empor und redete zu ihr: «Hab keine Furcht vor mir. Hast du ein Messer oder etwas Ähnliches bei dir, nimm es und schneide mir den Kopf ab.»

Trotz ihrer großen Angst und ihres Kummers nahm sie ihr Nagelschneidemesser und tat, wie ihr befohlen. Kaum hatte sie damit die Kopfhaut der Schlange nur leicht geritzt, da platzte diese auf, und aus der Schlangenhaut trat ein schöner Jüngling von ansehnlicher Gestalt, in ein prächtiges Hofkostüm gekleidet.

Er nahm die leere Haut, rollte sie zusammen, trug sie zu einer leeren Reiskiste und verschloß sie. Dann vermählten sie sich miteinander. Die ausgestandenen Ängste vergessend, unterhielt sich die Prinzessin die ganze Nacht hindurch bis zum Morgen mit ihrem Gatten.

So lebten sie miteinander in Freuden und hatten Überfluß in allen Dingen. Alles, was sie wünschten, war vorhanden, und die Tage vergingen ihnen mit Freude und Kurzweil jeder Art. Unzählige Diener und Vasallen standen jederzeit zu ihren Diensten.

Da sprach eines Tages der Gatte zu ihr: «Ich bin in Wirklichkeit der Drachenkönig des Meeres, aber von Zeit zu Zeit pflege ich zum Himmel emporzusteigen, zur Wohnung meines Vaters, des Himmelsherrschers. Die Zeit ist nun gekommen...

Während seiner Abwesenheit kamen die beiden älteren Schwestern die Prinzessin besuchen. Als sie den Palast mit den vielen herrlichen Dingen und das glückliche Los ihrer Schwester sahen, wie sie dort so froh und ohne Sorgen lebte, sprachen sie so oder ähnlich zueinander: «Ach, was für ein Leben haben wir uns doch verscherzt, was haben wir doch für ein unglückseliges Schicksal, hätten wir uns doch damals nicht gefürchtet.»

Aus Nepal stammt «Der Schlangenkönig» mit diesem Schlangenbräutigamtypus[9]. In Indien fehlt er bis jetzt[10]. Dann taucht er in der Türkei[11] wieder auf:

Ein Bauer begegnet auf dem Felde einer Schlange, die ihn seinen Acker nur dann bebauen läßt, wenn er ihr seine jüngste Tochter verspricht.

Die Tochter heiratet die Schlange und zieht in den Schlangenpalast.

Durch einen Sturz verwandelt sich die Schlange in einen schönen Prinzen.

Da das Mädchen Heimweh hat, besucht es seine Angehörigen. Die Schwester wird eifersüchtig, begleitet sie zurück in den Schlangenpalast. Auf dem Weg aber wirft sie die jüngere Schwester in einen Fluß und geht in deren Kleidern zum Prinzen.

Die jüngere Schwester wird von einem Fisch verschluckt und bekommt im Fischbauch ein Kind. Der Prinz fängt den Fisch und hört ein Wiegenlied im Fischbauch. Er rettet Frau und Kind und bestraft die Böse.

Von da[12] ist es nur noch ein kleiner Sprung zur europäischen Paralle-le, deren Variation fast Legion[13] ist. Die griechischen Fassungen haben den ursprünglichsten Ton bewahrt. «La belle et la bête» ist ohne Zweifel von ihnen abhängig.
Hier die Fassung aus der griechischen Inselwelt[14]:

Es war einmal ein Kaufmann, der hatte drei Töchter. Als er eines Tages auf die Reise ging, um seine Geschäfte zu betreiben, fragte er seine Töchter, was er ihnen mitbringen sollte.
Die älteste bat ihn um einen Unterrock, die zweite dagegen um ein Schmuckstück, die jüngste aber sagte: «Ich wünsche mir nichts als ein paar Rosen; jetzt sind sie wohlfeil auf dem Markte.»
Nun gut! Der Vater ritt fort und wickelte seinen Handel ab, dann kaufte er die Ge-schenke, die er seinen Töchtern versprochen hatte. Nachdem er sich auf den Heim-weg gemacht hatte, kam ein so heftiger Hagelsturm, daß ihm sein Rosenstrauß ganz zerschlagen wurde. Der Sturm wurde immer heftiger, und der Kaufmann war froh, als er endlich ein Tor erblickte und unter ein Obdach flüchten konnte.
Er versorgte sein Pferd und ging ins Innere des Hauses, traf jedoch niemanden dar-in. Da er hungrig war, aß er von den Speisen, die er auf der Tafel vorfand, und trank von den Getränken.
In der Zwischenzeit hatte sich der Sturm gelegt, so daß der Kaufmann an eine Fort-setzung seines Heimweges denken konnte. Er sattelte also sein Pferd und wollte ge-rade abreiten, da sah er im Garten einen Rosenstrauch stehen und dachte an die Bitte seiner jüngsten Tochter. Er ging hin und pflückte einen Strauß Rosen ab. Kaum war dies geschehen, da erschien eine Schlange und sprach: «O du undankba-rer Mensch! Genügt es dir nicht, dass du in meinem Haus Obdach, Speise und Trank gefunden hast? Mußt du mir auch noch meine liebsten Rosen mißgönnen und sie abreißen?» Der Kaufmann antwortete: «Hätte ich dich früher gesehen, dann würde ich dich um Erlaubnis gefragt haben.» – «Gib acht, was ich dir sage», entgegnete die Schlange, «du hast die Rosen für deine jüngste Tochter gepflückt; nun sollst du sie mir hierherbringen. Solltest du dich weigern, würde ich dich auf-suchen und dich töten.» Da der Kaufmann eine große Furcht hatte, sagte er ja. Was konnte der Ärmste auch sonst schon sagen?
Zu Hause angelangt, kamen sogleich die beiden ältesten Mädchen angelaufen und verlangten ihre Geschenke. Die Jüngste dagegen wartete schüchtern. «Komm her, liebe Tochter», sprach der Vater, «hier sind auch die Rosen, die du dir gewünscht hast.» Und dabei hub er an zu weinen. Die Tochter fragte ihn, warum er weine, und er erzählte ihr ausführlich, was ihm auf dem Heimweg zugestoßen war. Sobald die Schwestern das erfuhren, schmähten und verhöhnten sie die jüngste und sagten: «Du hochmütiges Ding, hättest du dir Schmuck oder Kleidung gewünscht wie wir, so müßtest du nicht zur Schlange gehen!» Das Mädchen aber, das sehr verständig war, kehrte ihnen den Rücken und ging ins Haus, um sein Bündel zu schnüren. Als

es alles, was es brauchte, beisammen hatte, bat es den Vater, das Pferd wieder zu satteln, nahm Abschied von seinen Schwestern und zog mit ihm zum Palast der Schlange. An Ort und Stelle angelangt, führten sie das Pferd in den Stall und traten ins Haus hinein, wo sie wieder die Speisen vorfanden, ohne einen Menschen zu sehen. Bald jedoch stellte sich die Schlange ein und sprach: «Ich sehe, du hast meinen Willen erfüllt. Nun kannst du getrost nach Hause zurückkehren!» Hierauf nahm der Vater Abschied, während das Mädchen bei der Schlange blieb.

Nach nicht langer Zeit verfiel der Vater aus Kummer und Schmerz über die Abwesenheit seiner Lieblingstochter in eine schwere Krankheit und mußte sich zu Bett legen. Die Schlange aber pflegte, wenn das Mädchen aß, sich auf ihren Schoß zu legen und sie zu fragen: «Nimmst du mich zum Manne, Liebste?» Aber das Mädchen antwortete immer: «Ich habe Angst vor dir.» Eines Tages nun fand das Mädchen in einer Schublade einen Spiegel, in dem sich die ganze Welt spiegelte, auch seinen Vater konnte es darin sehen, und es wurde traurig, weil er so krank zu Bette lag. Es weinte so bitterlich, daß die Schlange aus dem Garten gekrochen kam und fragte: «Was fehlt dir, mein liebes Röschen?» – «Schau hier in den Spiegel! Siehst du nicht, daß mein Vater krank ist?» Da sagte die Schlange zu ihm: «Öffne einmal jene Schublade dort. Da findest du einen Ring; den stecke dir an den Finger und sage mir, wie lange du wegbleiben wirst.» – «So lange, bis mein lieber Vater wieder gesund ist», antwortete das Mädchen. Da sprach die Schlange: «Sobald dein Vater dich erblickt, wird er augenblicklich wieder gesund werden. Dann gebe ich dir noch eine Frist von einunddreißig Tagen. Kommst du bis dahin nicht zurück und bleibst du nur einen einzigen Tag länger, so findest du mich tot.» – «Da sei der Himmel für!» rief das Mädchen. «Sei sicher, daß ich vor Ablauf der Frist wieder bei dir bin.»

«Nun gut», versetzte die Schlange, «iß jetzt erst zu Mittag, und dann werde ich dir sagen, was du weiter zu tun hast!» Nachdem das Mädchen gegessen hatte, sprach die Schlange: «Lege dich in dein Bett und nimm den Ring in den Mund, dann wirst du dich alsbald in deinem alten Zimmer wiederfinden.» Das Mädchen tat, wie die Schlange geraten hatte, und gelangte so ins Haus ihres Vaters zurück. Sobald ihr Vater die Tochter erblickte, ward er gesund und fragte sie, wie es ihr ginge. Sie erzählte nun von der Schlange und daß diese sich immer in ihren Schoß lege und sie frage: «Nimmst du mich zum Manne?» und daß sie bisher stets geantwortet habe: «Ich habe Angst vor dir», worauf sich die Schlange immer seufzend entferne. Als der Vater dies vernahm, sprach er: «So sage doch einmal zur Schlange, daß du sie zum Manne nimmst; wir wollen sehen, was dann daraus wird.» Das Mädchen versprach, dies zu tun. Als ihre Schwestern alles gehört hatten, rieten sie, nicht mehr zur Schlange zurückzukehren, denn auf diese Weise wäre diese tot und die Schwester frei und ledig. Aber die jüngste sagte: «Warum sollte ich wohl die arme Schlange sterben lassen, die sich mir so freundlich und hilfsbereit erwiesen hat?» Und sie blieb bis zu jenem Tag, den ihr die Schlange bezeichnet hatte, bei ihrem Vater, dann nahm sie von diesem und ihren Schwestern Abschied, legte sich ins

Bett und nahm den Ring in den Mund, worauf sie sogleich wieder bei der Schlange war. Als diese sie erblickte, rief sie freudig aus: «Bist du da, mein liebes Röschen?» Und als das Mädchen speiste, legte sich die Schlange wieder in ihren Schoß und fragte: «Willst du mich zum Manne, Liebste?» Da nun das Mädchen antwortete: «Ei, freilich!», warf die Schlange sofort ihre Haut ab, und ein schöner Königssohn stand vor ihr. Zugleich bevölkerte sich der Palast mit Dienern und Leuten.

Und nun das Märchen von Amor und Psyche[15], nach Möglichkeit befreit vom Rankenwerk, das ihm Apuleius angehängt hat.

Ein König hat drei Töchter. Psyche, die jüngste, ist von außerordentlicher Schönheit. Da sie noch nicht verheiratet ist, sind ihre Eltern beunruhigt und befragen das Orakel des Apollo. Dieses sagt, Psyche müsse auf den felsigen Gipfel eines hohen Berges gebracht werden, wo sie die Beute eines «Ungeheuers wie Otterngezücht» würde.
Für die Eltern bedeutet das soviel wie den Tod ihrer Tochter, und so wird diese in Begräbnisprozession auf den Berg gebracht.
Doch ein sanfter Wind trägt sie hinunter ins Tal. Sie erblickt einen prächtigen Palast, geht hinein und findet alle ihre Wünsche erfüllt.
Amor, ihr Gatte, gesellt sich nur nachts zu ihr. Sie muß ihm versprechen, ihn nie anzublicken. Tagsüber ist er, wie die Schwestern sagen, «ein großer, ungeheuerlicher Drache, in verschlungenen Ringen einherkriechend, triefend von Blut und tödlichem Gift und gräßlich, mit weitem, aufgerissenem, unergründlichem Rachen», so wie es das Orakel prophezeit hat.
Psyche fühlt sich einsam und darf mit Erlaubnis ihres Gatten ihre Schwestern zu Besuch einladen. Diese sehen die Herrlichkeit des Palastes und das schöne Leben, das ihre jüngste Schwester genießt. Aus purer Eifersucht überreden sie Psyche, dem Ungeheuer mit einem Messer den Kopf abzuschneiden.
Während ihr Gatte schläft, nimmt sie gutgläubig Öllampe und Messer. Das Licht fällt auf Amor, ihren Mann, und sie entdeckt einen schönen Jüngling.
In ihrer Verwirrung zittert ihre Hand und ein Tropfen heißen Öls verbrennt Amors Schultern. Er wacht auf und verläßt sie.
Die eifersüchtigen Schwestern versuchen nun ihrerseits die Liebe Amors zu gewinnen und springen wie Psyche vom Felsen, stürzen jedoch in den Tod.
Psyche findet schließlich Amor wieder. Sie heiraten und Psyche gebiert ein Kind.

Die Schlangenbraut

Nicht weniger als der Typus des Schlangenbräutigams wurde auch der Typus der Schlangenbraut zur Darstellung der Beziehung von Mann und Frau gebraucht.

Japan kennt zweiundvierzig Versionen der Schlangenbraut[1]. Die vielleicht rührendste Geschichte ist «die Glocke vom Mii-Tempel»[2]. Bezeichnenderweise ist auch hier die Heimat der Schlangenbraut im Wasser.

Ein junger Mann rettete eine Schlange, die Kinder am Strande töten wollten. Wenige Tage später kam eine schöne Jungfrau zu seinem Haus und bat um ein Nachtlager. Die Frau blieb. Die beiden verliebten sich, und schließlich wurde die Frau schwanger.

Der Mann mußte eine eigene Gebärhütte bauen, durfte aber nicht schauen, was drinnen geschah. Doch seine Neugier war zu groß. Er sah drinnen eine große Schlange, die ein Kind umarmt hielt. In dem Augenblicke verschwand die Schlange.

Der junge Mann fand nachher einen Brief, der sagte: «Ich bin die Schlange, der du damals am Strand das Leben gerettet hast. Dir meinen Dank abzustatten, bin ich zu dir gekommen. Da du mich aber in meiner wirklichen Gestalt gesehen hast, kann ich nicht mehr weiter mit dir zusammenleben. Dieses unser beider Kind lasse ich dir zum Andenken zurück. Achte gut auf den Edelstein, den es in der Hand hält. Solange es ihn hält, wird es nicht weinen. Sollte es trotzdem weinen, komme an den Strand und klatsche dreimal in die Hände, dann werde ich sofort da sein.»

Der Landesfürst hörte vom Edelstein und verlangte seine Auslieferung. Sogleich begann das Kind zu weinen und war nicht zu beruhigen. Der Mann erinnerte sich an den Brief, ging zum Strand und klatschte in die Hände. Es erschien eine große Schlange. Er bat sie, die Gestalt seiner einstigen Frau anzunehmen, und sie verwandelte sich wieder in die schöne Frau.

Nun erzählte er ihr vom Verlust des Edelsteins. Da sagte sie: «Dieser Edelstein war eines meiner beiden Augen. Wenn ich dir nun das andere gebe, werde ich blind sein, aber um des Kindes willen nehme ich die Blindheit auf mich. Dafür mußt du dem Mii-Tempel eine Glocke stiften und jedes Mal, wenn ich die Glocke höre, werde ich wissen, daß wieder ein Tag oder eine Nacht vergangen ist.»

Dann gab sie ihm einen Edelstein.

Der englische Dichter Richard Burton[3] hat ein Gedicht geschrieben, dessen Inhalt er einer Geschichte des Schriftstellers Keats aus dem siebzehnten Jahrhundert entnahm. Die Geschichte fand Keats beim Griechen Philostratos.

Als Menippus Lycius, ein Mann von fünfundzwanzig Jahren, eines Tages vom Kenchrea nach Korinth ging, traf er eine Fee in der Gestalt einer schönen und vornehmen Dame. Diese nahm ihn bei der Hand und brachte ihn in ihr Haus in der Vorstadt von Korinth...

Der junge Mann war ein Philosoph, ernst und zurückhaltend, fähig, seine Leiden-schaften im Zügel zu halten, doch hier war er machtlos. Er verliebte sich in die Dame und hatte sein Vergnügen, bis es schließlich zur Heirat kam.

Zum Fest kam mit den Gästen auch Apollonius, der Philosoph. Der sah aus unbe-kannten Gründen, daß die Braut eine Lamia, eine weibliche Schlange war, und daß all ihr Hausgerät – ganz wie das Gold des Tantalus in der Beschreibung Homers – nichts anderes war als bloße Einbildung.

Als sich die Braut entdeckt fühlte, weinte sie und bat Apollonius still zu sein. Doch er ließ sich nicht beeindrucken – und so verschwand in einem Moment das Haus mit allem, was in ihm war.

Tausende wissen um diese Geschichte, denn es geschah mitten in Griechenland.

China hat in dem berühmten Roman von der weißen Schlange – Bai She Chwan – ein Gegenstück hervorgebracht, das in den wichtigen Teilen verblüffende Ähnlichkeit zeigt, wenn man sie vom buddhisti-schen Beiwerk befreit.

Vor langer Zeit lebte einmal eine weiße Schlange in einer Höhle der Chung-Cheng-Berge in der Szechuan-Provinz. Seit vielen Jahren schon unterzog sich die Schlange der Askese und Meditation. Ihre Höhle war ein überaus schöner Platz. Hier blühten die Blumen in bunter Pracht. Kein Mensch hatte je seinen Fuß vor diese Höhle gesetzt. Nie hatte die Schlange einem Menschen weh getan. Dank ihres asketischen Bemühens hatte die weiße Schlange besondere magische Kräfte erlangt und wurde fähig, sich in einen Menschen zu verwandeln. Sie nannte sich selbst Bai Chen Niang – Fräulein Wunderweiß.

Eines Tages setzte sie sich auf eine Wolke und flog nach Hangchou zu den West-seen. Denn dort in der Nähe lebte ein Mann, Hsiu Hsien, der in einer früheren Existenz die weiße Schlange gerettet hatte, als sie von einem Bettler gefangen und zum Markt gebracht worden war.

Hsiu Hsien kam plötzlich auf den Gedanken, einen Ausflug zu den Westseen zu machen, wo er auf einer Brücke zwei schöne Damen gewahrte. Er nahm sie ins Boot, Bai Chen Niang und ihre Dienerin Hsiau Ching. Es dauerte nicht lange, da war er mit der hübschen Bai Chen Niang verheiratet. Bai Chen Niang tat alles, um ihrem Mann das Leben angenehm zu machen und ihm im Beruf als Apotheker voranzuhelfen. Am fünften Tag des fünften Monats[4] – an dem im ganzen Land das Drachenbootfest gefeiert wird und früher in vielen Teilen des Landes den Kindern magische Mittel gegen Schlangenbisse verabreicht wurden – wollte auch Hsiu Hsien mit seiner Frau ein Festchen feiern und dabei etwas Festschnaps trinken.

Als treue Gattin leistete ihm Bai Chen Niang Gesellschaft, wollte aber unter keinen Umständen mittrinken. Doch Hsiu Hsien zwang ihr eine Schale voll auf. Bai Chen Niang fühlte sich alsogleich unwohl und zog sich in ihr Zimmer zurück. Der besorgte Hsiu Hsien folgte ihr nach und entdeckte eine riesige Schlange mit großen Tupfen zusammengerollt auf dem Bette liegen und sich in Agonie winden.

Hsiu Hsien fiel vor Schreck tot zu Boden. Seine Frau aber, besorgt um ihren Mann, zog durch die Himmel, um das Lebenskraut zu finden. Nur unter äußerstem Einsatz ihres Lebens und dank der Hilfe der Göttin der Barmherzigkeit vermochte sie den Weg zu Hsiu Hsien zurückzufinden und ihm das Lebenskraut zu verabreichen, so daß er zum Leben zurückkehrte.

Als Hsiu Hsien mit einem Freund einen Ausflug zum Ching-Shan-Tempel machte und dort den Abt Fa Hai traf, lachte dieser und sagte: «Lieber Herr Hsiu Hsien, heißt deine Frau nicht Bai Chen Niang? Sie war ursprünglich eine Schlange, die in den Ching-Cheng-Bergen der Askese oblag. Du bist in diesen Geist vernarrt. Ich sehe es am bösen Glanz auf deiner Stirn. Geh nicht zu ihr zurück!»

Fa Hai hielt Hsiu Hsien im Tempel zurück. Doch Bai Chen Niang ließ die Wasser des Yangtse-Flusses hoch anschwellen, um Fa Hai zum Nachgeben zu zwingen. So groß war ihre Liebe zu Hsiu Hsien. Fa Hai gab Hsiu Hsien frei, und die beiden lebten wieder glücklich miteinander. Bald darauf gebar Bai Chen Niang einen Knaben, der einmal ein berühmter Mann werden sollte. Beim Fest zu Ehren des Neugeborenen, genau einen vollen Monat nach seiner Geburt, holte Fa Hai zum endgültigen Schlag aus. Unerwartet erschien er unter der Festversammlung. Hsiu Hsien bat um Schonung, denn Bai Chen Niang hatte ihm nie auch nur das kleinste Leid angetan: «Bitte, laß uns allein!»

Fa Hai verlangte eine Tasse Tee, reichte Hsiu Hsien aber seine eigene Tasse, die eine magische Tasse war. Als Hsiu Hsien damit in die Nähe von Bai Chen Niang kam, flog die Tasse aus seinen Händen auf den Kopf seiner Frau und bedeckte sie. Bai Chen Niang kniete auf den Boden und bat Fa Hai um Schonung. Nichts half. Fa Hai gab nicht nach – und so verwandelte sie sich alsogleich in eine kleine weiße Schlange auf dem Grund der magischen Tasse.

Fa Hai trug die Tasse zur Donnerberg-Pagode am Westsee, dort hob er mit seiner magischen Kraft den Tempel vom Grunde, legte die kleine weiße Schlange hinein und setzte den Tempel wieder darüber.

Hsiu Hsien hatte «den Staub der Erde durchschaut», zog in die Einsamkeit und wurde Mönch.

Viele Jahre später wurde der Sohn Bai Chen Niangs Erster in den Staatsexamen und kam zurück nach Hangchou, um seiner Mutter Pietät zu erweisen. Auch der Abt Fa Hai und Hsiu Hsien waren zugegen. Die Pagode hob sich vom Grund. Bai Chen Niang trat in menschlicher Gestalt aus ihrem Gefängnis. Fa Hai nahm ein weißes Taschentuch hervor. Bai Chen Niang kniete darauf, Hsiu Hsien trat neben sie, und beide flogen auf dem Taschentuch, das sich zu einer Wolke verwandelte, Hand in Hand zum westlichen Himmel.

Seit dem Erscheinen dieser «Biographie der weißen Schlange» hat die Geschichte unzählige Auflagen und Neuformungen gefunden und in

Abertausenden von Theateraufführungen in allen Dörfern des weiten China und auf allen Bühnen des Reiches die Sympathie für die weibliche Schlange Bai Chen Niang geweckt.

Die Ähnlichkeit dieser chinesischen Geschichte des Schlangenbrauttypus mit der europäischen ist überraschend. Sind die beiden Geschichten voneinander abhängig, oder gehen die beiden Geschichten etwa auf eine gemeinsame Wurzel zurück?

Mit ziemlicher Sicherheit darf Indien als das Ursprungsland dieser Geschichten angesehen werden. Denn unter den Märchentypen «der König und die Lamia»[5] sind sieben Versionen aus Indien bekannt, dazu je eine aus Armenien, Uzbek, Afghanistan und Persien.

In allen diesen Versionen – mit einer Ausnahme – beginnt die Handlung mit einer Jagd, bei der der Mann die Lamia, das Schlangenmädchen, trifft.

Durchschaut wird das Wesen des Mädchens durch einen Yogi, durch einen Fakir, durch einen heiligen Mann, durch einen Wesir, durch einen Derwish, durch einen jüdischen Händler (Persien). Erst darauf entdeckt auch der Held des Märchens des Nachts die Schlangennatur seiner Frau.

Allerdings ist das Ende der Schlangenbraut in diesen Geschichten[6] noch grausamer, aber um so ursprünglicher: Die Schlange wird in einen Ofen geworfen und verbrannt. In einem Fall ist es ein Haus, in dem sie verbrannt wird. In ihrer Asche findet sich der Stein der Weisen oder eine goldene Krone. Nur in zwei Versionen wird davon nichts berichtet.

Aus China kann die Geschichte nicht stammen, denn die gewaltsame Vertreibung der Schlangenbraut widerspricht chinesischer Schlangenvorstellung. Die zahlenmäßige Verbreitung der Geschichte deutet auf Indien und hier genauer auf das Kaschmirgebiet, denn sechs von sieben indischen Versionen stammen aus Kaschmir, und die siebte wird nicht genauer lokalisiert. Im Gegensatz zur griechischen Fassung, in der Lycius die Dame auf der Wanderung entdeckt, überzeugen die indischen Fassungen durch ihr ursprüngliches Kolorit der Begegnung mit dem Mädchen auf der Jagd.

Aus Indien also dürfte dieses Schlangenbrautmärchen auf der Landbrücke nach Ost und West weitergetragen worden sein[7].

Die dankbare Schlange

In vielen Märchen hat sich manches vom Weltbild früherer Zeit erhalten. Dazu gehört vor allem die Nähe zwischen Mensch und Tier[1]. Bald wird der Mensch zum Tier, bald verwandelt sich das Tier in einen Menschen. Oft ist das Tier sogar dem Menschen überlegen. Das Tier weiß mehr als der Mensch, es verfügt über Kräfte, die der Mensch entbehrt. Wenn sich darum Tiere mit dem Menschen verbinden, kann er alle Hindernisse überwinden und erlangt Erfolg und Glück.

Im Verhältnis des Menschen zum Tier tauchen immer wieder drei Momente auf.

Einmal tritt das Tier durch das gewaltsame Auftrennen oder Verbrennen der Haut oder auch durch das Abschlagen des Kopfes endgültig in die Menschenwelt. Dies ist genau das Gegenstück zum menschlichen Tod, der für den Menschen den endgültigen Übertritt in die andere Welt bedeutet. Von der Beobachtung der Schlangenhäutung stammt wohl die Bedeutung der Haut als Hülle zwischen Tier und Mensch.

Wenn ein Tier in die ihm nicht ganz angepaßte Menschenwelt tritt, hat es das Bedürfnis, gelegentlich in seinen ursprünglichen Tierzustand zurückzukehren. Dem Menschen wird für diese Momente das Beherrschen seiner Neugierde auferlegt. Er darf den Tiermenschen nie in seiner ursprünglichen Form sehen, sonst ist das gegenseitige Vertrauen gebrochen, und das Tier muß endgültig in seine frühere Gestalt und Lebensform zurückkehren[2].

Dann beruht die Beziehung zwischen Mensch und Tier auf der Haltung des Mitleids und der Dankbarkeit. Der Mensch achtet, schätzt und schont die Tiere. Wenn sie verletzt oder in Not sind, hilft er ihnen. Dafür erntet er ihren Dank und wird selber wieder aus Not und Gefahr errettet.

Gerade dieses dritte Moment des magischen, urtotemistischen Weltbildes ist die Grundlage vieler Schlangenmärchen[3]. Der Ausgangspunkt der «Glocke vom Mii-Tempel»[4] und des chinesischen Romans von der weißen Schlange[5] ist die Dankbarkeit der Schlange für eine empfangene Wohltat in der Zeit der Not. Die dankbare Schlange er-

scheint immer als weibliche Schlange, während die Schlange, die
einen Heiratsantrag stellt, fast nur männlich dargestellt wird.

Bei vielen Geschichten des mitleidigen Helfens verwandelt sich das
Tier nicht in einen Menschen, führt den Menschen aber zu einer tieferen Tierbegegnung. Der Mensch begegnet etwa dem Schlangenkönig und darf zum Dank ein Geschenk entgegennehmen, das ihn in allen Lebenssituationen retten wird. Oft ist es Geld, gelegentlich ist es
eine Perle, ein Karfunkelstein oder die Krone des Schlangenkönigs.
Oder dann ist es der Stein der Weisen, der auf dem Kopf des Schlangenkönigs ruht.

Es war einmal eine arme Frau. Die hatte einen Knaben und suchte durch Spinnen
so viel zu verdienen, daß sie leben konnte. Was sie aber zu Hause spann, trug der
Knabe zum Verkauf. Einmal hatte er einen ganzen Groschen gelöst und ging fröhlich nach Hause.

Da sah er unterwegs, wie ein paar Knaben eine junge Schlange quälten. Das dauerte
ihn und er sprach: «Gebt ihr mir das Tier für einen Groschen?» – Sie waren es zufrieden. Da nahm der Knabe die Schlange und trug sie nach Hause.

Eines Tages sprach die Schlange zum Knaben: «Wisse, ich bin die einzige Tochter
des großen Schlangenkönigs, setze dich nun auf meinen Rücken. Ich will in meine
Heimat ziehen und dich mitnehmen. Mein Vater wird dir vergelten, was du an
mir getan hast!» –

Endlich fand sie ihren Vater, den Schlangenkönig. Er war größer als die anderen
Schlangen und hatte eine Krone auf dem Kopf. Daraus strahlte ein großer Karfunkelstein. Auf der Herreise hatte die Schlange dem Knaben gesagt, er solle das weiße
Sonnenroß ihres Vaters mit den acht Füßen und den Karfunkelstein aus der Krone
verlangen…

«Nun», sprach der Schlangenkönig, «wünsche dir etwas, weil du so gut für meine
Tochter gesorgt hast!» –

Kaum hatte der Knabe seinen Wunsch vorgebracht, verschluckte ihn der Schlangenkönig in vollem Zorn.

Doch auf Bitten der Tochter spie er ihn wieder aus. Der arme Junge war jetzt groß
und schön wie ein Königssohn.

Der Schlangenkönig brach den Karfunkelstein aus seiner Krone, gab ihn dem Knaben und sprach: «Du sollst auch gleich mein Roß haben!»…

Wenn es nicht zur Begegnung mit dem Schlangen- oder Drachenkönig kommt, erfährt der hilfreiche Mensch in einer eigenen Notsitua-
tion die unerwartete Hilfe der Schlangen. Hierher gehört das chinesische Märchen von der dankbaren Schlange.

Der Sohn eines reichen Hauses verlor seinen Vater schon mit jungen Jahren. Die Mutter war besorgt, ihrem Sohn eine gute Erziehung zu verschaffen. Der Junge studierte eifrig und hatte ein gutes Herz für alle lebenden Wesen.

Als er eines Tages von der Schule kam, fand er auf dem Weg eine kleine, verwundete, halbtote Schlange. Er legte sie in sein leeres Tintenfaß und nahm sie mit nach Hause. Nach ein paar Jahren war die kleine Schlange zu einem großen Tier geworden. Schon längst paßte sie nicht mehr ins Tintenfaß. Er sperrte sie jetzt in eine Schublade.

Als der Jüngling mit zwanzig Jahren zu den Staatsexamen in die Hauptstadt zog, nahm er die Schlange mit sich, doch ließ er sie im gefährlichen Gebirge frei, da er fürchtete, es könnte ihm etwas zustoßen. Kurz darauf übernachtete er in einer Herberge und erwachte mitten in der Nacht an einem großen Geräusch. Er stellte fest, daß seine Schlange ihm gefolgt war und mit einem riesigen Tausendfüßler, der sein Leben bedrohte, gekämpft hatte. Beide waren tot[7].

In einer Reihe von Märchen schenkt die dankbare Schlange geheimes Wissen wie das Verstehen von Tiersprachen. Hierher gehört das arabische Märchen «Die Entdeckung des Basilienkrautes»:

Plötzlich kroch eine Schlange vor den König Kisra. Sie wand sich vor ihm hin und her und war von einer Unruhe ergriffen, die Not ausdrückte...
Die Soldaten folgten der Schlange zu einem Brunnenschacht. Dort fanden sie eine große Schlange im Kampf mit einem schwarzen Skorpion. Sie töteten den Skorpion und retteten die Schlange.
Am nächsten Tag kam die Schlange wieder zum König. Sie trug Samenkörner im Maul. Diese streute sie vor ihm aus und verschwand wieder.
Da sagte der König: «Sie hat bestimmt auf diese Weise ihren Dank aussprechen wollen. Säet die Körner aus, damit wir sehen, was daraus wird!»
Aus dem Samen erwuchs das Basilienkraut. Nachdem das Kraut voll ausgewachsen war, brachten sie es dem König. Er hatte gerade Schnupfen. Doch als er am Kraute roch, genas er.
So wurde die wohltätige Wirkung des Basilienkrautes entdeckt[8].

Tote erscheinen als Schlangen

Wenn es Völker gibt, in deren Vorstellung die Toten in die Welt unter der Erde gehen, dürfen wir auch erwarten, daß Schlangen die Erscheinungsform der Toten darstellen[1], wohnen die Schlangen doch oft im Erdinnern und erscheinen geheimnisvoll durch ein Loch in der

Erde. Der Gedanke an die Schlangen als Boten aus dem Totenreich drängt sich geradezu auf.

Nirgends finden wir diese Vorstellung deutlicher als bei den alten Griechen. Sie glaubten, die Toten inkarnierten sich in Schlangen. Die Schlangen waren die Hypostasen der Toten. Der pelasgische Schöpfungsmythos etwa sah in den Schlangen die Wiedergeburt der Toten[2].

Die ältesten archäologischen Hinweise haben wir aus der geometrischen Zeit (1050–700)[3]. An vielen Vasen sind Schlangen dargestellt, die sich zum oberen Rand emporwinden, um die ihnen vorgesetzte Totenspeise zu kosten. Zum Teil steigen die Schlangen auf dem Gefäßbauch senkrecht nach oben, zum Teil winden sie sich um den Gefäßbauch und erreichen mit ihrem Kopf den oberen Rand. Den Schlangen beziehungsweise den Toten in Schlangenhypostase gehören die geopferten Speisen und Getränke.

In späterer Zeit gibt es dieselben Darstellungen auf Graburnen[4]. Die Schlange läuft um den Gefäßrand, mit dem Schwanz noch im Innern, als ob sie gerade aus ihrem Grabe gekrochen käme. Die gleiche Darstellung zeigen Tonsarkophage aus dem 7.–6. Jahrhundert[5], bei denen Schlangen aus dem Innern des Sarkophags emporsteigen. Die Köpfe erreichen den Sargrand. Der Schwanz ist noch auf der Innenseite des Randes gemalt.

Aus noch jüngerer Zeit gibt es zahlreiche Darstellungen von Schlangen auf Grabstelen[6]. Neben oder hinter dem Toten richtet sich eine Schlange auf oder trinkt aus einer Schale. Immer noch ist es der gleiche Gedanke: Der Tote erscheint als Schlange. Als solche hütet er das Grab und den ganzen heiligen Bezirk (temenos). Hierher gehören auch die Darstellungen des bienenkorbartigen Grabhügels[7] – omphalos –, der eine Öffnung enthält, durch die dem Toten Speise zugeführt werden kann. Daneben finden wir die Schlange, die Erscheinungsform des Toten. Auf einer Grabstele wird der erschlagene Tote dargestellt und gleich daneben, wie er als Schlange mit geöffnetem Rachen dem Mörder nachsetzt.

Von dieser Totenvorstellung her gesehen verstehen wir, warum die griechischen Heroen[8] in ihrer postmortalen Existenz oft als Schlangen dargestellt wurden. Plutarch sagt:

Die Alten glaubten, daß die Schlange mehr als jedes andere Tier mit den Helden verbunden gewesen sei.

So findet sich eine Grabstele mit einer männlichen und einer weiblichen Figur auf einem Thronsessel. Dahinter reckt sich eine große Schlange empor. Stark verkleinerte Adoranten bringen Granatäpfel, Ei und Hahn – Symbole des Lebens – als Weihegaben dar.

Vor allem wurden die Dioskuren[9] immer wieder durch zwei Schlangen auf zwei Amphoren dargestellt. Sie nehmen aus dem Gefäß die ihnen angebotene Totenspeise. Auch Asklepios gehört in die Reihe der Heroen, die sich nach dem Tode in der Gestalt der Schlange manifestieren[10]. Erst mit der Zeit war die Schlange nicht mehr seine Hypostase, sondern bloß Attribut, Kenner der Heilkräuter und Spender des Lebens, wie es die Glaukossage vom Sohn des Minos zeigt.

Wie sehr die Vorstellung vom Toten als Schlange im Volke wirksam war, beweist eine Szene aus der Orestesgeschichte.

Orestes' Mutter Klytämnestra hatte nach dem Trojanischen Krieg den zurückkehrenden Gatten umgebracht. Nun träumte sie, sie hätte eine Schlange geboren, die sie in Windeln hüllte und säugte. Plötzlich schrie sie im Schlafe auf und erschreckte den ganzen Palast mit ihrem Weinen. Denn sie sah die Schlange Blut und auch Milch aus ihrer Brust saugen[11].

Die Wahrsager, die sie befragte, meinten, sie hätte den Ärger des Toten auf sich geladen. Darum schickte sie klagende Sklavinnen, um für sie Trankopfer auf Agamemnons Grab zu gießen, in der Hoffnung, seinen Geist zu besänftigen.

In Vergils Äneis[12] sucht Äneas das Grab seines Vaters Anchises auf, um ihm gebührend Pietät zu erweisen. Da erscheint eine buntbefleckte Schlange und nimmt die Opferspeisen entgegen.

Von hier fällt vielleicht neues Licht auf die Deutung der Pithoi, der großen Töpfe bei den Minoern auf Kreta, die im Knossospalast in Massen herumstanden, für Getreide und Honig gebraucht wurden und die auf ihrer Bauchwand Schlangendarstellungen tragen. Die Töpfe enthielten möglicherweise die Nahrung für die Toten. Daran fügte sich dann ganz natürlich die Deutung der berühmten Schlangengöttinnen von Kreta mit Schlangen in den ausgestreckten Händen als Offiziantinnen des Totenkultes, die zum Zeichen der Trauer ihre Brüste entblößten[13].

Die Schlange als Seelentier, als Doppelgänger des Toten, als seine Manifestationsform, ist keineswegs nur bei den Griechen zu finden[14]. Diese Vorstellung ist geradezu weltweit.

So ist diese Vorstellung in manchen Gegenden Afrikas vorhanden[15]. Für die Zulu[16] sind die Schlangen Erscheinungen der Toten. Als bei einer Hochzeitsfeier plötzlich zwei Schlangen erschienen, beruhigte der Häuptling die Leute: «Fürchtet euch nicht! Es sind nur unsere Götter-Ahnen, die gekommen sind, am Fest teilzunehmen.»

Bei den Kung-Buschleuten Südafrikas[17] heißt es: Wer von einem Elefanten getötet wird, lebt als schwarze Mamba weiter.

Die Massai[18] glauben, die Seele einer angesehenen Person gehe nach dem Tod in eine Schlange über, die dann in den Kral kommt, um nach ihren Kindern zu sehen. Zu jeder Massaifamilie und zu jedem Klan gehört eine bestimmte Schlangenart, die die Ahnen verkörpert. Ein im Kampfe überwundener Mann pflegt seine Familienschlangen herbeizurufen: «Rächer des Hauses meiner Mutter, kommt heraus!»

Aus dem heutigen Simbabwegebiet stammt das Märchen «Der Verstorbene als Schlange»:

Es waren ein Mädchen und ein Bursche. Beide liebten sich sehr. Das Mädchen sagte: «Ich liebe dich, bis ich sterbe.»
Der Bursche sagte: «Ich liebe dich, bis ich sterbe.»

109 Moses und die eherne Schlange. Zahlreiche Funde von ehernen Schlangen beweisen die kultische Verehrung der Schlange als Lebensspender im Vorderen Orient. Vgl. Die eherne Schlange, Seite 64 ff. (Detail der Holztür von Santa Sabina, Rom, ca. 430)
110 Weihrauchgefäß mit Schlangendarstellung. Im Einflußbereich der Magna-Mater-Vorstellung wurden weibliche Gottheiten in der Gestalt von Schlangen verehrt. Vgl. Die Magna Mater und die Schlange, Seite 169 ff. (Fund vom kanaanäischen Tempel in Betshan – Archäologisches Museum Jerusalem)
111 Römischer Hausaltar in Pompeji. Von der Antike bis zur Neuzeit war die Vorstellung weitverbreitet, daß tote Ahnen in Schlangengestalt das Haus beschützen. Vgl. Der Schutzgeist des Hauses, Seite 113 ff. (Haus der Vettier, Pompeji)
112 Nagakal-Schlangensteine an einem indischen Dorfeingang. Die Schlange als Spender des Lebens gibt auch den Kindersegen. Besonderen Einfluß auf diese Vorstellung mochte die Penis-Form der Schlange haben. Vgl. Spender des Kindersegens, Seite 127 ff. (Srirangapatna, Indien)

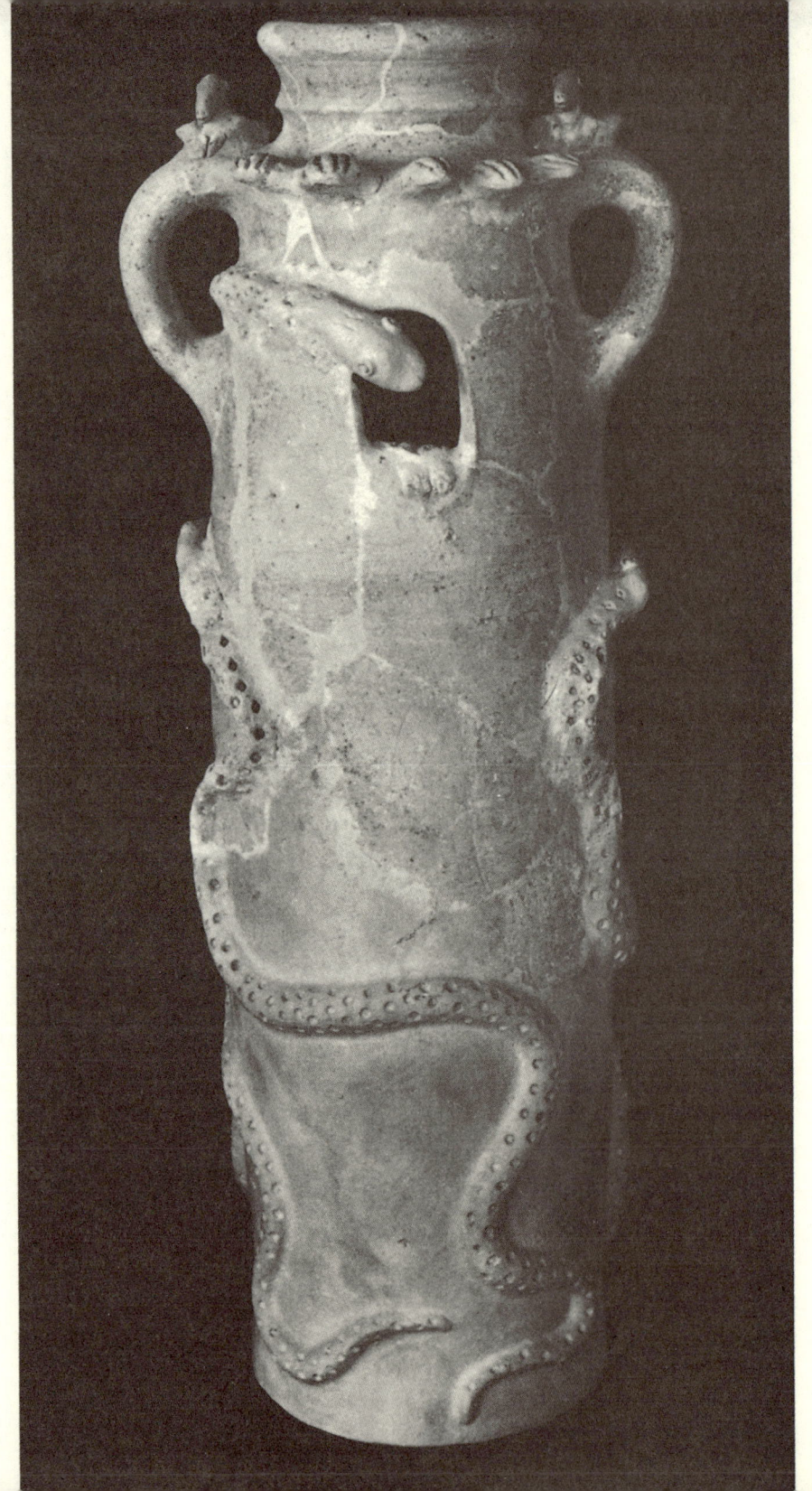

Der Bursche sagte: «Wenn ich sterbe, wirst du einen anderen Mann heiraten.» – «Nein», sagte das Mädchen, «ich werde keinen anderen Mann heiraten.»
Der Bursche starb. Die Leute begruben ihn unter einem Affenbrotbaum (Baobab). Der Bursche wurde zu einer Schlange.
Das Mädchen ging jeden Tag zum Baobab und brachte der Schlange Essen. Sie kochte jeden Tag Essen für die Schlange, wenn die Mutter auf dem Felde war.
Eines Tages konnte sie keinen Brei (sadza) kochen, denn es waren viele Leute in der Hütte versammelt. Doch die Schlange war hungrig. Sie kroch darum in die Hütte des Mädchens und kroch ihm direkt in den Schoß.
Alle Leute, die dort saßen, fürchteten sich und liefen fort. Das Mädchen sagte zur Schlange: «Gehe jetzt wieder fort. Es waren viele Leute in der Hütte. Darum konnte ich dir keinen sadza kochen und bringen. Ich werde später für dich kochen.»
Die Schlange ging. Die Leute fragten das Mädchen: «Was bedeutet es, daß die Schlange in deinen Schoß kommt?» – Das Mädchen antwortete: «Ich weiß es nicht. Es mag der Geist eines Toten sein.»
Am nächsten Tag kam die Schlange wieder. Die Leute fragten: «Was bedeutet das, daß du solche Beziehungen zu einem Tier hast?» – Das Mädchen sagte: «Es ist kein Tier, es ist mein Mann.»
Die Leute wurden sehr böse. Als am nächsten Tag die Schlange wieder kam, legten sie Feuer an die Hütte.
Diese verbrannte, und beide kamen in der Hütte um. Die Leute aber legten beide in ein Grab. So starben sie beide gemeinsam[19].

In Nordindien[20] stellt die Hausschlange den Geist eines früheren Toten dar, der in diesem Haus gewohnt hatte.
Von einem Reichen ohne Nachkommen[21] glaubt man in Indien, daß er nach dem Tod als große Schlange in sein Haus zurückkehre und den Schatz bewache.
Auch nach chinesischer Vorstellung[22] können Tote als Schlangen erscheinen.

Der Schutzgeist des Hauses

Von der Vorstellung, Tote erschienen als Schlange, ist es nur ein kleiner Sprung zur Verehrung der Schlange in den Häusern. In vielen Fällen erscheinen diese Schlangen als Hypostasen der toten Ahnen.
Bei den Germanen- und Slawenvölkern spielten die Hausschlangen eine wichtige Rolle[1]. Sie verehrten die Hausschlange und erwarteten von ihr Schutz und Heil für die Familie bis über den Tod hinaus.

Die Vita Sancti Barbati[2] berichtet uns – Barbatus wurde kurz nach 600 geboren, lebte zu Benevent unter den Langobardenkönigen Grimoald und Romuald und starb etwa 683 –,

daß die getauften Langobarden immer noch Riten des Heidentums beibehielten, indem sie sich im verborgenen vor dem Bildnis der Schlange verbeugten, was sie doch nur vor dem Christengott tun sollten. Außerdem bekannten Romuald und seine Gefährten, daß sie zu ihrem Verderben im verborgenen das Bildnis der Schlange angebetet hätten.
Während der König abwesend ist, versucht nun Barbatus, Romualds Gattin Theodorada zu überreden, ihm das goldene Schlangenbildnis ihres Gatten zu verschaffen. Sie antwortet ihm darauf, daß sie gewiß ihr Leben verliere, wenn sie seinem Wunsch entspreche.
Barbatus läßt aber nicht nach und bewegt sie endlich, ihm die goldene Schlange zu übergeben. Sobald diese in seinen Händen ist, schmelzt er sie ein und übergibt das edle Metall einem Goldschmied, um daraus Patene und Kelch anfertigen zu lassen. Aus diesen Goldgefäßen wird dem König nach seiner Heimkehr das Sakrament gereicht, und Barbatus gesteht ihm, daß das Kirchengerät aus seinem eingeschmolzenen Schlangenbildnis gefertigt sei.
Entrüstet gesteht einer der Anwesenden, daß er sich schon etwas einfallen ließe, seine Frau erschlagen zu können, wenn sie so Ungeheures gewagt hätte.

So lautet die Nachricht über den Schlangenkult der Langobarden. Mit der goldenen Schlange ist sicher der Hausgeist gemeint. Wie die Reaktion aus der Umgebung des Romuald zeigt, stand Romuald mit diesem Schlangenkult nicht allein. Es gibt viele Hinweise, daß bei den Germanen nicht nur metallene Schlangennachbildungen verehrt wurden, sondern daß tatsächlich lebende Schlangen im Haus gehalten wurden.

Grohmann berichtet in seinen Sagen aus Böhmen[3], in Merklin sei der Glaube verbreitet, daß in jedem Haus zwei große Schlangen verschiedenerlei Geschlechts wohnen, die auch Junge haben. Sie stellen die Familie des Hauses dar. Wird die männliche Schlange totgeschlagen, stirbt der Hausvater, geht aber die weibliche zugrunde, stirbt die Hausfrau, und wenn ein Junges verunglückt, wird das Haus ein Kind verlieren. «Einmal sah ich am Ende des Städtchens», berichtet sein Gewährsmann, «eine Menge Menschen um ein Haus versammelt, die eine erschlagene Hausschlange betrachteten. Eine Woche später soll wirklich der Hausvater gestorben sein, und zwar am gleichen Tage und in der gleichen Stunde, in der die Schlange den Tod gefunden hatte.»

Ähnliches gilt auch für die Wenden im Spreewald und für Skandinavien[4]. Der Glaube an die Glückswirkung der Hausschlange hat sich in Norwegen lange erhalten, denn noch zur Zeit von Olaus Magnus, dem letzten katholischen Erzbischof von Schweden, wurde ihr göttliche Verehrung zuteil: Sie galt, seiner Nachricht von 1555 zufolge, hier wie in Värnland auf abgeschiedenen Höfen als eine das Haus beschirmende Gottheit. In Schweden war es die weiße Schlange, die als guter Hausgeist geehrt und mit ehrfürchtiger Scheu gepflegt wurde.

Bei den Preußen[5] pflegten sich Schlangen unter den Öfen oder anderen verborgenen Stellen im Haus aufzuhalten. Zu einer gewissen Zeit des Jahres lockte der Priester durch Gebete diese Schlangen aus ihren Verstecken. Wenn sie herausgekrochen waren, kamen sie auf den Tisch, der mit einem sauberen weißen Tuch bedeckt war. Hier fanden sie allerlei Nahrung, die ihnen der Wirt vorgesetzt hatte. Diese kosteten sie und schlichen dann wieder den Weg zurück in ihre Behausungen. Wenn dies geschehen war, kam der Wirt mit seinen Angehörigen und aß von den Gerichten, die die Schlangen berührt hatten. Das bedeutete dann, daß ihm im nächsten Jahr alles glücklich vonstatten gehen werde. Blieben die Schlangen aber aus, oder berührten sie bei ihrem Kommen die Speisen nicht, glaubten die alten Preußen, daß das künftige Jahr viel Ungemach bringen würde. – Jene Schlangen aber, die in hohen Eichen auf den Feldern oder in den Wäldern verehrt wurden, waren der Obhut der Frauen anvertraut. Zu gewissen Zeiten kamen diese, setzten ihnen Milch vor und baten sie um Kindersegen.

Sowohl die Altpreußen als auch die Litauer und Letten hielten sich aber nicht nur Hausschlangen, sondern auch Tempelschlangen, die von den Priestern mit Milch genährt wurden und vom Volk Opfer empfingen, was an die tempelhütenden Schlangen in Athen erinnert, die mit Honigkuchen gefüttert wurden.

Über den Kult der Hausschlange bei den noch nicht christlichen Litauern berichtet Trogillus Arnkiel, Propst zu Apenrade, 1639:

Dieser Abgötterey sind die Littauer und ihr Nachbahren, die Samogither, auch zugethan gewesen, sie haben pflegen den Schlangen Milch nebenst einem Hauszahn zu opffern, und diejenige entweder an allen ihren Gütern, oder auch an Leib und Leben zu straffen, welche die Schlangen verletzten oder verunehreten, oder nicht verehrten. Sie vermeynten, das die Verrichtung, oder Verachtung des Götzendiensts der Schlangen ein Ursach alles Glücks, oder Unglücks wäre. Hierauff erzehlet Sigmund Freyherr von Herberstein ein kläglich Exempel von einem Littauer, wie derselbe am Gesicht erbärmlich zugerichtet, und sein Mund bisz an die Ohren aufgerissen, sich beklagende, dasz er dieses Unglück leyden müste, weil er auf einrathen eines Christen seinen Hauszgott, eine Schlange getötet, und derselben Götzendienst verlassen, und hätte sich noch grösser Unglück zu befahren, wo er zu der Schlangen Abgötterey nicht wiederkehren würde[6].

Im mittelalterlichen Dänemark[7] wurden Nattern unter der Hausschwelle vergraben, um böse Geister vom Hause fernzuhalten. In Schweden[8] lebte diese Idee vom Schwellenschutz noch lange in der Volksüberlieferung.

Auf alemannischen Totenbäumen[9], die um 600 entstanden sind, treffen wir auf die Schlange, wie sie über dem Haupt des Verstorbenen angebracht ist. Hier schützt der Hausgeist den Verstorbenen über das Grab hinaus.

In der Antike hielten sich Griechen wie Römer Hausschlangen[10]. Diese wurden kultisch verehrt und waren nicht nur da, Mäuse zu fangen oder an heißen Sommertagen den Frauen Hals und Busen zu kühlen. Nach Sueton hielt Kaiser Tiberius[11] eine Hausschlange, die ihm sehr lieb war und ihm aus der Hand fraß.

Für die Kelten[12] gibt es Hinweise auf den Hausschlangenkult. – In Bulgarien[13] wurde ein tönernes Hausmodell aus neolithischer Zeit ausgegraben, auf dem Schlangen dargestellt sind: ein Hinweis auf den bereits vorhandenen Glauben an die Schlange als Wächter des Hauses.

Die Verehrung der Hausschlange war so weit verbreitet, daß wir versucht sind, diese Erscheinung als indogermanisches Gemeingut[14] anzusehen.

Beispiele der Verehrung der Schlangen als Hausgeister lassen sich jedoch noch von vielen anderen Gebieten zusammentragen.

So wird von China[15] berichtet, daß es ein äußerst schlechtes Omen war, wenn man eine Schlange verletzte, die unter dem eigenen Haus wohnte.

Ein japanisches Mädchen[16] fand eines Tages im Hause eine nichtgiftige Schlange und erschrak gewaltig. Die Großmutter sagte jedoch: «Laß sie sein! Töte sie nicht! Sie ist unser mamorigami» – Schutzgott. Die Japaner nehmen an, daß Schlangen im Haus Geister sind, die das Haus bewachen. Ein Schlangentraum in der Neujahrsnacht[17] soll besonderes Glück im neuen Jahr bedeuten.

In Bangladesch[18] hatte bis in die Neuzeit jedes Haus eine Schutzschlange. Sie wurde Vāstu-Sarpa genannt. Wenn diese Schlange das Haus verließ, bedeutete es Unglück, möglicherweise starb das Geschlecht aus[19].

In Südindien[20] werden Schlangen, die ins Haus eindringen, nicht getötet oder fortgejagt – im Gegenteil: sie werden reich geehrt. Täglich werden ihnen Gaben dargebracht. Hindus halten tödliche Giftschlangen jahrelang in ihren Häusern, füttern sie und spielen mit ihnen. Nie werden sie diesen Schlangen etwas zuleide tun.

Die ältesten sicheren Zeugnisse für die Verehrung der Schlange als Schutzgott des Hauses finden wir auf der Insel Bahrain[21] im Persischen Golf. Bahrain ist das Dilmun der Sumererzeit. Hier war es Brauch, unter dem Hausboden aus Lehm Schlangenopfer zu vergraben. Bei mehr als vierzig Häusergrabungen fanden dänische Archäologen kleine Töpfe, in denen sich Schlangenskelette und vielfach auch Türkise und in einem Falle eine Perle fanden. Meist war ein weiterer Topf darübergestülpt. Unter einem Palast fanden sich zwölf solche Töpfe.

Die paarweise angeordneten Stelen mit aufgerichteten Schlangenfiguren vor den Eingängen zu ägyptischen Tempeln[22] gehören ebenfalls hierher. Die Schlangen genossen Verehrung als Wächter des Tempels. In vielen Tempeln wurden lebende Schlangen als «Schutzheilige» gehalten, so wie jeder Tempel auch einen heiligen Baum besaß. Der Tempel von Dendera hatte sogar acht heilige Schlangen, nur weiß man nicht, ob es sich um lebende Schlangen handelte oder bloß um Bildnisse.

Ein Beispiel aus Guinea[23] zeigt dieselbe Vorstellung in Westafrika bis in die neueste Zeit:

Eines Tages sah ich eine kleine schwarze Schlange mit auffälligem Muster langsam gegen die Werkstatt meines Vaters gleiten. Ich rannte zur Mutter, um zu warnen. Doch sobald meine Mutter die schwarze Schlange sah, sagte sie ernst: «Mein Kind, diese Schlange darfst du nicht töten. Sie ist nicht wie die andern Schlangen. Sie wird dir kein Leid antun. Du darfst ihr auch nie ein Leid antun. Diese Schlange ist der Schutzgeist deines Vaters.»

Im europäischen Alpengebiet[24] hat sich die Vorstellung vom Schutzgeist des Hauses ebenfalls bis in die neueste Zeit erhalten. So hielt man in den österreichischen Alpen[25] die Hausnattern in frommer Verehrung. In Graubünden[26] glaubte man, daß jedes Haus seine Schlange oder Kröte besitze.

Jede Heimstatt hat ihre Schlange[27].
Jedes Haus hat eine Schlange, welche man nicht beleidigen darf, sollen die Hausbewohner glücklich bleiben[28].

Als in einem Dorf die Hälfte der Häuser abbrannte, sagte eine alte Frau:

Mein Haus wird nicht abbrennen, denn ich habe gestern noch die Schlange durch das Kellerfenster in den Keller kriechen sehen. Sie ist die Hüterin des Hauses.

Das Haus verbrannte nicht[29].

B. Die Schlange – Hüter von Schätzen

Hüter der Quelle

Kadmos wollte der Göttin Athene eine Kuh opfern und schickte darum seine Gefährten, geweihtes Wasser aus der Quelle des Ares, die jetzt die Kastalische heißt, zu holen. Er wußte nicht, daß die Quelle von einer riesigen Schlange behütet wurde. Fast alle seine Männer fielen dem Reptil zum Opfer. Da eilte Kadmos herbei und zerschmetterte der Schlange mit einem Felsen das Haupt.
Athene nahm seine Opfergabe dankbar an. Sie erschien ihm und lobte ihn für seine Taten. Dann befahl sie ihm, die Zähne der Schlange im Boden auszusäen. Er tat es, und sogleich sprangen aus der Erde die Spartaner, das sind «Gesäte Männer», hervor und schlugen mit den Waffen aufeinander ein. Am Schluß blieben nur mehr fünf übrig[1].

An der Lernäischen Quelle wachte die sieben- (auch acht- und neun-)köpfige Hydra[2]. Herakles schlug ihr die Köpfe ab und brannte die Stümpfe mit Feuer aus, daß sie nicht mehr nachwuchsen.
Bei der Quelle im Felsenspalt von Delphi[3] tötete Apollo Python (beziehungsweise sein Weib Delphyne), die Orakelschlange.
Zeus bezwang das Schlangenungeheuer Typhon[4], das in der Korykischen Höhle (mit ihrer Quelle?) wohnte und dessen Beine ungezählte Schlangen waren, dessen Arme anstelle der Hände zahllose Schlangenköpfe besaßen.
Die Verbindung von Schlange und Quelle ist so fundamental, daß der Satz geprägt wurde: «Die griechischen Drachen leben sämtlich an Quellen.»[5] Denn in der Vorstellung früherer Menschen wohnten Schlangen oder Drachen zumeist im Wasser, sei es das Meer, seien es Flüsse oder Quellen. Im Italienischen, Arabischen und Hebräischen werden Quellen «Augen» genannt[6]. Es sind die Augen der Schlange oder des Drachen, die im Wasser unter der Erde hausen. In Italien und Griechenland werden die Quellen darum bis heute Dragonessa beziehungsweise Dragonara genannt.
Im Altertum wurde ein bedeutender Unterschied zwischen aqua coelestis – Regen – und aqua viva – Quellwasser – gemacht. Das Quellwasser stammte aus dem Inneren der Erde. Sein Zusammenhang mit der Regenmasse war noch nicht erkannt. Platon läßt Sokrates sagen,

alle Orte der Erde seien durch Kanäle und Durchgänge verschiedener Größe miteinander verbunden, durch die ungeheure Mengen Wasser verschiedener Wärme strömen und Quellen und Flüsse speisen. Zu dieser Vorstellung paßt der biblische Sintflutbericht, der sagt, daß Gott die «Schleusen der Erde» geöffnet habe. Die Grundwasser wurden als die Venen des Erdkörpers verstanden.

Diese Wasser wurden von den Schlangen und Drachen gehütet. Es ist sicher nicht ganz ohne Zusammenhang mit den vielwissenden Schlangen, wenn die Seher früher gern an Quellen wahrsagten. Orakel – wie das in Delphi – wurden gern an Quellen stationiert. Die Quellen hatten prophetische Qualität. Der Blick ins spiegelnde Wasser zauberte Geheimnisse vor die Augen[7].

An Quellen waren auch die Inkubatorien, wo der Hilfesuchende badete, übernachtete und im Traum Heilung fand.

Im Wasser sind geheimnisvolle Kräfte und kostbare Dinge. So etwa wurde nach den Indern in der Urzeit aus dem Meer das lebenspendende Soma gequirlt.

Mit dem Wasser der Unterwelt ist auch der Zusammenhang zum Totenreich gegeben. Höhlen und die mit ihnen gegebenen Quellen sind meist auch der Eingangsort zur Unterwelt der Toten – wie etwa die Lernäischen Sümpfe[8] oder der Okeanos-Strom[9]. Auch hier scheint ein Zusammenhang zwischen Schlangen und Totenwelt auf. Nicht umsonst ist Typhon[10], der Sohn des Tartarus, ein Schlangenungeheuer, hat der Kerberos-Hund[11] drei Schlangenköpfe oder winden sich zischende Schlangen um die Eindringlinge in den Hades[12].

In den Märchen hat sich die mythische Vorstellung von den Schlangen und Drachen als Hüter der Quellen weitgehend erhalten.

Im Drachentötermärchen[13] bewacht ein Drache den einzigen Brunnen, einen Teich oder einen See vor einer Stadt und läßt nur Wasser schöpfen, wenn ihm ein Mädchen geopfert wird[14].

In der Fassung der Kabylen[15] beispielsweise beherrscht eine Schlange den Zugang zum einzigen Brunnen der Stadt. Die Königstochter muß der Schlange regelmäßig Reisbrei und ein Stück von einem Ochsen bringen, sonst ist sie nicht zufrieden, gibt kein Wasser her und frißt sogar Menschen. Der Held Mohamed schlägt der Schlange die sieben Köpfe ab. Da gibt der Brunnen wieder gewaltig viel Wasser.

Zum Wasser, das der Quelle entspringt, gehört der Baum[1]. Er ist Sinnbild der lebenspendenden Kraft des Wassers wie der Erde.

Bei den alten Griechen war der Zusammenhang Baum und Schlange Ausdruck dieses Lebens.

Nicht nur wurden die Heroen als Schlangen dargestellt, oft wand sich diese Heroenschlange auch um einen Baum[2].

Eine Platane steht am siebenarmigen Quell, den die Lernäische Hydra bewacht[3]. Bei der Pythonschlange in Delphi ließ Gäa, die Mutter Erde, den Lorbeer erstehen[4]. Athene, die Schutzgöttin Athens, ließ auf der Akropolis den Ölbaum wachsen[5]. Zugleich machte sie den Erichthonios, die Schlange, zum Hüter des Heiligtums, der sich als Schlange um den Ölbaum windet[6].

Im Areshain zu Kolchis[7], im Osten des Kosmos, wo die Pferde des Helios weideten, bewachte eine große, stets wache Schlange – die Griechen sagen für Schlange Drache – das goldene Vlies des Widders, auf dem einst Phrixos geflohen war, um der Opferung seines Lebens zu entgehen. Im Musée lapidaire zu Arles zeigt ein Mosaik die dicke Schlange, die sich «tausendmal» um den Baum windet. Medea hält ihr in einer Schale den Saft frischgeschnittener Wacholderzweige als Schlafmittel hin, während Jason mit seinem Schwert zum tödlichen Hieb ausholt.

Die Goldäpfel am Baum der Hesperiden[8] wurden von der hundertköpfigen, vielsprachigen Schlange Ladon bewacht. Der Baum war ein Geschenk der Gäa an die Göttin Hera, die ihn in ihren göttlichen Garten pflanzte. Dieser lag am Abhang des Atlasgebirges, im Westen des Kosmos, wo allabendlich die Pferde des Sonnenwagens ihre Reise vollendeten. Der Genuß der Früchte hatte verjüngende Wirkung[9]. Atlas war stolz auf die kostbaren Früchte und hegte als Gärtner den Baum. Er baute feste Mauern um den Fruchtgarten und vertrieb alle Fremdlinge. Da Hera merkte, daß die Töchter des Atlas, die Hesperiden, von den goldenen Früchten stahlen, bestellte sie die immer wachsame Schlange Ladon, die sich als Hüter um den Baum wand. Herakles tötete die Schlange mit einem Pfeilschuß und ließ sich von Atlas drei goldene Äpfel schenken.

Die Geschichte von der Schlange Ladon mit den goldenen Äpfeln deutet hin auf die biblische Schlange, die im Paradiesgarten den Baum mit den Früchten der Erkenntnis und des Lebens bewachte[10]. Weiter auch auf den sogenannten «Sündenfallzylinder» aus Mesopotamien[11]: zu beiden Seiten eines heiligen Baumes, der halb als Dattelpalme, halb als Konifere stilisiert ist, sitzt je eine Gottheit. Hinter der einen Gestalt richtet sich eine Schlange empor.

Spender des Regens

Vielleicht sind die Chinesen das Volk, das sich am intensivsten mit der Schlange als Regenspender beschäftigt hat. Man kann sich kaum ein literarisches Werk, einen Tempel, ein Bild vorstellen, in dem nicht irgendwo das Drachensymbol auftaucht.

Eigenartigerweise beschäftigen sich die Chinesen wenig mit Schlangen, dafür fast immer mit Drachen. Doch sind für sie beide Tiere vertauschbar. Visser[1], der sich intensiv mit der chinesischen Drachen- und Schlangenvorstellung beschäftigt hat, sagt, daß Drachen und Schlangen identisch seien[2]. Ursprünglich war die Drachenvorstellung kaum vorhanden. Noch heute wird beim Drachentanz, der sicher auf uralte Tradition zurückgeht, nicht ein Drache herumgeführt, sondern eine zehn bis zwanzig Meter lange Papierschlange ohne Füße und Flügel[3].

Die Drachenvorstellung geht möglicherweise auf große Echsenarten – wie Alligatoren[4] – zurück, die vor Tausenden von Jahren im damals viel wärmeren Mittelchina heimisch waren. Die Jagd auf Elefanten ist jedenfalls bezeugt, und bekannt sind auch Elefantendarstellungen der Shangzeit.

Der eigentliche Grund, warum die Drachenvorstellung die der Schlangen verdrängt hat, liegt in ihrer Funktion als Regenspender.

Die chinesischen Drachen wohnen im Wasser, vor allem in Teichen und Seen, aber auch in Flüssen und im Meer, gelegentlich auch in Höhlen. Sie beherrschen das Wasser. Wo eine Quelle, wo ein Sumpf, wo ein See, kurz: wo Wasser ist, da sind auch Drachen[5]. Wenn das Wasser versiegte, waren die Drachen daran schuld[6]. Von den Meeresdrachen glaubte man, daß sie die großen Wellen verursachten und so Boot und Mensch gefährdeten.

Schon in sehr früher Zeit begannen die Chinesen Dämme zu bauen, Wasser in die Felder zu leiten, um Reis anzupflanzen. Doch auch schon vor dieser Zeit mochte der Hirsebau Regen nötig gemacht haben. Der Drache, Beherrscher der Wasser[7], wurde zum Spender des Regens. Der Beherrscher der unteren Wasser wurde nun auch zum Beherrscher der oberen Wasser, der Lüfte, der Wolken, der Blitze und der Donner und auch des Regens[8].

Wind, Regen und Donner waren die Wirkungen des Drachens[9].
Wenn Winde brausten oder Wellen wogten, wenn die Donner rollten, wußte man, daß Drachen im Kommen waren[10].

Der Wechsel der Jahreszeiten beeinflußte auch die Drachenvorstellung. Ein chinesisches Sprichwort sagt:

Im Frühling steigen die Drachen zum Himmel,
im Herbst kehren sie in die Tiefe des Ozeans zurück.

Im Frühling erwachten die Drachen aus dem Winterschlaf, und mit der ersten Wärme begannen sie sich zu recken und zu strecken. Dann stiegen sie in den Himmel. Die Wolken waren Zeichen, daß die Drachen in der Luft waren.

Morgen ist der zweite Tag des zweiten Monats, genau um Mittag fliege ich auf,

heißt es in einem Märchen. Der Februar ist die Zeit des Frühlingsbeginns, da die Wolken erscheinen und den für die Aussaat nötigen Regen bringen. Es war die Zeit, da die Drachen in der Luft miteinander kämpften: es donnerte und blitzte, und ergiebiger Regen fiel.

Ich werde auf Drachenart Blitz und Donner machen und ein Gewitter entfesseln.

Im Herbst kamen die Drachen wieder aus den Wolken auf die Erde hinunter und tauchten in die Tiefe der Teiche und Seen. Der Winter war Trockenzeit. Da standen auch keine Wolken am Himmel. Während dieser kalten und trockenen Jahreszeit schliefen die Drachen, und der Regen blieb aus.

Die Drachen wurden so zu den göttlichen Kräften des Regens und der Vegetation. Sie mußten darum auch im Ritual beeinflußt werden.

Am fünfzehnten Tag des ersten Monats, vierzehn Tage nach dem chinesischen Neujahr, das ja der Beginn des Frühlings ist, war früher das Drachenfest. Es ist die Zeit, da die Bauern ihre Felder bestellen. Am Drachenfest sollten die Drachen beeinflußt werden, Regen für die neue Saat zu spenden. Papierdrachen von riesiger Größe werden an diesen Tagen auch heute noch von einem guten Dutzend Männer im Zickzack durch die Straßen getragen.

Auch der «5.5.»[11], der fünfte Mai, war ein Drachenfest[12]. Es war das Drachenbootfest. Auf den Flüssen trugen Mannschaften in Booten Wettkämpfe aus. Die Boote waren mit Drachenbildern geschmückt und stellten den Kampf zwischen Drachen dar. Auch dieses Fest sollte Regen für die reifende Saat verschaffen.

Am dreizehnten Tag des sechsten Monats war der Geburtstag des Lung Wang, des Drachenkönigs. Auf dieses Fest im Hochsommer folgten die drei Fu – dreimal zehn Tage Hochsommerhitze ähnlich unseren Hundstagen. In diesen dreißig Tagen schütten die Drachen ergiebigen Regen auf unsere Erde.

Am ersten und fünfzehnten Tag jeden Monats wurden die regenspendenden Drachen verehrt. Unter den zwölf Tierkreiszeichen erscheint auch der Drache[13].

Bei Dürre besuchte früher der Kaiser Chinas das Haupt der Taoisten in den Drachentigerbergen von Kiangsi. War dieser mit seinen Gebeten nicht erfolgreich, wurde sein Gehalt von der kaiserlichen Schatzkammer sistiert. Manchmal zog anstelle des Kaisers auch ein Prinz dorthin. Bei den Regenzeremonien dort wurden die Trommeln unablässig geschlagen.

Oft hielten bei Dürre die Provinzpräfekten Bittgottesdienste ab, die mehrere Tage dauerten und während derer die Leute fasteten, bis der Regen einsetzte.

In der Provinz Kuangtung besuchte der Pronvinzpräfekt in Trauerkleidern und mit Ketten um Hals und Knöchel den Tempel Lung

Wangs. Dort machte er Kotau, verbrannte Weihrauch, legte dem Drachenkönig ein geschriebenes Bittgebet vor und stellte zu Ehren der Trabanten Lung Wangs Banner mit den Schriftzeichen für Regen, Donner, Blitz und Wind auf den Altar.

Die Buddhisten[14] hatten ihre eigene Art, um Regen zu beten, wobei es sehr feierlich zu und her ging. Sie waren überzeugt, daß die Dürre nur durch reine Zeremonien reiner Priester überwunden werden konnte. In einem Fall sollen zwölfhundert Mönche vor dem Altar versammelt gewesen sein und Sutren um Regen rezitiert haben. Es wurde ein spezieller Regenaltar aufgestellt. Dann wurden die Buddhas, Bodhisattvas und Drachenkönige auf den Altar herabgerufen, und ein Klagelied über die Dürre wurde angestimmt. Darauf folgte Schweigen mit Zenübung. Schließlich wurde gewaltiger Lärm mit Trommeln und Zimbeln gemacht. Tag für Tag wurden diese Zeremonien wiederholt, bis es zu regnen begann.

Ein beliebtes Mittel, Regen zu erlangen[15], war das Krachschlagen an Teichen und Quellen[16]. Man versuchte auf jede mögliche Art, dem empfindlichen Drachen – dabei sollen Drachen taub sein[17] – die Ruhe im Teich zu stören und ihn zu irritieren. Man warf giftige Pflanzen oder Asche, Holzstücke, Steine und Tigerknochen – der Tiger ist der Todfeind des Drachen – in den Teich[18]. Man zog an einem Seil einen Tigerkopf durch den Fluß[19].

Auch die Japaner übernahmen von den Chinesen die Drachenvorstellung. Sie warfen Pferdemist, alte Sandalen und andere schmutzige Dinge in die Drachenteiche[20]. Sie rührten das Wasser mit Eisengeräten oder warfen Eisenabfall in Teiche, da die Drachen Eisen fürchten und verabscheuen.

In einem Fall wurden vier Wasserechsen in zwei irdene Krüge voll Wasser gebracht[21], die Krüge mit einem Holzdeckel verschlossen, vor und hinter den Krügen wurde Weihrauch verbrannt. Dann mußten zehn zehnjährige oder jüngere Knaben mit kleinen, grünen Bambusgerten Tag und Nacht auf die Krüge hauen. Man glaubte, daß es so sicher regnen werde.

Japanische Hofleute setzten sich in ein Drachenboot[22], machten Musik und tanzten, um den Drachen zu stören und ihn zu zwingen, aus dem Teich in die Höhe zu fliegen und Regen zu bringen.

Es gab auch belustigende Mittel, den ersehnten Regen herbeizuwünschen. Die Figur Lung Wangs wurde ins Freie geführt, damit er selber das ausgedörrte Land sehe[23] oder unter der sengenden Hitze schmachte[24]. Man schloß das Südtor, das der Yangseite zugekehrt ist. Wenn zu viel Regen fiel, wurde das Nordtor geschlossen[25], denn es steht unter Yin-Einfluß, der Nacht und dem Mond.

Einmal wurden in einer Zeit großer Dürre Frösche in Fässern gesammelt, und ein Wahrsager wurde beauftragt, die Frösche durch Kitzeln zum Quaken zu bringen – ein unfehlbares Mittel, Regen herbeizuführen.

Eiserne Täfelchen wurde als Regenzauber benützt[26], da die Drachen Eisen fürchten. In Peking wurde einmal ein hoher Beamter ausgesandt, eisernes Geld einzusammeln, das den nötigen Regen herbeiführen sollte.

Das Aufstellen von Drachenfiguren war auch ein Weg, die Drachen dahin zu bringen, daß sie Regen spendeten[27]. Es wurden Drachenfiguren aus Lehm gemacht und aufgestellt. Denn «Wolken folgen den Drachen und Wind folgt den Tigern»[28]. «Irdene Drachenfiguren bringen Regen»[29].

Das Steigenlassen von Drachen, vor allem am «9.9.», am neunten September, das wir bis heute als Kinderspiel betrachten, dürfte seinen Ursprung in der Regenmagie haben.

Im Zusammenhang mit dem Regen beziehungsweise der Fruchtbarkeit stehen viele indische Bräuche und Märchen, besonders aus dem Pandschab- und Kaschmirgebiet. Ebenso der Schlangentanz der Hopi-Indianer[30], die Verehrung der Quetzalcoatl[31], der Federschlange, bei den Maya und Azteken, das Schlangenfest in Cocullo (Abruzzen) und eine Reihe von Märchen aus Bulgarien[32].

Mit dem Erntesegen steht in Verbindung die ägyptische «Nährschlange» Renenet oder Renenutet[33], die im Felde haust und von den Bauern verehrt wurde. Bei den Sumerern war es der Gott Ningishzida[34].

In Graubünden heißt heute noch «dracca» Sturmwind und «dargun» reißender Bergbach[35]. Schmiedeiserne Drachenfiguren als Dachtraufen an vielen alten Häusern deuten ebenfalls auf die alte Auffassung von den Drachen als Regenspendern[36].

Die Schlange schenkt dank dem Wasser die Fruchtbarkeit der Felder, sie schenkt auch den Kindersegen[1]. Diese Vorstellung ist besonders in Indien bekannt und umfaßt beinahe das ganze Land[2].

Bei vielen Dorfeingängen oder innerhalb von Tempelumzäunungen, sei es an einem Teich oder unter heiligen Bäumen, findet man eine Gruppe von Nagakal-Schlangensteinen[3]. Es sind Kobradarstellungen, meist mit sieben, aber auch mit drei, fünf oder neun Köpfen. Oft sind auch zwei Kobras ineinander verschlungen, was den Sinn noch deutlicher macht. Dann wieder gibt es Darstellungen halb Mensch, halb Kobra – Menschenoberkörper mit Schlangenunterleib.

Von den Schlangen erwartet man Kindersegen. So sind es denn vor allem kinderlose Frauen, die bis heute diese steinernen Idole stiften und verehren. Sie haben ein Gelübde abgelegt, ein solches Idol zu setzen, wenn sie Kinder bekommen. Zunächst wird der Nagakal ein halbes Jahr in eine Quelle gelegt, um ihn dort durch Mantren und Zeremonien mit Kraft zu laden. Meist werden die Nagakal unter einem Baumpaar – dem Pīpal- und Nīmbaum – aufgestellt. Diese zwei Bäume werden als «verheiratet» bezeichnet. Wenn die Frauen volle fünfundvierzig Tage hindurch je 108mal die Bäume umschreiten, ist ihnen der Kindersegen sicher.

In jedem Dorf gibt es auch Schlangenfeste mit Tanz und Markt. Wer sich Kinder wünscht, legt im Schrein ein Gelübde ab und muß sich auf den Speiseresten wälzen, die geopfert und von den Brahmanen übrig gelassen wurden. Viele rollen sich auch um den Tempel, wieder andere rollen sich vom Fuß des Hügels bis hinauf zum Heiligtum[4].

Denn in Indien wird Kinderlosigkeit als Strafe angesehen wie Aussatz, Ausschlag, Kindersterblichkeit oder häufiges Auftauchen der Schlange im Garten. Dies alles ist durch Pietätlosigkeit den Nāga gegenüber verursacht, sei es im jetzigen oder in einem früheren Leben. Nur kostspielige Zeremonien können das Unheil abwenden.

Da ist die Sarpa-Samposakara-Zeremonie, die Schlangenbeerdigung. Sie findet am fünften, zehnten, fünfzehnten oder dreißigsten eines Monats statt. Die Familie ruft einen Priester, der die Zeremonie durchführt. Der Kinderlose oder durch anderes Unglück Bestrafte badet und kleidet sich in Seide oder Leinen. Der Priester streut Reis gegen die Geister, die bösen Einfluß auf das Haus haben. Dann setzen sich Priester und Pönitent auf je einen Stuhl nebeneinander und kneten Reis oder Mehl zu einer Schlange. Mit vielen heiligen Mantren «belebt» der Priester die Schlange. Dann werden ihr Milch und Zukker dargebracht. Man verehrt sie als lebendige Gottheit. Mit weiteren Mantren wird das Unglück weggebetet.

Der Pönitent rasiert sich den Bart. Dann trägt er die Schlangenfigur zum Fluß und setzt sie ehrfürchtig auf einen Holzhaufen. Sie wird mit Hölzern abgeschrankt. Butter wird über sie geleert, der Haufen angezündet und die Asche in den Fluß gestreut. Drei Tage lang darf der Pönitent nicht ins Alltagsleben zurückkehren.

Am vierten Tag wird das Beerdigungsfest mit Unterhaltung beendet, bei der acht Junge unter zwanzig Jahren die acht kosmischen Schlangenfürsten darstellen.

Wenn diese Zeremonie keine Früchte zeitigt, wird eine zweite Zeremonie, Nāga-mardala, durchgeführt. Der Pönitent veranstaltet ein großes Fest für seine Kastengenossen, besonders für die unverheirateten Jungen, die auch diesmal wieder Schlangenfürsten darstellen. Am Abend wird angerösteter Reis gestreut und aus ihm die Form einer großen Schlange gebildet, die dann verehrt wird. Eine Musik spielt auf. Die Musikanten sind in Frauengewänder gekleidet und mit Juwelen geschmückt. Durch die ganze Nacht dauert das heftige Trommeln und Pfeifen. Der Dirigent ahmt die Gottheit nach und windet sich wie eine Schlange. Die Worte, die er äußert, werden von den Umstehenden als Worte der Gottheit angenommen.

Nicht unbedingt sind solche große Zeremonien vonnöten, um Kindersegen zu erlangen. Der englische Militärarzt Cornish[5] berichtete 1871 aus Rajahmundry in Südindien von einer Kobra, die in einem alten Ameisenhügel lebte und die von der ganzen Umgebung göttliche Verehrung erhielt, weil Frauen angeblich beim bloßen Anblick schwanger wurden.

Aus Uganda[6] wird von einem Schlangenkult berichtet, der Kindersegen verschaffen sollte.

Seine Pflegestätte war in Bulonga, westlich vom Viktoria Nyanza. Am Seeufer selbst stand auch der Tempel, eine kegelförmige Hütte, auf Pfählen errichtet und mit Gras bedeckt. Der Innenraum der Hütte bestand aus zwei Teilen: den einen Teil bewohnten die Schlange und ihre Wärterin, eine Frau, die niemals heiraten durfte, den anderen Teil hatten das Medium und sein Gehilfe inne. Als Lagerstätte für die Schlange dienten ein Holzklotz und ein Stuhl, beide mit einem Bastgewebe überzogen. Eine Öffnung in der Wand gestattete ihr beständig freien Ein- und Ausgang. Für die Instandhaltung des Tempels hatte der Häuptling selber zu sorgen. Zum Unterhalt der Schlange wurden eigens einige Kühe gehalten.

Tagtäglich holte das Medium Milch, die, mit ein wenig weißem Lehm gemischt, die Wärterin der Schlange reichte. Auch Geflügel und kleine Ziegen dienten als Nahrung. Von Zeit zu Zeit band das Medium derlei Nahrung am Ufer fest, damit die Schlange dorthin komme und fresse. Dies geschah jedesmal, wenn ein glücklicher Fischzug wünschenswert schien. Denn man glaubte, die Schlange habe Gewalt über das Wasser und seine Fische. Ohne ein solches Opfer hielt man einen Fischzug von vornherein für unnütz. War nun ein Fischzug geglückt, so lud das Medium den ganzen Stamm zu einem heiligen Mahle ein, wozu es selbst die Fische bereitete, die geladenen Gäste aber die Vegetabilien und das Getränk besorgen mußten. Die Namen der Schlange waren Selwanga und Magobwe, beides Männernamen.

Ihre Hauptaufgabe war die Gewährung des Kindersegens, weshalb denn auch besonders junge und kinderlos gebliebene Eheleute sich an sie wandten. Zwar wurden ihr auch andere Anliegen vorgetragen, aber sie hieß vor allem «Kinderbringer».

Die Zeit ihrer Verehrung war die Zeit des Neumondes. Sieben Tage hindurch durfte der ganze Stamm der Arbeit nicht nachgehen. Kaum war der Mond sichtbar geworden, rief auch schon lauter Trommelschlag das ganze Volk zusammen. Alles kam. Wer ein Anliegen hatte, brachte eine Opfergabe mit, besonders Bier und Kaurimuscheln, auch wohl Geflügel und Ziegen. Mit einem großen Gefolge von Unterhäuptlingen erschien dann der Priester, dessen Würde erblich und zugleich mit der des Oberhäuptlings verbunden war.

Der Priester nimmt die Opfergaben des Volkes entgegen, berichtet der Schlange darüber sowie über die Anliegen der Opfernden, um alsdann das Medium mit dem heiligen Gewande zu bekleiden, einer bunten Zusammenstellung von Bastgeweben, Leoparden- und Ziegenfellen. Ist dies geschehen, nimmt das Medium eine kleine Schale Bier zu sich und auch ein wenig von der mit weißem Lehm gemischten Milch aus der Trinkschale der Schlange.

Alsbald kommt der Geist der Schlange über das Medium. Es wirft sich nieder, macht die Bewegungen der Schlange, stößt allerlei Laute aus und beginnt in einer dem Volke unverständlichen Sprache zu reden.

Das Volk steht ringsum und schaut zu, während unter Trommellärm die Schlange durch das Medium ihr Orakel ausspricht. Ein Dolmetscher steht aufmerksam neben dem Medium, bis dieses seine Rede beendet hat. Danach liegt das Medium ganz ruhig da, wie in tiefen Schlaf versunken. Der Dolmetscher übersetzt nun die Rede des Mediums, teilt mit, was zu tun sei, um diesen oder jenen Wunsch erfüllt zu sehen, welche Medizinen zu nehmen sind und so fort.

Diese Szene wiederholte sich die gesamten sieben Tage hindurch täglich. Danach konnte das Volk heimkehren und auf die Erfüllung der ihm gewordenen Verheißungen warten. Wurden wirklich Kinder geboren, waren die Eltern gehalten, Opfer zum Tempel zur bringen. Unterließen sie es, hatten sie ein Unglück zu befürchten.

Spender des Lebenswassers

Die Schlange in den Quellen ist also die Spenderin des Lebens und der Fruchtbarkeit. In Mythen und Märchen hat sich dieses Thema verdichtet in die Motive des Lebenswassers[1] und des Lebenskrautes. Im japanischen Märchen «Der Ursprung der Moxa»

ging ein Faulpelz jeden Tag an den Strand und blickte hinaus auf das Meer. Das war alles, was er tat.

Eines Tages tauchte der Drachenkönig aus den Fluten und überreichte ihm einen Krug mit den Worten: «In diesem Krug ist das Wasser, das alle Krankheiten heilt. Nimm es und bring den Menschen Heilung!»

Der Mann nahm den Krug und versteckte ihn in seinem Speicher. Wenn jemand im Dorf krank wurde, nahm er ein paar Tropfen aus dem Krug und heilte den Kranken.

Die Frau war neugierig, was der Mann im Speicher versteckt halte, und ging nachschauen, sah aber im Krug nichts als ihr eigenes Spiegelbild, von dem sie meinte, es gehöre einer anderen Frau, die im Krug sei. Voll Eifersucht ging sie hinaus auf den Hof, nahm einen Stein und zerschmetterte den Krug.

Der Mann wurde darob sehr traurig und begrub die Scherben neben dem Teich auf seinem Grundstück. Dann ging er wieder wie früher jeden Tag an den Strand und schaute hinaus auf das Meer.

Nach vielen Tagen erschien ihm der Drachenkönig und fragte ihn: «Warum bist du hierhergekommen?» – Er hörte sich alles an und sagte: «Geh zum Teich, wo du die Scherben begraben hast. Dort wirst du ein Kraut finden, das du bisher noch nicht gesehen hast. Pflücke, trockne und zerreibe es zu einem Pulver. Dann heile damit die Krankheiten!»

Das war das Kraut, das wir heute Moxa nennen[2].

Besitzer des Lebenskrautes

Die älteste Quelle für das Motiv der Schlange im Besitze des Lebenskrautes ist das sumerische Gilgamesch-Epos[1].

Gilgameschs Freund und Kampfgenosse Enkidu wurde schwer krank und träumte, ein Mann fordere ihn auf, mitzugehen in das Land ohne Rückkehr, ins Reich der Toten, wo es finster ist.

Als Gilgamesch seine Hand auf die Brust seines Freundes legte, spürte er, daß das Herz zu schlagen aufgehört hatte. Da brüllte er wie ein Löwe. Fassungslos trauerte er sieben Tage und Nächte mit herzzerreißender Klage. Die Angst packte ihn, daß ihm dasselbe Schicksal bestimmt sein könnte.

Darauf ging Gilgamesch auf die Suche nach dem Heilmittel des Lebens. Von Utnapischtim erfuhr er das Geheimnis: «Es wächst ein dorniges Kraut, das sticht wie die Dornen der Rose; kannst du dich dieses Krautes bemächtigen, kehr getrost nach Hause zurück!»

Auf dem Rückweg aus der Unterwelt sprang Gilgamesch aus dem Boot Urschanabis, des Fährmanns, tauchte auf den Grund des Meeres und fand das Kraut. Dann tauchte er wieder auf, stieg ins Boot und ließ sich ans Ufer rudern. In Uruk, seiner Vaterstadt, wollte er das Kraut mit allen Menschen teilen, damit sie alle im Alter wieder jung würden und dem Tod entgingen.

Unterwegs kam Gilgamesch an einem Teich vorbei, und es gelüstete ihn zu baden. Er legte das Kraut mit seinen Kleidern an das Ufer und stieg ins Wasser. Eine Schlange aber roch den Duft des Krautes, kam herbei, nahm das Kraut und fraß es. Alsbald legte sie die Haut ab und verjüngte sich.

Mit dem Kraut erwarb die Schlange das Geschenk des Lebens. Dem Menschen aber war es beschieden zu sterben.

Dann wieder taucht das Thema des Lebenskrautes in der Sage von Glaukos[2], dem Sohn des Minoerkönigs, auf. Polyeidos sah eine Schlange sich dem Leichnam des Kleinen nähern und tötete sie. Eine zweite Schlange erschien und verschwand wieder, brachte ein paar Blätter und legte sie auf die tote Schlange. Da wurde diese wieder lebendig. Polyeidos nahm dieselben Blätter und legte sie auf den toten Glaukos. Da kehrte auch Glaukos wieder zum Leben zurück.

Eine Variation der Glaukosmythe ist die Geschichte von Tylon[3], der von einer Schlange tödlich in die Ferse gebissen wurde. Seine Schwester Moira bat den Giganten Damasen, ihren Bruder zu rächen. Damasen tötete die Schlange, aber eine andere Schlange kam herzu, sah dies, holte aus dem Wald die «Blume des Zeus» und legte sie auf die Lippen des toten Gefährten, der darauf wieder zum Leben kam.

Moira nahm vom gleichen Kraut und legte es ihrem Bruder auf die Lippen. So kehrte auch Tylon wieder zu den Lebenden zurück. – Die Szene ist auf einer Reihe von sardischen Münzen festgehalten.

Auf Lesbos hat sich die Glaukosgeschichte mit Variationen bis in die heutige Zeit erhalten[4]. Auch das deutsche Schlangenmärchen «Die drei Schlangenblätter»[5] zehrt deutlich von der Glaukossage:

Der einzige Sohn eines armen Bauern zog in die Welt, sein Brot zu verdienen. Durch Tapferkeit im Krieg erwarb er sich die Gunst des Königs, wurde mit großen Schätzen geehrt und zum Ersten im Reiche erhoben.

Die Tochter des Königs hatte die wunderliche Idee, nur den zu heiraten, der ihr verspreche, sich mit ihr lebendig begraben zu lassen, falls sie als erste sterben würde. Der Jüngling, von der Schönheit der Königstochter bezaubert, ging auf die Bedingung ein.

Es ging nun nicht allzulange, da wurde die Königstochter schwer krank und starb. Als der Leichnam in dem königlichen Grabgewölbe beigesetzt wurde, wurde auch ihr Gatte dorthin gebracht und das Tor verriegelt.

Hier saß er ganz verzweifelt, aß jeden Tag vom Brot und trank vom Wein, den Lebensmitteln, die er mitbekommen hatte. Auf einmal sah er eine Schlange aus der Ecke des Gewölbes hervorkriechen und sich der Leiche nähern. Weil er dachte, sie komme, um an der Leiche zu nagen, hieb er sie in drei Stücke.

Kurz darauf kam eine zweite Schlange. Als sie die andere tot und zerstückelt fand, ging sie zurück, kam aber bald wieder mit drei Blättern im Maul. Sie fügte die drei Schlangenteile zusammen und legte auf jede Wunde eines der Blätter. Die Stücke wuchsen zusammen, und die Schlange begann sich wieder zu regen. Schließlich verließen beide das Gewölbe.

Der Gatte der Königstochter hatte alles gesehen und dachte, daß die Blätter den gleichen Dienst auch an seiner Frau verrichten könnten. Er nahm die Blätter, legte sie ihr auf die Augen und auf den Mund – und siehe, es kam wieder Leben in ihren Leib. Sie atmete, schlug die Augen auf und begann zu reden.

Da gingen sie zum Tor und klopften und schrien, bis jemand es hörte und dem König Meldung brachte. Der kam, öffnete das Tor und fand beide lebendig.

133 Kadmos tötet die Schlange. Schlangen sind Hüter von Quellen. Da Kadmos das Wasser der Kastalischen Quelle benötigte, zerschmetterte er der wachenden Schlange mit einem Felsstück den Kopf. Vgl. Hüter der Quelle, Seite 119 f. (Louvre, Paris)

134 Jason und die Schlange. Die Schlange, die das Goldene Vlies im Areshain zu Kolchis bewacht, hat Jason verschluckt und speit ihn auf Geheiß der Göttin Athene wieder aus. Schriftlich nicht bezeugte, möglicherweise ältere Tradition. Gewöhnlich tötet Jason mit seinem Schwert die Schlange, während Medea hilfreich beisteht. Vgl. Hüter des Baumes, Seite 121 f., und Das Jonasmotiv, Seite 161 ff. (Museo Gregoriano Etrusco, Vatikan)

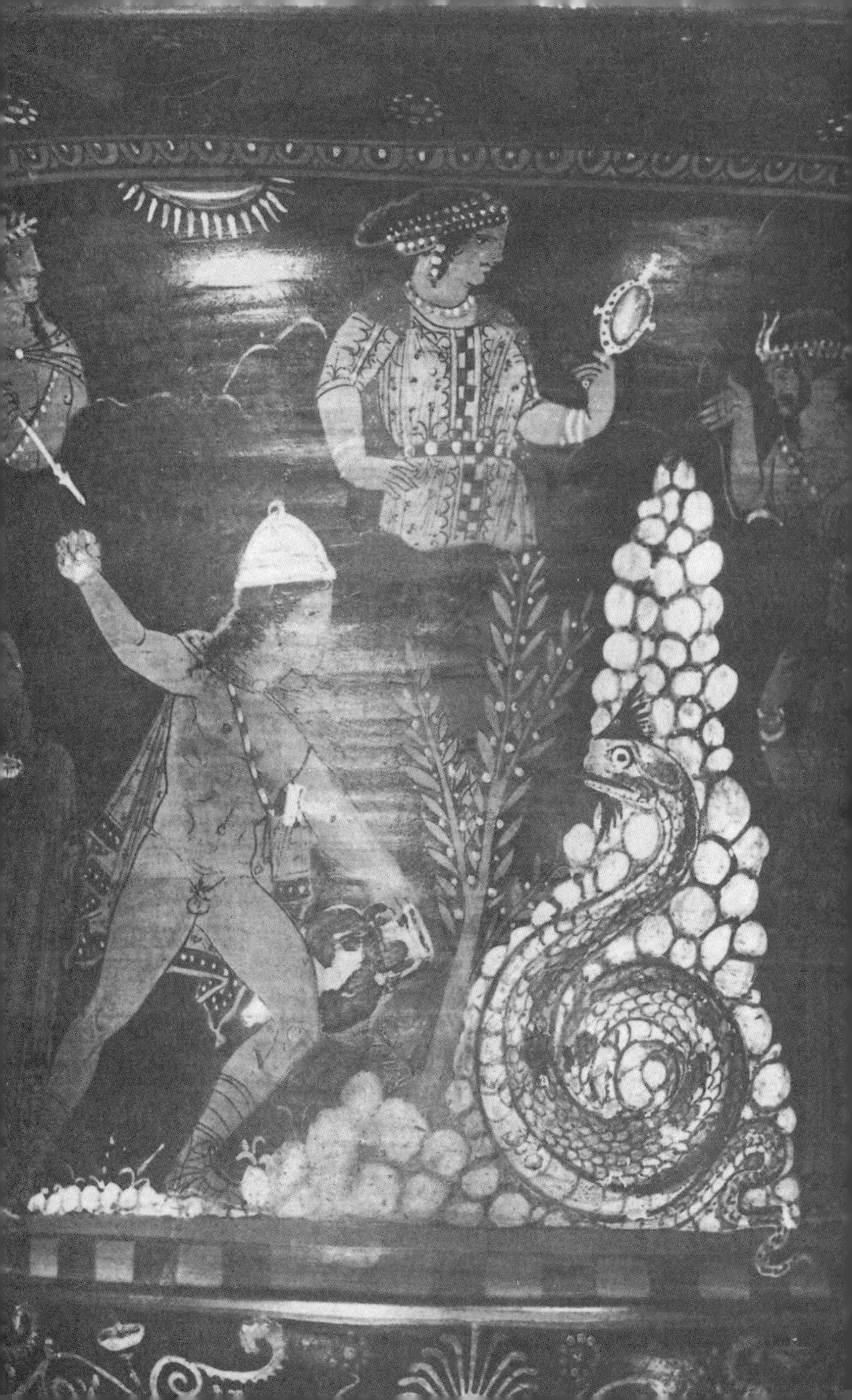

Die Schlange ist der Wächter von zwei wichtigen Kostbarkeiten des Menschen: des Wassers und der Schätze. Als Tier im Wasser ist sie die Hüterin des Wassers, als Tier der Erde ist sie die Hüterin der Schätze. Sie hütet die kostbaren Steine und seltenen Metalle[1].

Ladon bewacht die goldenen Äpfel der Hesperiden[2]. Eine Schlange bewacht das goldene Vlies[3]. Der Lindwurm Fafnir bewacht auf der Gnita-Heide den Nibelungenhort[4].

In China wurde die Jade als der ausgeflossene Samen des Drachen gedeutet. Das Blut der von Marduk zerstückelten Tiamat[5] befindet sich (wohl als Goldadern) in geheimen Höhlen.

Vor allem die Alpengebiete, wo zuallererst kostbare Steine und Metalle zu finden sind, sind reich an Geschichten von schatzhütenden Schlangen oder Drachen[6].

In der Sage «Die Schlangenjungfrau»[7] aus der Steiermark bewacht eine goldgekrönte, weiße Schlange einen Schatzhort.

Ein Älpler hatte den Mut, der Schlange einen goldenen Schlüssel aus dem Maul zu schnappen, nachdem er von einem kleinen schwarzen Mann dazu ermuntert worden war. Daraufhin wandelte sich die Schlange in ein schönes Mädchen, das den Burschen an eine Felsentüre führte und mit dem Schlüssel aufschloß. Drinnen funkelte es von Gold und Edelstein. Das Mädchen füllte dem Burschen die Taschen. Dann gingen sie wieder aus der Felsenkammer. Die Türe klappte zu – und das Mädchen war für immer verschwunden.

Ein indischer Bauer

pflügte eifrig sein Feld, doch es trug nie reichlich Ernte. Da sah er auf einem alten Ameisenhügel eine große Schlange mit ausgebreiteter Haube. «Diese Kobra ist sicher der Schutzherr dieser Gegend», dachte er und entschloß sich, von nun an diese Schlange zu verehren.

Er brachte ein Becken voll Milch und betete: «O Herr dieses Feldes, bisher habe ich nicht gewußt, daß du hier wohnst. Verzeih mir!»

Am nächsten Morgen fand er ein Goldstück im Becken. Jeden Tag brachte der Bauer nun Milch, und jeden Morgen fand er auch ein Goldstück im leeren Becken[8].

Statt Edelsteine oder Gold schenken die Nāga auch andere Kostbarkeiten. Der König von Vātsa erhält von den Nāga zum Dank für seine Hilfe eine kostbare Flöte[9], mit der er Elefanten in seine Gewalt bringt. – Die Nāga schenken ein Schwert[10], das seinen Besitzer unbesiegbar und zum König der Nymphen macht. – Ein Jäger erhält zum Dank für seine Hilfe gegen einen Schlangenbeschwörer das «unfehlbare Lasso»[11], mit dem er jegliches Wild in seine Gewalt bringt.

In Indien, China und Japan hat sich die Idee von den schatzhütenden Schlangen zu Schlangenfürsten in Unterwasserpalästen aus kostbarem Gestein und Metall entwickelt[12]. Zu den bestbekannten Geschichten dieser Art gehört die japanische vom Urashimatarō:

Er war ein Fischerjunge. Seine Hütte stand am Meer. Tag für Tag ging er mit seinem Boot aufs Meer und fing Fische.

Eines Tages hielt er in seinem Netz einen großen, schönen Fisch, der ihn mit traurigen Augen ansah. Er brachte es nicht übers Herz, ihn zu töten, und ließ ihn wieder frei.

Am nächsten Morgen kam eine große Schildkröte und lud ihn zum Drachenpalast auf dem Meeresgrund ein. Denn Urashimatarō hatte am Tage zuvor, ohne es zu wissen, die Tochter des Drachenfürsten gerettet.

Auf dem Grunde des Meeres fand er einen herrlichen Palast. An dessen Tor verwandelten sich alle Meerestiere in Menschen. Er empfing den Dank des Drachenfürsten für seine großherzige Tat, machte mit der geretteten Drachenprinzessin einen Rundgang durch den Drachenpalast und bestaunte die immense Herrlichkeit.

Schließlich erinnerte sich Urashimatarō an seine Eltern und seine Hütte und nahm Abschied. Zuvor jedoch brachte ihn die Drachenprinzessin noch in die Schatzkammer. Dort lagen in großen Haufen Perlen und Edelsteine. Die Prinzessin schritt an diesen Schätzen vorbei, nahm aus einer Ecke ein einfaches Holzkästchen und überreichte es Urashimatarō. «Dieses Kästchen ist kostbarer als alle Perlen und Edelsteine hier», sagte sie. «In ihm befindet sich der kostbarste Meeresstein. Das Kästchen hat im Boden eine kleine Öffnung. Du brauchst nur hineinzuflüstern, was du dir wünschest. Dann klatsche dreimal in die Hände, und das Gewünschte steht vor dir. Du darfst aber das Kästchen nie aufmachen!»

Darauf wurde Urashimatarō von der Schildkröte wieder an die Meeresoberfläche getragen.

Urashimatarō traute seinen Augen nicht. Seine Heimat war ganz anders geworden, und die Gesichter der Menschen waren ihm unbekannt. Erst nach vielem Fragen erinnerte sich ein Mönch an die Geschichte des Urashimatarō, der vor 300 Jahren in diesem Dorf gelebt hatte.

Da begriff Urashimatarō, daß die Zeit unten im Meer viel langsamer vergeht als auf der Erde. Er erzählte von seinen Erlebnissen unten im Drachenpalast, sprach seine Wünsche ins Schatzkästchen und bewirtete die Leute aufs reichste.

Er hatte nun täglich alles, was er sich wünschte, bis der Provinzgouverneur von der wunderbaren Geschichte hörte, das Schatzkästchen beschlagnahmen ließ und es öffnete.

Da überzog sich Urashimatarōs Gesicht mit tausend Falten, seine Haare wurden weiß. Er fiel um und starb[13].

Vermittler der Tiersprachen

Bei den Völkern früherer Zeit herrschte die Vorstellung, daß Tiere eine eigene Sprache besäßen. Besonders galt das von den Vögeln[1]. Dem Menschen war es gewöhnlich nicht möglich, diese Sprache kennenzulernen, es sei denn, die schlauen und klugen Schlangen[2] gewährten es ihm.

Im antiken Griechenland war es durchwegs so, daß Schlangen dem Menschen die Ohren beleckten und der Mensch darauf die Sprache der Tiere verstand.

Melampos[3] rettete eine Brut junger Schlangen vor dem Zugriff seiner Diener. Aus Dankbarkeit leckten sie ihm die Ohren und gaben ihm so die Kenntnis der Vogelsprachen. Melampos hörte darauf das Gespräch zweier Holzwürmer, wodurch er prophetische Kenntnisse erlangte. Dann hörte er zwei Geier sprechen, die das Heilmittel für die Impotenz des Iphiles wußten.

Athene nahm die Schlange Erichthonios aus ihrer Aigis (Schild) und gab ihr den Befehl, dem Teiresias[4] mit der Zunge die Ohren zu reinigen, damit er die Sprache der prophetischen Vögel erlange.

Schlangen beleckten die Ohren der zwei Söhne des Laokoon[5], worauf sie die Sprachen der Vögel verstanden.

In vielen Darstellungen kämpft der jugendliche Herakles[6] mit zwei Schlangen, die ihn umbringen wollen. Es gibt aber auch Darstellungen, nach denen die Vermutung naheliegt, daß die beiden Schlangen dem Kind Herakles die Ohren leckten und ihm so die Kenntnis der Tiersprachen vermittelten. Jedenfalls verstand er die Sprache der Geier.

Hekabe, die Frau des Priamos von Troja, hatte Zwillinge: Kassandra und Helenos[7]. Eines Nachts schliefen die beiden im Heiligtum des Apollon. Hekabe erwachte und suchte die Kinder. Sie fand sie im

Tempel schlafend. Schlangen leckten an ihren Ohren. Vor Schreck schrie die Mutter auf. Doch von da an besaßen die beiden die Gabe der Weissagung.

Im griechischen Altertum war es nichts Besonderes, wenn Zauberer behaupteten, ihre Ohren seien von Schlangen beleckt worden. Die Schlange galt als Inkarnation der Orakelheroen. Die Schlange gab also ihr Wissen an ihre Jünger weiter. Die Priester des Apollo behaupteten[8], auf diese Weise in den Besitz höheren Wissens gekommen zu sein.

Ein fernes Echo dieser Auffassung zeigt das mongolische Märchen «Jisder, der Neunte»[9], in dem der älteste von neun Brüdern die Tiersprache verstand, weil ihm einst Schlangenspeichel in den Mund gekommen war.

Im nichtgriechischen Raum war es nicht das Belecktwerden durch Schlangen, sondern das Essen eines Schlangenteils, das die Kenntnis der Tiersprache verschaffte.

Die nordischen Sigurd und Gudrun[10] aßen das Herz des Drachen Fafnir und verstanden darauf die Sprache der Vögel. – Im estnischen Märchen «Der Schlangenkamm»[11] tötet der Jäger eine Schlange, kocht deren Kamm (Krone) und ißt ihn. Seither versteht er die Sprache der Tiere.

Nach Philostratos[12] glaubten die Araber, daß sie magische Kräfte und das Verständnis der Tiersprachen erlangten, wenn sie das Herz oder die Leber einer Schlange äßen. – In einem sizilianischen Märchen[13] macht ein Bauer aus einer getöteten Schlange eine Suppe. Der Knecht trinkt davon und versteht darauf die Sprache des Grases und der Bäume. – In einem nordischen Märchen[14] versteht der Held die Sprache der Vögel, weil er einer Schlange den Kopf abgehauen und ihn in einen Sack gesteckt hat.

Das Motiv der Kenntnis der Tiersprachen hat sich in zwei Märchentypen festgehalten.

Da ist einmal der Typ des deutschen Märchens «Die weiße Schlange»:

Es gab in einem Lande einen überaus weisen König, dem nichts unbekannt blieb. Es war, als ob ihm durch die Luft Nachricht von den unglaublichsten Dingen zugetragen würde. Er hatte aber eine merkwürdige Sitte. Jeden Mittag mußte ihm sein vertrauter Diener nach der Tafel noch eine Schüssel auftischen. Sie war aber immer zugedeckt, und niemand wußte, was darin lag, denn der König aß erst, wenn er ganz allein war.

Den Diener plagte die Neugier. Eines Tages schloß er sich mit dem Teller in seine Kammer ein, hob den Deckel und sah eine kleine weiße Schlange darin. Kaum hatte er ein Stück von ihr gekostet, verstand er die Sprachen der Tiere[15].

Der Rest des Märchens entspricht geläufigen westlichen Märchenmustern, wobei dem Held die Kenntnis der Tiersprachen zu Hilfe kommt.

Der zweite Märchentyp berichtet von einem armen jungen Mann[16], der in fremde Dienste trat und seinem Herrn zwei junge Schlangen brachte. Die Magd sollte sie für den Herrn zubereiten; infolge einer Verwechslung bekam sie jedoch der Diener zu essen. Er erlangte so die Kenntnis der Tiersprachen.

Dank seines wirtschaftlichen Erfolges kehrte er zu seiner Frau zurück. Eines Tages ritten beide ins nachbarliche Dorf. Der Mann konnte sich vor Lachen nicht halten, weil er das Gespräch von Stute und Füllen verstand. Die Frau wollte den Grund des Lachens wissen und ließ nicht nach.

Der Bauer aber wußte, daß es ihn das Leben kostete, wenn er das Geheimnis der Tiersprachen verriet. Er machte sich also zum Sterben bereit und streute noch ein letztes Mal Futter für seine Hühner. Dabei hörte er den Hahn sagen: «Die Hennen müssen tun, was ich will, es mögen ihrer noch so viele sein. Ich mache es nicht wie du, der du nur eine Frau hast und ihr nicht einmal Meister wirst.»

Der Bauer nahm darauf seinen Lederriemen, gab seiner Frau eine gehörige Tracht Prügel, bis ihr die Neugier nach seinem Geheimnis verging.

Dieser Typus ist weit verbreitet, von Europa über Indien bis nach Japan[17].

Die Schlange und die Perle

In vielen Fällen, wenn von Schlangenschätzen die Rede ist, hören wir auch von der kostbaren Perle oder vom Edelstein, meist auf dem Kopf, im Gehirn, im Gesicht, im Rachen[1] oder unter dem Kinn[2] der

Schlange. Die weite Verbreitung dieses Motivs im Fernen Osten[3] deutet auf seine indische Herkunft.

In den indischen Jataka[4] wird von einem Brahmanen berichtet, der mit seinem Sohn auf die Jagd ging. Dabei traf er auf einen Nāgaprinzen und wurde von diesem in die Nāgawelt eingeladen. Nach einem Jahr wollten beide wieder an die Erdoberfläche zurückkehren und erhielten vom Nāgaprinzen «die Perle, die jeden Wunsch gewährt».

Ein Asket[5] begegnete immer wieder dem Nāgarāja des Ganges. Eines Tages bat er ihn um die Perle, die er immer auf seinem Kopf trug. Der Nāgakönig erwiderte jedoch: «Durch die Perle, die du begehrst, kann ich reichlich Essen und Trinken haben.»

Auch von der Urschlange Shesha[6] mit ihren Köpfen (in gewissen Versionen ist die Rede von tausend Köpfen) wurde angenommen, daß jeder einen Edelstein enthalte.

Auf Ceylon[7] herrschte die Vorstellung, daß diese Perle im Rachen der Nāga gebildet wird. Sie strahlt ein starkes Licht aus. Wenn die Nāga darum im Dunkeln etwas suchen, lassen sie die Perle herausfallen und verschlucken sie wieder, wenn sie das Gesuchte gefunden haben. Wer diese Perle auf dem Boden entdeckt, kann sie sich zu eigen machen, wenn er Staub darauf streut.

Im japanischen Märchen von der «Glocke vom Mii-Tempel»[8] ist die Perle das Auge der Schlange.

Die Vorstellung von dieser kostbaren Perle ist auch in Europa nicht unbekannt[9]. Schon von mittelalterlichen Drachen wurde angenommen, daß sie einen Edelstein im Kopf trügen[10]. Dasselbe wurde auch von der Kröte angenommen.

Alois Lütolf[11] berichtet in seiner Innerschweizer Sagensammlung über Geschichten von der Perle. Nach ihm ist der Edelstein im Drachenauge. Die Drachen haben in der Mitte ihres Augapfels einen Stein, der glänzt wie eine Feuersglut.

In der Sammlung der Waadtländer Alpensagen[12] ist wiederholt die Rede vom leuchtenden Diamanten, der wie Feuer oder wie ein fernes Licht leuchtet. Wenn der Drache fliegt, erleuchtet ihm dieser Diamant wie eine Laterne den Weg. Der Stein leuchtet so stark, daß der Drache weiterhum sieht. Wenn er baden geht, nimmt er den Diamanten vom Kopf. Immer wieder haben Menschen versucht, diesen zu bekommen, doch endete der Diebstahl oft mit dem Tod. So raubte ein Mann von Vouvry im Wallis den Diamanten, als der Drache in der Rhône badete, und versteckte ihn in einer Büchse mit vielen Nägeln, die nach außen schauten. Der Drache starb an den Wunden, die er sich beim Aufgreifen der Büchse zuzog.

In einem rumänischen Märchen tötet ein Zigeuner einen Drachen. Darauf kommen die Leute der Stadt, spalten den Schädel des Drachen und nehmen den Diamanten heraus.

Die gekrönte Schlange

Im europäischen Raum, besonders im Alpengebiet, hat sich das Motiv der perlentragenden Schlange gewandelt in das der gekrönten Schlange[1].

Eine der besten Versionen gibt das Schweizer Märchen «Die Schlangenkönigin»:

Eines Tages fand ein Hirtenmädchen auf einem Felsen eine kranke Schlange, die am Verschmachten war. Das dauerte das Mädchen, und es reichte den Milchkrug hin, den es gerade in der Hand trug. Die Schlange schlappte begierig von der Milch und erholte sich schnell, so daß sie wieder davonkriechen konnte.

Viele Jahre später, am Hochzeitsmorgen des Mädchens, kam plötzlich eine Schlange in das Zimmer. Auf ihr ritt eine schöne Jungfrau, die sagte: «Da hast du meinen Dank dafür, daß du mich in der Not mit Milch gespiesen hast.» – Bei diesen Worten nahm sie eine glänzende Krone von ihrem Haupt und warf sie der Braut in den Schoß. Dann verschwand sie mit der Schlange wieder.

Die Braut aber hob die Krone auf und hatte lauter Glück und Segen ihr Leben lang[2].

In der Vorarlberger Version[3] kam die Schlange mit dem goldenen Krönlein auf dem Kopf immer wieder zum Mädchen, das ihm jedesmal etwas Milch aus einem Schüsselchen zu trinken gab. Das Mädchen wuchs heran und wurde zur Braut. Am Hochzeitstag, als sie mit dem Bräutigam in der Kirche vor dem Altar kniete und viel Volk versammelt war, kam auf einmal eine Schlange zum Altar und legte ein goldenes Krönlein vor die Braut.

In der Berner Oberländer Version[4] kommt die gekrönte Schlange ebenfalls immer wieder zum Mädchen und erhält von ihm Milch.

141

Nach der Hochzeitsmesse, als alle zum Festmahl auf der Alm zusammensitzen, kommt plötzlich die gekrönte Schlange. Die Braut gibt ihr Milch. Dann legt die Schlange das schimmernde Krönlein auf den Platz der Jungfrau. Es bringt dem jungen Paar viel Glück.

In der Zürcher Version[5] gastiert Karl der Große zu Zürich, als eine Schlange erscheint, die dem Kaiser ein goldenes Krönlein schenkt.

Zu Münster im Graubündischen[6] krochen drei Schlangen zur Quelle, um zu baden. Zwei von ihnen hielten der dritten eine Krone über den Kopf. Während des Badens legten sie die Krone abseits ins Gras. Ein Waldarbeiter entdeckte die Kostbarkeit und nahm sie an sich. Als die Schlangen den Verlust bemerkten, begannen sie angstvoll zu suchen. Schließlich schnellte die Schlangenkönigin hoch empor in die Luft und stürzte sich auf eine Steinplatte, so daß ihr Kopf zerschmettert wurde.

Auch aus Polen[7] ist das Motiv bekannt. Im «Märchen vom Schlangenkönig» sagte eine Schlange: «Ich bin der einzige Sohn des Schlangenkönigs. Alle Schlangen von Polen und Rußland gehorchen meinem Vater. Auf dem Haupt trägt er eine kostbare Krone aus lauter Brillanten, die heller scheinen als die Sonne, weshalb man meinen Vater von weither erkennt. Wer diese Krone besitzt, erhält alles, was er sich wünscht.»[8]

Gespielin der Kinder

Im ganzen Alpenraum[1] und nördlich weit darüber hinaus bis Schweden[2] hat sich neben der Vorstellung von der gekrönten Schlange auch die Sage von der Schlange als Gespielin der Kinder erhalten.

In Schwandorf bei Nagold[3] gab eine Mutter ihrem Kind, sooft sie aufs Feld mußte, einen ganzen Hafen voll Milch und ließ das Kind damit allein im Garten. Da verwunderte sich die Mutter, daß die Milch jedesmal rein ausgetrunken war, wie groß der Hafen auch sein mochte. Das Kind aber sagte, es komme immer ein Vögelein und esse mit. Da paßte die Mutter eines Tages auf und sah, daß alsbald eine Schlange aus der Mauer hervorkroch und mitaß. Sooft das Kind einen Löffel voll genommen hatte, steckte die Schlange ihren Kopf in den Hafen und trank, und so ging das fort, eins ums andere. Dabei ward die Schlange nicht böse, als das Kind sie mit dem Löffel auf den Kopf schlug und sagte: «Iß et no Ilch, iß au Ickle!» (Brickle, d.i. Bröckle).

Nach dem Essen legte sich die Schlange dem Kinde in den Schoß und spielte mit ihm: Als die Mutter sah, daß sie dem Kind nichts zuleide tat, ließ sie sie gewähren und gab ihr auch später, als das Kind schon erwachsen war, noch lange Zeit allein täglich ihre Milch. – Solche Schlangen darf man nicht töten; es bringt dem Kind sonst Unglück und kann es selbst das Leben kosten.

Typisch für diese Sage ist immer, daß das Kind der Schlange Milch zu trinken gibt. In den meisten Varianten findet sich die Ermahnung des Kindes: «Trink nicht nur Milch, iß auch Bröckle!»[4]
Woher die Vorstellung, daß Schlangen Milch trinken, in diese Sage kam, ist unbekannt. Naturwissenschaftler[5] stellen dar, daß Schlangen keine Milch trinken. Und doch ist diese Vorstellung weit verbreitet. Liegt es vielleicht daran, daß Bauern immer wieder Schlangen in warmen Kuhställen oder gar am warmen Euter der liegenden Kühe gefunden haben[6]? Oder gibt man den Schlangen Milch, weil man früher in den Schlangen die verstorbenen Ahnen[7] sah und ihnen Speise und Trank vorsetzte?
Wie alt die Vorstellung von der milchtrinkenden Schlange ist, zeigt die Geschichte des sumerischen Königs Gudea[8], der den göttlichen Hirten Eululim anstellte, damit die Schlange der heiligen Ziege im Ninnu-Tempel die Milch nicht raube.
Eine Reihe von Sagen von der Milch trinkenden Schlange sind auch eine Verbindung mit Geschichten von der gekrönten Schlange[9] eingegangen:

Im Berner Oberland[10] war ein Mädchen auf der Alp, das im Viehstall eine Schlange mit einem goldenen, edelsteinverzierten Krönlein fand. Schnell holte es für die Schlange in einer flachen Schüssel etwas Milch. Von da an waren die beiden Freunde. Der Vater erfuhr davon, ließ es aber stillschweigend geschehen.
Das Mädchen wurde erwachsen und heiratete schließlich. Nach der Trauung stieg die ganze Hochzeitsgesellschaft auf die Alm zum Festschmaus. Unerwartet tauchte die Schlange mit ihrem Krönlein unter den Gästen auf. Die Braut schüttete schnell etwas Milch in eine flache Schüssel und gab kleine Stücke eines Kuchens bei.
Die Schlange trank, dann schnellte sie hoch und legte ihr schimmerndes Krönlein auf den Platz der Braut. –
Das goldene Krönlein aber brachte dem jungen Paar Glück.

III. TEIL: DIE SCHLANGENDEUTUNG DER URZEIT

A. Die Urschlange – Schöpfer des Menschen

Die schöpferische Urschlange im Wasser

Unter all den Schichten von Schlangenphänomenen, die wir bereits gesehen haben, liegt ein älteres, letztes Stratum: die Schicht der Urschlange, jenes gewaltigen, schöpferischen Ungetüms, dem die Menschen ihr Leben verdanken. Immer ist es dem Wasser zugeordnet. Es ist darum letztlich ein aquatisches Wesen[1]. Insofern es die Erde trägt oder sie umspannt und mit seinen Wassern befruchtet, können wir es auch ein chthonisches Wesen nennen.

Die Urschlange ist damit das Symbol der Einheit von Wasser und Land. Sie ist der Anfang der Dinge und der Zeit, der Urstoff, das Urdunkel, der Urschoß, in dem die Dinge noch ungestalt und ungeschieden beieinander liegen, die Urkraft und die Urmutter. Aus ihrem Rachen oder ihrem Leib kommen die Dinge und Wesen der Ur- und Jetztzeit.

In ganz Südostasien[2] bis nach Neuguinea, Australien und Melanesien scheint die Urschlange einmal die grundlegende Vorstellung gewesen zu sein, die das Entstehen des Lebens erklärte.

Die Schöpfungsmythe der Ngadju-Dajak auf Borneo[3] beginnt:

Es geschah damals, in früheren Zeiten, als sich alles noch im Rachen der aufgerollten Wasserschlange befand.
Das war in der Urzeit, in der paradiesischen Zeit.

Die Ungaryin im Nordwesten Australiens[4] stellen an den Beginn des menschlichen Werdens die Ungud, die Urschlange.

144

In der Urzeit gab es nur das Weltmeer, aus dem sich Ungud in Gestalt einer Regenbogenschlange ohne Mund und Ohren aufrichtete und einen Bumerang warf, der einen großen Kreis beschrieb und mehrmals auf dem Wasser aufschlug. An diesen Stellen schäumte das Meer auf und gab schlammiges und seichtes Wasser frei. Ungud wanderte über die so geschaffene Erde und legte die Eier, aus denen dann die Wondjina, die Menschen der Urzeit, erstanden, die Ahnen der heutigen Menschen.

Die Paiwan auf Taiwan haben viele Erinnerungen an die Urschlange, die sie Varhaloval[5] nennen. Der Häuptling von Dwolyang erzählt:

Die Leute unseres Dorfes stammen ursprünglich aus Revoakan bei Sanhe. Vor langer Zeit spaltete sich nämlich dort die Erde. Eine große, mit Hörnern versehene Schlange kam hervor und stieg ins Meer. Vom Land aus gesehen sah die Schlange wie ein Mensch aus. Sie schwamm mit Hilfe von Bambusstäben, die sie unter die Brust genommen hatte.
Der Bambus platzte und heraus kamen zwei Kinder, ein Bube und ein Mädchen. Die beiden waren die Kinder der Schlange. Die zwei heirateten einander und zeugten Kinder. Doch alle waren ohne Nasen. Diese Kinder heirateten ebenfalls und bekamen normale Kinder mit Nasen und allem, wie es sich gehört[6].

Es gibt kaum ein Dorf bei den Paiwan, das nicht seine eigene Erfahrung der Varhaloval, der großen Schlange, gemacht hat. So berichten die Leute von Kanapi:

Eines Tages kam bei Ootori vom Meer her eine große Schlange, ging in die Berge und wohnte dort. Diese Stelle wurde zu einem Teich.
Als die Schlange wieder zum Meer zurückkehren wollte, waren gerade fünf Männer von Kanapi auf dem Heimweg von der Jagd in den Bergen Ootoris. Sie entdeckten die Riesenschlange, die am Wegrand vorbeiging. Doch sie wußten nicht, in welche Richtung der Schwanz und in welche der Kopf schaute, so lang war sie. Die Kanapileute wollten mit dem Gewehr auf die Schlange schießen, doch sie hatten Angst, die Schlange könnte sich um ihren Leib winden. Darum schossen sie nicht.
Als die fünf über die Schlange zu klettern versuchten, hob sich ihr Rücken. Als sie unter ihr hindurch gehen wollten, fiel ihr Leib plötzlich wieder herunter. Sie konnten einfach nicht hinübergehen.
Zwei Nächte verbrachten sie dort, dann ging die Schlange schließlich ins Meer. Als der Schwanz auf dem Weg verschwand, konnten die Männer den Weg überqueren und nach Hause gehen. Der Weg, den die Schlange zog, heißt heute «Weg des Gottes». Auf diesem Weg darf nicht gerodet werden, und es dürfen auch keine Bäume und Stauden gefällt und wegtransportiert werden.

Auf dem Weg, den die Schlange zog, liegt ein großer gespaltener Stein. Die Schlange ging über diesen Stein hinweg, und er brach auseinander. Sicher ist es, weil der Bauch der Schlange wie eine Säge wirkte. Dieser Stein ist heute noch vorhanden[7].

Die Jali in Nord-Neuguinea berichten:

Die Mamī-Schlange wohnte in der Höhle Pumal am Fuße des Sindam-Jandam-Berges. Damals gab es noch keine Menschen. Sie verließ die Höhle und kam in der Feuerstelle des Hauses Kasin zum Vorschein. Dort gebar sie den Sīrīngon-Mann und den Sūhūnīap-Mann. Sie gebar auch zwei Frauen[8].

In vielen Erzählungen Ost- und Südostasiens wird nicht direkt von dieser schöpferischen Urschlange geredet, doch erst dieser Zusammenhang macht die Geschichten sinnvoll.

So stellen sich die Leute auf Kédang[9] die Erde von einer Schlange getragen vor. Erdbeben sind ein Zeichen, daß sich die Schlange bewegt. Dann rufen die Leute spontan: «Ė beg! Ė beg!» – «Wir sind hier! Wir sind hier!»

Dieselbe Idee findet sich bei den Batak auf Sumatra[10], bei den Leuten auf Nias, auf Rote, auf Neu-Pommern, auf den Fidschiinseln, auf Java. Auf Java heißt es, die Schlange sei so groß, daß sie sich um die Erde lege und den Schwanz ins Maul nehme.

Diese Schlange ist dem Wasser zugeordnet. Ist es nicht das Meer, weil die Menschen im Landesinneren wohnen, so ist es ein Sumpf oder ein See. In den wasserarmen Gebieten Australiens sind es die Wasserlöcher und Flußläufe[11].

Zu den geradezu stereotypen Beschreibungen der Schlange gehört bei den Paiwan wie bei andern Völkern der Kopfputz, bald als Hörner[12] bezeichnet, bald als Mähne[13], gelegentlich klar als zwei Hörner[14]. Oft hat die Schlange einen Bart[15] oder lange Zähne[16]. Die Schlange geht bei den Paiwan auf Füßen und weist eine riesige Länge auf[17]. Ihre Körperfarbe ist oft rot oder sonst farbig[18].

Von Indien bis Europa gibt es Hinweise, wonach auch hier am Anfang der Zeit eine Urschlange im Wasser lebte.

In Indien ruht Vishnu[19] auf dem Rücken der Schlange Ananta oder Shesha in den Wassern des Nara. Vishnu ist aber auch der kosmische Ozean selbst, der vor der Schöpfung das Universum füllte.

Nach anderer Version ruht die kommende Schöpfung quasi im Embryonalzustand auf der Haube der Shesha, die zusammengerollt auf dem Rücken einer Schildkröte ruht. Diese schwimmt auf dem Wasser des Urozeans. Shesha wird auch Ananta[21], «die Endlose», genannt und ist in ihrer aufgerollten Kreisform die Sākala-Schlange[22] – Symbol der Ewigkeit.

In Ägypten hat man sich Atum[23] als Urschlange im Urozean vorgestellt, aus dem er sich erhob und in den er am Schluß der Zeit wieder als Schlange zurückkehren wird. Die Schlange (Kneph), die sich in den Schwanz beißt und so einen Kreis bildet, galt als Symbol des Kosmos. Durch diese Schlange wurden Himmel und Erde, der untere und der obere Ozean, umschlossen[24]. Von hier aus ist auch die Vorstellung des Himmelsgewölbes als Schlange verständlich. Diese Himmelsschlange ist niemand anders als die Göttin Nut[25]. Als Frau mit Sternen auf dem Bauch stellt sie das Himmelsgewölbe dar. Ihr Mann Nun, die Erde, liegt auf dem Rücken und schaut zu ihr empor.

Die Schlange, die sich in den Schwanz beißt – Uroboros –, als Symbol des Kosmos und damit auch der Ewigkeit, wurde auf vielen Sarkophagen[26] angebracht, so auf dem zweiten Schrein Tutenchamuns und auf dem Sarg von Ramses III. Der Name der Schlange heißt dort «Millionen von Jahren».

Bei den Germanen ist Midgard die von Menschen bewohnte Welt und wird vom Meer und der Weltschlange[27] darin umgeben. Diese bildet einen Kreis und hält den Schwanz im Maul.

Daß die Schlange als Schöpferin auch im alten Amerika nicht unbekannt war, mag als Beispiel die Vorstellung der Kaliña[28] an der Nordküste Surinams zeigen.

Für sie ist das Fundament des Universums Amana, die jungfräuliche, die nabellose, das heißt ungeborene Mutter und Wassergöttin, eine schöne Frau, die in einen Schlangenkörper endet. Sie wird als die Wesenheit der Zeit angesehen, hat alle Dinge geboren, enthält alles, kann jede Gestalt annehmen, residiert im Wasser des Himmels und wirkt von den Plejaden aus. Man nannte sie auch Schlangengeist oder Sonnenschlange. Amana ist gewissermaßen die personifizierte «Ewigkeit». Sie erneuert sich immer wieder, da sie wie eine Schlange ihre Haut wechselt.

Sähen wir bloß die helle, lebenspendende Seite der Urschlange, entginge uns ihr ebenso bedeutender Dunkelaspekt. Das Schlangensymbol als Abbild der Weltzusammenhänge ist notwendig dual, ambivalent. Gerade anhand des Schlangensymbols erkennen wir die Grunderfahrung des frühen Menschen: die Welt als eine Dualität von Tag und Nacht, von Licht und Dunkel, von Sonne und Mond, von Sommer und Winter und damit von Leben und Tod.

Die Urschlange ist ebensosehr verschlingende Urkraft, wie sie sich schöpferisch gebärdet. Sie gebärt und verschlingt. Das ist ihr Janusgesicht. Diese urzeitliche Grunderfahrung kann nicht knapper und präziser ausgedrückt werden als mit den Worten des bei den Ngadju-Dajak auf Borneo verstorbenen Ethnologen Hans Schärer: «Die totale, ambivalente Gottheit.» Total, weil ein und dasselbe Höchste; ambivalent, weil es gleichzeitig zwei sich widersprechende Funktionen zeigt. Die «totale, ambivalente Gottheit» war die erkenntnis-theoretische Antwort auf die komplexe Welterfahrung des frühen Menschen. In der Verklammerung von Leben und/oder Tod zu einer höheren Einheit fand sein Geist die Lösung für diesen permanenten Widerspruch.

Im Grunde ist es belanglos, ob die Urmetapher, das Ursymbol nun gerade die Urschlange war. Auf gleiche Ebene gehören die Urmutter (oder der Urvater), das Wildschwein (Neuguinea)[1], der Wolf (Germanen)[2], der Fisch und das Raubtier Tiger (Ostasien) oder der Jaguar (Amerika). Immer stellen sie beide Phänomene dar: Leben und Tod, Gebären und Verschlingen, Vulva und Maul. Bis in die heutige Zeit wirkt diese Vorstellung nach, sei es nun in der Gestalt der indischen Göttin Kali[3], der russischen Babajaga oder der Frau Holle oder der Hexe in «Hänsel und Gretel». Immer ist dieser Doppelaspekt die Antwort auf das komplexe und letzte Problem des Menschen: Leben und Tod.

Der Verschlingeraspekt der Urschlange erscheint einmal am Ende der Urzeit und bewirkt durch eine Flut den Übergang in die Jetztzeit. Die Flut als Wirkung der Urschlange ist das Thema vieler südostasiatischer, australischer und melanesischer Mythen[4].

So hören wir von Ost-Neuguinea:

Ein Mann ging mit seiner Frau und seinem Hund Schweine, Beutelratten und Känguruhs jagen. Dabei fand der Hund eine sehr große Schlange.
Der Hund bellte laut. Die Frau dachte: «Hat der Hund etwa ein Schwein getötet oder sonst etwas?» Sie gingen hin und sahen eine sehr große Schlange. Sie überlegten, was sie mit der Schlange tun könnten.
Die Frau war stark und dachte: «Ich nehme sie und mache Tambaran oder Singsing und esse sie.» Der Mann jedoch fürchtete sich. Schließlich taten sie einen Strick um ihren Hals, hielten sie fest und rollten sie um einen Stock. Dann trugen Mann und Frau sie zum Dorf und legten sie unter ihr Haus.
Am nächsten Tag wollten sie die Schlange essen. Der Mann sagte der ganzen Sippe: «Ich habe gutes Fleisch gefunden, es hat sehr viel Fett.»
Die Leute dachten: «Was könnte das nur sein?» Sie schauten sich die Schlange an. So kamen der Mann und die Frau sowie die Leute zusammen und hielten Rat. Der Mann sagte: «Geht, holt Gemüse und anderes, das zu diesem Fleisch paßt!» Da gingen alle Leute in den Busch, um Gemüse zu holen.
Die Schlange war am Strick festgebunden. Ein Kind ging hin und schaute sich die Schlange an. Da streckte sie die Zunge heraus. Das Kind erschrak und wollte weglaufen. Die Schlange aber sagte: «Fürchte dich nicht! Komm her, ich will dir etwas sagen!»
Das Kind kam näher. Die Schlange sagte: «Geh, hol mir den Betelkalk, die Betelnüsse und die Dakka-Blätter deines Vaters! Ich möchte zuerst Betelnüsse kauen.» – Das Kind fürchtete sich. Die Schlange jedoch sagte: «Du brauchst dich nicht zu fürchten! Das sind meine Worte!»
Der Junge und seine Schwester waren verlegen und wußten nicht, was das zu bedeuten hatte. So brachten sie Betelkalk, Betelnüsse, und die Schlange kaute davon. Sie sahen, wie sich die Schlange in einen Mann verwandelte und Betelnüsse kaute. Der Mann sagte: «Hört gut zu! Alle Leute werden kommen. Sie werden mich töten, zerschneiden und kochen. Wenn sie mich in den Topf tun, wartet ab! Wenn der Topf siedet, legt einen Strick an diesen gewaltig hohen Kokosnußbaum hier! Klettert hinauf und setzt euch oben hin! Ihr werdet etwas zu sehen bekommen!» – Das waren seine Worte. Die beiden warteten gespannt.
Als Vater und Mutter, die die Schlange gefangen hatten, kamen, sahen sie, daß das Maul der Schlange ganz rot war vom Saft der Betelnüsse. Sie waren böse und sagten: «He, warum spielen die Kinder mit diesem Fleisch?» – Diese sagten: «Wir sind es nicht gewesen.»
Sie fragten alle Leute, aber niemand wollte etwas wissen. Die beiden Kinder verschwiegen die Worte der Schlange.
Nun töteten die Leute die Schlange, brannten die Haut ab und legten das Fleisch in den Topf. Die beiden Kinder schauten zu. Das eine sagte zu seiner Mutter: «Mutter, die Schlange kann essen und sprechen. Sie kann Betelnüsse kauen, wie unser

Vater!» – Die Mutter sagte: «Du lügst, lüg nicht so drauflos!» Das Kind sagte: «Gut, ich sage nichts mehr!»

Als das Wasser kochte, wich der Deckel etwas zur Seite und Wasser floß auf die Erde. Die Schwester sah es und faßte ihren Bruder an der Hand. Dann gingen sie zum Kokosnußbaum, banden einen Strick um ihn und kletterten hinauf. Die Leute fragten: «He, was ist das?»

Die beiden stellten sich dumm und kletterten weiter. Der Topf kochte und das Wasser floß über. Heißes Wasser floß und floß. Immer mehr Wasser quoll über. Alles wurde vom Wasser überschwemmt. Es begrub die Töpfe und das Feuer. Die Kinder aber saßen auf dem Kokosnußbaum.

Vater und Mutter dachten: «Nun läßt das Wasser nach!» Doch das Wasser stieg weiter und weiter. Alles ging im Wasser unter. Immer höher kletterten die beiden Kinder, bis sie sich zuletzt in die Krone setzten. Sie schauten um sich und waren voll Sorge. Sie sagten zueinander: «Mutter und Vater, das Wasser hat euch wahrscheinlich alle getötet. Nun ist es auch mit der Flut zu Ende.»

Die Schlange hatte bewirkt, daß dieses Wasser gekommen war.

Die beiden Kinder blieben eine lange Zeit auf dem Kokosnußbaum. Vater und Mutter waren gestorben und verwesten. Die beiden aßen grüne Kokosnüsse. Sie schauten auf das weite Wasser. Der Wind blies und das Wasser ging langsam zurück. Immer mehr nahm es ab, bis schließlich trockenes Land zum Vorschein kam.

Die Schwester sagte: «Versuchen wir, hinunter zu gehen!» – Der Bruder sagte: «Warte noch!» Sie warfen eine grüne Kokosnuß hinunter. Sie fiel ins Wasser. Die Erde war noch weich. Der Bruder sagte: «Bleiben wir noch einige Tage hier oben!»

Dann warfen sie wieder eine Kokosnuß. Doch sie schwamm im Wasser und ging nicht unter. So warteten sie weiter. Dann warfen sie wieder eine Kokosnuß. Die prallte auf feste Erde.

Der Bruder sagte zu seiner Schwester: «Jetzt gehen wir hinunter!» Sie kletterten hinunter und setzten sich an den Fuß des Kokosnußbaumes. Sie suchten Vater und Mutter und alle Leute des Dorfes, aber sie fanden niemanden mehr.

Die beiden waren nun erwachsen. Sie waren stark genug, Gärten anzulegen. Die zwei Geschwister wurden Mann und Frau und gründeten unseren Stamm[5].

151 Das menschenfressende Ungeheuer – La Tarasque. Die Urschlange verschlingt, was sie geschaffen hat. Auf zwei Köpfe stützt das Ungeheuer seine Pranken. Ein Arm ragt aus seinem Maul. Die Darstellung stammt aus der keltischen La-Tène-Zeit, 3.Jh. v.Chr. Vgl. Die verschlingende Urschlange, Seite 148 ff. (Musée Calvet, Avignon)

152 Schlangengöttin aus Kreta. Der Magna-Mater-Kult des östlichen Mittelmeeres war mit Schlangenverehrung verbunden. Die Göttin der Fruchtbarkeit war gleichzeitig auch die Göttin des Todes und damit der Unterwelt, aus der die Schlangen als Inkarnation der Göttin erscheinen. Vgl. Die Magna Mater und die Schlange, Seite 169 ff. (Fund von Knossos, Kreta – Museum Iraklion, Kreta)

Der Verschlingeraspekt kennzeichnet überhaupt viele Vorstellungen von der Vorzeit[6]. Hierher gehören die zahllosen Geschichten aus allen Weltgegenden über gefährliche Drachen, die in Höhlen, Bergen oder Gewässern hausen, den Menschen nachstellen und Vieh und Ernte gefährden.

Ein Beispiel ist «La Tarasque»[7], das Drachenungeheuer, das in den Sümpfen der unteren Rhône hauste. Eine keltische Statue – heute im Museum Calvet in Avignon – aus der La Tène-II-Zeit des 3. Jahrhunderts v. Chr. zeigt ein beschupptes Ungeheuer, das Menschen verschlingt. Der Arm eines Opfers schaut noch aus dem Maul hervor. Auf zwei Schädel stützt es seine Pranken. Der Keltische Kessel von Gundestrup zeigt eine doppelköpfige Schlange, deren zwei Mäuler je einen Mann verschlingen[8].

Die verschlingende Schlange bedeutet auch das Ende der Jetztzeit, das Weltende, den Weltuntergang.

Der ägyptische Schöpfergott Atum[9] stieg am Anfang der Zeiten aus dem Urwasser und brachte die Dinge ins Dasein. Am Schluß der Zeiten löst er alles wieder auf und kehrt allein ins Urwasser zurück.

An den Wurzeln der Weltesche der Germanen nagt der Drache Nidhögg[10], bis am Ende der Zeiten die Esche entwurzelt fällt und Welt und Sterne in den Ozean versinken und dann die nächste Götterdämmerung heraufzieht.

Die mexikanische Göttermutter Coatlicue[11] – «die mit dem Schlangenrock» – verkörpert die verderbenbringende Seite der Erde, die alle Lebewesen beim Tod und alle Gestirne beim Untergang verschlingt. Von ihr wurden zwei groteske Steinkolosse gefunden, die einst in Tenochtitlan, der alten Hauptstadt – unter dem Boden des heutigen Mexiko City –, in ihrem Tempel «Haus des Dunkels» (Tlillancalli) standen. Die Göttin ist mit einem aus Schlangen gefransten Rock und mit erhobenen Raubtierpranken dargestellt.

Auch der Tod des einzelnen wird im Bilde des Verschwindens im Schlund des Urdrachen oder als ein Vereintwerden mit der Urschlange gesehen.

Bei den Gunantuna auf Neubritannien[12] wurden früher junge Männer in den Kulapbund aufgenommen, der es sich zur Aufgabe machte, beim Tod eines Dorfbewohners, bei den späteren Totenfeierlichkeiten, aber auch bei sonstigen bedeutenden Sippenereignissen mit der Kulapmaske den Kulaptanz – «Schlangen»-Tanz – aufzuführen.

War jemand gestorben, fertigte der Familienchef eine Kulapmaske an und lud durch Boten die Nachbarn zur Beerdigung ein. Diese fand unter Assistenz der Maske statt. Dabei verpflichteten sich die Nachbarn, bei der großen, später abzuhaltenden Totenfeier zu Ehren des Verstorbenen ihre eigenen Masken mitauftreten zu lassen.

Der festgesetzte Termin wurde durch Blasen der Tritonhörner und durch Trommelschlag bekanntgegeben. Dann zogen die Frauen und Kinder in festlicher Aufmachung den von auswärts eintreffenden Kulaptänzern entgegen und geleiteten sie singend zum Trauerplatz, wo der Tote begraben lag. So konnte es vorkommen, daß bis hundert Masken auftraten. Den Rhythmus der Tänze schlugen die Frauen mit Handtrommeln. Wenn ein Tänzer müde war, gab er die Maske einem anderen weiter. Nach dem Tanz folgte ein Festmahl.

Im Schlangentanz der Gunantuna wurden die Ahnen der Vorzeit gegenwärtig. Bei den benachbarten Baining heißt bezeichnenderweise der Mann des ersten Menschenpaares Kulavr, was auch wieder «Schlange» bedeutet. Die Ahnen erscheinen in Schlangengestalt, weil die Schlange durch ihre Häutung ewiges Leben besitzt. Der Tanz ahmt darum die Bewegungen der Pythonschlange nach, auf die das Wort Kulap hinweist. Der Tänzer bewegt seinen Oberkörper rhythmisch auf und ab und hin und her. Darum wird auch der Tänzer schlechthin Kulap – «die Schlange» – genannt, und von einem guten Tänzer sagt man: «Seine Beine sind leicht beschwingt wie eine Kulap». Der unterste Ring am Maskenhut heißt Lagulagu. Das ist der Name des Höchsten der Ahnen, der als Pythonschlange mit menschlichem Kopf vorgestellt wird.

Auf Celebes[13] werden die Toten oft in Särgen begraben, die aus den beiden Hälften eines ausgehöhlten Baumstammes bestehen und außen mit Schlangen-, Büffel- oder Krokodilornamenten verziert sind. Auf Steinsärgen der Vornehmen finden sich oft Schlangendarstellungen.

Auf Bali[14] werden die Leichname vornehmer Leute in hölzerne, mit buntem Zierat versehene Tierfiguren gelegt und mit diesen verbrannt. Verwendet werden die Figuren von Stier, Tiger, Löwe, Elefant oder Makara (ein schlangenähnliches Fabelwesen des Meeres).

Auch bei den Ngadju-Dajak auf Borneo[15] wird auf den Särgen die Wasserschlange dargestellt.

Alle diese Darstellungen auf Särgen deuten auf den Heimgang des Toten in den Rachen und in das Innere des mythischen Tieres und damit auf den Gang zu den Ahnen.

Nicht anders zu deuten sind die vielen Tautieh-Masken – «Verschlinger»-Masken – auf frühen chinesischen Bronzen[16]. Die Bronzen wurden ausschließlich im Totenkult verwendet. Die Maske stellt meistens den verschlingenden Tiger dar, in dessen Rachen der Tote eingegangen ist zu einem neuen Leben. Darum die zusätzliche Darstellung der Zikadenlarve, des Hirsches mit seinem hervorbrechenden Geweih, der Schlange (Salamander), die sich häutet, und der Eule, die nachts sieht. Alle diese Symbole deuten darauf hin, daß der Tod nicht Ende, sondern Übergang zu einem neuen Leben ist.

Die vielleicht älteste plastische Schlangendarstellung in China stammt aus der neolithischen Nekropole Pan-Shan[17]: ein menschliches, mit (Wasser)-Strichen versehenes Gesicht, über dessen Scheitel eine Schlange emporsteigt. Vielleicht bedeutet es die dem Wasser zugeordnete Urschlange, die den Regen und die Überschwemmungen schickt und die Toten verschlingt.

Bei den Paiwan auf Taiwan fand ich bis jetzt nur einen Hinweis auf die verschlingende Urschlange. Am Ende des nur alle fünf Jahre stattfindenden großen Totenfestes, da die Toten ins Dorf zurückkehren, taucht die Urschlange Varhaloval[18] gelegentlich auf, um jene Leute zu bestrafen, die sich Fehler beim Vollzug des Rituales zuschulden kommen ließen.

Zum Abschluß dieses Kapitels möchte ich die wohl trefflichste Darstellung des verschlingenden Dunkelaspekts in der Menschheitserfahrung anfügen: die Maui-Mythe[19] aus Neu-Seeland.

In seinem heroischen Unterfangen zeigt Maui die übermenschliche Größe eines Gilgamesch. Beide ziehen aus, für sich und die Ihren das menschliche Los des Sterbens zu bezwingen. Beide versagen, denn das ewige Leben haben die Götter[20] sich selbst vorbehalten, und der Menschen Los ist es, dahinzugehen von dieser Welt.

Der Vater warnt Maui: «Ich fürchte, jetzt wirst du doch noch deinen Meister finden, deine Ahnin Hine nui te po. Schau dort, wo der Himmel am Horizont die

Erde berührt, kannst du sie funkeln sehen. Schau, was dort hinten so rötlich funkelt, das sind ihre Augen. Ihre Zähne sind so hart und scharf wie Feuerstein. Ihr Körper hat menschliche Gestalt. Ihr Mund ist fürchterlich wie das Maul des Hornhechts.»

Maui zog in Begleitung vieler Vögel, der kleinen und großen Wanderdrossel, der Singdrossel, der Goldammer, der Bachstelze und vieler anderer, dem Ungeheuer entgegen. Er ermahnte sie: «Liebe kleine Freunde, lacht nicht, wenn ihr mich in diese alte Dame hineinkriechen seht! Nein, nein! Bitte, lacht nicht!»

Nackt, nur mit seinen Waffen ausgerüstet, kroch Maui in die alte Königin hinein. Doch der kleine Tiwakawaka, der Fliegenschnäpper, konnte nicht mehr länger an sich halten und lachte hell auf. Da erwachte die Alte, öffnete die Augen, fuhr in die Höhe und tötete Maui[21].

So kam der Tod in die Welt, denn Hine nui te po, die Göttin der Nacht und der Unterwelt, war auch die Göttin des Todes.

Initiation als Verschlungen- und Geborenwerden

Wie die entscheidenden Übergänge des Lebens (rites de passage) im Bilde der verschlingenden und wiedergebärenden Schlange gesehen werden, dürfen wir auch für den Übergang von der Jugend zum Erwachsenenalter – Initiation – dieselbe Vorstellung vermuten[1]. Tatsächlich finden wir dafür in Südostasien bis hin nach Melanesien eine Reihe von Hinweisen.

Die Initiation der Ngadju-Dajak[2] auf Borneo steht im Zeichen der Wasserschlange (Djata) und des Krokodils. Die Wasserschlange ist der Exponent der aquatischen, chthonischen und lunaren Seite des Kosmos. Das Krokodil ist eigentlich nur eine andere Erscheinungsform, wird aber Diener der Djata genannt.

In der Initiation wird der junge Mensch vom Krokodil verschlungen. Er verschwindet im gewaltigen, weit geöffneten Rachen des Ungeheuers. Er wird aber wieder neugeboren zu einer höheren Existenz. In dieser Zeit werden Burschen und Mädchen die Schneidezähne schwarz gefärbt oder herausgefeilt, so daß eine schwarze, gähnende Kluft entsteht. Auch wird der Körper tätowiert[3]. Die Burschen erhalten auf Waden und Oberschenkel das Zeichen der Wasserschlange. Während der Prozedur tragen sie Kleider aus Baumbast, das Zeichen der Todestrauer. Die Mädchen wurden früher zwei bis drei Jahre in einen besonderen Raum des Langhauses eingeschlossen. Dieser Raum versinnbildlicht die Unterwelt, das Urwasser. Am Ende der Initiationszeit wurde das Gemach abgebrochen und das Mädchen in feierlicher Prozession zum Fluß getragen und gebadet. Dann kehrte es als neuer Mensch aus der Unterwelt auf diese Erde zurück.

Die Stämme im westlichen Australien[4] führen bei der Initiation den Jüngling zu einem heiligen Wasserloch. Zwei Medizinmänner verbinden ihm die Augen und werfen ihn gleichsam in den Rachen der großen Schlange Wonambi, die ihn verschlingt. Doch das Ziel der Initiation ist nicht der endgültige Tod, sondern die Neugeburt, eine höhere Stufe des Daseins als bisher. Die Schlange ist darum zuallererst ein Symbol des Lebens und der Fruchtbarkeit.

Der Initiand bleibt eine gewisse Zeit im Bauche der Urschlange. Die beiden Medizinmänner werfen der Schlange zwei Känguruhratten zu, worauf sie den Jüngling wieder ausspeit und dieser hoch durch die Luft neben eine Felsenhöhle fällt. Sie gehen auf die Suche, bis sie ihn finden. Der Jüngling ist nun nach dieser Neugeburt im Zustand eines Kleinkindes, das sich selber nicht helfen kann. Sie tragen ihn darum auf den Armen ins Lager zurück.

Der Kunapipi-Initiationskult[5] Nordaustraliens bezweckt die Neubelebung der Urzeit-(Traumzeit-)Mythe, als die Urschlange Yulunggul in einem heiligen Wasserloch hauste. Damals kamen zwei Frauen vorbei, die Schwestern Waumalak. Die ältere von ihnen hatte kurz zuvor ein Kind geboren, verlor Blut und entweihte die heilige Quelle. Die beiden machten Feuer und wollten ein paar Tiere braten. Doch die Tiere flohen vor dem Feuer und warfen sich ins Wasserloch.

Yulunggul richtete sich in der Quelle drohend auf, worauf sich der Himmel bewölkte, Blitze niederschossen und Regen fiel. Schnell errichteten die Schwestern eine Hütte, um sich zu schützen. Doch nun kroch die Schlange aus dem Wasserloch und ihnen entgegen.

Die jüngere versuchte, durch Tanz die Schlange zu bannen, doch schließlich wurde sie müde und bat die ältere Schwester zu tanzen. Aber diese war noch schwach von der Geburt, verlor Blut und wurde schnell müde. So tanzte denn die jüngere weiter. Durch die Anstrengung begann sie zu menstruieren, was die Schlange erst recht anzog.

Die Schwestern versteckten sich in der Hütte. Die Schlange aber steckte den Kopf durch die Wand, bespritzte die Frauen und das Kind mit Speichel und verschluckte zuerst das Kind, dann die Mutter und schließlich die jüngere Schwester.

Geraume Zeit später spie die Schlange die beiden Schwestern und das Kind wieder aus. Schließlich verschlang sie Yulunggul von neuem, dieses Mal endgültig.

Entscheidend für die Initiation ist an dieser Mythe der verschlingende und wieder ausspeiende Aspekt der Urschlange. Das Schwingen des Schwirrholzes belebt die Gegenwart der Yulunggul. Der Zeremonienmeister und die Frauen schreien auf wie die beiden Schwestern damals, als Yulunggul sie bedrohte. Die Jünglinge werden mit rotem Ocker und Blut beschmiert und von der Schlange verschlungen. Darauf zieht sich die Schlange wieder in den Abgrund zurück. Die Frauen beweinen den Tod ihrer Jungen.

Über Wochen hin wird in Tänzen, Liedern und Pantomimen dieses Urgeschehen neu belebt und erlebt. Die Traumzeit lebt neu auf. Die Fruchtbarkeit der Urschlange bewahrheitet sich von neuem. Die Urschlange ist darum gleicherweise auch Urmutter, worauf das Wort Kunapipi – «alte Mutter» – hinweist. Der dreieckige Tanzplatz stellt ihren Urschoß dar. Das Bild vom heiligen Wasserloch mit der Urschlange geht somit nahtlos über ins Bild des schöpferischen Uterus der Urmutter.

Wenn das Monate dauernde Fest zu Ende geht, fühlt sich die ganze Gemeinschaft re-generiert, im Besitze neuen Lebens, aus dem Bauch des Ungeheuers entlassen.

Bei Stämmen Südostaustraliens[6] muß sich der Neophyt in eine Vertiefung oder einen Graben legen. Vor ihn setzen die Initiationsleiter ein gespaltenes Stück Holz, das den Schlund der Schlange darstellt.

Auf Ceram[7] ist die Initiationshütte ein Pfahlbau. Der mannshohe offene Raum unter dem Versammlungsraum ist im Gegensatz zu den Wohnhäusern mit Flechtwerk dicht abgeschlossen, so daß von außen nichts sichtbar wird und es innen ganz dunkel ist. Durch ein kreisrundes Loch von oben erreicht man diesen Dunkelraum. Er ist Sinnbild der Unterwelt mit den Ahnen.

Zwei Paten bringen den Initianden, dem die Augen verbunden werden, ins Kakihan-(Initiations-)Haus. Dort wird ihm ein Tjidako – Männerkleid – angezogen und die Tätowierung vorgenommen. Dann springen die beiden Paten mit dem Initianden durch das runde Loch, das Schlangen- (oder Krokodil-)Maul heißt – also durch das Maul der verschlingenden Schlange –, in den dunklen unteren Raum, in den Bauch des Ungeheuers, die Unterwelt. Auch die Warnzeichen vor der Hütte, die die Form von Schlangen und Krokodilen haben, beweisen, daß die Vorstellung vom verschlingenden Ungeheuer zu Recht besteht. Würden Frauen und Kinder diesem Platz nahe kommen, würden sie mit baldigem Tod bestraft.

Im dunklen Raum warten die bereits initiierten Männer als die Ahnen des Stammes mit Bambusspeeren. Sobald der Initiand herunterfällt, kämpfen die Klane wild um das neue Mitglied, was zu vielen Verwundungen führt.

In diesem Zusammenhang sind auch die Tambaran-(Geister-)Häuser auf Neuguinea[8] zu verstehen, deren Frontgiebel oft den weitgeöffneten Rachen eines Krokodils, einer großen Schlange, eines Lindwurms und deren Innenraum den Bauch des Ungeheuers darstellen. Diese Räume sind der eigentliche Aufenthaltsort der Männer, die durch die Initiation in den Leib des mythischen Ungeheuers eingegangen sind.

Dieses Ungeheuer ist ein Wassertier. In dem Sinne deuten am Huongolf die Männer ihren Frauen auch die Löcher vor dem Beschneidungshaus, die sie als die Fußspuren des Ungeheuers bezeichnen. Das Beschneidungshaus hat die Form des Ungeheuers, von dem man sagt, es verschlinge die Novizen. Der Ton der Schwirrhölzer oder der Flöten, der die Initiation begleitet, ist die Stimme des Ungeheuers. In Gestalt von Masken tritt es selber auf.

Auf der Insel Rook[9] wird beim Verschwinden der Novizen im Dschungel den Frauen erklärt, die Jungen würden von dem schrecklichen Wesen Marsaba verschlungen.

Auch bei den Nor-Papua[10] in Nordneuguinea werden die Novizen von einem Geist-Ungeheuer verschlungen und später wieder ausgespien. Die Stimme des Geistes tönt durch die Flöten. Der Geist selber wird dargestellt durch Masken wie auch durch kleine Laubhütten, in die sich die Novizen begeben.

Die Initiationshütte der Kai und der Jabim[11] hat zwei Eingänge. Der eine stellt den Rachen des Monstrums dar und ist ziemlich breit; der andere symbolisiert seinen Schwanzteil und ist kleiner. Bei den Purani[12] steht im Männerhaus eine Reihe Kaiemunu – Figuren aus Weidengeflecht –, die riesige Wassertiere wie Fische, Krokodile und Schlangen darstellen und je einem eigenen Fluß zugeordnet sind. In ihnen sollen früher die Urahnen gelebt haben. Der Geist eines Kaiemunu erscheint oft im Traum oder weissagt, wenn man im Boot Fragen an ihn stellt. Das Schaukeln des Bootes bedeutet die Antwort.

Nach erfolgreicher Jagd und bei festlichen Anlässen werden dem Kaiemunu Opfer gebracht. Früher wurden auch die Leiber getöteter Feinde in seinen Rachen gesteckt, wobei das Ungeheuer anfing zu tanzen und den toten Körper schließlich wieder herausgab.

Bei der Initiation werden die alten Kaiemunu zerstört und neue geflochten. Die Knaben werden vor der Vollendung in den Bauch des Ungeheuers gesetzt, wo sie beim Flechten mithelfen. Sie werden also symbolisch vom Ungeheuer verschlungen und nachher wieder freigegeben. Am Ende der Initiation wurde dem Kaiemunu früher ein Mensch geopfert, in neuerer Zeit ein Schwein.

Die Kabiri[13] führen während der Regenzeit fünfmal die Moi-iata-Zeremonie durch. Dazu benützen sie drei geschnitzte Krokodile, von denen jedes einen eigenen Namen besitzt. Nur ganz wenige verheiratete und initiierte Männer dürfen das Haus betreten, in dem die Krokodile aufbewahrt werden. Alle andern warnt man, sie würden von den Krokodilen aufgefressen, wenn sie es wagten, einzutreten.

Bei der Moi-iata-Zeremonie verschwindet ein Initiand. Es heißt, er sei von einem der Krokodile gefressen worden, weil er sich ihrem Hause genähert habe. Die Eltern bitten den Zeremonienmeister inständig, ihnen den Knaben doch wieder zu verschaffen.

Es werden darauf alle Uneingeweihten in die Sagofelder geschickt, um möglichst viel Nahrung bereitzustellen. Unterdessen werden die drei Krokodile in das Gemeinschaftshaus transportiert. Dort setzt man ihnen einen riesigen, aus Rohr geflochtenen Krokodilsrachen auf und verstreicht alles mit Lehm.

Der Knabe, der bislang im Walde versteckt gehalten wurde, wird nun einem der Krokodile in den Rachen gesteckt. Um die drei Krokodile wird eine Trennwand errichtet. Die Initiierten ziehen Masken an und schlagen die Trommeln, damit das Volk ins Dorf zurückkehre. Unter vielen Zeremonien wird der Knabe aus dem Rachen des Krokodils herausgezogen.

Die Vorstellung von dem Ungeheuer, das die Initianden verschlingt und neugeboren ausspeit, ist auch in Afrika[14] bekannt: so in Liberia und in Sierra Leone, bei den Kuta, Mandja und Banda.

Das Jonasmotiv

Das Initiationsritual von Tod und Leben, Sterben und Wiedergeburt, Verschlungen- und Ausgespienwerden hat seine zahllosen Parallelen in Mythen und Märchen.
Am besten bekannt ist uns das Jonasmotiv.

Und es erging das Wort des Herrn an Jonas, den Sohn Amitthais: Auf, gehe nach Ninive, der großen Stadt, und predige wider sie! Denn ihre Bosheit ist vor mich gekommen.
Aber Jonas machte sich auf, aus dem Angesicht des Herrn hinweg nach Tharsis zu fliehen, und ging nach Joppe hinab. Da fand er ein Schiff, das nach Tharsis fuhr. Er bezahlte den Fahrpreis und stieg ein, um nach Tharsis zu fahren, hinweg aus den Augen des Herrn.
Aber der Herr warf einen gewaltigen Wind auf das Meer, und es entstand ein gewaltiger Sturm auf dem Meer, so daß das Schiff zu kentern drohte. Da fürchteten sich die Schiffsleute und schrien ein jeder zu seinem Gott. Und sie warfen die Geräte auf dem Schiff ins Meer, um sich Erleichterung zu verschaffen.
Jonas aber war in den untersten Schiffsraum hinabgestiegen, hatte sich niedergelegt und schlief fest. Da trat der Schiffshauptmann an ihn heran und sprach zu ihm: Was kommt dich an, zu schlafen? Auf! Rufe deinen Gott an! Vielleicht nimmt er Rücksicht auf uns, daß wir nicht verderben. Dann sprachen sie zueinander: Kommt, wir wollen das Los werfen, damit wir erfahren, um wessen willen uns dieses Unglück trifft. Und sie warfen das Los, und es fiel auf Jonas...
Und sie nahmen Jonas und warfen ihn ins Meer. Da stand das Meer ab von seinem Wüten. Es kam aber große Furcht vor dem Herrn über die Männer, und sie schlachteten dem Herrn ein Opfer und taten Gelübde.
Und der Herr entbot einen großen Fisch, Jonas zu verschlingen, und Jonas war drei Tage und drei Nächte in dem Bauche des Fisches. Da betete Jonas im Bauche des Fisches zu dem Herrn, seinem Gott, und sprach: Aus meiner Not rief ich zum

Herrn, und er erhörte mich. Aus dem Schoße der Unterwelt schrie ich, du hörtest meine Stimme...
Und der Herr gebot dem Fisch, und er spie Jonas ans Land[1].

Das Jonaserlebnis ist die Geschichte einer Konversion von Mutlosigkeit zu Tapferkeit. Die Veränderung ging bei Jonas im Geiste vor sich, nicht am Leib. In den anderen Geschichten mit dem Jonasmotiv handelt es sich meist um eine Rückkehr in den embryonalen Zustand und um einen Neubeginn. Der Held steigt bei ihnen wie ein Neugeborenes ohne Haar aus dem Bauch des Ungeheuers, oder er besitzt nun eine zarte, jugendliche Haut.

Im Märchen «Der Knabe und die Schlange» aus dem Donauland[2], das wir in anderem Zusammenhang bereits kennengelernt haben, rettet ein armer Junge eine junge Schlange, die von anderen Knaben gequält wird. Die Schlange entpuppt sich als die einzige Tochter des Schlangenkönigs. Sie bringt den Jungen zu ihrem Vater und heißt ihn, das weiße Sonnenpferd und den Karfunkelstein auf der Krone ihres Vaters zu erbitten.

Da wurde der Schlangenkönig zornig: «Lieber will ich dich gleich verschlingen, als daß ich mein kostbarstes Gut dir geben sollte!» – Kaum hatte er es gesagt, war der Junge auch schon verschluckt in seinem Bauche.
Auf Bitten der Tochter spie er den Jungen wieder aus. Aber der sah jetzt nicht mehr aus wie ein armer Junge, sondern er war groß und schön wie ein Königssohn.

Im verwandten Märchen «Der Schlangenbruder» aus Ungarn[3] heißt es:

Und er spie den Jungen wieder aus. Der war jetzt siebenmal schöner als zuvor.

Im gleichen Märchentyp «Schlangenhold und Tatarenstark», ebenfalls aus Ungarn[4], sagt die gerettete Schlange:

Mein Vater wird es dir danken. Erschrick aber nicht, wenn er dich verschlingt. Er speit dich wieder aus, und du wirst nachher ein hundertmal stattlicherer Bursche sein, als du jetzt bist.
Und wirklich verschlang ihn der König, gab ihn aber wieder von sich. Da war aus ihm ein so stattlicher, schmucker Bursche geworden, daß sich jetzt in sieben Gemarkungen keiner seinesgleichen fand.

162

In einer Geschichte von Neukaledonien[5], Polynesien, wird Diaboula von einem großen Fisch verschluckt. Schließlich gelingt es ihm, aus dem Bauch des Ungeheuers zu steigen. Doch seine Haut hat sich verändert. Sie ist jetzt ganz weiß.

Aus North Queensland[6], Australien, wird berichtet:

Ein Knabe ging einst baden und wurde von einer Schlange verschlungen. Schließlich gelang es ihm, wieder aus der Schlange herauszukommen. Seine Haut hatte sich aber verändert. Sie war jetzt ganz weiß wie die unsterblichen Geister der Toten.

Die Arawak am Orinoco[7] sagen:

Ein Knabe wurde von einer Schlange verschlungen. Er ging durch sie hindurch und kam wieder hinaus. Seine Haut war anders geworden. Er hatte nun eine schöne, mit vielen Farbpunkten versehene Haut wie eine Schlange.

Verwandt mit dem Jonasmotiv ist eine große Zahl von Mythen und Sagen, bei denen sich der Held durch Kampf aus dem Bauch des Ungeheuers befreit. Vielfach heißt es: Seine Haare wurden ihm versengt, und er kam ohne Haare zum Vorschein. Auch hier wieder das Geburtsmotiv.

Ich behandle diesen Stoff im Kapitel «Der Heldenkampf im Drachenschlund».

Die Regenbogenschlange

Die Schlange symbolisiert das Wasser; zunächst das Wasser auf und unter der Erde, in Flüssen, Seen und Quellen, dann aber auch das Wasser, das im Himmel ist und als Regen auf die Erde fällt.

Darin zeigt sich das Besondere im Denken des frühen Menschen, daß für ihn Begriffe inklusiv, nicht exklusiv sind. Wir denken in scharf umrissenen Begriffen. Wir können sie definieren. Wir sehen das je Verschiedene an ihnen. Nicht so der frühe Mensch. Er sieht das Gemeinsame, die Verwandtschaft. Während wir abstrahieren, kombiniert er. Wir denken analytisch, er synthetisch. Wenn er Urschlange denkt, denkt er gleichzeitig Urmann, vielleicht Urmutter, Urschwein, Urkrokodil[1].

Da die Schlange Symbol des Wassers ist, steht sie auch in Beziehung zum Wasser im Himmel, zu den Wolken, zu Blitz[2] und Donner und zum Regenbogen. Damit ist die Schlange die «totale, ambivalente Gottheit», nicht nur im Sinn von Land und Wasser, von Leben und Tod, sondern auch von Himmel und Erde.

Der Begriff «Regenbogenschlange», wie er besonders für die Vorstellung der australischen Ureinwohner von der Urschlange verwendet wird, ist der Ausdruck dieser «Totalität in der Dualität» von Himmel und Erde, von unterem Wasser und oberem Wasser. Der Geltungsbereich darf jedoch nicht auf Australien eingeengt bleiben, er ist viel weiter, geradezu global. Er gilt ebensogut für China wie für Amerika oder Europa, denn auch hier sind Wolken, Blitze und Regen und oft auch der Regenbogen der Schlange und dem Drachen zugeordnet. Der in diesem Begriff besonders betonte Regenbogen ist nur ein Teilausschnitt in der Gesamtheit dieser Vorstellung vom Wasser, bedingt durch die Farbenpracht, welche Schlange und Regenbogen gemeinsam haben. Überhaupt ist es bedauerlich, daß der Ausdruck «Regenbogenschlange» für die Urschlange in Australien schlechthin benutzt wird und damit viel Begriffsverwirrung schafft. Wird doch die Urschlange von den Eingeborenen nur in seltenen Fällen Regenbogenschlange genannt[3]. Einzig der Ausdruck «Urschlange» stellt auch die australischen Phänomene in den richtigen Zusammenhang.

Das chinesische Wort «Hungni» für Regenbogen wird bis heute mit zwei Zeichen ausgedrückt, die beide auf der linken Seite als «Deuter» das Schlangensymbol haben.

Der Schlangencharakter des Regenbogens war auch den Indern[4] bekannt:

Der Regenbogen steigt auf aus dem Atem der Urschlange Ananta und ihrer Familie.
Der Regenbogen steigt auf aus dem Ameisenhügel, weil er der Wohnplatz der Nāga ist.

Oder:

Die Strahlen des Edelsteins auf dem Kopf der Nāga scheinen durch einen Spalt im Ameisenhügel und steigen zum Himmel, wo sie mit der Regenwolke in Berührung kommen.

Ähnliche Ansicht herrscht auf Kédang[5]:

Unter der Erde beim mier-ringa, der Ahnenschlange, ist ein Goldschatz. Wenn die Schlange ihr Maul öffnet, steigt das Gold in ihrem Maul in der Gestalt des Regenbogens in den Himmel.

Oder dann heißt es auch:

In der Quelle liegt ein Goldtopf. Dieser verursacht den Regenbogen.

Vielleicht liegt ursprünglich eine ähnliche Vorstellung zugrunde, wenn Kinder in England[6] nach der Stelle laufen, wo der Regenbogen die Erde berührt (eigentlich: aus der Erde aufsteigt), weil man sagt, dort befinde sich ein Goldschatz.

Die Ngadju-Dajak[7] auf Borneo erklären das Phänomen des Regenbogens und des Abendrots folgendermaßen:

Bei Regen und am Abend spielen die Schlangen auf der Meeresoberfläche. Vom Widerschein ihrer glänzend-bunten Leiber entsteht der Regenbogen und das Abendrot.

Auf Java[8] sagt man:

Der Regenbogen ist eine große Schlange, die das Wasser des Meeres trinkt und über das Land ausspeit.
Der Regenbogen ist eine Schlange mit zwei Köpfen – Hirsch- und Kuhkopf[9] –, von denen der eine das Wasser aus der Javasee und der andere aus dem Indischen Ozean trinkt. Wenn sie satt sind, speien sie das Wasser über Java.

Ähnlich dachten die Slawen[10] Osteuropas:

Nach ihnen ist der Regenbogen eine riesige Schlange, die Wasser trinkt und es den Wolken zuführt.

Auf Flores[11] gibt es die Vorstellung vom Regenbogen

als einem Knäuel von verschiedenfarbigen Schlangen, die zusammen eine Brücke bilden. Wer gegen den Regenbogen wandert, muß seinen Gang unterbrechen, sonst wird er von der Regenbogenschlange gebissen. Steht er direkt unter dem Regenbogen, ist er schon von der Schlange umwunden. Da bleibt nur eines zu tun: aus dem nächsten Haus muß Asche geholt und über ihn gestreut werden, damit die Schlange ihn losläßt.

Gehen wir von Indonesien weiter nach Australien[12], so steigern sich die Beispiele für die Regenbogenschlange ins Zahllose. Hier, an der Endstation einer frühgeschichtlichen Wanderbewegung – sie begann nach neuen Vermutungen[12a] ungefähr 40000 v. Chr. –, deutet die gewissermaßen «reinerhaltene» Konzeption von der Wasserschlange als des schöpferischen Prinzips schlechthin auf ein grundlegendes Weltbild, das als Substratum auch in manchen anderen Kulturen vorhanden sein muß und sich auch tatsächlich nachweisen läßt.

Die Idee von der Regenbogenschlange ist bei fast allen Stämmen Australiens[13] vorhanden. Es ist neben anderen Gründen ein Zeichen, daß die verschiedenen Stämme kulturell wenig differenziert[14] sind.

Die Regenbogenschlange steigt als Regenbogen in den Himmel und trinkt den Regen, um ihn zu beenden[15].
Die Urschlange ist der Regenbogen[16] – der Regenbogen ist die Urschlange.
Die Regenbogenschlange als Urschlange schafft die Erde[17], ist Schöpfer der Urzeitheroen und nach ihnen der Menschen[18]. Sie schafft die Geistkinder[19], erzeugt den Regen[20].
Ihre Zunge verursacht den Blitz[21] und ihre Kehle den Donner.
Der Regenbogen ist ein Phänomen des Tages. In der Nacht ist die Milchstraße die Erscheinung der Regenbogenschlange[22]. Von der Milchstraße schweben die nächtlichen Nebel auf die Quellen und Flüsse hernieder, die die Geistkinder bergen. Diese werden von den künftigen Eltern mit dem Netz, zusammen mit den Fischen, eingefangen und dem Schoß der Mutter zugewiesen[23].

Wie auf Kédang hat auch die australische Regenbogenschlange Beziehung zu den Schätzen der Erde. Doch spielt hier Gold keine Rolle, dafür sind es die Quarzkristalle in den Wasserlöchern und Flüssen[24].

An dem Ort, wo der Regenbogen die Erde berührt, finden sich Quarzkristalle. Aus ihnen entstehen neue Wesen.

Meist stehen die kostbaren Quarzkristalle im Zusammenhang mit der Urschlange in den Wasserlöchern. Nur der Medizinmann darf es wagen, aus der Tiefe des Wassers die kraftgeladenen Quarzkristalle herauszuholen.

Die Initiation eines jungen Medizinmannes in Nordwestaustralien[25] wird folgendermaßen gesehen:

Ein erfahrener Medizinmann nimmt seinen Schüler mit in den Himmel. Er verwandelt sich dazu in die Form eines Knochengerippes und legt den Schüler klein wie ein Kind in eine Tasche. Dann setzt er sich auf die Regenbogenschlange und klettert an ihr empor wie an einem Seil. Kurz vor dem Ziel wirft er den Lehrling in den Himmel hinein und macht ihn damit «tot». Darauf fügt er in seinen Leib einige kleine Regenbogenschlangen und Quarzkristalle.

Damit ist die Initiation vollendet. Der Meister birgt den Schüler in der Tasche und klettert auf der Regenbogenschlange wieder hinunter auf die Erde. Dort setzt er seinem Schüler durch den Nabel noch weitere Quarzkristalle in den Leib. Der Schüler erlangt seine frühere Größe wieder, erwacht und kann von nun an selber die Himmelsreise unternehmen und sich Quarzkristalle verschaffen.

Aus der Neuen Welt lassen sich als Beispiel für die Vorstellung von der Regenbogenschlange die Jibaros[32] im westlichen Amazonasgebiet anführen:

Sie halten den Regenbogen für eine große Boa in der Luft. Menstruierende Frauen dürfen nicht hinschauen, sonst werden sie schwanger.

Die Deutung der Regenbogenschlange als Synthese von Männlichem und Weiblichem ist eine letzte Ausprägung der Vorstellung von der «totalen, ambivalenten Gottheit».

Bei den Chinesen[26] ist der Regenbogen die Verbindung von dunklen und hellen Farben, von weiblichem Yin und männlichem Yang. Der innere, hellere Streifen heißt Hung oder Chyang, der äußere, dunklere heißt Ni oder Nieh. Zusammen ergeben sie das chinesische Wort für Regenbogen Hung-Ni. Das Huai-Nan-Tsu[27] aus dem zweiten Jahrhundert vor Christus sagt: Wenn am Himmel zweierlei Arten von Ch'i (Emanation von Grundstoffen) wirken, bildet sich der Regenbogen.

Bei den Garadjari[28] in Nordwestaustralien ist die Urschlange Bulaing auch der Regenbogen. Seine Unterseite ist eine mit dem Gesicht nach unten gekehrte Frau, die Oberseite ein nach oben gekehrter Mann. Diese beiden erhalten anders als die Menschen ihre Kinder.

Ähnlich denken auch die Adelaide-Ureinwohner[29] in Südaustralien: Der Regenbogen steigt als Rauch aus den Wolken. Sein äußerer Bogen ist männlich, sein innerer weiblich.

Die Murinbata[30] sagen, die männliche Urschlange Gummangur wohne im unteren, regenbringenden Teil des Regenbogens, seine Frau im oberen. – Die Auffassung der Aranda[31] ist davon nur wenig verschieden.

Der Regenbogenschlange im südostasiatischen, ozeanischen Raum entspricht in nördlichen Breiten der fliegende Drache. Wie diese hat auch er sich aus einem aquatisch-chthonischen Wesen zu einem uranischen entwickelt. Für den Anfang ist überall eine dem Wasser zugeordnete Schlange zu erwarten: so Shesha bei den Indern, Tiamat bei den Babyloniern, Apophis bei den Ägyptern, die Midgardschlange bei den Germanen. Erst später[1] entstand zur Deutung der Zusammenhänge von unteren und oberen Wassern, von Wolken, Regen, Blitz und Donner die Vorstellung vom fliegenden Drachen.

Am deutlichsten auskristallisiert ist diese Vorstellung bei den Chinesen[2] und damit im gesamten Fernen Osten. Die Drachen waren hier ursprünglich Bewohner und Beherrscher der Gewässer, wurden aber zu Spendern des Regens und damit zu Bewohnern des Himmels. Im Frühling steigen sie in den Himmel und kämpfen miteinander in den Wolken, daß es donnert und blitzt. Ihr Atem verwandelt sich in Wolken oder Feuer[3]. Sie sind bald klein wie ein Seidenwurm, bald groß, daß sie Himmel und Erde füllen[4].

Nördlich von China finden sich ähnliche Vorstellungen. Bei Mongolen, Altai- und Tungusenvölkern blitzt es, wenn der Drache seinen Schwanz bewegt, und der Donner ist die Stimme des Drachen[5].

Ein weiteres Zentrum der Vorstellung vom fliegenden Drachen sind Bulgarien und die umliegenden Länder[6]. Allerdings stammt diese Vorstellung nicht aus dem antiken Griechenland, denn in der griechischen Sagenwelt war nur Typhon[7] beflügelt. Sie deckt sich aber fast vollständig mit der chinesischen. Auch hier hat der Drache Flügel; meist fliegt er durch die Luft. Er kommt im Unwetter dahergeflogen; oft speit er Flammen oder läßt Funken sprühen. Drachen kämpfen miteinander in der Luft, schleudern feurige Pfeile (Blitze) und rollen Steine, durch die der Donner entsteht. Die folgende Stelle könnte ebensogut in einem chinesischen Märchen stehen:

Sogleich ging über ihrem Haus eine schwarze Wolke nieder. Da erzitterte und erdröhnte die Wolke und teilte sich in zwei Teile. Aus ihr kam ein feuriger Drache. Hinter ihm flogen Drachenfrauen, alle in goldenen Kutschen, und kleine Drachen, alle auf fuchsfarbenen Pferden[8].

In den Alpengebieten hat sich eine ganz ähnliche Drachenvorstellung gehalten. Im Obwaldnerland, am Pilatus und bei der Rigi sah man die Drachen von einem Berg zum andern fliegen[9]. Man sah sie auf dem Üetliberg bei Zürich[10], in Graubünden[11] – sie flogen wie Pfeile von einem Berg zum andern –, im Gasterland, im Wallis[12], in der Waadt[13].

Bei den frühen Germanen finden sich keine Anhaltspunkte für diese Vorstellung. Die vorherrschende Idee war der Lindwurm. Dafür finden wir den fliegenden Drachen bei den Kelten. Das älteste Zeugnis aus diesem Kulturkreis dürfte der Kessel von Gundestrup[14] sein: eine Gottheit hält in jeder Hand einen Drachen mit Flügeln. Von den Kelten gelangte die Vorstellung der fliegenden Drachen offenbar zu den Germanen und damit in die mittelalterlichen Sagen.

In der Beowulfsage[15] taucht ein Drache auf, der Menschen fraß und fliegen konnte. – In der Bjarki-Sage[16] ist ein Drachenkampf beschrieben, denn um die Weihnachtszeit erschien zwei Jahre hintereinander ein großes, schreckliches Tier mit Flügeln am Rücken.

Die Thidrek-Saga[17], die nordische Zusammenfassung des Sagenkreises um Dietrich von Bern, erzählt: Thidrek befreite mit seinem Genossen Fasold in hartem Kampf den schon zur Hälfte von einem beflügelten Drachen verschlungenen Sintram. Diese Szene ist in einer Reihe von mittelalterlichen Kirchen dargestellt.

Im Märchen «Die vier kunstreichen Brüder»[18] hielt sich die Vorstellung vom fliegenden Drachen.

In diesem Zusammenhang gehören auch die beflügelten Uräusschlangen der Ägypter[19] erwähnt, ebenso die beflügelten Schlangen der Babylonier wie jene auf der Vase des Gudea (2275–2260 v.Chr.) und auf dem Ishtartor von Babylon.

Die Magna Mater und die Schlange

Die vorgriechischen Pelasger, die Mykener, Minoer und Kanaanäer fallen in ihrer Frömmigkeit auf durch die starke Betonung einer Magna Mater. Wo wir hinschauen, sind mit dieser Frömmigkeit Schlangensymbole verbunden. Die Göttin ist um die Fruchtbarkeit von Mensch, Vieh, Wild und Acker besorgt. Sie ist gleichzeitig aber auch die Göttin der Totenwelt.

Die Mitte dieser Magna-Mater-Vorstellung ist das minoische Kreta. Im Palast von Knossos[1] wurden Frauenstatuetten mit offenem Mieder und mit Schlangen in beiden Händen gefunden. Sie werden allgemein «Schlangengöttinnen» genannt, obwohl ein letzter Beweis aussteht. In den Untergeschossen standen große Getreide-Pithoi mit Schlangendarstellungen auf ihren Bauchwänden. Im kleinen Palast von Knossos wurde eine Statuette gefunden, die eine Frau mit erhobenen Armen darstellt. Über ihren Kopf, der mit einer Kappe bedeckt ist, scheint sich eine Schlange zu erheben. Eine Reihe von Libationsgefäßen ohne Boden sind mit Schlangen verziert. Die geopferten Getränke sollten der Unterweltsgöttin in Schlangengestalt zugute kommen. Die eine, gleiche Gottheit war sowohl Göttin der Unterwelt als auch Göttin des Wachstums und der Fruchtbarkeit.

Bei den Kanaanäern wurde Ashera[2], eine Muttergöttin, verehrt, die ebenfalls mit Schlangen dargestellt ist. Sie ist die Göttin der Fruchtbarkeit. Auf einem ägyptischen Relief aus der Zeit 1300 v. Chr. reicht sie dem ägyptischen Fruchtbarkeitsgott Min einen Lotus, Symbol der Fruchtbarkeit, und dem kanaanäischen Gott Reschef streckt sie Schlangen entgegen.

In Hazor[3] wurde eine Standarte aus versilberter Bronze gefunden. Sie zeigt das Gesicht einer Frau, die in jeder Hand eine Schlange hält und einen Anhänger in Gestalt einer stilisierten Schlange trägt. Am oberen Rand der Standarte über dem Frauenkopf findet sich ein Halbmond, in dessen Halbkreis sich ein stilisiertes Schlangenmotiv wiederholt. Die Ähnlichkeit mit den kretischen Göttinnen ist frappant.

Ashera wurde auch Tinnith oder Tannit – Antlitz Baals – genannt. Sie ist die Begleiterin des Mondgottes. Meist ist sie stilisiert dargestellt, wenn nicht, dann immer als eine Frau mit erhobenen Händen, die zuweilen Schlangen tragen[4].

Wie die kretische Schlangengöttin nimmt auch sie als Fruchtbarkeitsgöttin die Form des von Tieren umgebenen Lebensbaumes an. Das Alte Testament weist immer wieder auf diese Fruchtbarkeitsgöttin hin, wenn es von den Asheren, den Baumpfählen auf den Höhen, redet, auf denen wahrscheinlich oft Schlangen dargestellt waren.

Hier ist auch die alttestamentliche «Eherne Schlange» im Tempel von Jerusalem «anzusiedeln». An dieser Stelle muß auch erwähnt werden, daß das alttestamentliche Wort «Eva»[5] von hawwa – Mutter allen Lebens» – abgeleitet wird und «Schlange» bedeutet. Hawwa ist ein gängiges semitisches Wort für Schlange. «Eva» deutete dann auf den positiven Aspekt der Urschlange, auf ihre schöpferische Mütterlichkeit.

Auch aus Zypern stammt eine Reihe von Grabfunden mit Schlangendarstellungen.

Nun zurück nach Griechenland. Die Genealogie der Götter verrät für die Anfänge der Götterwelt ausgeprägten Schlangencharakter. Aus dem Chaos tauchte Mutter Erde[6] und gebar ihren Sohn Uranos. Sein Regen aus dem Himmel befruchtete die Mutter, so daß sie Gras, Blumen, Bäume, Tiere und Vögel gebar.

Aus der Paarung von Mutter Erde[7] mit der Luft entstanden unter anderem Tartaros, die Unterwelt und die Erinnyen mit ihrem Bündel Schlangen statt Haaren auf dem Kopf. Aus der Vereinigung mit ihrem Sohn Tartaros gebar sie in der Korykischen Höhle von Kilikia Typhon, das größte Ungeheuer, das je das Licht der Welt erblickte. Von seinen Schenkeln abwärts bestand er aus sich windenden Schlangen, seine Arme hatten statt Hände zahllose Schlangenköpfe. Auch die Schlange Ladon[8] soll nach einigen Autoren ein parthenogener Sohn der Gäa gewesen sein.

Typhon[9] wieder zeugte mit Echidne den Kerberos, den Wachthund der Unterwelt mit drei Schlangenköpfen – er soll ursprünglich eine Schlange gewesen sein[10]; die Hydra, die vielköpfige Wasserschlange am Eingang der Unterwelt in Lerna; die Chimäre, eine feuerspeiende Ziege mit dem Kopf eines Löwen und dem Schwanz einer Schlange. Auch die Schlange im Areshain, die Jason beim Stehlen des Goldenen Vlieses hinderte, war ein Sproß Typhons.

Die Mutter Erde gebar aus der Verbindung mit dem Meer – Pontos – auch Phorkys[11]. Dieser alte, weise Mann des Meeres zeugte die Kinder Ladon, der als Schlange die Hesperidenäpfel bewachte; Echidne, deren Körper zur einen Hälfte eine liebliche Frau, zur andern eine fleckige Schlange war und die drei Gorgonen, von denen Medusa in ein geflügeltes Ungeheuer mit glühenden Augen, riesigen Zähnen, herabhängender Zunge, bronzenen Klauen und Schlangenlocken verwandelt wurde. Dieses schlangenhafte, schreckeneinflößende, todbringende Gesicht der Gorgo erscheint durch die ganze Antike als apotropäisches Zeichen auf Soldatenschilden und Dachziegeln. Als von ihrem abgehauenen Kopf ein paar Tropfen Blut in den Wüstensand fielen, entsprang ihnen ein Schwarm giftiger Schlangen[12].

In einer Reihe von griechischen Göttinen lebt die vorgriechische Magna Mater und damit der Schlangenaspekt weiter. So ist Athene[13] eine vorhellenische Göttin, die am Ort verehrt wurde, der später ihren Namen erhielt. Ihre Heimat war Libyen, bezeichnenderweise kam sie über Kreta nach Attika. Athen war schon eine mykenische Niederlassung, bevor die Griechen kamen.

Diese Athene trug eine Aigis – Ziegenfellbeutel –, der eine Schlange enthielt. Athene wird darum meist mit einer Schlange dargestellt, oder dann säumt ein Bündel Schlangen ihre Aigis.

Athen war die Stadt des Königs Kekrops[14], der ein Sohn der Mutter Erde war, darum halb Mensch, halb Schlange. Erichthonios ist ebenfalls eine Männergestalt, die mit Athene verbunden ist. Wie Kekrops ist auch er ein Sohn der Mutter Erde (eventuell der Athene), halb Mensch, halb Schlange. Von Athene wurde er großgezogen und lebte als Kind versteckt in ihrer Aigis, zusammen mit der Schlange. Die königlichen Familien Athens behaupteten, Nachkommen von Erichthonios und Erechtheus zu sein, trugen goldene Schlangen als Amulette und hielten sich eine heilige Schlange im Erechtheion.

Als die Perser Athen bedrohten, verschwand «die das Haus hütende Schlange» im Erechtheion[15]. Die Athener sahen darin ein schlechtes Omen und dachten an die Räumung der Stadt.

Demeter[16] ist nach Hesiod ebenfalls eine vorhellenische, minoische Schlangengöttin. Schon ihr Name «Erd-Mutter» rückt sie in die Nähe der vorgriechischen Magna Mater. Als sie mit ihrer Tochter Kore bei Zeus im Olymp war, beauftragte sie Triptolemos[17], die Erde neu fruchtbar zu machen. Dieser fuhr auf einem von geflügelten Schlangen gezogenen Wagen über die Erde.

Hekate[18], als die Göttin der Unterwelt, ist ebenfalls eine Schlangengestalt. Nach Hesiod[19] war sie eigentlich die dreifaltige Göttin, die über

Himmel, Erde und Unterwelt herrschte. Ihr schöpferischer Aspekt verschwand immer mehr, bis schließlich nur noch ihr zerstörender Aspekt blieb. Die Erinnyen mit den Schlangen im Haar sind ihre Gefährtinnen. – Ähnliche Vorstellungen galten bei den Babyloniern. Dort wurde die Totengöttin Ereschkigal[20] als Schlange dargestellt. Auch die Krankheitsdämonen, die in der Unterwelt hausen und das wilde Heer der Todesgöttin bilden, wurden als Schlangen dargestellt. Bei den athenischen Thesmophorien-Feierlichkeiten[21] wurden Ferkel – Fruchtbarkeitssymbole der Mutter Erde – in Höhlen geworfen und den Schlangen darin zum Fraße gegeben. Frauen holten die verwesenden Reste herauf und legten sie auf die Altäre. Das Volk nahm davon, mischte es mit Korn und säte es auf die Äcker.

In den Mysterien-Feiern kam der Schlangenaspekt der Mutter Erde auf neue Art zum Ausdruck. Ein kaiserzeitliches Relieffries[22] läßt den Mysten zu Demeter, die auf einem geflochtenen Deckelkorb sitzt, herantreten. Es ist die «Kiste», um die sich eine Schlange windet. Demeter blickt nach hinten auf eine jugendliche Frauengestalt, die mit einer Fackel herbeieilt. Es ist Persephone, die aus der dunklen Unterwelt, dem Reich des Todes, zurück ins Leben kehrt. Im Mysterium erlebte der Myste dank der Mutter Erde die Gewißheit des Weiterlebens. Die Schlange in der «Kiste» war Symbol der lebenspendenden Magna Mater, wenn nicht gar ihre Inkarnation.

Im Sabazioskult[23] stand die Schlange ganz im Mittelpunkt. Sie war Ausdruck der schöpferischen Naturkraft und galt als Inkarnation des Gottes selbst. Um die mystische Verbindung mit dem Gott – die heilige Hochzeit – auszudrücken, ließen sich die Frauen eine wirkliche Schlange oder eine aus Gold gefertigte unter dem Gewand über den Schoß ziehen. In der Prozession wurde die «Kiste» mit der heiligen Schlange herumgeführt.

«Die Verehrung der Schlange stellt eines der Hauptmerkmale der griechischen Religion dar»[24]. «Es muß eine Zeit gegeben haben, in der man an vielen Punkten der griechischen Welt chthonische Götter und Dämonen in Gestalt von Schlangen verehrte. In historischer Zeit läßt sich kein reiner Schlangenkult dieser Art mehr nachweisen, aber mannigfach zurückgedrängt und anthropomorph beeinflußt, finden sich doch allenthalben zahlreiche Spuren jener alten Tierreligion.»[25]

Die Spuren führen letztlich alle auf die lebenspendende Magna Mater, die Mutter Erde, zurück. Die Schlange ist ihr zugesellt, ist ihr Begleittier, ihr Attribut. Sie ist noch mehr: sie ist die Inkarnation der Magna Mater selbst. Wir entdecken vorab auf Kreta «die sehr innige Verbindung der Schlange mit der mütterlichen Erdgottheit, die eine mögliche ursprüngliche Identität von Schlange und Gottheit vermuten läßt»[26].

Bevor der Anthropomorphisierungs-Prozeß einsetzte, war die Magna Mater also die schaffende und verschlingende Urschlange, was uns an ähnliche Vorstellungen auf Neuguinea, in Ozeanien und besonders beim Kunapipikult in Australien denken läßt.

Chinas Kaiser auf dem Drachenthron

Volle 2000 Jahre saßen die chinesischen Kaiser auf dem Drachenthron, bis 1911 die Republik ausgerufen wurde. Seit dem Regierungsbeginn des ersten Kaisers der Han-Zeit, Kau-Tsu – 206 v. Chr. –, war der Drache mit den fünf Krallen das Emblem der kaiserlichen Gewalt[1]. Der Thron des Kaisers, seine Kleider, seine Hausgeräte – schlechthin alles trug das Bild des schuppigen Ungeheuers. Die Söhne und Prinzen des Kaisers im ersten und zweiten Rang durften dasselbe Emblem benützen. Prinzen im dritten und vierten Rang durften

Nü-Kua und Fu-Shi – Nü-Kua schuf die Menschen und ordnete die Welt.
Fu-Shi erfand die Trigramme

Das mythische «Urpaar» der Chinesen, Nü-Kua und Fu-Shi

einen vierkralligen Drachen verwenden, während Prinzen im fünften Rang und verdiente Beamte ein schlangenähnliches Emblem mit fünf Krallen benutzen durften.

Die Wurzeln für diese Drachensymbolik liegen weit zurück in der Geschichte. Im Anfang teilte sich das Weltenei[2] in einen oberen und einen unteren Teil, in Leichtes und Schweres, in Yang und Yin. Dies war das Verdienst des P'an-Ku[3], des Demiurgen, der die beiden Teile auseinandertrieb, indem er 18 000 Jahre hindurch jeden Tag um zehn Ellen wuchs. Er hatte den Kopf eines Drachen und den Leib einer Schlange[4]. Dann starb er, und aus seinem Körper entstanden die Myriaden Dinge der Erde. Aus den Tränen wurden die Flüsse, aus seinem Kopfhaar und den Augenbrauen die Sterne und Planeten, aus den Zähnen und Knochen die Metalle und Steine, aus seinem Samen die Perlen und aus dem Knochenmark die Jade. Aus seinem Schweiß entstand der Regen, und aus den Flöhen, die in seinem Haar nisteten, entstanden die Menschen. Darum sagt das Huai-Nan-Tsu, alle Dinge seien aus dem Drachen entstanden[5].

Darauf folgte die Zeit der Herrschaften. Fu-Shi und Nü-Kua[6] waren das erste Paar. Fu-Shi wurde in einem Teich geboren, der seiner Drachen wegen berühmt war. Er war der Erfinder der Trigramme. Nü-Kua war die Wiederherstellerin der Weltordnung, nachdem das Schlangenungeheuer Kung-Kung die erste Schöpfung in Unordnung gebracht hatte. Nach anderer Darstellung ist Nü-Kua die Schöpferin des Menschen, was recht gut zum matriarchalischen Zug des frühen China paßt. Nü-Kua und Fu-Shi sind auf einer alten Darstellung als zwei Drachen mit menschlichen Oberkörpern in Kopula – Hierogamie – dargestellt, die in ihren Händen den Zirkel und das Winkelmaß, also das Runde und das Viereckige, das Weibliche und das Männliche, halten.

Auf Fu-Shi folgten Shennung und Yenti. Zusammen bilden sie die «Drei Erhabenen» oder die Urkaiser. Auf diese folgten fünf legendäre Kaiser. Der erste war Kaiser Hwang (Gelb). Als er beim Berg Shou Kupfer sammelte und am Fuß des Berges Ching einen Dreifuß goß,

177 Athene mit Schlange in der Aigis. Die Göttin Athene ist letztlich eine vorhellenische Göttin und partizipiert an der Magna-Mater-Vorstellung des östlichen Mittelmeeres. Daher die Schlange als Begleittier. Vgl. Die Magna Mater und die Schlange, Seite 169 ff. (Nationales Archäologisches Museum, Athen)

178 Das Haupt der Medusa. Medusa ist eine der drei Gorgonen, die Töchter der Mutter Erde sind, und darum an ihrem Schlangencharakter partizipieren. Vgl. Die Magna Mater und die Schlange, Seite 169 ff. (Werk Berninis im Palazzo dei Conservatori, Rom)

179 Der chinesische Drache mit der Perle. Oben: zwei Drachen kämpfen mit der Perle (Sonne?). Unten: der gehörnte Drache mit der Perle. Der chinesische Drache lebt in den Gewässern und ist Hüter von Schätzen. Er steigt aber auch in die Lüfte und verschafft Regen. Die Gegenüberstellung Drache–Perle dürfte ein Hinweis auf den kosmischen Kampf zwischen Dunkel und Licht, Tag und Nacht, Sommer und Winter sein. Vgl. Chinas Kaiser auf dem Drachenthron, Seite 174 ff. Ferner: Anmerkung 21, Seite 311 ff. (Seidenstickerei aus K'ossu. Ming-Dynastie [1368–1644] – Seattle Art Museum)

180 Schlange und Schildkröte – Symbole des Yin. Die in der kalten Jahreszeit unsichtbar werdenden Tiere Schlange und Schildkröte sind die chinesischen Symbole des Nordens und damit des gesteigerten Yin. Da sie den Winter überdauern, sind sie Symbole des Lebens.

kam ein Drache mit langen Barthaaren vom Himmel herab zu ihm. Hwang bestieg den Drachen und fuhr mit ihm zum Himmel. Siebzig Hofleute stiegen ebenfalls auf den Drachen und gelangten so als treues Gefolge in die Gunst, dem Kaiser auch in der jenseitigen Welt dienen zu dürfen. Den niederen Beamten gelang es nicht rechtzeitig, den Drachen zu besteigen. Sie hängten sich an die Barthaare des Drachen. Doch sie waren zu schwer, ließen die Haare los und fielen zur Erde.

Als derselbe Kaiser Hwang einst in den Tsoh-Yen-Bergen beim Versuch, das Lebenselixier zu gewinnen, Zinnober schmolz, verwandelte es sich in einen Genius, der auf einem Drachen zum Himmel fuhr.

Ein geflügelter Drache stand Kaiser Hwang im Kampf gegen den Rebellen Ch'in-Yü, Sohn des Shen-Nung, zur Seite.

Auf Kaiser Hwang folgten Chuan-Hsü, Kiu, Yao und Shun. Yao war der Sohn eines roten Drachen, der seine Mutter besucht hatte mit der Inschrift auf seinem Rücken: «Auch du wirst den Schutz des Himmels erfahren.» Dann wurde es dunkel, ein Wind stieg auf und blies von allen Seiten. Darauf wurde die Frau vom Drachen berührt und wurde schwanger. Nach vierzehn Monaten gebar sie Yao.

Von Shun wird berichtet, daß er wünschte, auf seinen Kleidern Sonne, Mond, Sterne, Berge und auch Drachen zu sehen, wie sie auf den priesterlichen Gewändern des Gelben Kaisers schon vorhanden waren. In jener Zeit wurden auch schon Fahnen mit Drachenabbildungen gebraucht und im Krieg gegen Feinde mitgeführt.

Kaiser Shun, der Nachfolger von Kaiser Yao, erlebte einst den Besuch eines gelben Drachen, der aus dem Loh-Fluß gestiegen war. Auf seinem schuppigen Panzer stand die Inschrift: «Shun soll den Thron besteigen.» Kaiser Shun beauftragte eine Familie mit der Aufzucht von Drachen für den Kaiserthron.

Der Urenkel des Kaisers Hwang hatte einen Sohn Yü, der in Gestalt eines geflügelten Drachen[7] zur Welt kam und der Begründer der ersten, wenn auch noch vorgeschichtlichen Dynastie der Hsia, wurde.

Auf Befehl des Gelben Kaisers (Hwang) half ein geflügelter Drache mit seinem Schwanz dem Yü, Gräben zu graben und die Hochwasser abzuleiten. Eigentlich war das die Aufgabe seines Vaters Kun gewesen, doch dieser richtete trotz neunjähriger Bemühung gegen die Verursacher der großen Überschwemmung, nämlich die Drachen, die vom Ungeheuer Kung-Kung geleitet wurden, nichts aus. Kung-Kung hatte den Leib einer Schlange, das Gesicht eines Mannes, rote Haare und Hörner.

Yü fuhr in einem Wagen, der von zwei Drachen gezogen wurde, in seinem Garten, denn mit ihm, dem Begründer der neuen Dynastie, war die Tugendkraft der Hsia im Zenith. Als er die mühsame, dreißigjährige Arbeit der Flußregulierung beendet hatte, tauchten blaue Drachen in der Stadt auf.

Ganz deutlich gehört der Drache zu den legendären Kaisergestalten und deutet auf ihre Autorität und ihre Abstammung von der Göttin Nü-Kua. Die Drachenvorstellung muß damals eine gewaltige Rolle gespielt haben. Damals schon war der Drache der Herr des Himmels und der Unterwelt. Wir dürften nicht fehlgehen, wenn wir für das alte China den Drachen als Totemtier annehmen. Dahin deuten auch die Vorstellungen der südchinesischen Stämme, die bis in die Neuzeit eine eigene kulturelle Tradition besaßen.

Nach diesen vorgeschichtlichen Kaisern taucht der Drachengedanke vor allem in Verbindung mit den Wu-Priestern[8] der Shang- (und Chou-) Zeit auf. Den Wu oblag die Beziehung zur jenseitigen Welt. Eine ganz wichtige Funktion war das Bestellen von Regen. Daneben aber oblag ihnen auch die Abwehr von Seuchen und Krankheiten und das Erforschen von günstigen Terminen für Krieg, Jagd und Aussaat. Ihre priesterlichen Funktionen vollführten sie offenbar in einer Art Tanz, bei dem sie wie in Trance gerieten und durch ekstatische Ausrufe oder «Gesänge» und durch Wedeln mit Zweigen ihrem Anliegen Ausdruck verliehen. Dafür spricht die Bedeutung des Zeichens Wu, das eine tanzende Figur mit herabhängenden Ärmeln oder Wedeln darstellt. Hier ist auch der Ansatzpunkt für die Bedeutung der Schlangensymbolik auf der sibirischen und nordamerikanischen Schamanenkleidung[9].

Da der Regen mit den Drachen zusammenhängt und der Regenzauber die Hauptaufgabe der Wu darstellt, war auch die Beziehung der Wu zu den Drachen entscheidend. Bei den Opfern, die die Shang-Kaiser[10] anordneten, kam den Drachen eine besondere Bedeutung zu. Denn ihnen oblag die stets neue Belebung der Natur. Man glaubte, daß die Wu-Priester sich in Drachen verwandeln könnten und daß

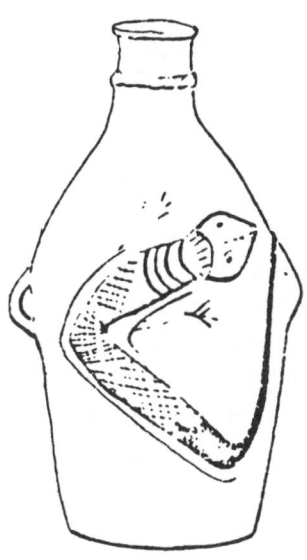

Die Vorstellung vom Drachen (mit Füßen) als Regenspender
dürfte in China bis in die neolithische Zeit zurückgehen. Topf aus der Zeit
der Yang-shao-Kultur (ca. 4000 v. Chr.)

ihnen die Drachen oft als Reit- und Wagenzugtier dienten, mit deren Hilfe sie sich sogar in die oberen Regionen der Welt oder auch in die Tiefen der Unterwelt begeben konnten. Die Drachen waren Wesen mit übermenschlicher Intelligenz.

Mit dem Ende der Shang-Dynastie nahm die Bedeutung des Drachenglaubens ab. Doch auch unter den Chou hatten die Wu immer noch die Funktion des Regenbittanzes inne.

In die Chou-Zeit fällt die Anekdote, daß im Jahre 751 v. Chr. der Gelbe Kaiser auf einer gelben Schlange – Schlangen und Drachen sind in China dasselbe[11] – auf diese Erde herabgekommen sei. Der Schwanz der Schlange krümmte sich nach oben, so daß er den Kopf berührte. Der Gelbe Kaiser hatte vier Gesichter, mit denen er die vier Weltgegenden überschauen konnte.

Von der Geburt des Konfuzius – ähnlich wie bei der Geburt Alexanders des Großen – wird berichtet, daß in der Nacht vor seiner Geburt zwei blaue Drachen vom Himmel kamen und seine Mutter besuchten. Sie sah die beiden in ihrem Traum und gebar den großen Weisen.

– Wiederholt wurde die Geburt eines Kaisers durch die Erscheinung eines Drachen als gutes Omen angekündigt.

Mit Ch'in-Shr-Hwang-Ti[12], dem Einiger des Reiches, der die Feudalzeit beendete und die Kaiserzeit eröffnete, fand die unter den Chou unterdrückte Wu-Tradion wieder mehr Verständnis. Ch'in-Shr-Hwang-Ti schickte 6000 Knaben und Mädchen, nicht älter als fünfzehn Jahre, zur Penglai-Insel irgendwo im östlichen Meer, um das Lebenselixier zu finden. Doch seine Gesandtschaft fand es nicht. Man riet ihm, selbst mit einer Armada auszuziehen und das Lebenselixier zu suchen. Mit nicht weniger als drei Millionen Soldaten soll er sich auf die See begeben haben. Die Soldaten mußten schreien und trommeln, um den Drachenkönig aufzuschrecken. Der Drachengott tauchte in Gestalt eines riesigen Hais aus den Wasserfluten. Er war 500 Fuß lang und hatte den Kopf eines Löwen. Die Schiffe umzingelten ihn, und die Soldaten töteten ihn mit giftigen Pfeilen, so daß das Meer auf eine Distanz von 10000 Meilen rot gefärbt wurde.

In der folgenden Nacht hatte der Kaiser einen Traum, in dem er mit dem Drachenkönig kämpfte. Am nächsten Tag wurde er krank und starb nach sieben Tagen.

Von Kao-Tsu (206–195 v. Chr.), dem Gründer der Han-Dynastie, wird berichtet, daß sein Vater T'ai-Kong einen Drachen – Kiao Lung – auf seine Frau herabsteigen sah, als diese am Rande eines langen Teiches im Schlafe lag. Sie träumte dabei, daß sie mit einem Gott Verkehr habe. Später gebar sie dann Kao-Tsu.

Kao-Tsu war dem Wein sehr zugetan und wurde immer von einem Drachen beschützt, wenn er trank.

Von dieser Zeit an war der Drache endgültig das Emblem der Kaiser. Die Kaiser stammten einerseits von den Drachen ab. Die Drachen sind andererseits ihr Symbol, denn wie der Drache von der Erde zum Himmel hinaufsteigt, erhebt sich der Kaiser über die gewöhnlichen Menschen. Der ehrfürchtigste Titel für den Kaiser war «der echte Drache»[13]. Das Wort Drache wurde für alles verwendet, was mit Leben und Stellung des Kaisers zu tun hatte. So war der kaiserliche Thron der «Drachenthron», die Feder des Kaisers der «Drachenpinsel». Man nannte die kaiserliche Tafel, die in jedem Tempel stand, die «Drachentafel».

Nach chinesischer Auffassung läuft die Zeit in Zyklen ab. Die Han-Zeit wurde im besonderen als eine Renaissance des Gelben Kaisers betrachtet. Die Bedeutung des Drachen lebte darum wieder neu auf. Als Emblem männlicher Stärke und Kraft, als Wächter über die Geschicke des Landes, erschien der Drache auf der chinesischen Fahne und auf den Staatsroben.

Von besonderer Bedeutung war die Rolle des Kaisers bei den Bittzeremonien[14]. Der Kaiser war verantwortlich für das Wohl und Weh des ganzen Volkes. Bei Regenmangel – wie er in China häufig auftrat – mußte der Kaiser in Funktion treten und die Drachen um Hilfe angehen. Denn der Drache war der Herr der Wasser auf der Erde und am Himmel. Er war der Herr der Wolken, des Donners und des Regens. Er war der Bringer der Fruchtbarkeit. Er war auch der Geleiter heiliger Männer. Dieser makrokosmischen Bedeutung der Drachen mußte der Kaiser im mikrokosmischen Bereich der Menschen gerecht werden.

714 n. Chr. baute Kaiser Hsyan-Tsung einen Altar für die Höchsten der Drachen, die Beherrscher der fünf Weltgegenden, die zugleich die prominentesten Regenmacher sind. Ihnen wurden reiche Opfer dargebracht, und ein langes Ritual wurde vollzogen. Diese Zeremonien waren vorbildlich für die ganze Tang-Zeit und darüber hinaus.

Zur Zeit der Sung-Kaiser[15] – 1110 n. Chr. – wurden diese fünf großen Drachen – Shen-Lung – offiziell zu Schützern des Kaiserreiches ernannt und mit Fürstentiteln ausgezeichnet.

Im Osten des Reiches war der blaue (oder grüne) Drache, der mit dem Frühling identifiziert wurde. Im Süden waren der rote und (im Zentrum)[16] der gelbe, die den Sommer regierten. Im Westen war der weiße, der den Herbst darstellte, und im Norden der schwarze, den man mit dem Winter verband.

Vier Drachen beschützten auch die Hauptstadt: der Drache des Sees im Sommerpalast, der schwarze Drache von Heilungtan in den Westbergen, der Drache des Jadebrunnens und der weiße Drache des Sees im Bezirk Mi-Yün. Unter der kaiserlichen Oberhoheit wurden Prinzen mit der Verehrung dieser Schutzgeister beauftragt.

Unter den Ming war das kaiserliche Wappen ein roter Drache. Rot wurde für diese Zeit die Nationalfarbe. Aber unter den Mandschu wurde der gelbe oder goldene Drache als offizielles Wappentier proklamiert. Mit der Revolution 1911 und dem Ende der Kaiserzeit verlor die Drachensymbolik ihre Bedeutung.

Auch in anderen Reichen[17] hatte der Drache Symbolbedeutung für die höchste Macht im Staate, so im Assyrerreich Sennacheribs, bei den Persern, Kelten, Dakern, Parthern, Skythen, im Oströmischen Reich. Der Drache schmückte die Tore von Babel wie von Theben. Von großen Staatsmännern – Alexander dem Großen, Augustus, Scipio – wurde gesagt, daß sie Söhne einer menschlichen Mutter und eines Schlangen- (Gott-) Vaters seien.

Die beid-end-köpfige Schlange

Der komplexeste, aber auch am weitesten verbreitete Begriff in der Schlangensymbolik ist die «beid-end-köpfige Schlange». Die Forscher scheinen diesem Begriff wenig Aufmerksamkeit geschenkt zu haben. Soweit ich bis jetzt feststellen kann, fehlt dieser Begriff in Australien. Von Ostasien, als Mitte gedacht, erstreckt sich sein Vorkommen nach Südostasien bis Polynesien, nach Westen bis zu den Kelten in Europa und über die Beringstraße bis weit hinunter nach Südamerika. Er fehlt auch nicht ganz in Afrika. Wenn wir die Diffusion von Kulturelementen über die Kontinente hinweg nicht glattweg ablehnen, müssen wir sie bei der komplizierten «beid-end-köpfigen Schlange» vermuten.

Trotz der gewaltigen Verbreitung steht eine gültige Deutung noch aus. Die Völker selber, die dieses Symbol tradierten, haben seinen Sinn vergessen. Das aber gerade spricht für sein hohes Alter. Eine sinnvolle Deutung ist also vorläufig immer noch ein Versuch. Ich beginne bei der Erfahrung und der naturwissenschaftlichen Deutung.

Ich habe in meiner Jugend eine Schlange mit zwei Köpfen gesehen. Die Schlange ging hin und her. Der Kopf war dreieckig. Sicher war es eine Giftschlange.
Die zweiköpfige Schlange ist ein böses Zeichen. Es bedeutet, daß jemand in der Familie stirbt. Kurze Zeit, nachdem ich die beid-end-köpfige Schlange gesehen hatte, starb meine Tante.

So berichtet eine Paiwanfrau[1].

Die Naturwissenschaftler[2] deuten das Phänomen der «beid-end-köpfigen Schlange» als den Moment der Schlangenpaarung. Der männliche Geschlechtsteil verhakt sich im weiblichen, was Trennung auf längere Zeit unmöglich macht.

Das stärkere Weibchen zieht dann das Männchen nach sich. Das erweckt beim zufälligen Beobachter den Eindruck von der beid-end-köpfigen Schlange.

Die beid-end-köpfige Schlange kann auch ein Kuriosum[3] der Natur sein, so gut wie ein Kalb mit zwei Köpfen. An der Universität von Bern wird ein solches Exemplar aufbewahrt.

Die beid-end-köpfige Schlange hat sich als Symbol vor allem in der Kunst der Völker erhalten. In den alten Häuptlingshäusern der Paiwan zum Beispiel fanden sich früher an den langen Querbalken unter dem Hausdach Reihen von beid-end-köpfigen Schlangen. Ebenso sind sie auf den Festtagsgewändern der Häuptlingsleute zu sehen. Aber eine Erklärung kann niemand geben. Nicht einmal eine Geschichte existiert, in der die beid-end-köpfige Schlange vorkommt.

Die beid-end-köpfige Schlange findet sich als Bügel an einem Ritualgefäß der Shang-Zeit in China[4]. Das Zeichen «hung» für Regenbogen stellt diese beid-end-köpfige Schlange dar[5]. – In Indien[6] ist es die Schlange svaja. – Für die Kelten zeugt der Kessel von Gundestrup[7], auf dem eine beid-end-köpfige Schlange je einen Menschen verschlingt. Der keltische Torques[8] – Halsring – mit einem Kopf an beiden Seiten könnte sehr gut die doppelköpfige Schlange bedeuten. –

Die beid-end-köpfige Weltenschlange der Chimu, Südamerika

Der doppelköpfige Lindwurm mit gezacktem Rücken, der häufig auf Särgen in alemannischen Reihengräbern[9] auftaucht, gehört sicher auch hierher.

Bei den Ägyptern[10] findet sich die Darstellung der Sonnenbarke durch eine beid-end-köpfige Schlange. – Aus Dahomey[11] ist ein Bronze-Armreif bekannt, der eine zweiköpfige Schlange darstellt. Die Köpfe sind wie beim keltischen Torques an beiden Enden.

Aus Indonesien[12] gibt es den Hinweis auf den Regenbogen, der über Java erscheint. An seinen beiden Enden hat er je einen Kopf, einen Hirsch- und einen Kuhkopf.

Im ozeanischen Raum[13] ist die beid-end-köpfige Schlange auf Rambutjo, auf den Torres-Strait-Inseln, in der Geelvink-Bucht und bei den Baining auf der Gazelle-Halbinsel bekannt.

In Nord- und Südamerika gibt es unzählige Beispiele für die beid-end-köpfige Schlange. So bei den Kwakiutl[15], bei den Tsimshia[16], bei den Algonkin[17], bei den Tlingit und Nootka[18]. Bei den früheren Maya[19] erscheint sie als Stirnbinde der Götter. Der Sonnengott Itzamná blickt oft aus dem Rachen des beid-end-köpfigen Himmelsdrachen. Oft wird er von zwei halbaufgerichteten Jaguarfiguren flankiert, die nur eine Variation der beid-end-köpfigen Schlange darstellen. Die Ballspieler tragen einen Gürtel mit der beid-end-köpfigen Schlange.

189 Rindenzeichnung australischer Ureinwohner – Die australische Urschlange ist fast durchwegs dem Wasser zugeordnet. Sie ist darum Inbegriff der Wasser unter, auf und über der Erde, Symbol des Schöpfers aller Lebewesen. Vgl. Die Regenbogenschlange, Seite 163. (Völkerkundemuseum, Zürich)

190 Oben: Die beid-end-köpfige Schlange. Unter allen Symbolaspekten der Schlange ist die Beid-end-köpfigkeit am schwersten zu verstehen, was auf das hohe Alter dieses Aspekts deutet. Vermutlich ist sie ein Symbol für die Synthese der Wasser unten und oben, d. h. von Erde und Himmel. Vgl. Die beid-end-köpfige Schlange, Seite 186 ff. (British Museum)

190 Unten: Der Kessel von Gundestrup. Die Vorstellung von fliegenden Drachen in vielen Gegenden Europas geht höchstwahrscheinlich auf die Kelten zurück. Sie kannten auch die Vorstellung der zweihörnigen Schlange sowie der beid-end-köpfigen Schlange. Vgl. Die fliegenden Drachen, Seite 168 f.; Die schöpferische Urschlange im Wasser, Seite 144 ff.; Die beid-end-köpfige Schlange, Seite 186 ff. (Nationalmuseum Kopenhagen)

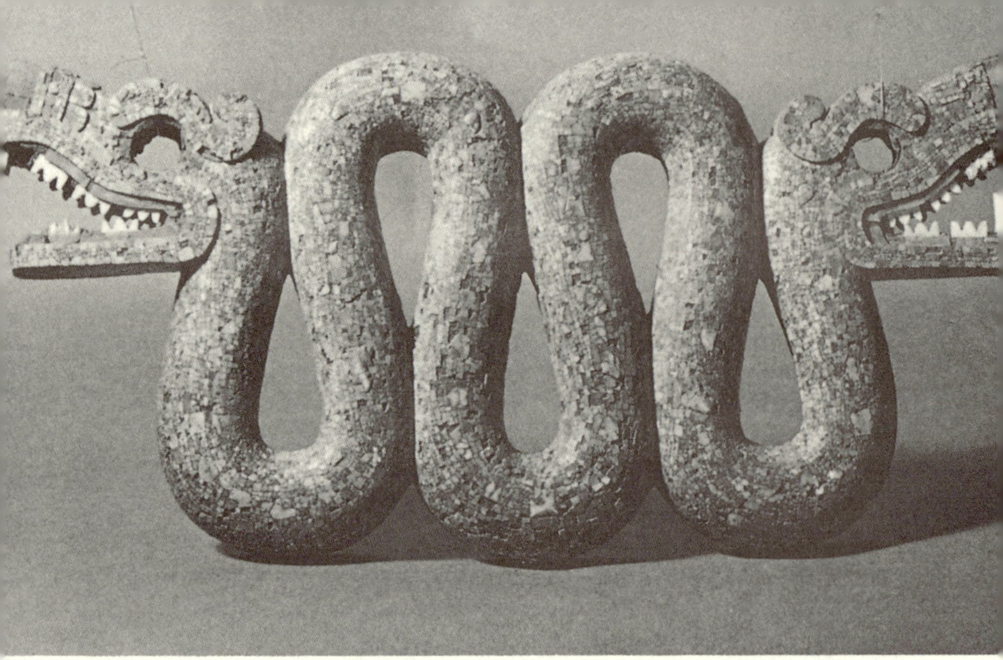

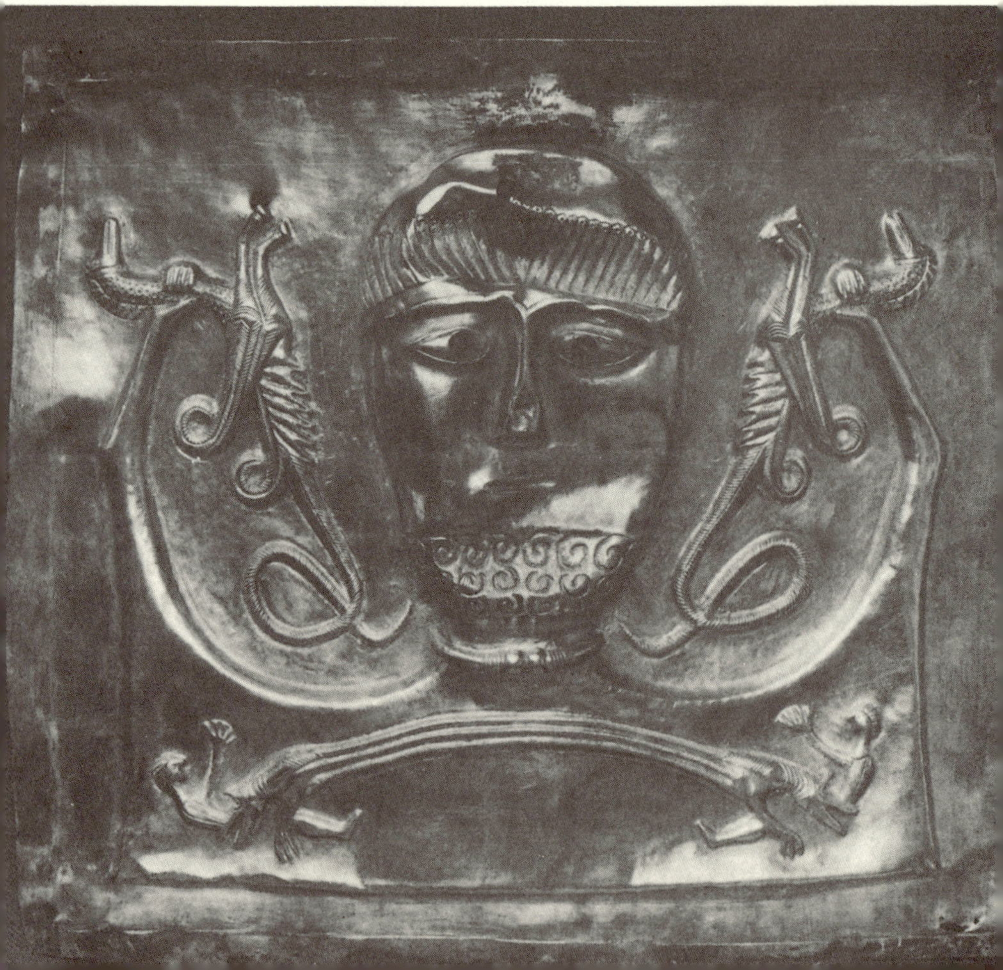

Das Gebiet, wo die beid-end-köpfige Schlange am ausgeprägtesten in den Sagen und Mythen weiterlebt, finden wir in Nordamerika bei den Kwakiutl und ihren benachbarten Stämmen, den Nootka, Bellabella und Haida.

Nach diesen ist die beid-end-köpfige Sisiul die Urschlange, die im Wasser lebt und Herrscher der Unterwelt ist. Da es im Gebiet der Kwakiutl keine Giftschlangen[20] gibt und Schlangen ohnehin eine Rarität sind, diese Stämme sich ferner vor allem mit Fischfang beschäftigen und keine Landwirtschaft betreiben, nimmt das Schlangensymbol oft die Form eines Salmes oder Wals[21] an – ganz ähnlich wie bei den ozeanischen Völkern.

Dann erscheint die Sisiul oft auch als Boot[22], das durch die Wasser gleitet. Selbst die Bärenvorstellung[23] und die dazugehörenden Geschichten sind oft nur eine andere Erscheinungsform der alles beherrschenden Sisiul – wie das Wolfsmotiv bei den festlandgebundenen Germanen eine Variation des Schlangenmotivs ist.

Die Sisiul-Schlangenvorstellung verbindet sich auch mit dem kostbarsten Material, das die Kwakiutl kennen, dem Kupfer[24], und mit der Vorstellung des Kannibalismus[25], der im Dienste der Sisiul vollzogen wird.

Die beid-end-köpfige Sisiul hat alle Eigenschaften der Urschlange. Sie ist zuerst einmal Herr der Unterwelt. Sie ist der Urgrund und Beherrscher der Welt. Sie ist aber auch Beherrscher der Oberwelt. Sie ist also nichts anderes als der Ausdruck dieser Einheit in der Zweiheit, sie ist die «totale, ambivalente Gottheit».

In dieser Schau kommt der Sonne nur eine untergeordnete Bedeutung von Sisiuls Gnaden zu. In den kalten nordischen Breiten dauert der Sommer nur wenige Monate. Monate hindurch erscheint die Sonne nur kurz über dem Horizont. Obwohl die Oberwelt mit ihrer Sonne im Donnervogel[26] symbolischen Ausdruck findet, überschattet die Sisiul die Bedeutung des Donnervogels. Sein Blitz wird durch einen Fisch oder eine Schlange dargestellt, die er unter seinen Federn versteckt hält oder als Gürtel benützt[27].

Die Sisiul als Herr des Universums hat höchste numinose Bedeutung. Ihr Anblick bedeutet sofortigen Tod[28] – ähnlich bei den Paiwan. Die Macht der Schamanen kommt von ihr. Darum gehören zur Ausrü-

Die beid-end-köpfige Weltenschlange, Herr der Unterwelt wie der Oberwelt.
Darstellung der Mochica, Südamerika

stung des Haidaschamanen Schlangenmotive (neben dem Donnervogel). Die kalten, sonnenarmen Winter sind gefüllt mit Zeremonien
und Tänzen, die den verschiedenen Aspekten der Sisiul gewidmet
sind und die helfen sollen, daß Sisiul die Sonne wieder freigibt[29]. In
erster Linie ist es aber eine Zeit der Rückbesinnung auf die Urzeit, als
die Sonne noch vom Dunkel, vom Wasser, von der Sisiul gefangenge-
halten wurde und Tier und Mensch noch nicht getrennt waren[30]. Die
Ngadju Dajak würden sagen: «Als sich alles noch im Rachen der aufgerollten Wasserschlange befand.»
Eine Kwakiutl-Mythe[31] berichtet von einer Frau (Sisiul), die die
Sonne in einer Schachtel verborgen hält. Ein Vogel, der Rabe, unter-
nimmt es, die Sonne zu befreien. Er läßt sich in dem Hause, wo die
Sonne verborgen gehalten wird, als männliches Kind gebären und
schreit, bis man ihn mit der Schachtel spielen läßt. Er verwandelt sich
nun wieder in einen Vogel – nach einer anderen Version setzt er sich
in ein Boot – und flieht mit der Sonne. Auf dem Weg öffnet er die
Schachtel und zieht die Sonne heraus, die noch mit einer Sisiulmaske
zugedeckt ist. Diese nimmt er weg. Da beginnt die Sonne zu leuchten
und sagt: «Freund, halte mich nicht länger fest. Laß mich in die
Oberwelt gehen! Von jetzt an werde ich der Welt Gutes tun. Jetzt
wird es Tag werden. Nimm meine Sisiulmaske! Mein Freund, paß gut

auf meine Sisiulmaske auf! Du kannst sie beim Wintertanz und beim Sonnenaufgangtanz zeigen.»

Hier ist der Punkt, wo Kopfjagd und Kannibalismus hingehören. Die Sonne besiegt vorübergehend die Sisiul und erhebt sich zum neuen Tag oder neuen Jahr. Sie zerstückelt die Schlange (und den Mond). Niederlage und Zerstückelung sind der Anfang des Frühlings und des Sommers, des Wachstums und der Ernte. Kopfjagd und Kannibalismus, wie sie in den Kulturen der ausgeprägten Schlangenvorstellung vorkommen, bedeuten nichts anderes als das Opfer zugunsten des Wachstums. Im Mord, in der Zerstückelung, liegt der Segen des Gedeihens. Kopfjägerei und Kannibalismus sind darum ein heiliges Tun, ein heiliges Muß, damit die Dinge, die embryonal in der Urschlange enthalten sind, den Weg ans Licht finden. Tag und Jahr sind ein ewig fortgesetzter Zyklus des Werdens und Wiedervergehens, des «stirb und werde!», wie dies erstmals in der Urzeit stattfand.

Das Winterritual der nordwestlichen Indianerstämme ist nichts anderes als ein gewaltiger Wiedergeburtsritus, in dem der Kampf zwischen Sonne und Sisiul, zwischen Tag und Nacht, Sommer und Winter, zwischen Licht und Dunkel, zwischen Werden und Sterben, zwischen Leben und Tod ausgetragen wird, wobei das Ende nicht die Vernichtung des einen, sondern die Einheit in der Dualität ist[32].

Dieses Spiel zwischen Einheit und Dualität, dieser alternierende Ablauf des Gegensatzpaares, ist die Grundlage für Phänomene wie die Potlatch-Zeremonien[33] bei den Indianern oder bei den austronesischen Gesellschaften.

Das Verschenken des eigenen Reichtums macht wieder Platz für einen neuen Anfang. Die Fratrienstruktur[34] der Gesellschaft ist das soziale Abbild der kosmischen Dualität.

Mit dieser Deutung der beid-end-köpfigen Schlange sind wir bereits beim letzten Teil angelangt: beim Drachenkopf.

B. Der Drachenkampf

Der Kampf mit dem kosmischen Drachen

Nur wenige Kulturen haben der schöpferischen Urschlange im Wasser ihren weltbeherrschenden Charakter gelassen. Das Chthonische, Aquatische, Dunkle, Untere, Schöpferische, Mütterliche, aus dem alle Dinge ins Dasein traten, das dem Licht den Weg ins Dasein freigab und das die Sonne aus seinem dunklen Rachen entließ, war nun plötzlich mit dem Produkt seiner schöpferischen Tätigkeit konfrontiert. Aus der ursprünglichen Einheit war die Zweiheit geboren, und aus der Zweiheit entstand Kampf zwischen Oben und Unten, zwischen Licht und Dunkel, zwischen Tag und Nacht, zwischen Sommer und Winter, zwischen Sonne und Erde, zwischen Leben und Tod. Diese kosmische Erfahrung prägt die Mythen, die uns den Urkampf erschließen.

MESOPOTAMIEN

Unsere ältesten Quellen stammen aus dem Land der zwei Ströme, Mesopotamien[1]. Es sind sumerische Tontafeln aus der Zeit 2500–2000 v. Chr. In drei geschichtlich gestuften Versionen – sumerisch, babylonisch, assyrisch – berichten uns die Mythen von diesem Kampf.

Da war einmal der sumerische Ninurta, der gegen Asag kämpfte. Asag war offenbar ein Meerungeheuer, das das Land unsicher machte. Es wurde unterstützt von steinernen Kriegern, die die Städte überfielen. Ninurta dagegen wurde unterstützt von seiner Waffe Sharur, doch fühlte er sich Asag gegenüber bald schwach und floh. Sharur machte ihm neuen Mut, worauf Ninurta Asag tötete. Zum Dank wurde er von Anu, dem Vater der Götter, zum König gemacht.

Dann berichten zwei nur fragmentarisch erhaltene Texte vom Kampf Tishpaks gegen Labbu. Labbu war ein riesiger Meerdrache, 50 bis 60 Biru lang (325–390 Meilen) und 1 Biru hoch (6–7 Meilen). In dem einen Text wird sogar gesagt, er habe einen 30 Biru hohen Kopf ge-

Der siebenköpfige mesopotamische Urdrache,
halb Schlange, halb Panther

habt. Dieser Drache verwüstete die Ebene und die Städte, tötete Mensch und Tier, ja selbst die Götter zitterten vor ihm.

Sin, der Mondgott, beauftragte Tishpak, mit Labbu zu kämpfen und das Untier zu erledigen. Als Belohnung versprach er ihm die Königswürde. Tishpak fühlte sich dem Auftrag nicht gewachsen. – Hier folgt eine Textlücke, so daß wir nur noch über den Ausgang des Kampfes Näheres wissen.

Der Held – es dürfte Tishpak sein – erscheint zum Kampf. Ein anderer Gott hat ihm zu einer Kampflist verholfen: Er läßt Wolken und Sturm aufziehen und hält einen Talisman, das Siegel des Lebens, vor seinen Augen, damit er angesichts des schrecklichen Ungeheuers nicht zu Tode erstarre. Dann geht er zum Angriff vor und tötet Labbu.

Das Blut des Untiers floß drei Jahre, drei Monate, einen Tag und eine Nacht.

Besser bekannt ist uns die Version aus dem Enuma Elish, der «babylonischen Genesis»: der Kampf Marduks mit dem Meeresdrachen Tiamat.

Am Anfang war die Welt im Zustand des Chaos. Damals gab es nur zwei lebende Wesen: Apsu, den männlichen Herrn des Süßwassers,

Der Drache mit Schwanz und zwei Hörnern bedroht das trockene Land
(symbolisiert durch den Baum)

und Tiamat, die weibliche Herrin der Meerwasser. Sie hatte zwei
Hörner und einen Schwanz. Ihre Haut war so hart, daß kein Pfeil
hindurchdrang.
Apsu und Tiamat zeugten Mummu, ihren Sohn und Helfer. Dann
vereinigten sie sich von neuem und zeugten Anshar und Kishar –
Himmel und Erde. Diese beiden zeugten Anu, den Vater und Ahnen
der Götterschar, unter denen auch Ea war.
Die Götter vermehrten sich so gewaltig, daß der mächtige Mummu
zusammen mit seinem Vater Apsu die Götter zu vernichten dachte.
Die Götter wollten verzweifeln.
Da brachte Ea mit Hilfe einer List Rettung für die Götter. Dank ma-
gischer Kraft versetzte er Apsu in Schlaf und nahm ihm Krone und
Kleid, worauf er selber Herr des Süßwassers wurde.
Anshar, der Himmel, wurde höchster der Götter, doch an seiner Stelle führten sein Sohn Anu und der Emporkömmling Ea die Regie-
rung. Apsu wurde getötet und Mummu gefangengesetzt. Tiamat aber
lebte unbezwungen weiter in ihrem Element.

Ea und sein Weib Damkina zeugten Marduk, der an einem Tag zu riesiger Gestalt emporwuchs (ähnlich dem Ulikummi im hurritischen Mythos). Nach Eas Plan sollte Marduk der mächtigste unter den Göttern werden. Doch ein Teil der Götter widersetzte sich diesem Plan und trat unter Kingus Führung zur Tiamat über. Es mußte zum entscheidenden Kampfe kommen. Tiamat heiratete Kingu und plante für ihn die Königswürde über alle Götter und über den ganzen Kosmos.

Ea eilte zu Anshar, dem Himmel. Dieser schickte ihn in den Kampf gegen Tiamat und ihr Heer. Doch Ea wich vor dem Feind zurück. Nun sandte Anshar Anu, doch auch dieser floh. Niemand wagte es, in das schreckenerregende Gesicht der Tiamat zu schauen. Möglicherweise bewirkte ihr Blick sofortigen Tod.

Ea empfahl Anshar, Marduk mit dem Kampf zu betrauen. Marduk sagte zu, allerdings unter der Bedingung, daß er nachher König über die Götter sein dürfe. Anshar war einverstanden. Er veranstaltete ein gewaltiges Göttermahl, bei dem sich die Götter bereit erklärten, Marduk als ihren König anzunehmen. Marduk wurde zum König proklamiert und trat alsogleich sein Amt an.

Der listenreiche Marduk nahm als Waffe für den Kampf mit der Tiamat Pfeil und Bogen, ein Netz und die Sturmwinde. Gegen das Gift, das die Tiamat ausspeien würde, nahm er auch Kräuter mit sich. Dann bestieg er den mit vier Pferden bespannten Wagen und zog an der Spitze des himmlischen Heeres gegen den Feind.

Marduk nahm mit seinem Netz Tiamat gefangen. Als diese den Rachen öffnete und Marduk verschlingen wollte, jagte Marduk die Sturmwinde durch ihren Rachen in den Schlund. So war Tiamat gezwungen, den Rachen offen zu halten. Marduk spannte nun den Bogen und schoß mit einem Pfeil durch die Eingeweide genau ins Herz. Tiamat war tot.

Marduk warf den Leichnam auf die Erde und stellte sich darauf. Dann spaltete er den Schädel und zerschnitt den Leichnam in zwei Teile – «wie einen getrockneten Fisch» – und machte daraus Himmel und Erde. Die obere Hälfte wurde zum Himmel und die untere zur Erde[2]. Die zwei rechten Augen der Tiamat wurden zum Tigrisfluß und die zwei linken zum Euphrat[3].

Kampf mit Schwert und Steinen gegen die gehörnte Urschlange

Die Getreuen der Tiamat flohen. Doch das Gefolge Marduks setzte ihnen nach, umzingelte sie und nahm sie gefangen. Marduk setzte seinen Fuß über sie und schloß die rebellischen Götter zusammen mit elf Ungeheuern der Tiamat in die Unterwelt. Dem göttlichen Kingu öffnete er die Adern, und aus dem herausquellenden Blut entstanden die Menschen.

Marduk hatte den Sieg über die Weltenherrscherin Tiamat gewonnen. Er war nun König über alle Götter und das ganze Universum. Es blieb den Göttern nur noch, für Marduk in Babylon einen Palast zu bauen, der Esagil genannt wurde. Marduk veranstaltete ein riesiges Bankett zu Ehren der Götter, das von den Babyloniern zur Erinnerung an den Sieg über Tiamat an jedem Neujahr neu vollzogen wurde.

Eine ganze Reihe von Siegelzylindern zeigt die unheilbringende, siebenköpfige Drachengestalt[4]. Ein babylonischer Siegelzylinder zeigt zwei behörnte Götter mit Stab, wie sie gegen eine siebenköpfige Schlange kämpfen[5].

KANAAN

Durch die Funde von Ugarit – dem heutigen Ras Shamra – aus der Zeit 1400 v. Chr. wurden unsere Kenntnisse der religiösen Vorstellungen der Kanaaniter, Nachbarn des alttestamentarischen Volkes Israel, bedeutend erweitert.

Nach ihrer Vorstellung[6] war am Anfang Yam – das Meer – und El – der Himmel. Yam war ein Wasserungeheuer, ein siebenköpfiger Drache, der «Fürst des Wassers». In Baal ersteht dem Meeresherrn ein Gegenspieler. Baal gehört zwar nicht zu den Söhnen des El, sondern ist eigentlich ein importierter Gott aus dem Euphratgebiet, fand aber schnell Popularität und verdrängte den himmlischen El weitgehend von seinem Thron. Er raubte ihm sogar seine beiden Gattinnen. Als Gott des Himmels spendet er Regen und Fruchtbarkeit. Als «Sohn Dagans» zeigt er seine Bedeutung als Regenspender für die neue Wirtschaftsstufe, denn Dagan heißt «Korn».

Baals List im Kampfe gegen Yam sind die zwei Eisenstäbe, die ihm der Schmied Koshar-Wa-Chasis schmiedet. Beim ersten Schlag trifft er Yam an den Schultern. Der Schlag ist wirkungslos. Mit dem zweiten Stab trifft er Yam auf die Stirn, und der Meeresfürst stürzt zu Boden. Baal macht ihn nieder, zerstückelt seinen Leichnam und zerstreut die Teile (die Bauteile der heutigen Welt?).

Bekannter ist das Wasserungeheuer Yam unter dem Namen Leviathan[7] oder Rahab, Tannin, Lothan.

Habe ich nicht Tannin geknebelt? Ich habe ihn geknebelt, ich habe die gewundene Schlange vernichtet, die mächtige mit sieben Hörnern,

spricht Anat, die zweite Frau des Baal (die erste ist Ashera). Dieselbe Vorstellung von Leviathan zeigt die Bibel[8]. Er wird als riesige Meerschlange, als Drache im Meer, beschrieben. Seine Haut ist unverwundbar[9]. Diese biblische Vorstellung deckt sich ganz mit einem aufgefundenen ugaritischen Text, der sagt:

Leviathan, die flüchtige Schlange, die gewundene Schlange, die starke mit sieben Hörnern.

Nach Isaias 74,13 lehnt sich Leviathan mit der Urflut gegen Yahwe auf. Statt Baal ist es hier Yahwe, der dem vielköpfigen Ungeheuer die Köpfe zertrümmert. Seither sind dieser Macht Grenzen gesetzt. Leviathan ist nämlich nicht tot. Es besteht darum immer Gefahr, daß er erwacht und die geltende Ordnung von neuem gefährdet. Nach Hiob 3,8 besteht Gefahr, daß er zum Himmel emporsteigt und Sonne und Mond verfinstert. Auch nach der Apokalypse 12,13 verfinstert Leviathan die Sonne.

Aus den dürftigen literarischen Quellen wissen wir, daß Illujanka[10] der große Drache oder die Schlange in der Erde beziehungsweise im Meer ist. Er war der mächtigste unter den Göttern. Teshup, der dem Himmel zugeordnete Wettergott, sagte ihm den Kampf an. Aber der erste Angriff geht zu Teshups Ungunsten aus. Er bittet deshalb die andern Götter um Hilfe.

Durch List wird es gelingen. Die Göttin Inara bereitet ein Festmahl, zu dem sie auch Illujanka und sein Gesinde einlädt. Im geheimen hat sie sich aber den Beistand des sterblichen Menschen Hupashija gesichert. Dieser ist einverstanden unter der Bedingung, daß die Göttin mit ihm schlafe. Beim Fest ißt und trinkt der Riesendrache mit solcher Gier, daß er nicht mehr in sein Loch zurückkehren kann. Hupashija fesselt ihn mit einem Strick, und der Wettergott tötet den wehrlosen Drachen.

Es gibt allerdings noch eine andere Version: Danach eröffnet der Wettergott den Kampf mit dem Drachen, doch verliert er einstweilen. Der Drache raubt ihm Herz und Augen. Der blinde Wettergott heiratet die Tochter eines Armen, die ihm einen Sohn schenkt, der, erwachsen, seinen Vater rächt.

Zu diesem Zweck heiratet er die Drachentochter und verlangt als

Der Wettergott im Kampf mit dem Drachen Illujanka

Hochzeitsgeschenk Herz und Augen des Wettergottes. Der Wettergott in seiner alten Kraft geht zu neuem Angriff über und besiegt den Drachen am Meer, vernichtet aber auch seinen eigenen Sohn, weil dieser darum bittet.

Dieser Drachenmythos fand alljährlich beim Neujahrsfest seine rituelle Wiederholung.

Eine Felsenskulptur in Malatia zeigt den Wettergott mit Speer und Schwert im Kampf mit einem immensen Schlangenungeheuer und seinem zahlreichen Gesinde.

GRIECHENLAND

Schon bei Homer lesen wir, daß die Götter und alle Lebewesen ihren Ursprung im Strome des Okeanos, der die Welt umgürtet, haben.

Im pelasgischen Schöpfungsmythos[11] wird der Anfang der Welt noch weiter zurückverfolgt. Am Anfang war das Chaos. Euronyme, die Göttin aller Dinge, fand nichts, wohin sie ihren Fuß hätte setzen können. Sie trennte zunächst Himmel und Meer und tanzte auf den Wellen des Meeres. Und siehe, da war Ophion, die große Schlange im Meer, die wie der Okeanos die Welt umgab. Euronyme tanzte wild und immer wilder, bis Ophion, lüstern geworden, sich um ihre göttlichen Glieder schlang und sich mit ihr paarte.

Dann nahm Euronyme die Gestalt einer Taube an, ließ sich auf den Wellen nieder und legte das Weltenei. Auf ihr Geheiß wand sich Ophion siebenmal um dieses Ei, bis es ausgebrütet war und aufsprang. Aus ihm fielen alle die Dinge, die da sind: Sonne, Mond, Planeten, Sterne, die Erde mit ihren Bergen und Flüssen, Bäumen, Kräutern und lebenden Wesen.

Euronyme und Ophion schlugen ihr Heim auf dem Berge Olymp auf. Hier rief Ophion Euronymes Unwillen hervor, weil er behauptete, der Schöpfer der Welt zu sein. In ihrem Zorn trat ihm Euronyme mit der Ferse auf den Kopf, schlug ihm dabei die Zähne aus und verbannte ihn in die dunkle Hölle unter der Erde.

Damit war die Obermacht der Euronyme gesichert; Ophion war nun unten, Euronyme oben, Ophion war das Dunkle, Euronyme das

Licht. Euronyme ging zur Schaffung der Myriaden von Dingen über. Der erste Mensch war Pelasgos, Ahnherr der Pelasger, der Ureinwohner Griechenlands. Er entsprang dem Boden Arkadiens. Die Pelasger[12] behaupteten von sich, daß sie von Ophion, der eine «Pelor» – Riesenschlange – war, abstammten.

Die griechische Typhongeschichte[13] ist ein deutlicher Ableger der Hethitererzählung von Illujanka, worauf besonders Kilikien als Ort des Geschehens hinweist.

Typhon war ein Riesenmonster, von den Hüften aufwärts ein Mensch, von den Schenkeln abwärts ein Knäuel sich windender Schlangen. Anstelle von Händen hatten seine Arme zahllose Schlangenköpfe. Wenn dieses Ungeheuer sich aufrichtete, war es in jeder Richtung hundert Meilen lang. Sein bestialischer Eselskopf berührte die Sterne, und seine ungeheuren Flügel verdeckten die Sonne. Feuer brach aus seinen Augen, und flammende Lava schoß aus seinem Maul. Er war die Ausgeburt der Verbindung von Mutter Erde mit ihrem Sohn Tartaros. (Es gibt noch andere Versionen der Herkunft.)

Der junge Typhon wollte Herr über den Himmel werden und die Götter allesamt daraus vertreiben. Zeus, der Herr des Himmels mit dem Donnerkeil, stellte sich Typhon entgegen. Er schleuderte Blitz und Donner, stieg nieder auf die Erde und griff das Monster aus der Nähe an. Das war im Lande der Aramäer, in der Gegend von Syrien oder Kilikien. Nach Hesiod brannte Zeus die hundert Köpfe des Ungeheuers aus. Typhon ging in einer Bergschlucht in Flammen auf, worauf ihn Zeus in den Tartaros, die Unterwelt, warf.

Allerdings, so schlicht ist die ganze Typhontradition nicht. Nach anderer Version lebte Typhon in der kilikischen Höhle mit dem Monster Echidna zusammen. Echidna war von ihrer Mutter Keto wie von ihrem Vater Phorkys her eine Enkelin der Mutter Erde. Ihre Geschwister waren die Schlange Ladon und die drei Gorgonen, unter denen Medusa ein Haupt mit Schlangen statt Haaren besaß und jeden versteinerte, der ihr ins Gesicht schaute.

Die Götter hatten die Giganten, Söhne der Mutter Erde und des Tartaros – ihr oberer Teil ist ein Menschenleib, ihr unterer Teil ein Schlangenschwanz –, im Kampf um die Himmelsherrschaft besiegt[14]. Aus Zorn verband sich Mutter Erde neu mit Tartaros und gebar den

Typhon. Nun griff dieser den Himmel an, indem er feurige Steine warf und Feuer aus seinem Maul spie. Die Götter bekamen es mit der Angst zu tun und glaubten, ihre Herrschaft im Himmel sei bedroht. Sie flohen darum nach Ägypten und nahmen Tiergestalt an. Selbst Zeus versagte und nahm die Gestalt eines Widders an. Nur Athene hielt stand und verspottete Zeus, bis er seine ursprüngliche Gestalt wieder annahm.

Zeus kämpfte nun mit Blitz und Donner, allerdings aus sicherer Distanz. Dann rückte er vor und verfolgte Typhon mit einer Feuersteinsichel. Typhon floh auf den Berg Kasios in Syrien. Als beide handgemein wurden, umschlang Typhon Zeus mit seinen Schlangententakeln und machte ihn kampfunfähig. Er nahm Zeus die Sichel weg und schnitt ihm die Sehnen aus. Vom Berg Kasios trug er ihn heimlich in die kilikische Höhle. Die Sehnen hüllte er in eine Bärenhaut und ließ diese von seiner Schwester Delphine bewachen. Delphine hatte einen Schlangenschwanz und war schrecklich anzusehen.

Nur noch eine List konnte Zeus helfen, und dafür sorgten Hermes und Pan. Pan verjagte Delphine mit einem lauten Schrei, worauf Hermes schnell die Sehnen nahm und sie Zeus wieder einsetzte. Zeus war damit wieder kampffähig, bestieg seinen von beflügelten Pferden gezogenen Wagen und schleuderte seine Blitze gegen Typhon. Dieser ergriff die Flucht und ging zunächst nach Thrakien, dann nach Sizilien. Hier stürzte Zeus den Ätna über ihn und schloß ihn für immer ein.

DIE GERMANEN

Thor, der Gott des Donners und Blitzes, einer der Asen – Götter – in Asgard, dem Götterhimmel, nahm den Kampf mit der Midgardsorm[15], der Weltenschlange, auf.

Midgardsorm ist die Tochter Lokis und die Schwester der Hel, der Herrin der Unterwelt, sowie die Schwester des Fenriswolfes, der als Sonnenverschlinger nur eine Abwandlung des Urdrachenmotivs darstellt. Die Weltenschlange liegt im Meer, das die Midgard, die Wohnstätte der Menschen, umgibt, und bildet wie das Meer einen Kreis, indem sie den Schwanz in ihrem Maul hält.

Thor traf eines Morgens mit dem Riesen Hymir zusammen, als dieser mit seinem Boot auf Fischfang fahren wollte. Thor ging mit, mußte aber selber für Fischköder sorgen. Er riß darum einem Stier den Kopf ab und nahm ihn mit.

Thor setzte sich auf die Ruderbank und ruderte weit über das Gebiet hinaus, wo Hymir zu fischen pflegte. Hymir warnte ihn, daß sie Gefahr liefen, der Midgardschlange zu begegnen.

Nun machte Thor die Angelschnur zurecht, hängte den Stierkopf an den Haken und ließ die Angel sinken. Gleich schnappte die Midgardschlange zu, und die Angel blieb in ihrem Gaumen stecken. Sie zerrte so gewaltig, daß Thor mit beiden Füßen den Boden durchstieß und auf den Meeresgrund zu stehen kam. Dann zog er die Schlange bis an den Bootsrand. Er richtete seine blitzenden Augen auf das Ungetüm, das ihn anschnaubte und Gift spie.

Als Hymir die Riesenschlange erblickte und die See ins Boot stürzen sah, erschrak er. Thor griff zum Hammer und wollte der Schlange den Schädel zertrümmern. Da schnitt Hymir die Angelschnur entzwei, und die Schlange sank ins Meer zurück. Doch Thor warf seinen Hammer nach und schlug ihr den Kopf ab. Dabei traf er den Riesen am Ohr, daß er kopfüber ins Meer stürzte. Thor watete nun ans Land zurück.

ÄGYPTEN

Nach ägyptischem Denken war am Anfang der Urozean – Nun[16] –, der als Schlange gedacht wurde. Nun wurde als bärtiger Mann mit dem Kopf eines Frosches, einer Schlange oder eines Käfers dargestellt, von vier zweigeschlechtlichen Gottheiten mit Frosch- und Schlangenköpfen bewacht. Darum besitzt auch alles, was aus dem Urozean entsteht, Schlangencharakter. Der Sonnengott Atum, der «Vollendete», war eine Schlange, bevor er aus dem Urozean stieg. Er wird am Ende diese Welt wieder zerstören:

Ich aber werde alles, was ich schaffe, zerstören. Die Erde wird wieder als Urozean – Nun – erscheinen, als Endlosigkeit – Huh – wie in ihrem Anfangszustand.
Ich bin (dann) das, was übrigbleibt, zusammen mit Osiris, nachdem ich mich wieder in eine Schlange verwandelt habe, die kein Mensch kennt[17].

Auch die hermopolitanische Achtheit[18], die vier männlichen und vier weiblichen Urgötter, zeigen noch ganz ihren Schlangencharakter. Die männlichen Götter werden mit einem Froschkopf, die weiblichen mit einem Schlangenkopf dargestellt.

Es konnte aber nicht ausbleiben, daß neben dem schöpferischen Aspekt der Urschlange im Laufe der Zeit auch ihr verschlingender, zerstörender Aspekt an Bedeutung gewann. Apophis[19] (Apop auf ägyptisch) ist diese Urschlange, die die negativen Aspekte in sich vereinigt. Sie ist die Schlange, die im Wasser herrscht, die Herrin der Unterwelt, der Gegenpol zu Rê, der Sonne am Himmel. Sie wohnt in den Wassern von Nun, aber auch in den Tiefen des Nils. Sie war 30 Ellen lang und 30 Ellen breit. Die vier Quellen des Nils, die das Wasser des Urozeans in den Nil ergießen, werden als vier Schlangen[20] dargestellt, die von den vier Söhnen des Osiris oder des Horus mit Ketten an die Erde gefesselt werden, daß sie das Niltal nicht überschwemmen und zerstören.

Der Apophis ist eine stete Bedrohung für alles, was Leben erlangt hat. Darum liegt er gefesselt unter der Erde oder im Ozean. Wenn Apophis an den Ketten reißt, bebt die Erde oder braust das Meer. Zahllose Götter und Tote sind mit der Aufgabe betraut, das Untier in der Tie-

Die Sonne auf ihrer Barke durchfährt die Nacht. Seth kämpft gegen die Urschlange Apop.

fe im Zaume zu halten. Ganz besonders gilt dies von der Göttin Selket, der Skorpiongöttin.

Die noch nicht geborene Sonne – Khepri – liegt embryonal im Urozean und ist von vier Schlangen umschlossen, bis ihr der Aufstieg über die Wasser gelingt.

Jeder Tag bringt einen neuen Kampf zwischen Apophis und der emporsteigenden Sonne[21]. Diese windet sich aus dem Rachen der Schlange in der Tiefe der Erde oder des Ozeans und steigt zum Himmel empor. Wird die Sonne von Wolken verdunkelt, fürchtet das Volk den Sieg des Apophis über Rê. Entsteht eine Sonnenfinsternis, glauben die Leute, Apophis habe die Sonne verschlungen.

Wenn die Sonne abends im Westen zur Erde sinkt und die Sonnenbarke zur nächtlichen Fahrt unter der Erde – durch den unteren Himmel – besteigt, kommt es zum Kampf mit Apop. Denn Apop wohnt in den westlichen Bergen. Er hat dort seine Höhle. Die ganze Nacht dauert der Kampf zwischen Apop und der Mannschaft auf dem Sonnenboot. Allen voran steht Seth am Bug und kämpft. Apop wird mit Speer oder Schwert, mit Pfeil, mit Feuer und Magie überwunden, mit Messern durchlöchert, getötet und in Teile zerschnitten.

Apop kämpft nicht allein. Ein Heer von Wasser- oder Unterweltsdämonen steht ihm bei. Doch Seth und seine Mannschaft wehren jeden Angriff ab. Die Sonne Rê bleibt immer siegreich.

Schließlich erreicht Rê die zwölfte Provinz der Unterwelt[22]. Diese hat die Form einer Riesenschlange, und «Auf-Rê» – Rê der Nacht – muß durch ihren Körper hindurchgehen und aus dem weit geöffneten Maul für den kommenden Tag neu geboren werden. Dann steigt sie siegreich am Osthimmel empor.

---

207   Krishna tanzt auf dem Kopf der Schlange Kāliya. Der Schlangenkönig Kāliya war aus dem Meer in einen Teich an den Ufern des Jumna gestiegen und machte das Leben der Menschen unsicher. Vgl. Krishna tanzt auf dem Kopf der Schlange Kāliya, Seite 214f. (16. Jh. – Victoria and Albert Museum, London)

208   Das Buttern des Weltozeans. Zur Neugewinnung des Amritas, des Lebenselixiers, quirlen Götter und Dämonen das Weltmeer. Die Weltenschlange Shesha dient als Quirlseil. Vgl. Das Buttern des Weltozeans, Seite 210ff. (Musée Guimet, Paris)

Kein Volk der Antike hat sich so mit dem Leben nach dem Tod befaßt wie die Ägypter. Der Tote wurde darum auf seinem Weg durch die Unterwelt notwendigerweise auch mit der gefährlichen Schlange konfrontiert und war zahllosen Gefahren und Prüfungen ausgesetzt. Durch die zwölf Tore der Nacht hindurch mußte er seinen Weg zur Wiedergeburt finden. Die Seelen der Schlechten hatten überhaupt keine Aussicht, ihr Ziel zu erreichen. Sie wurden von den oft schlangenhaften Dämonen, die die Tore und Wege zum Reich des Osiris bewachen, vernichtet. Jene, die beim Gericht von den zweiundvierzig Richtern schuldig gesprochen wurden, rissen die Schlangendämonen in Stücke, oder sie wurden von dem gefürchteten «Verschlinger» – ein Mischwesen von Krokodil, Löwe und Nilpferd – auf der Stelle verschlungen oder vor den feuerspeienden Drachen geworfen, der niemand anderer ist als Apophis.

INDIEN

Nach indischer Vorstellung standen die Weltanfänge ganz im Zeichen der Schlange. Durch die Evolution in Licht und Dunkel, in Oben und Unten, in Devas (Götter) und Asuras (Dämonen) entstand Kampf, bei dem das lichthafte Ordnungsprinzip über das Dunkle, Chaotische den Sieg davontrug.

Wahrscheinlich war die vor-arische, dravidische Schlangenvorstellung noch durchaus positiv. Die arische Infiltration und Eroberung Indiens brachte ein neues Weltbild und drückte dem bisherigen einen negativen Stempel auf[23].

Von der vorarischen Zeit her galten die Nāgas – die Schlangen – als die Söhne der Kadru, der Hauptfrau des weisen Kasyapa. Sie bewohnen und bewachen den Pātāla, die Welt des Wassers, die niederen Regionen, die dritte Welt neben Himmel und Erde. Ihre Hauptstadt Bhogawati ist voll von Schätzen, denn sie sind die Besitzer der wertvollsten Steine der drei Welten. Die Nāgas haben meist sieben, gelegentlich fünf oder auch neun Köpfe. Die Edelsteine darauf erhellen das Dunkel der Unterwelt.

Shesha und die Erschaffung der Welt

In die ganz frühe Zeit zurück geht die Vorstellung von Shesha[24], der Urschlange im Ozean, die die Welt umspannt. Sie heißt auch Ananda, «die ohne Ende», räumlich und zeitlich gemeint, ähnlich der nordischen Midgardschlange, die im Ozean liegt und die Erde umspannt, oder wie der ägyptische Apophis, der die beiden Himmel umspannt und darum Uroboros genannt wird. Die Farbe ihres Körpers ist weiß, auf ihren vielen Köpfen leuchten die Edelsteine. Die häufigste Zahl der Köpfe ist sieben, dann auch fünf oder neun. Es kann aber auch die Rede von tausend Köpfen sein.

Eine häufige Darstellung zeigt Shesha in den Wassern des Weltmeeres – Nara. Auf ihrem Rücken liegt der Gott Vishnu. Vishnu gegenüber sitzt die Erdgöttin Bhumi oder Prithivi. Vishnu schläft. Der Herr der Urwasser, die Mutter Erde und der Gott des Himmels, diese Trias, sind hier friedlich beieinander.

Aus dem Nabel Vishnus erhebt sich eine Lotosblume, aus der Brahma, der Schöpfer, geboren wird. Dann erwacht Vishnu und macht sich an seine schöpferische Tätigkeit.

Jedes neue Weltzeitalter beginnt auf diese Weise.

Vishnu wird auch dargestellt, wie er auf der zusammengerollten Shesha ruht oder auf ihr steht.

Diese positive Vorstellung von Shesha findet ihr Echo in der klassischen Literatur, wie die folgende Stelle[25] zeigt:

Hier in den Wassern des Jumna will ich den Herrn der Schlangen mit Hilfe von göttlichen Mantra verehren. Denn er ist Herrscher der ganzen Welt. Ich will mich hinunterbeugen zu der geheimnisvollen Gottheit, die die Ursache der Welt ist und deren Kopf mit tausend kostbaren Swastika geschmückt ist. Beugen will ich mich zur tausendköpfigen Schlange Ananda, bekleidet mit blauem Gewand, von Vishnu verehrt. Das Gift, das aus ihrem Mund hervorkommt, will ich trinken, als sei es Nektar und als sei ich ein Unsterblicher. Diese Begegnung mit der Schlange wird zu unserem Wohle sein.

Das Buttern des Weltozeans

Die Balance zwischen Licht und Dunkel, zwischen Oben und Unten, zwischen Leben und Tod ist wie das Zünglein an der Waage schwer zu halten. Das zeigt das dramatische Bemühen der Weltkräfte um die Erhaltung der erreichten Weltordnung[26].

Im Ablauf eines Weltzeitalters ging durch kosmische Fluten das Amrita, die Quintessenz der Welt, das, was dem Bestand der Welt seinen Sinn gibt, verloren. Es war in die Tiefe des Urozeans, zurück in den Urzustand gefallen. Sein Fehlen stellte den Bestand der Welt in Frage. Götter wie Dämonen – Devas wie Asuras – sahen ihre Existenz bedroht und taten sich zusammen, um aus den Tiefen des Urozeans das köstliche Amrita wieder heraufzuholen. Der Schöpfer- und Erhaltergott Vishnu stand dem Unternehmen vor.

Als das Unternehmen scheitern wollte, stieg er in der Avatara (Inkarnation) der Schildkröte, die das ewige Leben symbolisiert, in die Tiefe des Urozeans und setzte den Berg Mandala, einen Gipfel des Weltberges Meru, als Quirl in den Ozean.

Nach anderer Version sollen Vishnu und Brahma der Vāsuki befohlen haben, den Weltberg mitsamt seinen Wäldern und Tieren ins Weltmeer zu setzen. Vāsuki ist gleich Shesha die Weltenschlange[27], die sich gewöhnlich um den Weltberg Meru ringelt und ihren Kopf zum Schlaf auf einen schneebedeckten Gipfel legt. Sie ließ sich als Quirlseil um den Weltberg spannen. Götter und Dämonen legten Hand an und begannen zu quirlen, um den Urozean zu buttern. Vishnu hatte angeordnet, daß die Götter am Kopf und die Dämonen am Schwanz der Vāsuki ziehen sollten. Die mißtrauischen Dämonen wollten lieber das Kopfende übernehmen. Das hatte Vishnu gerade bezweckt. Denn durch die Anstrengung erhitzte sich Vāsukis giftiger Atem, so daß die Dämonen schwer darunter litten, während die Götter am Schwanzende kühle Meeresluft genossen. Das Gift aus dem Rachen der Urschlange war so gewaltig, daß Vishnu zu Hilfe sprang und es auffing. Sein Hals färbte sich dadurch blau. Mit dem Fortschreiten der Arbeit sank der Meruberg immer tiefer in das weiche Bett des Ozeans hinein. Vishnu wußte Rat. Als Schildkröte tauchte er hinunter auf den Boden des Ozeans und diente mit seinem Rücken als Grundlage für den Quirl. In der immer enger werdenden Schlinge der Weltenschlange drehte sich nun der Berg Meru wie ein Quirl hin und her. Rings um den brodelnden Fuß des Berges schäumte das Weltmeer und gerann allmählich wie Sahne in einem Butterfaß.

Neben anderen verlorengegangenen Kostbarkeiten kam schließlich der Becher mit Amrita zum Vorschein. Schnell packten ihn die Dämonen und machten sich davon. Es entstand ein heftiger Streit zwischen Göttern und Dämonen. Jede Gruppe wollte zuerst trinken dürfen. Der Streit verstummte, als ein wunderschönes Mädchen namens Mohini erschien, das aller Augen auf sich zog. Es blickte alle nacheinander verführerisch an und heftete dann den Blick auf das Amrita, das alle beinahe vergessen hatten.

Einer der Dämonen kam auf den Gedanken, Mohini solle entscheiden, wie das Amrita zu verteilen sei. Die Dämonen versprachen, seine Entscheidung unbedingt anzunehmen.

Mohini erklärte nun, Götter und Dämonen hätten gemeinsam bei der Entstehung des Amrita mitgewirkt und so stünde auch beiden der gleiche Anteil zu. Durch ihr Versprechen gebunden, mußten sich die Dämonen mit diesem Entscheid zufriedengeben. Mohini stellte nun Götter und Dämonen in zwei langen Reihen einander gegenüber. Es ging zuerst der Reihe der Götter entlang und gab jedem einen Schluck Amrita. Als es das Ende der Reihe erreicht hatte, verschwand es jedoch samt dem Amrita. Es war nämlich niemand anders als Vishnu in weiblicher Avatara.

Ein heftiger Kampf brach aus, bei dem die Götter durch den Genuß des Amrita den Dämonen überlegen waren. Sie trugen den Sieg davon. Nie wieder gelang es den Dämonen, das Amrita in ihren Besitz zu bringen. Nur einmal später sollte es den Schlangen gelingen, ein paar Tropfen Amrita zu trinken, als Garuda den Becher zu den Schlangen brachte und Indra ihn den Schlangen gleich wieder wegschnappte.

Indra schlägt die Weltenschlange Vritra

Der bedeutendste Mythos des Rigveda und das zentrale Thema der Indra-Mythologie ist der Kampf Indras mit der Weltenschlange Vritra[28].

Indra, der arische Gott des Sturmes, der Schleuderer des Donnerkeils (Vajra), trat nach dem Auftreten der Arier in Indien bald die Führung unter den Göttern an. Selbst der vorarische Varuna, der Weltenschöpfer, Wächter der kosmischen Ordnung, Lenker des Alls, der in Schlangengestalt in der Luft schwebend dargestellt wurde, unterlag dem stürmischen, aus der Fremde eingedrungenen Indra. Nicht mehr Varuna ist es, der den Regen vom Himmel sendet und Bäche und Ströme mit Wasser füllt. Indra ist nun Spender des Regens und wird in Dürrezeiten vom verschmachtenden Volk um Regen gebeten.

Indra gegenüber wird der dravidische Wassergott Vritra (oder Ahi), der in den neunundneunzig Festungen der Wassertiefe wohnte, zum Bösewicht gestempelt, der die Wolkenkuh festhält, damit es nicht mehr regnet, Dürre um sich greift und das Volk verschmachtet. Vritra war immer die gewaltige Schlange, die Erstgeborene der Schlangen, die beim Weltbeginn die Weltenwasser umschlang und sie vor dem Davonfließen zurückhielt. In diesen Wassern war damals noch die Sonne und alles, was die Welt braucht, enthalten. Vritra war die Mutter der Danavas – einer der vielen Namen für die Schlangendämonen in den Wassern.

Der starke Indra, kaum geboren, sagte dem dravidischen Vritra den Kampf an. Zunächst trinkt er eine gewaltige Menge Soma, was ihn so stärkt, daß er die beiden oberen Welten – Himmel und Erde – füllt. Dann ergreift er seines Vaters Donnerkeil und setzt sich, von seinen Dienern begleitet, in den Wagen, um gegen Vritra zu kämpfen. Doch er sieht bald, daß er Vritra nicht gewachsen ist. Er verliert den Mut, flieht und wird krank vor Angst. Er ersehnt den Frieden. Doch dann nimmt er den Kampf von neuem auf. Eine List wird ihm helfen. Vritra brüllt laut auf, als Indra naht. Der Himmel erzittert, und die Götter verstecken sich. Indra stürmt vor, erobert die neunundneunzig Festungen Vritras und steht dem Dämon Aug in Aug gegenüber. Indra erkennt rasch die schwache Stelle des bisher für unverwundbar gehaltenen Dämonenkönigs. Mit seinem Donnerkeil spaltet er ihm den Kopf und wirft ihn zu Boden.

So wird die Wolkenkuh befreit, und Ströme von Wasser fließen auf die Erde, und die Flüsse ergießen sich wie brüllende Kühe ins Meer.

Nach einigen Mythen wiederholt sich dieser Kampf jedes Jahr neu am Ende des Sommers, wenn die Felder trockenstehen. Der Mythos wird zum Ritual, bei dem die Menschen den Urkampf und den Sieg Indras über den Schlangenfürsten Vritra neu heraufbeschwören.

Krishna tanzt auf dem Kopf des Schlangenkönigs Kāliya

In der nachvedischen Zeit trat Vishnu als jüngster unter den Göttern an die Stelle von Indra. Er ist die Hauptgestalt in der hinduistischen Trias Brahma – Vishnu – Shiva, die die göttlichen Aspekte des Schaffens, Erhaltens und Zerstörens darstellen.

Unter den zahlreichen Inkarnationen Vishnus ist die des Kuhhirten Krishna[29] die populärste. Zu dessen Jugenderlebnissen gehört der Kampf mit dem Schlangenfürsten Kāliya.

Damals war Krishna noch ein Knabe, der Kühe und Kälber weidete. Nach Lust und Laune streifte er durch die Wälder von Braj. Er hatte lockiges Haar, eine dunkle Haut und trug ein feines Gewand, das gelb wie der Lotus war. Mit einem Stock trieb er die Kühe durch die Wälder, sang und tanzte, nahm ein Blatt oder eine Flöte in den Mund und musizierte.

So tollten die Buben durch die Wälder, bis sie eines Tages zu den Ufern des Jumna kamen. Kraniche, Gänse und Enten flatterten erschreckt von den seichten Stellen mit den zahllosen Sandbänken in den Himmel. Auf einmal stand Krishna vor einem großen Teich mit tiefem Wasser.

Dort wohnte der Schlangenkönig Kāliya, der aus den Wassern des Ozeans gestiegen war und sich an dieser Stelle niedergelassen hatte. Krishna wußte: wegen dieses Schlangenkönigs war er Mensch geworden und lebte als Kuhhirte im Land von Braj, damit er die Macht dieses Bösewichts bezwinge.

Krishna schnallte den Gürtel fester, stieg auf einen Baum und warf sich von dort aus mitten in den Teich. Das Wasser sprudelte auf, und die Wellen erschütterten den Schlangenpalast. Aus den Wassern tauchte der erzürnte Schlangenkönig, hob seine fünf Köpfe in die Höhe, spie Feuer aus seinen fünf Mäulern und zischte mit seinen Zungen wie prasselndes Feuer. Der ganze Teich verschwand unter den Windungen seines mächtigen Leibes. Das Wasser darin wurde siedend heiß.

Als er Krishna erblickte, blies er Feuer und Rauch, daß die umstehenden Bäume sogleich zu Asche wurden. Von allen Seiten erschienen Schlangen – die Söhne, Frauen und Diener des Schlangenkönigs –

und spien giftiges Feuer. Im Nu war Krishna von ihren Leibern umwunden und stand bewegungslos da wie ein Berg. Sie bissen ihn mit ihren Giftzähnen, doch Krishna starb nicht.

Unterdessen waren Krishnas Kameraden weinend und schreiend nach Hause gerannt und erzählten Nanda, dem Pflegevater Krishnas, was geschehen war. Der alte Nanda und seine Frau, jung und alt, das ganze Dorf rannte hinüber zum Teich. Alles weinte und heulte. Balarāma rief seinem Bruder Krishna zu: «O Krishna, bändige schnell den Schlangenkönig, der dich mit seinem Gift umbringen will! Unser Volk denkt, daß du ein gewöhnlicher Sterblicher seiest, und weint darum bitter.»

Da streckte Krishna seine Arme aus und riß die Schlangen, die ihn umspannten, auseinander. Mit beiden Füßen sprang er auf den mächtigen Schlangenleib, der aus dem Teich emporragte, trat ihm auf den mittleren Kopf und begann darauf zu tanzen.

Kāliya, der Schlangenkönig, senkte überwältigt seine Köpfe. Aus jedem floß Blut. Er sprach: «In meiner Verstiegenheit, Krishna, habe ich dich bekämpft. Doch von dir überwältigt, ist mein Gift wirkungslos geworden. Ich bin ganz in deiner Gewalt. Befiehl, was du für gut findest! Ich, meine Frauen, meine Kinder und mein Gesinde werden dir gehorchen. Verschone mein Leben!»

Krishna schaute auf die niedergebeugten Häupter und sprach: «Du darfst nicht weiter in den Jumnawassern wohnen. Geh du mit deinen Frauen und deinem Gesinde in den Ozean! Sollte ich je einmal hier im Fluß oder auf dem Land einen deiner Söhne oder deiner Diener sehen, dann werde ich ihn sicher töten. Dieses Wasser sei hinfort gesegnet, du aber geh ins Meer! Wenn der Vogel Garuda meine Fußabdrücke auf deinen Köpfen sieht (Brillenschlange), soll er dich meinetwegen schonen.»

Menschenopfer an den Drachen im Wasser

Die Urschlange im Wasser, wenn auch bekämpft und besiegt, bleibt eine stete Drohung für die Lebenden. Darin manifestiert sich ihr verschlingender Charakter. Menschen werden von ihr geraubt oder verschlungen. Erdbeben, Trockenheit und Hungersnot werden ihr zur Last gelegt.

Es muß darum eine frühe Zeit gegeben haben, da die Menschen das Untier im Wasser mit Gaben, vor allem den kostbarsten, mit Menschenopfern[1], zu beschwichtigen und günstig zu stimmen suchten. Diese Opfer gehören in dieselbe Linie wie die Bauopfer, bei denen Tier oder Mensch unter ein Haus, einen Stadtwall, ein Stadttor oder eine Brücke vergraben wurde, um den Genius loci günstig zu stimmen.

So etwa opferten die Athener Persephone, der Göttin der Unterwelt, vier Mädchen[2], um von Erdbeben und Hungersnot befreit zu werden.

Einer der Gefährten des Odysseus hatte in Temesa ein Mädchen vergewaltigt[3]. Dafür wurde er von den dortigen Eingeborenen umgebracht. Sein Daimon brachte laufend Leute um, so daß man ihm einen Tempel baute und ihm jedes Jahr das schönste Mädchen zur Frau gab. Als der Faustkämpfer Euthymos nach Temesa kam, verliebte er sich in das Mädchen, das in diesem Jahr geopfert werden sollte. Das Mädchen versprach, ihn zu heiraten, wenn er es retten würde. Euthymos wartete auf das Erscheinen des Daimon, besiegte ihn und trieb ihn ins Meer.

Wie spontan früher Menschen in dieser Weise reagierten, zeigt der Fall des Jonas, als das Schiff in Seenot geriet. Es wurde gleich ein Opfer gesucht, um den erzürnten Gott des Meeres zu beruhigen.

Als die Flotte des nordischen Königs Wikar von Gegenwind aufgehalten wurde, warf man das Los, um die Ursache des Mißgeschicks zu ermitteln. Es fiel auf den König, und er wurde erdrosselt[4].

Nach der griechischen Sage wurde Thespien einst von einem Drachen zerstört. Darauf befahl Zeus den Einwohnern, jedes Jahr dem Tier einen durch das Los bestimmten Epheben zu opfern[5].

Die Vorstellung, daß Dürre durch Drachen verursacht werde, galt bis in die neuere Zeit in Bulgarien[6]. Dortige Bräuche wie Märchen geben davon Kunde, ebenso davon, daß der Drache durch Menschenopfer günstig gestimmt werden mußte.

Wie die bulgarische Drachenvorstellungen überhaupt eine starke Ähnlichkeit mit den chinesischen zeigen, so hat die Vorstellung vom

Mädchenopfer an den Drachengott ihre Parallele in China. Bis zum vierten Jahrhundert vor Christus war es Brauch, dem Flußdrachen jährlich eine Braut zu spenden, da man sonst Wasserkatastrophen befürchtete.

Vom Ende dieses Brauches berichtet eine alte Sage:

In der Präfektur Yeh war eine Priesterin mit ihren männlichen Gehilfen, die jährlich von den Leuten Geld für die Hochzeit des Flußgottes sammelten.

Die Priesterin erwählte ein schönes Mädchen niedrigen Ranges und bestimmte es zur Königin des Flußgottes. Es wurde gebadet und in herrliche Kleider aus farbiger und teurer Seide gesteckt. Dann wurde es an das Flußufer geführt. Der Platz war geschmückt mit Fahnen und Bändern. Festliche Zeremonien folgten, und das Mädchen wurde auf ein Bett gesetzt. Dann wurde das Bett an den Fluß gebracht, der es abwärts trieb, bis es in den Fluten versank.

Viele Familien mit schönen Töchtern zogen an ferne Orte um aus Angst, sie müßten ihre Töchter verlieren. So wurde die Stadt allmählich entvölkert. Es war allgemein der Glaube in Yeh, daß eine große Flut kommen und die Leute ertränken würde, wenn nicht eine «Königin» dem Flußgott geopfert werde.

Eines Tages sagte Bau Hsi-Men, der Gouverneur der Präfektur, zu seinen Beamten: «Wenn die Hochzeit mit dem Flußgott stattfindet, möchte ich der erwählten Braut Lebewohl sagen.»

So erschien der Gouverneur bei der Hochzeitszeremonie. Ungefähr dreitausend Leute waren versammelt. Neben der Priesterin standen zehn weibliche Schüler.

«Zeige mir die Braut!» sagte der Gouverneur zur Priesterin. Als er sie gesehen hatte, sagte er zur Priesterin: «Sie ist zuwenig schön. Geh du zum Flußgott und sage ihm, daß wir eine schönere suchen und sie ihm später opfern werden!» – Sein Gefolge ergriff die Priesterin und warf sie in den Fluß.

Dann sagte der Gouverneur: «Die Priesterinnen sind Frauen. Darum können sie mir keine Antwort bringen.» – So wurde ein männlicher Gehilfe der Priesterin ins Wasser geworfen.

Der Gouverneur stand lange am Ufer und wartete auf eine Antwort. Die Zuschauer waren alle sprachlos vor Staunen. Dann befahl der Gouverneur seinem Gefolge, den Rest der Schülerinnen und männlichen Gehilfen ins Wasser zu schicken, um ihre Priesterin zurückzuholen. Doch sie alle fielen auf die Knie, machten Kotau und bekannten unter Tränen ihr Vergehen.

«Der Flußgott hält seinen Gast allzulange zurück», sagte Bau Hsi-Men schließlich. «Gehen wir nach Hause!»

Von da an wagte niemand mehr, eine Hochzeit mit dem Flußgott zu arrangieren[7].

Das Menschenopfer an den Drachen im Wasser taucht in der Antike erstmals in der Sage von Perseus und Andromeda[1] auf.

Perseus hatte ganz im Westen, im Land der Hyperboreer, der Gorgo Medusa das Haupt abgehauen. Dann flog er dank seiner Flügelschuhe vom Atlasgebirge über die Libysche Wüste und Ägypten nach Osten. Bei Joppe an der Küste Philistias sah er eine unbekleidete Frau an die Klippen des Meeres gekettet. Es war Andromeda, die Tochter des Königs Kepheus und der Kassiopeia. Kepheus war der König von Joppe.

Kassiopeia hatte geprahlt, sie und ihre Tochter seien schöner als die Nereiden, die sich deswegen bei ihrem Beschützer Poseidon, dem Gott des Meeres, beklagten. Poseidon drohte, das Land Philistia mit einer Sturzflut zu vernichten und durch ein weibliches Meerungeheuer täglich ein Menschenopfer verschlingen zu lassen[2] (schon zur Homerischen Zeit wurde das Meer als Drache dargestellt[3]).

Das Orakel gab Kepheus nur einen Ausweg: er mußte seine Tochter Andromeda dem Meerungeheuer opfern. Doch Kepheus war dagegen. Da zwangen ihn die Untertanen, Andromeda nackt bis auf einige Schmuckstücke an einen Felsen zu ketten, daß sie dort lebendigen Leibes gefressen werde.

Als Perseus zu Andromeda geflogen kam, beobachteten ihn Kepheus und Kassiopeia von der Küste her. Perseus versprach Andromeda, sie zu retten, aber unter der Bedingung, daß sie nach erfolgter Rettung seine Gattin werde und mit ihm nach Griechenland ziehe.

Darauf schwang sich Perseus wieder in die Luft. Mit einer diamantenen Sichel in der Hand stürzte er sich von oben auf das Meerungeheuer, das sich jetzt heranwälzte und durch Perseus' Schatten auf der Wasseroberfläche getäuscht wurde. Mit der Sichel schlug er ihm den Kopf ab.

Für den Fall, daß das Ungeheuer in die Höhe schauen sollte (und ihn zu Tode erstarren ließe?), hatte Perseus das Haupt der Gorgo aus dem Sack genommen. Nun legte er es mit dem Gesicht nach unten auf einen Haufen von Blättern und Meeralgen, die sich sofort in Korallen verwandelten.

Perseus wusch sich die Hände vom Blut. Dann errichtete er drei Altäre und opferte seinen Helfern Hermes, Athene und Zeus ein Kalb, eine Kuh und einen Stier.

Perseus' Anspruch wurde von den Eltern nicht gern gesehen, aber als Andromeda darauf bestand, wurde die Heirat vollzogen. Mitten in die Festlichkeit jedoch trat an der Spitze einer bewaffneten Schar Agenor, der Bruder des Königs Belos, und machte seine Ansprüche auf Andromeda geltend. Kassiopeia scheint Agenor gerufen zu haben. Jedenfalls traten beide Eltern gleich auf die Seite Agenors.

Perseus verteidigte sein Anrecht. Es kam zum Kampf. Perseus war der großen Zahl von Gegnern nicht gewachsen und holte darum das Haupt der Gorgo, so daß über zweihundert Mann in Stein verwandelt wurden.

Perseus kehrte mit seiner Braut nach Argos zurück und wurde König in Tiryns, von wo aus er Mykene gründete.

Verwandt mit der Geschichte von Perseus und Andromeda ist jene von Herakles und Hesione[4].

Als Herakles eines Tages in die Nähe Trojas kam, fand er Hesione, die Tochter des Königs Laomedon von Troja, nackt bis auf ihre Juwelen an eine Klippe der Küste gekettet. Laomedon hatte durch sein Verhalten den Zorn des Meergottes Poseidon heraufbeschworen. Nun drohte ihm Poseidon, durch Meeresfluten die Felder zu ruinieren und ein Meerungeheuer zu schicken, das Leute aus dem Volk verschlingen sollte.

Das Orakel riet Laomedon, seine Tochter Hesione dem Meerungeheuer zum Opfer zu geben. Doch Laomedon wollte das erst tun, nachdem die Adeligen Trojas zuerst ihre eigenen Töchter zum Opfer gegeben hätten. Die meisten Leute schickten ihre Kinder außer Landes. Laomedon versuchte, Phoinodamas zu zwingen, seine drei Töchter, die noch zu Hause waren, zu opfern. Doch dieser ging vor die Volksversammlung, die durch Los entschied, daß der König seine Tochter zu opfern habe.

Herakles versprach Hesione Rettung und löste ihre Fesseln. Als Gegenleistung verlangte er die beiden unsterblichen schneeweißen Pferde, die wie der Wind über Wasser und stehendes Getreide laufen konnten.

Mit Hilfe Athenes bauten die Trojer eine hohe Mauer, hinter der sich Herakles schützen sollte, wenn das Meerungeheuer seinen Kopf aus dem Meer steckte und über die Ebene zog.

Als das Ungeheuer an der Mauer angekommen war, öffnete es sein großes Maul, und Herakles sprang voll bewaffnet hinein. Er verbrachte drei ganze Tage im Bauch des Ungeheuers und kam dann siegreich hervor.

Als er aus dem erlegten Ungeheuer hervorkam, hatte er alle Haare seines Kopfes verloren.

Auch im griechischen Märchen von Amor und Psyche[5] sind Reste des gleichen Mythenstoffes vorhanden.

Ein König und eine Königin hatten drei Töchter. Die Schönheit der Jüngsten, Psyche, ist so groß und wird von allem Volk so bewundert, daß Venus in Eifersucht gerät und ihrem Sohn Amor befiehlt, Psyche mit seinem Pfeil zu treffen und mit Liebe zum geringsten Sterblichen zu erfüllen. Das soll ihre Strafe dafür sein, daß sie so schön ist. Sie wird darum keinen Freier finden.

Das Orakel des milesischen Apoll gebietet, Psyche auf einem Berggipfel auszusetzen und sie die Braut eines Unholds in Schlangengestalt werden zu lassen, der, überall herumfliegend, die ganze Welt heimsucht und den Menschen wie Götter, Jupiter wie den Styx, fürchten.

In tiefer Trauer wird Psyche von den Eltern und vom Volk zum Berg geleitet und dort allein gelassen.

Daß die griechische Fassung des Stoffes von Perseus und Andromeda im Laufe der Zeit eine massive Umdichtung erfahren hat, zeigt eine spätkorinthische Amphora aus der Zeit um 570 v. Chr., deren Bildinhalt durch Aufschrift erhärtet ist: Andromeda hilft Perseus im Kampfe gegen das Meerungeheuer (Ketos), indem sie ihm Steine[6] reicht, die er gegen das Ungeheuer wirft. Hier ist Andromeda noch die wichtige Gehilfin im Kampfe, wie Medea beim Raub des Goldenen Vlieses durch Jason oder wie Ariadne beim Kampf des Theseus mit dem Minotauros.

Die Geschichte von Perseus und Andromeda weist in der Frage nach dem Ursprung unzweideutig nach Osten. Die Stadt Joppe deutet auf ihre syrische Herkunft. Die Sichel als Kampfgerät deutet ebenfalls in die syrische Gegend[7].

Eine ägyptische Erzählung[8], die offensichtlich ugaritischen Mythenstoff bearbeitet, berichtet,

daß das personifizierte Meer (-ungeheuer) Yam von der Erde Tribut verlangt. Astarte, die Fruchtbarkeits- und Liebesgöttin mit kriegerischen Zügen, erhält von den Göttern den Auftrag, Yam zufrieden zu stellen.
Der Auftrag ist ihr schmerzlich, sie weint.
Yam ist durch die nackte Schönheit der Astarte entmachtet und sagt: «Wenn mir die Götter die Tochter des Götterherrn geben, was kann ich dann noch gegen sie tun?»
Doch Yam fordert unersättlich weiter Tribut. Auch die Perlen der Himmelsgöttin Nut und der Siegelring des Erdgottes Geb reichen nicht aus.
Seth – die ägyptische Version des syrischen Baal – nimmt den Kampf mit dem Ungeheuer auf. Mit Hilfe von Waffen des «geschickten und klugen» Schmieds Koshar Wa Chasis tötet Seth, der Wind- und Wettergott, nach langem Streit unter Anwesenheit Astartes das Meerungeheuer.

Damit ist ein weiterer Hinweis auf die syrische Herkunft des Perseus-und-Andromeda-Mythos gegeben.

In der mykenischen Periode, als die mykenischen Städte reiche Handelsbeziehungen im östlichen Mittelmeer unterhielten, dürfte die Baal-Astarte-Yam-Geschichte in Griechenland Fuß gefaßt und im Laufe der Zeit die Metamorphose in die spätere Perseus-Andromeda-Sage vollzogen haben.

Das Drachentötermärchen

In der Perseus-und-Andromeda-Mythe sind alle wesentlichen Elemente enthalten, die später das weitverbreitete Märchen vom Drachentöter bestimmen: ein Wasserdrache, der Menschen verschlingt, eine schöne Königstochter, die ihm geopfert werden soll; ein fremder Held, der sie befreit und dafür Braut und Reich gewinnt[1]. Meist birgt der Schluß noch dramatische Verwicklungen: der Held reinigt sich von Blut oder Blutschuld; ein anderer meldet unterdessen Ansprüche auf die Tochter an; der Held legt die Beweise seiner Tat vor; der Impostor wird getötet, und der Held erhält das Mädchen zur Frau.

Ein gutes Beispiel dieser Vollform des Märchens ist «Der siebenköpfige Drache» aus Malta:

Es war ein junger Mann, der auszog, eine Frau zu finden und dabei in ein Land kam, in dem allgemeine Trauer herrschte. Denn die Prinzessin sollte von einem Drachen gefressen werden.

Der junge Mann ließ seinen Hund mit dem Drachen kämpfen, bis er ihm die sieben Köpfe abgebissen hatte. Die Prinzessin war aber vom König dem versprochen, der sie retten könne. Der junge Mann verlangte für seine Tat nur den Mantel, den die Prinzessin gerade trug. Dann schnitt er die Zungen aus den sieben Köpfen und zog von dannen.

Ein häßlicher Türke, der vom König beauftragt war, die Prinzessin an den Ort zu bringen, wo der Drache vorbeikommen sollte, zwang die Prinzessin, ihm zu versprechen, daß sie ihn als ihren Retter erkläre, andernfalls werde er sie gleich umbringen. Er nahm die sieben Köpfe des Drachen, trat mit ihnen vor den König und verlangte die Prinzessin zur Frau.

Die Hochzeitsfeierlichkeiten hatten schon begonnen, als der junge Mann auftauchte und den König fragte: «Hast du denn Beweise, daß der Türke den Drachen umgebracht hat?» Der König verwies auf die sieben Köpfe. Der junge Mann hieß den König nach den Zungen der Drachenköpfe zu schauen. Dann zeigte er die sieben Zungen und den Mantel der Prinzessin.

Der König rief aus: «Dann sollst du auch meine Tochter haben.» – Dem Türken aber ließ er die Zunge abschneiden und dann den Kopf abhacken[2].

Daß der Held nicht gleich nach der Tat vor den König tritt und um die Hand der Tochter bittet, mag der Dramatisierung der Handlung dienen, dürfte aber seinen eigentlichen Grund in der notwendigen Reinigung von Blutschuld haben.

Odysseus tötete den Zyklopen[3] und mußte zur Sühne neun Jahre auf dem Meer umherirren. – Apollo hatte sich von Blutschuld zu reinigen, nachdem er den Drachen in Delphi[4] getötet hatte. – Als Kadmos die Schlange an der Kastalischen Quelle[5] getötet hatte, diente er zur Sühne als Sklave acht Jahre dem Kriegsgott Ares.

Das Herausschneiden der Zunge[6] oder Herausbrechen der Zähne geht auf alten Jägerbrauch zurück. Peleus[7] zieht zum Beweis, daß er die vielen Hirsche, Bären und Keiler erlegt hat, deren Zunge aus dem Sack und beweist damit, daß er die Wette gewonnen hat. – Alkathoos[8] erlegt den kithaironischen Löwen und schneidet ihm die Zunge heraus, damit er ein Beweisstück in Händen hat, denn der König Megareus hatte die Hand seiner Tochter dem versprochen, der den kithaironischen Löwen töte.

Das Thema des Drachentöters taucht in einer Reihe von mittelalterlichen Epen und Romanen auf und ist im Tristan-Roman[9] besonders gut ausgeführt:

Tristan hört, daß der irische König seine einzige Tochter dem versprochen hat, dem es gelingt, den landverheerenden Drachen zu töten (das Motiv vom menschenverschlingenden Drachen ist in einen vorausgehenden Teil des Romans gerutscht).
Heimlich, ohne seine Gefährten, bricht er zu diesem gefährlichen Abenteuer auf. Nach hartem Kampf gelingt es ihm, den Drachen zu überwältigen. Er schneidet ihm die Zunge heraus.
Durch die erlittenen Wunden und das der Drachenzunge entströmende Gift geschwächt, fällt Tristan in tiefen Schlaf.
Der Truchseß des Königs, der Isolde zwar gern für sich gewonnen hätte, aber nicht den Mut zum Kampf gegen den Drachen aufbrachte, findet das erschlagene Ungetüm. Da er den Drachentöter nicht sieht, nimmt er an, der Held habe den Drachen bezwungen, sei aber zuletzt von ihm verschlungen worden.
Er braucht also eine Entlarvung nicht zu fürchten und gibt sich selbst als Drachentöter aus. Als Beweis legt er das abgeschnittene Drachenhaupt vor.
Der König verspricht dem Truchseß, wenn auch widerwillig, die Tochter. Isolde glaubt dem feigen Truchseß nicht und reitet zum Kampfplatz. Dort findet sie den ohnmächtigen Tristan, bringt ihn in ihre Gemächer und pflegt ihn gesund.
Tristan verlangt die Königstochter, wird aber vom Truchseß zum Zweikampf herausgefordert. Darauf überführt Tristan den Truchseß des Betruges, indem er die dem Drachen abgeschnittene Zunge vorlegt.
Er erhält die Königstochter, beansprucht sie aber nicht für sich, sondern für seinen Herrn, den König von Kornwall. Der Truchseß sieht vom Zweikampf ab, da er sich dem Drachentöter nicht gewachsen fühlt.

Das Drachentötermärchen hat sich im Laufe der Zeit über ganz Europa und darüberhinaus verbreitet und wurde in unzähligen Varianten von Märchenforschern aufgezeichnet. So etwa gibt es von Irland 527 oder von Finnland 168 Varianten[10].

Der Drachenkampf des heiligen Georg

Die Sage von Perseus und Andromeda lebt nicht nur im Drachentötermärchen weiter, auch die Legende vom Drachenkampf des heiligen Georg zeigt viele gemeinsame Züge. Geblieben sind der verderbenbringende, menschenfressende Drache und die Jungfrau, die ihm geopfert wird, sowie der Retter. Das entscheidende Neue ist, daß der Retter nicht mehr um Braut und Reich, sondern für Christus und sein Reich kämpft.

Die Idee von der Macht des Bösen in dieser Welt, die Bedeutung des Kampfes der Christen gegen Satan und seine Versuchungen, mußte früher oder später zur Übernahme des Drachenkampfmotivs für die Deutung des christlichen Lebens führen. Die Voraussetzung dazu war schon mit dem apokalyptischen Bericht gegeben:

Darauf erschien ein großes Zeichen am Himmel: eine Frau, von der Sonne bekleidet, den Mond zu ihren Füssen, auf ihrem Haupt ein Kranz von zwölf Sternen. Sie geht ihrer Stunde entgegen und schreit in Wehen und Schmerzen der Geburt.
Darauf erschien ein zweites Zeichen am Himmel: ein feuerroter Drache. Er hatte sieben Köpfe und zehn Hörner und sieben Diademe auf seinen Köpfen. Sein Schwanz fegte einen Drittel der Sterne vom Himmel und schleuderte sie auf die Erde.
Der Drache stand gegenüber der Frau, die gebären sollte, um das Kind zu verschlingen, sobald sie es geboren hätte. Da kam es zum Kampf am Himmel: Michael mit seinen Engeln schickte sich an, mit dem Drachen zu kämpfen, und der Drache mit seinen Engeln trat ihm entgegen, aber sie vermochten sich nicht zu behaupten, und es blieb am Himmel keine Stätte mehr für sie.
Herabgestürzt war der große Drache, die alte Schlange, genannt der Verleumder und Widersacher, der die ganze Welt verführt, herabgestürzt ward er auf die Erde, und mit ihm wurden auch seine Engel gestürzt.
Da ergrimmte der Drache über die Frau und ging hin, Krieg zu führen gegen die übrigen ihrer Kinder, welche die Gebote des Herrn bewahren und das Zeugnis von Jesus festhalten.

> Wieder sah ich einen Engel vom Himmel herabkommen, der hatte den Schlüssel des Abgrundes und eine große Kette in seiner Hand. Er packte den Drachen, die alte Schlange, das ist der Teufel oder Satan, fesselte ihn für tausend Jahre, warf ihn in den Abgrund, schloß zu und versiegelte den Verschluß über ihm[1].

Mit diesem biblischen Drachenbericht, der selber wieder auf alten Vorstellungen fußt, war das Paradigma gegeben, wie der einzelne sein Leben als Christ, besonders in Zeiten der Verfolgung, als Konfrontation und Kampf mit dem Drachen, dem Satan, zu verstehen hatte. Der Drache ist hier Symbol des Chaotischen, Bösen in dieser Welt, dem der Christ machtlos ausgeliefert scheint, durch die Kraft der Gnade aber den Sieg davonträgt. So hat nach Eusebius schon der Kaiser Konstantin[2] sein Leben als einen Kampf mit dem Drachen verstanden.

In der Legende vom Heiligen Silvester[3] aus dem fünften Jahrhundert heißt es:

> Es war ein gewaltiger Drache unter dem tarpejischen Felsen zu Rom. Jungfrauen wurden ihm geopfert. Ein Mönch nahm den Kampf mit ihm auf und stieg zu ihm hinunter. Er fand den Drachen mit einem Schwert im Maul. Seine Augen leuchteten wie Juwelen.

Erst im hohen Mittelalter wurde das Drachentötermotiv dem Heiligen Georg[4] zugelegt, der unter Diokletian den Märtyrertod erlitten haben soll. Nach der Sage ist Georg in Melitene oder Tarsos, Kappadokien, wo der Mythe nach einst Zeus gegen Typhon kämpfte, geboren. Sein Martyrium wird gelegentlich für Melitene belegt, dann wieder für Tyrus. Sein Grab soll sich in Joppe befinden, wo einst Perseus Andromeda befreite. In den Acta Sti Georgii aus dem sechsten Jahrhundert findet sich noch kein Wort von einem Drachenkampf.

Die allererste bekannte Drachentöterdarstellung findet sich auf einem Relief der armenischen Kirche von Achthamar und stammt aus dem zehnten Jahrhundert. Seit dem ersten Kreuzzug wurde der heilige Georg zunächst bloß als Ritter verehrt. Im zwölften Jahrhundert gab es vereinzelt Darstellungen des Heiligen Georg als Drachentöter zu Pferd. St. Georg war im Mittelalter einer der 14 Nothelfer, und viele Kirchen wurden ihm geweiht, aber es fehlen meist die Drachenkampfdarstellungen.

224

Die Popularität des Drachentötermotivs verdankt der heilige Georg ohne Zweifel Jacobus von Voragine, Dominikaner und Erzbischof von Genua (1230–1298), der zwischen 1263 und 1273 seine «Legenda aurea» christlicher Heiliger schrieb:

Nahe der Stadt Selena in Libyen war ein See so groß wie das Meer, in dem ein Drache hauste. Das war ein unheilbringendes Ungeheuer, das die Umgebung unsicher machte, Flammen spie und Mensch und Tier verschlang. Das Unglück lag als Strafe auf der Stadt, weil die Leute Heiden waren und die Christen verfolgten.
Der Drache verlangte täglich zwei Schafe zum Fraß. Als die Schafe rar wurden, mußte ihm täglich ein junger Mensch, Bub oder Mädchen, geopfert werden, bis schließlich das Los auf die Tochter des Königs fiel. Trotz seines Flehens zwang ihn das Volk, sein Gebot auch gegen seine einzige Tochter durchzuführen.
Wie eine Braut wurde die Tochter des Königs festlich geschmückt und dem Ungeheuer zugeführt. Da kam ein junger und hübscher Ritter des Weges. Sein Name war Georg. Er fragte die Tochter nach ihrem Kummer. Diese beschwor ihn, weiterzureiten. Georg war jedoch im Auftrag Gottes gekommen, das Land von der Plage zu befreien und König und Volk zu Christus zu bekehren. Zwar war er bewaffnet mit Schwert, Speer und Schild, doch bezwang er den Drachen durch das Zeichen des Kreuzes und durch sein Gebet zu Gott.
Auf Georgs Befehl warf die Jungfrau ihren Gürtel dem Drachen um den Hals und führte das zahm gewordene Tier in die Stadt, wo ihm Georg mit dem Schwert den Kopf vom Rumpfe trennte.
Später wurde in der Stadt Georg zu Ehren eine Kirche gebaut und jedes Jahr ein Fest abgehalten.

Seit dem fünfzehnten Jahrhundert gibt es unzählige Gemälde und Statuen, die den Kampf des heiligen Georg mit dem Drachen darstellen. Das Drachenmotiv ist auch bei mehr als dreißig anderen Heiligen[5] vorhanden, wobei es allerdings nicht um die Befreiung einer Jungfrau geht.
Einen Rest des St.-Georg-Motivs finden wir im Leben der heiligen Martha[6] wie es derselbe Jacobus Voragine aufgezeichnet hat:

Nun war zu der Zeit in einem Wald jenseits der Rhône, zwischen Arles und Avignon, ein Drache, halb Tier, halb Fisch, der war dicker als ein Rind und länger als ein Pferd, gepanzert auf allen Seiten, mit Zähnen lang wie ein Schwert und spitz wie Hörner. Er tötete alle, die vorüberkamen, und versenkte die Schiffe. Sein Name war La Tarasque.
Martha war nach dem Tode Jesu in der Christenverfolgung mit ihrer Schwester

Maria Magdalena, mit ihrem Bruder Lazarus, mit zwei weiteren Marien, den beiden Dienerinnen Marcella und Sara und etlichen anderen auf ein kleines Schiff ohne Ruder und Segel, ohne Wasser und Brot, gebracht und dem Spiel des Meeres überlassen worden. Nach sieben Tagen landeten sie in der Nähe von Marseille an der Stelle, die heute zur Erinnerung an die drei Marien «Les Saintes Maries de la Mer» heißt. Die heilige Martha zog mit ihrer Dienerin Marcella das Rhônetal aufwärts, predigte überall die Frohe Botschaft, bis sie schließlich zum Flecken Jarnègues kam, deren Einwohner baten, sie vom Ungeheuer der Tarasque zu befreien.

Martha ging in den Wald, dem Ungeheuer entgegen. Als das Ungeheuer sein neues Opfer kommen sah, stellte es sich auf die Hinterbeine, schwang seinen Schwanz hin und her und schlug eine Masse Felsen zu Staub.

Martha goß geweihtes Wasser über den Drachen und hielt ihm das Kreuz entgegen. Da war er besiegt und stand da wie ein zahmes Lamm. Martha nahm schnell ihren Gürtel und band das Ungeheuer damit. Darauf kam das Volk und schlug es mit Steinen und Speeren tot.

Von jener Zeit an erhielt Jarnègues den Namen Tarascon.

Die geraubte Prinzessin im Drachenloch

Im Bärensohn-Märchen[1] – wie es meist genannt wird – zeigt der Perseus-und-Andromeda-Typus eine Verschiebung vom Meer auf das Land und von der Oberfläche in die Erdtiefe.

Besser als in den mit viel Rankenwerk aufgebauschten europäischen Varianten kommt in den ostasiatischen[2] die ursprüngliche Form zum Ausdruck. Bei den am weitesten gewanderten Mythen und Märchen dürfen wir ohnehin eine gewisse Nähe zur ursprünglichen Fassung vermuten[3].

Das chinesische Bärensohn-Märchen geht folgendermaßen:

In einem Bergdorf lebte eine Frau mit ihrem Sohn Chou. Sie waren arm und lebten vom Holzsammeln. Eines Tages sah Chou dicke, schwarze Wolken von Nordwesten her kommen. Chou dachte, daß solche schwarze Wolken immer böse Geister seien. Als die Wolke ganz nah war, warf er mit aller Kraft seine Axt in die Höhe. Sie fiel mit Blut bedeckt wieder zur Erde nieder.

Chou verfolgte die Wolke und sah, daß sie unter einem Stein verschwand. Mit aller Kraft hob er den Stein und entdeckte eine Höhle, die in die Tiefe führte.

Als Chou mit einer Bürde Holz zum Markt in die Stadt ging, vernahm er, daß die Tochter des Fürsten durch einen bösen Geist in einer Wolke aus dem Garten entführt worden sei. Dem Retter der Tochter seien 10000 Unzen Gold versprochen und, wenn er zwanzig bis dreißig Jahre alt sei, solle er die Tochter zur Frau erhalten.

Chou erzählte seinem Halbbruder Wu-Yi davon und beschloß, mit ihm die Tochter zu retten. Er verlangte vom Fürsten einen Korb und eine lange Kette, sowie Leute zum Helfen. Dann öffnete er den Deckel und ließ sich in die Höhle hinabgleiten. Je tiefer er kam, umso heller wurde es.

Er sah einen wohlgepflegten Garten mit gemähtem Gras und künstlichem Berg. In einem Steinhaus schlief das Ungeheuer auf einem Stuhl. An seinem Fuß blutete es aus einer großen Wunde. Ein schönes junges Mädchen saß zu seinen Füßen und wusch die Wunde mit heißem Wasser.

Chou fragte nach ihrem Namen und erfuhr, daß sie die Tochter des Fürsten sei. Doch warnte sie ihn gleich vor dem Ungeheuer mit den sieben Köpfen, die wieder nachwachsen, wenn einer abgehauen wird. Chou hatte gerade noch Zeit, vor dem erwachenden Ungeheuer zu fliehen und sich an der Kette emporziehen zu lassen. Dann stieg er ein zweites Mal hinunter und schlug dem nun wieder schlafenden Ungeheuer die sieben Köpfe ab, bis keiner mehr nachwuchs. Die Fürstentochter nahm eine goldene Spange aus ihrem Haar und gab ihm die Hälfte als Kennzeichen. Dann führte Chou das Mädchen zum Korb und ließ es hinaufziehen. Als es oben war, rief Wu schnell: «Das Ungeheuer kommt!» und ließ Steine und Sand in den Schacht werfen und den Deckel daraufsetzen. Dann brachte er das Mädchen zum König.

Chou war hoffnungslos verloren. Da fand er einen kleinen weißen Drachen, der mit einem Nagel an einer Wand befestigt war. Er befreite ihn, und der dankbare Drache belohnte seine gute Tat, indem er ihn am zweiten Februar, dem Frühlingsanfang, auf seinen Rücken nahm und mit ihm zum Himmel empor flog. Chou mußte dabei die Augen schließen, bis ihn der Drache auf einer Wiese vor der Stadt absetzte.

Dort vernahm er, daß die Fürstentochter noch nicht verheiratet sei, ging zum Hof und bat um die Hand der Tochter. Nachdem der König das Kennzeichen gesehen hatte, wurde die Hochzeit gefeiert.

Es war schon Nacht, und die beiden waren allein, als man im Hof Schreien und Stöhnen hörte: Wu, der Halbbruder, war als Dieb über das Dach gekrochen und zu Tode gestürzt[4].

Die handelnden Personen in diesem Märchentyp sind dieselben wie bei der Perseus-und-Andromeda-Mythe. Nur wird hier die Königstochter nicht dem Drachen geopfert, sondern von ihm geraubt; statt an das Ufer des Meeres wird sie in eine tiefe Höhle gebracht; der Held steigt mit Hilfe von Korb und Seil hinunter und schlägt dem Ungeheuer den Kopf, beziehungsweise die Köpfe ab; die Königstochter wird in die Höhe gezogen, und der Impostor zieht an den Hof; der zurückgelassene Held wird von einem beflügelten Drachen – chinesische Version – oder einem Vogel gerettet; er zeigt dem König das von der Tochter geschenkte Kennzeichen, worauf er die Königstochter zur Frau bekommt; der Impostor kommt um.

Das ist die einfachste Form des Bärensohn-Märchens. In vielen Variationen braucht der Held statt des einen Helfers zwei oder auch drei. Statt der einen Königstochter sind es oft drei. Vielfach hat der Drache mehrere Köpfe. Das von der Tochter geschenkte Kennzeichen entspricht der Drachenzunge. Auch in diesem Märchen wird der Schlußteil oft durch Verwicklungen dramatisiert: der Held verbringt längere Zeit im tiefen Loch und ernährt sich durch das Lecken von Steinen[5], wie es die Drachen tun. Gerade dieses recht seltsame Motiv ist sehr weit verbreitet.

Zur Rettung wird meist eine zusätzliche Geschichte[6] eingeführt: eine Schlange oder ein Drache bedrängt drei junge Adler auf einem Baum. Der Held tötet die Schlange und wird zum Dank vom Adler in die obere Welt emporgetragen. Auf dem Weg muß er den Adler mit dem Fleisch der erschlagenen Schlange, mit dem Fleisch verschiedener Tiere oder mit seinem eigenen Fleisch[7], das er sich von den Schenkeln abschneidet, nähren.

229 Schlangenmotiv auf einer Festtagstracht der Paiwan – Das Verwenden von Schlangenmotiven war früher exklusives Recht des Häuptlingshauses. Männer ließen sich Brust und Arme tätowieren, Frauen den Handrücken. Das Schlangenmotiv fand sich am Gebälk des Hauses, an den Trinkgefässen, am Schaft des Buschmessers und an anderen Schnitzereien. Es fand sich auch auf den Festgewändern für Männer wie Frauen. Erst in neuerer Zeit konnte auch das Volk das Schlangenmotiv übernehmen. Vgl. Die Hundertschrittschlange im Häuptlingshaus Seite 35.

230/231 St. Georg kämpft mit dem Drachen. Die St.-Georgslegende ist eine mittelalterliche Verarbeitung antiker Sagenmotive. Der menschenfressende Drache bedroht eine ganze Stadt. Der Ritter St. Georg, der des Weges kommt, rettet die Königstochter, bevor sie dem Drachen zum Opfer fällt. Vgl. Der Drachenkampf des heiligen Georg, Seite 223 ff. (Ucello – Musée Jacquemart-André, Paris)

232 Der siebenköpfige Drache in der Apokalypse. Die Apokalypse benützt die zeitgenössische Vorstellung vom siebenköpfigen Drachen, um den Kampf des Bösen gegen die Kirche darzustellen. Vgl. Der Drachenkampf des heiligen Georg, Seite 223 ff. (Tapisserie – Schloß Angers, Frankreich)

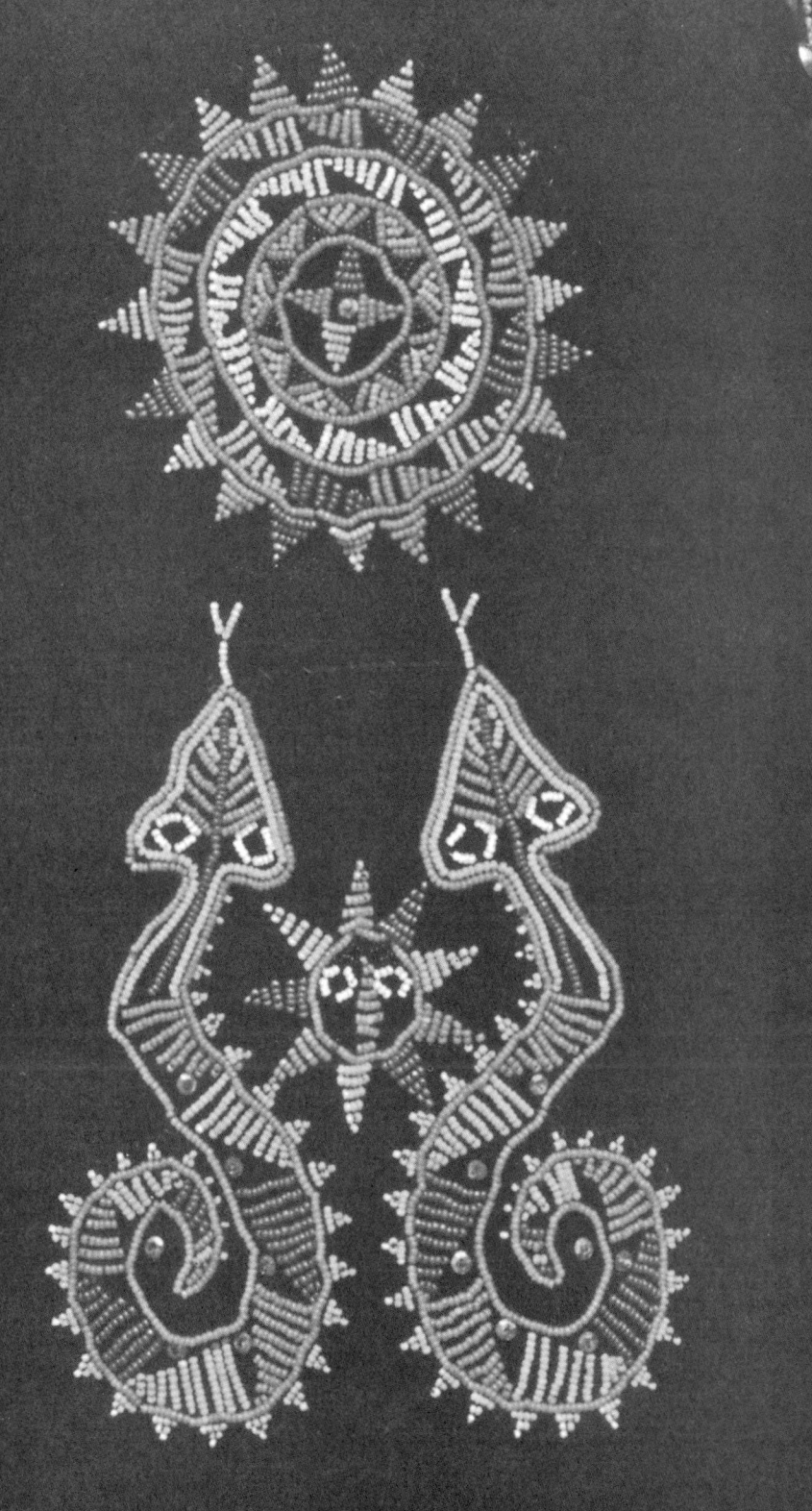

Das spätantike Märchen von Amor und Psyche steht irgendwie in der Mitte zwischen den beiden Typen Perseus-und-Andromeda und Bärensohn. Der Form nach gehört es noch ganz zum Perseus-und-Andromeda-Typ, inhaltlich ist es recht nahe am Bärensohn-Märchen. Denn die Königstochter soll dem Ungeheuer nicht mehr zum Fraß, sondern zur Frau gegeben werden. Der Ort der Handlung ist nicht mehr die Küste am Meer, sondern ein Berg, von dem die Königstochter durch den Zephir – ähnlich einer Wolke – in ein tiefes Tal hinuntergebracht wird. Was dem Märchen fehlt, ist der rettende Held.

Der vielköpfige Drache

Geschichten von Drachen, die in Höhlen, auf Bergen, an Flüssen oder in Seen hausen, Schätze hüten und Menschen bedrohen, gibt es Legion. Sie gehören zum Sagen- und Märcheninventar fast jeden Volkes[1]. Oft ist es ein einköpfiger Drache. Nicht selten hat dieser Drache aber mehrere Köpfe. Die Vielköpfigkeit deutet auf Machtfülle und Schwerbesiegbarkeit.

Es ist schwer auszumachen, ob der einköpfige oder der siebenköpfige Drache die Urform darstellt. Für beide spricht ein sehr hohes Alter[2]. Dem Drachen als aquatischem Wesen entspricht die Zahl sieben. Denn das Meer zeigt durch den Wandel von Ebbe und Flut seine Verwandtschaft mit dem Mond, der sich immer neu in Phasen von sieben Tagen wandelt.

Schon auf einem spätbabylonischen Rollsiegel erscheint die Tiamat als siebenköpfige Schlange[3]. Der kanaanäische Leviathan ist ebenfalls siebenköpfig. Auf griechischen Münzen hat die Hydra meist sieben Köpfe[4], auf Gefäßdarstellungen schwankt deren Zahl zwischen sieben, acht, neun. Die indische Urschlange[5] wird oft siebenköpfig dargestellt, doch fehlen daneben fünf- und neunköpfige nicht. Die Schlange in der Apokalypse[6] wird als siebenköpfig dargestellt. Die Weltenschlange der Germanen wird meist einköpfig gedacht, doch wird beim Kampf Thors mit der Weltenschlange auch von sieben Köpfen gesprochen[7].

Götter mit Hörnerkrone im Kampf mit dem
siebenköpfigen Urdrachen

Auf der Insel San Julio im Lago di Orta, Piemont, findet sich in der
Kirche ein mittelalterliches Fresko mit der Darstellung des Lebens des
heiligen Julius. Nach der Sage soll der Heilige im vierten Jahrhundert,
nachdem er in Oberitalien neunundneunzig Kirchen gegründet hatte,
nach Orta gekommen sein. Er wünschte von den ansässigen Leuten
auf die Insel gebracht zu werden, wurde aber abgewiesen, weil man
das siebenköpfige Ungeheuer im See fürchtete. Daraufhin habe der
Heilige seinen Mantel ausgebreitet und sei auf ihm zur Insel gelangt.
Das Bild in der Kirche zeigt den heiligen Julius auf dem Mantel, vor
ihm die sieben Schlangen- oder Drachenköpfe, die sich aus dem See
erheben.

Der heilige Germanus[8] stammte aus Irland. Nach der Legende überquerte er Mitte des fünften Jahrhunderts den Ärmelkanal auf einem
Steinrad und ging bei Colentin an Land. Er befreite dort die Bewohner von der siebenköpfigen Schlange, die jede Woche ein Kind fraß,
und verwandelte sie in einen Felsen.

Das Drachentötermärchen zeigt nach Kurt Ranke im ganzen romanischen Verbreitungsgebiet die siebenköpfige Schlange[9]. Auch
Deutschlands Varianten bauen meist auf den romanischen auf[10]. Kurt
Ranke geht so weit, daß er für die Urform des Drachentötermär-
chens[11] die Siebenzahl der Köpfe annimmt. Alle anderen Zahlen sind

für ihn spätere Varianten. Schon im Pentamerone von Basile (1634–1663) hat der Drache sieben Köpfe.

Auch im nichteuropäischen Raum handelt eine Reihe Drachenmärchen vom siebenköpfigen Ungeheuer[12]. Hierher gehört wegen seines hohen Alters ganz besonders das japanische Drachentötermärchen[13], das im japanischen Geschichtswerk Kojiki aus dem Jahre 712 n. Chr. enthalten ist. Es zeigt, wie schnell das Drachentöterthema seinen Lauf um die Welt antrat. Allerdings handelt es sich hier nicht um einen sieben-, sondern um einen achtköpfigen Drachen. Das dürfte in der besonderen Bedeutung der Zahl acht bei den frühen Japanern begründet sein, wie es im Märchen deutlich zum Ausdruck kommt.

Susanoo, der Sohn des Götterpaares Izanagi und Izanami, Bruder der Göttin Amaterasu, wurde aus dem Himmel verbannt und stieg hernieder auf die oberen Gefilde des Pi-Flusses im Lande Idumo. Die Stelle dort heißt Tori-kami.

Dort sah er ein paar Eßstäbchen den Fluß herunterkommen. Susanoo dachte: «Da sind Menschen am Oberlauf des Flusses!» und machte sich auf die Suche.

Er fand einen alten Mann und eine alte Frau und zwischen ihnen ein Mädchen. Sie alle weinten.

Er fragte sie: «Wer seid ihr?»

Der alte Mann antwortete: «Ich bin ein Sohn der Erdgottheit Opoyama tuminokami. Ich heiße Asinaduti. Meine Frau heißt Tenaduti, unsere Tochter heißt Kusinada.»

Er fragte weiter: «Warum weint ihr?»

Der alte Mann sagte: «Wir hatten eigentlich acht Töchter, doch der Drache von Kosi mit seinen acht Schwänzen kam jedes Jahr und fraß eine. Wir weinen, weil jetzt die Zeit ist, da er wiederkommt.»

Er fragte: «Wie sieht der Drache aus?»

Der alte Mann antwortete: «Seine Augen sind rot wie Kirschen. Er hat acht Köpfe und acht Schwänze. Auf seinem Leib wachsen Moos und Zypressen. Seine Länge erstreckt sich über acht Täler und acht Berge. Sein ganzer Bauch ist blutbesudelt.»

Susanoo sagte zum alten Mann: «Werdet Ihr mir Eure Tocher geben?»

Der Alte erwiderte: «Ihr überrascht mich, ich kenne ja nicht einmal Euren Namen.»

Susanoo erwiderte: «Ich bin der Bruder der Göttin Amaterasu und bin soeben vom Himmel heruntergekommen.»

Da antworteten die beiden Eltern: «Wenn dem so ist, dann werden wir sie Euch gerne geben.»

Da verwandelte Susanoo das Mädchen in einen Kamm und steckte ihn in seinen Haarbüschel. Zu Asinaduti und Tenaduti sagte er: «Macht dicken Wein[14] von achtfacher Stärke, baut eine Mauer mit acht Öffnungen, hinter jeder Öffnung fertigt ein Gestell und setzt ein Weinfaß darauf, füllt die Fässer mit Wein achtfacher Stärke und wartet ab!»

Sie taten, wie er gesagt hatte, und als sie warteten, kam der Drache mit den acht Schwänzen. Er steckte seine Köpfe in die Fässer und trank, bis er besoffen war, dann legte er sich hin und schlief.

Da zückte Susanoo sein Schwert, das zehn Hände lang war und an seiner Seite hing. Er hieb den Drachen in Stücke, daß der Pi-Fluß rot von Blut wurde. Als er auf den Schwanz in der Mitte hieb, brach sein Schwert. Das kam ihm sonderbar vor. Er stocherte mit dem Rest seines Schwertes in der Öffnung und fand ein großes, scharfes Schwert.

Er nahm es heraus und schenkte es seiner Schwester Amaterasu. Denn es war außergewöhnlich. Das ist das Schwert Kusanagi.

Die zerstückelte Schlange

Die Idee des Kampfes gegen den Urdrachen hat in verschiedenen Bildern Gestalt gefunden. Neben dem Abschlagen des Drachenkopfes oder der Drachenköpfe drückt auch das Zerstückeln denselben Gedanken aus.

Nur durch das Zerstückeln der Urschlange[1] gelang der Übergang von der Urzeit in die Jetztzeit. Durch diese Gewalttat kamen die Dinge unserer jetzigen Welt aus ihrem embryonalen Zustand im Schoß der Urschlange zu ihrem vollen Dasein. Das Zerstückeln der Urschlange bedeutet darum Leben. Doch ist dieses Geschehen nicht endgültig. Es ist ein Erfolg ad hoc. Die Bedrohung durch das Ungeheuer ist nicht unbedingt für immer aus der Welt geschafft.

Eine ägyptische Darstellung zeigt neben einem Lebensbaum die Katzengöttin Bastet[2], wie sie mit einer Säge die Urschlange Apophis zersägt. Bastet ist ein Aspekt von Rê, denn sie wurde als Tochter und Frau des Rê interpretiert, die Rê gegen die Schlange verteidigt.

Von der Apophis sagten die Ägypter: «Sie ist die Schlange, die in Stücke geschnitten wurde.» Das geschah jeden Tag auf der Fahrt der Sonnenbarke durch das Reich der Apophis, wenn Seth vom Bug der Barke aus gegen die Schlange kämpfte. Es heißt auch, daß Rê sich in eine Katze verwandle und der Apophis den Kopf abbeiße.

Der Sonnengott Rê in Gestalt der Katzengöttin Bastet zerstückelt
die Urschlange Apop

Das Zerstückeln ist mit ziemlicher Sicherheit auch das Motiv einer
chinesischen Wandmalerei aus der Turfangegend[3]. Zwei Männer
schlagen mit Schwertern auf eine große Schlange ein. Der Hintergrund ist angefüllt mit hellen Kreisen, die zwischen halbverdunkelten
Mondsicheln stehen.
Eine ähnliche, bedeutend ältere Darstellung aus einer Grabkammer in
Sianfu – entstanden ungefähr 150 n. Chr. – zeigt zwei Männer, die
mit Äxten auf eine phantastische Schlange losschlagen. Sie eilen einem
Manne zu Hilfe, der von einer Schlange umschlungen am Boden
liegt.
In diesen Zusammenhang darf man vielleicht auch die mittelalterliche Thidrek-Saga[4] stellen, in der Thidrek und Fasold den Ritter Si-
stram aus dem Rachen eines Drachen befreien.
Das Thema des Zerstückelns ist bei den altamerikansichen Kulturen[5]
ebenfalls bekannt. Im Codex Borgia fällt die Gottheit Venus den
Westbaum, um dessen oberen Teil sich eine Schlange windet. Aus
dem entzweigehauenen Baum fliegt ein Falke, Symbol des Lichtes
(Mond?). Unten rechts vom Baum steigt ein Kaninchen (Mond?)
aus dem Rachen der Federschlange.
Ähnliche Vorstellungen zeigt eine Erzählung der Taulipang in Gua-
yana[6], Südamerika, von einem Wassergeist, der Herr der Tiere ist

und die Gestalt einer riesigen Wasserschlange besaß. Er verschlang einst alle Tiere, deren er habhaft wurde. Die Schlange wurde darum von den Vögeln getötet. Ihre farbenprächtige Haut wurde unter die Vögel und die anderen Tiere verteilt. So erhielten alle Tiere ihre charakteristischen Farben und ihr Schutzkleid.

Am ausgeprägtesten hat sich die Idee der zerstückelten Schlange auf Neuguinea[7] erhalten:

Ein Mann riß in seinem Garten die trockenen Blätter vom Zuckerrohr ab. Dabei schnitt ihm ein Blatt in den Finger. Er machte ein kleines Loch in die Erde, hielt den verletzten Finger darüber und ließ das Blut in das Loch träufeln. Auf seine Wunde legte er ein Taroblatt und ging ins Dorf zurück.

Als der Mann am anderen Morgen wieder in den Garten kam, hatte sich sein Blut in dem Loche in die Schlange Muin verwandelt. Er nahm sie mit in sein Haus und zog sie groß.

Als die Schlange groß geworden war, kroch sie in den Busch und ringelte sich unten am Stamm eines großen Bareng-Baumes. Dort wohnte sie. Anfangs tötete sie Känguruhs, Kasuare, Schweine, später tötete sie auch Männer, Frauen und Kinder.

Da verließen die Dorfbewohner dieses Dorf und siedelten sich an einem anderen Platz an.

Die Frau eines Mannes war jedoch schwanger. Sie hieß Nemis. Der Mann grub ein großes Loch für seine Frau und verließ mit den andern den alten Platz. Die Frau wohnte nun mit ihrer Mutter Kutam in diesem Loch und sie gebar hier zwei Knaben: Dzambo und Kais.

Die beiden Knaben wurden groß. Da schickte sie die Großmutter eines Tages in den Busch, um ein Stück Bambus zu holen. Sie machte dann für jeden Knaben einen Bogen zum Spielen. Auch machte sie aus den Blattrippen der Sagoblätter die Pfeile für diesen Bogen, aber fischspeerartig mit mehreren Spitzen. Dzambo und Kais schossen damit kleine Eidechsen, dann auch Ratten und Beutelratten.

Dann schickte sie die Großmutter wieder in den Busch, um die Blätter vom Wang-Baum zu holen. Der ältere, Dzambo, brachte Blätter von einem falschen Baum. Kais aber brachte die richtigen Blätter. Da sagte die Großmutter: «Dzambo, du hast nicht die richtigen Blätter gebracht, aber Kais hat die richtigen Blätter gebracht. Geht jetzt in den Busch und schlagt diesen Wang-Baum um. Spaltet den Stamm und bringt mir einige Latten nach Hause.» – Aus diesen Latten machte die Großmutter einen Bogen und Fischspeere, aber um damit Vögel zu schießen.

Die beiden Knaben erlegten damit den kleinen Vogel katam. Die Großmutter schnitt den Vogel auf und gab den beiden Knaben die Leber zu essen. Dann schossen sie einen größeren Vogel: yong. Sie aßen wieder die Leber davon. Später schossen sie den Vogel kurkur und aßen die Leber davon.

Dann schickte sie die Großmutter in den Busch, um die Blätter des Gaie-Baumes zu holen (Gaie ist die Betellattenpalme). Dzambo brachte wieder falsche Blätter, Kais die richtigen. Darauf gingen sie wieder in den Busch und brachten die Latten von dem gefällten Gaie-Baum nachhause. Die Großmutter machte daraus einen großen Bogen, für jeden einen Bogen und Fischspeere, so wie die Erwachsenen heute den Bogen gebrauchen. Die beiden Jungen stiegen nun auf einen Rurum-Baum und schossen den Vogel kuakuru. Die Großmutter warnte die beiden: «Paßt auf, daß euch nichts passiert!» Dann gingen die beiden hin, um einen kleinen Verschlag auf einem Fikusbaum zu bauen und von da aus auf die Nashornvögel zu schießen.

Als der eine auf dem Baum war und mit einem Rotang die Blätter für diesen Verschlag (geflochtene Sagoblätter) hinaufziehen wollte, kam die große Schlange Muin. Da liefen die beiden ins Dorf und flüchteten sich in das Loch zu ihrer Mutter und Großmutter. Die Schlange verfolgte sie bis ins Dorf. Dann aber kehrte sie um und kroch in den Busch zurück.

Die beiden Jungen gingen hinterher wieder zu dem Fikusbaum und machten den Verschlag fertig. Am andern Morgen stiegen sie auf den Baum und warteten im Verschlag auf Nashornvögel. Wenn die Vögel kamen, um die Früchte des Fikusbaumes zu fressen, wurden sie von den Knaben geschossen.

Eines Tages verfehlte ein Pfeil den Nashornvogel und fiel auf die Stützwurzeln des großen Baumes, wo die Schlange Muin schlief. Die Frau der Schlange hieß Topes. Sie fegte gerade den Platz, als der Pfeil ankam. Nun nahm sie den Pfeil und versteckte ihn, damit ihr Mann, die Schlange Muin, ihn nicht sehe.

Der jüngere Bruder suchte den Pfeil und kam bis zur Frau der Schlange. Die Frau fragte: «Was suchst du?» Er sagte: «Ich suche meinen Pfeil.» Da sagte die Frau: «Sprich leise, damit mein Mann dich nicht hört!» Und sie gab ihm den Pfeil zurück.

Kais sah die schlafende Schlange und sagte zu sich: «Die ist ja nicht allzu groß. Später werden wir sie schon töten können.»

Er ging zurück. Die beiden Brüder holten sich nun Latten der Betellattenpalme und machten sich große Lanzen daraus. Dann schnitzten sie sich auch mehrere Schilde. Sie kochten Wasser und gossen es auf Baumwurzeln, Baumrinde und Blätter. Mit dieser Brühe wuschen sie die Lanzen, Schilde und dann sich selbst. Sie legten nun auch den Gürtel um und setzten sich den Haartrichter auf. Bisher waren sie nur mit der Schambinde gegangen.

Nun stellten sie die Lanzen und Schilde zu beiden Seiten des Weges auf, der zu dem Baum führte. wo die Schlange schlief. Dies geschah während der Nacht. Am andern Morgen kam die Schlange in das Dorf und suchte nach Beute. Alles floh. Die Schlange kehrte zurück und schlief wieder unter dem Baum.

Da gingen Dzambo und Kais hin und beschossen die Schlange. Kais schoß zuerst. Die Schlange wachte auf und sagte zu den beiden: «Ihr seid ja noch Kinder. Schon große Männer sind vor mir weggelaufen.» Da sagten die beiden: «Hast du einen berühmten Namen? Wir beide haben schon einen berühmten Namen und einen guten Ruf.»

Die Schlange sprang auf und verfolgte die beiden. Diese zogen sich ins Dorf zurück. Unterwegs schossen sie unentwegt. Da schlug die Schlange mit ihrem Schwanz den Schild des jüngeren entzwei. Dieser suchte schnell Deckung hinter dem Schild seines älteren Bruders, bis er einen der Reserveschilde erreichte, die sie zuvor am Weg aufgestellt hatten.

Später brach auch der Schild des älteren Bruders, und er holte sich ebenfalls einen Reserveschild. Großmutter und Mutter weinten in ihrem Loch aus Angst um ihre Kinder.

Da erblickten sie die Paradiesvogelfedern, die sich die beiden in die Kopfhaare gesteckt hatten, als sie in den Busch gingen, und sagten: «Unsere Kinder kommen zurück.» Sie kochten nun zerbrochene Muschelschalen in einem Topf.

Die Schlange war bis in die Nähe des Topfes gekommen und konnte nicht mehr weiter vor Erschöpfung. Sie legte sich hin und sagte zu den beiden: «Tötet mich nicht zu schnell! Hört mich erst an!» Und sie sagte zu den beiden: «Die Zaubermittel für den Krieg sind auf dieser Seite im Busch, die Zaubermittel für die Menschen sind auf der andern Seite, und die Zaubermittel für die Hunde sind dort.»

Die Großmutter und die Mutter brachten nun das heisse Wasser, und die beiden Jungen sagten zur Schlange: «Öffne das Maul.» Als die Schlange den Rachen öffnete, schütteten sie ihr das heisse Wasser mit den Muscheln in den Rachen. Die Schlange starb daran.

Die beiden Brüder schnitten ihr den Schwanz ab und taten ihn in ein Gefäß aus der Blattscheide der Betellattenpalme. Auf beiden Seiten der Blattscheide banden sie als Schmuck die gefransten Herzblätter der Betellattenpalme.

Die Blattscheide mit dem Schlangenschwanz setzten sie ins Wasser, und die Strömung nahm ihn mit. Die beiden Brüder sagten noch zu dem Schwanz: «Geh du jetzt zu der Stelle, wo unser Vater wohnt.»

Die zerstückelte Urschlange erscheint auch in einem andern Mythentyp aus Ostneuguinea:

Der Mann Demeng, eine Demagestalt der Urzeit, verwandelte sich in einen Fisch und ließ sich von den Frauen fangen. Die Frau Mâing aß den Fisch, wodurch Demeng in ihren Leib gelangte. Ihr Bauch schwoll an, denn Demeng verwandelte sich dort in eine Riesenschlange. Nur mit Hilfe der zwei Vögel Papagei und Kasuar konnte man diese aus dem Bauch der Frau herauslocken.

Die Frauen flüchteten sich voll Schrecken auf eine benachbarte Insel, wo ein Mann ihnen Schutz bot. Demeng nahm die Verfolgung nach ihnen auf, doch der Mann schlug die Schlange in Stücke.

Bis dahin hatten die Leute auf dieser Insel nichts vom Feldbau gewußt. Sie hatten sich von Baumfrüchten ernährt. Da wo die Schlangenstücke hinfielen, trieb nun der Boden Wurzeln. Das Kopfstück gab die langen Jamssorten, das Blut die rotfleischigen und der Schwanz die krummen.

Die zerstückelte Schlange ist auch Symbol für den Mond. Denn der Mond ist Gegenspieler der Sonne und selber der Nacht zugeordnet. Jeden Monat wird er von der Sonne neu zerstückelt. Das Wachstum auf dieser Erde ist darum nicht nur vom Zerstückeln der Urschlange abhängig, sondern auch vom Zerstückeln des Mondes.

Der Schlangenbann

Eine ganz eigene Art des Schlangenkampfes haben die indogermanischen Völker an den Tag gelegt. Wir kennen die Schlangenbannsagen[1], die auf einen Brauch hindeuten, der schon lebendig war, als die Indogermanen noch nicht in viele Völker aufgesplittert waren. Nur so erklärt sich, daß diese Sagen, die auf ein früher ausgeübtes Ritual hinweisen, in Indien, in Nordosteuropa wie in den Alpenländern heimisch sind.
Eine typische Sage aus dem alpinen Raum[2] lautet folgendermaßen:

Beißwürmer oder Schindwürmer heißt man im Ötztale jene kriechenden Tiere, die sonst unter den Namen Nattern, Vipern und Schlangen bekannt sind.
In Rofen – zwei Höfe, eine halbe Stunde hinter Vent gelegen – wußten sich die Leute einmal gar nimmer zu helfen vor lauter solchen unheimlichen Würmern…
Da kam einmal übers Joch her ein Mannl. Die Rofner klagten dem ihr Anliegen. «Ja», sagte der Fremde, «ich kann sie alle vertreiben, wenn kein weißer Schindwurm dabei ist.»
«Nein, nein», sagten die Rofner, «einen weißen haben wir nie einen darunter gesehen.» Sie versprachen dem Manne viel, viel zum Lohne, wenn er Rofen von dieser schrecklichen Plage befreie.
Der Schlangentöter ging eine halb Stunde weit durchs Rofental hinein, schichtete dort einen Stoß Holz auf und machte ein großes Feuer; er aber stellte sich daneben auf einen mächtigen Steinblock, nahm in die eine Hand sein Zauberbüchlein, in die andere seinen Zauberstab, fing an zu beschwören nach allen Windrichtungen. Dann zog er sein Pfeifchen aus der Tasche und pfiff. Da kamen auf einmal die Beißwürmer in großen Scharen daher aus allen Richtungen und eilten geradewegs ins Feuer. Aus den Häusern und Ställen sah man sie fliehen, aus allen Wassergräben im Felde, «aus der Fall», von der Zwerchwand herüber, aus dem Rofenberg heraus, ja sogar aus dem Niedertale her kamen sie, und alle liefen ins Feuer und verbrannten. Plötzlich aber hörte der Banner durch das Niedertal heraus einen schrecklichen Pfiff. Zu Tode erschrocken rief er: «Jetzt bin ich hin!» Und schon sauste der ge-

fürchtete weiße Schindwurm mit einem grünen Kränzlein auf dem Kopfe, der Schlangenkönig, im Fluge heran und fuhr dem Zauberer wie ein glühendes Eisen mitten durch den Leib. Alle Beißwürmer, aber auch der Banner, waren tot.

Ausgangspunkt dieser Geschichten ist immer eine schreckliche Plage, die Mensch und Vieh bedroht. Die Leute wünschen, von dieser Plage befreit zu werden. Ein fremder Mann, «ein Mannli», «ein Tiroler», «einer, der mehr verstand als andere Leute», «ein fahrender Schüler», «ein unbekannter Mann», taucht auf und verspricht, die Schlangenplage zu beseitigen, vorausgesetzt, in der Gegend sei keine weiße Schlange – der Schlangenkönig – gesehen worden. Er entfacht ein großes Feuer, zieht einen oder mehrere magische Kreise, stellt sich auf einen hohen Stein und beginnt auf seiner Pfeife zu pfeifen oder auf seiner Flöte zu flöten.
Die Schlangen kommen aus der nahen und weiten Umgebung, ziehen ins Feuer und gehen darin zugrunde. Die Geschichte will es, daß zuallerletzt die weiße Schlange, der Schlangenkönig, auftaucht und sich auf den Banner stürzt. Mit dem Schlangenkönig geht auch der Banner in den Tod. Doch die Gegend ist jetzt frei von der Schlangenplage.
Dieselbe Sage findet sich auch in einem weiten Gebiet Nord- und Osteuropas[3], nur stellt sich der Banner meist an oder auf einen Baum, und der Schlangenkönig ist hier zum riesigen Lindwurm geworden. 29 Varianten sind allein aus Norwegen bekannt, ungefähr ebensoviele wurden in Schweden gesammelt. Eine große Zahl von Varianten stammt aus Lettland, 60 kommen aus dem finnischen Bereich.
Die Sage war schon den alten Griechen bekannt. Aristotoles schrieb:

In Thessalien gibt es eine Schlange, «die Heilige» genannt, welche alles töten soll, nicht bloß mit ihrem Biß, sondern auch durch ihre Berührung. Wenn sie sich zeigt und wenn man ihr Zischen hört (sie kommt aber selten zum Vorschein), fliehen Schlangen und Vipern und alle anderen Tiere. Ihre Größe ist jedoch nicht bedeutend, sondern mäßig. In Tenos – einer Stadt in Thessalien – soll diese Schlange von einem Weib umgebracht worden sein. Das Weib beschrieb einen Kreis, legte seine Zaubermittel hinein und trat zugleich mit ihrem Sohn in den Kreis. Dann ahmte sie das Zischen des Tieres nach. Dieses antwortete und schlich herbei. Während des Zischens schlief das Weib ein und je näher die Schlange kam, desto weniger konnte sie sich des Schlafens erwehren. Der neben ihr sitzende Sohn weckte die Mutter mit

Stößen auf, wie sie ihm befohlen hatte, und sagte ihr, wenn sie einschlafe, seien sie und er verloren, wenn sie aber Gewalt anwende und das Tier herbeiziehe, werden sie beide davonkommen. Wie nun die Schlange in den Kreis hineinkam, sei sie plötzlich verdorrt[4].

Es fällt auf, daß in allen griechischen Quellen, die wir kennen, der Schlangenbanner die Schlange tötet, ohne selber Schaden zu nehmen. Die Sage vom Schlangenbanner ist auch im indischen Mahābhārata enthalten.

Takshaka, der «Herr der Schlangen», dessen Reich unter der Erdoberfläche ist, hatte den König Parakshit durch sein Gift umgebracht. Der Sohn Janamejaya beschloß darum, ein Schlangenopfer zu halten, bei dem die Schlangen, allen voran der «Herr der Schlangen», umkommen sollten. Die Brahmanen kannten das Ritual des Schlangenopfers, das vor uralter Zeit von den Göttern eingesetzt worden war und das nun durch den König selbst durchgeführt werden konnte.
Die Brahmanen steckten den Opferplatz ab und weihten den König. Zusammen mit den Priestern begann der König das Ritual und zündete das Feuer an. Durch den mächtigen Bann bezwungen, erschienen die Schlangen von allen Seiten, zitternd und fauchend, und umschlangen einander mit Kopf und Schwanz. Dann stürzten sie sich in die heißen Flammen. Es waren weiße, schwarze und dunkelblaue, alte und junge. Sie gaben Töne verschiedenster Art von sich. Einige waren eine Meile lang, andere nicht größer als ein Kuhohr. Die einen waren schnell wie Stuten und andere groß wie Elefanten. Zu Hunderten und Tausenden, zu Zehntausenden und Millionen wurden sie ins Feuer gezogen, ohne daß sie widerstehen konnten.
Selbst Takshaka, der «Herr der Schlangen», schien dem Tod geweiht, obwohl er sich zum Gott Indra in Schutz begeben hatte. Die Priester schürten das Opferfeuer. Ihre Mantren waren so stark, daß selbst Indra nicht verhindern konnte, daß Takshaka ins Feuer gezogen wurde.
Doch der «Herr der Schlangen» wurde verschont, weil der Fürst Āstīka in Gestalt eines Brahmanen beim Königssohn Gunst erlangte und darauf für Takshaka einstand.
Der «Herr der Schlangen» und der übriggebliebene Rest wurden verschont[5].

In dieser Geschichte aus dem Mahābhārata ist die alte Schlangenbannsage mit der Āstīka-Erzählung verquickt. Dennoch sind alle wichtigen Teile vorhanden: Das Schlangenvolk und der Schlangenkönig; der Priester, der die magischen Grenzen zieht und das Feuer schürt. Der Untergang der Schlangen ist abgeschwächt zugunsten des Opfer- und des Fürbittegedankens. Das indische Denken will Opfer, nicht aber gänzliche Vernichtung. Das Opfer bezweckt eine bessere Zukunft.

Darum heißt es am Schluß: Die dankbaren Schlangen gewährten Āstīka eine Gunst. Sie versprachen, nie mehr einem Menschen zu schaden, der die Geschichte vom heroischen Einsatz Āstīkas für die Schlangen lese.

In der Mahābhārata-Szene sind indogermanisches und dravidisches Denken zusammengestoßen. Die ungestrafte Unterdrückung der Schlangenwelt ist für das alte indische Denken schlechthin untragbar. Die grausamen Vorstellungen der indogermanischen Eindringlinge mußten darum gemildert werden.

Der Heldenkampf im Drachenschlund

Ein weiteres Bild des Kampfes mit dem Urdrachen ist der Kampf des Helden im Drachenschlund, die dynamische Version des Jonas-Erlebnisses[1].

Wenn die Tunavivi Australiens[2] an einem Platz vorübergehen müssen, wo Ambidji – die gigantische Regenbogenschlange – auf der Lauer liegt, stecken sie ein kleines Messer in die Kopfhaare, um sich einen Weg aus dem Bauch der Schlange schneiden zu können, falls sie von ihr verschlungen werden. Die auf diese Weise Entkommenen sollen stets wegen ihrer kleinen Körpergestalt auffallen.

245 Die siebenköpfige Nāga. Die Urschlange der Inder ist meist siebenköpfig, seltener fünf- oder neunköpfig. Vgl. Der Kampf mit dem kosmischen Drachen – Indien, Seite 209 ff.; Der vielköpfige Drache, Seite 233 ff. (Angkor)
246 Die siebenköpfige Nāga. (Aus Angkor – Musée Guimet, Paris)
247 Der meditierende Buddha. Buddha wurde nach seiner Erleuchtung Versuchungen unterworfen. Sieben Tage regnete es in Strömen. Doch der siebenköpfige Schlangenkönig Mucalinda kam aus seinem verborgenen Reich empor, umwand siebenfach den Leib des in Meditation versunkenen Buddha und schützte sein Haupt mit seiner aufgeblähten Haube. (Aus Prahkhan – Musée Guimet, Paris)
248 Vogel und Schlange. Vogel und Schlange sind Botentiere. Sie verkörpern den Gegensatz von oben und unten, von Licht und Dunkel. Vgl. Vogel und Schlange, Seite 253 ff. (Attisch um 590 v. Chr. – Antikenmuseum, Basel)

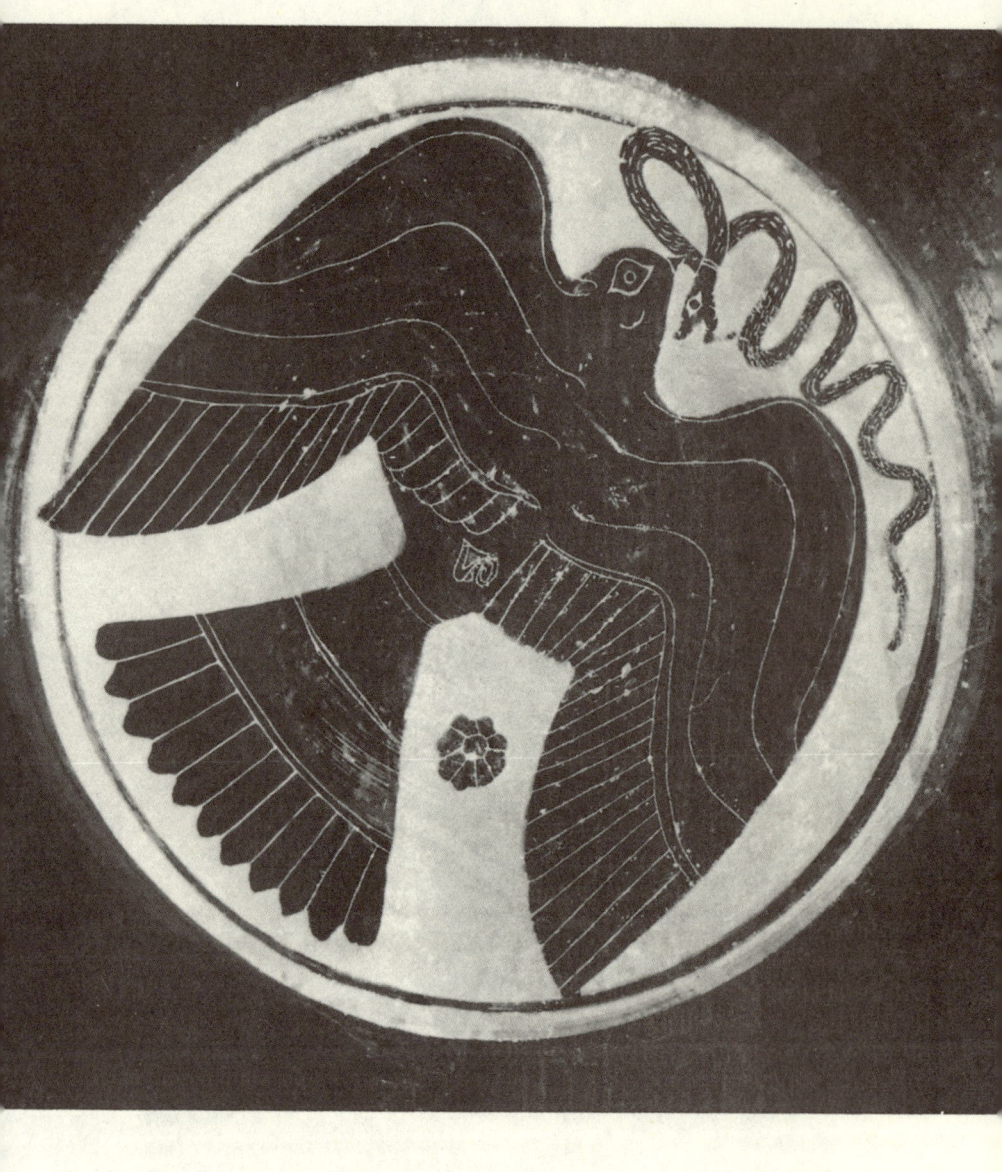

In Polynesien[3] wird die Urschlange zum Hai:

Vor langer Zeit fischte ein Mann mit Namen Mutuk auf dem Meeresriff, als seine Angelschnur sich verfing und er ins Wasser tauchte, um sie zu befreien. Ein vorüberschwimmender Hai verschluckte ihn, ohne ihn zu verletzen.

Der Hai schwamm nordwärts über das Riff von Manrove-Island. Mutuk fühlte die Wärme und sagte zu sich: «Jetzt sind wir im warmen Wasser.» Als der Hai in tieferes Wasser tauchte, empfand Mutuk die Kälte und wußte, daß sie wieder in die Tiefe gelangt waren. Zuletzt schwamm der Hai nach Boigu und strandete bei zurücktretender Flut. Mutuk fühlte die prallen Sonnenstrahlen auf dem Fische ruhen.

Da nahm er denn eine scharfe Muschelschale, die er hinter dem Ohre trug, und hackte in den Leib des Hais, bis er eine genügend große Öffnung hatte. Als er aus seinem sonderbaren Gefängnis entschlüpft war, merkte er, daß seine Haare ausgefallen waren.

Das Ungeheuer kann auch die Gestalt einer Riesenmuschel[4] annehmen:

Unter günstigem Wind segelte das Boot behaglich über den Ozean hin, als Nganaoa eines Tages ausrief: «O Rata, hier ist ein fürchterlicher Feind, der aus dem Ozean emporsteigt!»

Es war eine offene Muschel von riesigen Dimensionen. Die eine Schale war vor, die andere hinter dem Boote, und das Schiff lag direkt dazwischen. Im nächsten Augenblick konnte die fürchterliche Muschel zuklappen und das Boot und sie alle in ihrem Maul zermalmen.

Aber Nganaoa war auf diese Möglichkeit gefaßt. Er ergriff seinen langen Speer und stieß ihn schnell in den Leib des Tieres, daß das zweischalige Geschöpf statt zuzuschnappen sofort auf den Grund des Meeres hinabsank.

Meist ist es jedoch ein großer Walfisch[5], der den Held bedroht:

Eines Tages rief der tapfere Nganaoa aus: «O Rata, hier ist ein großer Walfisch!» Das ungeheure Maul desselben war weit offen, der Unterkiefer war unter dem Boote und der Oberkiefer über ihm. Nunmehr brach Nganaoa, der Drachentöter, seinen Speer in zwei Stücke. In dem Augenblick, da der Walfisch sie zermalmen wollte, richtete er die beiden Stäbe in dem Rachen des Feindes auf, so daß er seinen Kiefer nicht mehr zu schließen vermochte.

Nganaoa sprang schnell in das Maul des großen Walfischs und blickte in seinen Bauch hinein – und was sah er? Da saßen seine beiden Eltern, sein Vater Tairitokerau und seine Mutter Vaiaroa, welche beim Fischen von diesem Ungeheuer der Tiefe verschlungen worden waren.

Nganaoa nahm einen von den beiden Stäben aus dem Maul des Tieres, zerbrach diesen in zwei Stücke, um sie als Feuerhölzer zu benützen. Er bat seinen Vater, das eine unten festzuhalten, während er selbst das obere handhabe, bis das Feuer zu glimmen begann. Indem er es zur Flamme anblies, beeilte er sich, die fettigen Teile im Bauch mit dem Feuer zu erhitzen. Das Ungeheuer wand sich im Schmerz und schwamm an Land. Sobald es die Sandbank erreicht hatte, traten Vater, Mutter und Sohn durch das offene Maul des sterbenden Walfisches ins Freie.

Bei den Indianervölkern an der Westküste Nordamerikas[6] ist eine Reihe Geschichten erhalten, die im Aufbau ziemlich ähnlich sind:

In Hellgate, Barclay Sound, wohnte ein Riesenwal[7], namens «Verschlinger von zusammengebundenen Booten». Wenn jemand nicht vermeiden konnte, diesen Weg einzuschlagen, fuhr er vorsichtig am Ufer entlang, um die Aufmerksamkeit des Ungeheuers nicht auf sich zu lenken.
Eines Tages fuhr die Mutter des Helden in einem kleinen Boot dort vorbei. Das Boot trieb vom Ufer fort. Da kam der Wal schon herbei und verschlang es. Als der Held erfuhr, daß der Wal seine Mutter verschlungen hatte, beschloß er, sich zu rächen.
Er schnitt lange Stangen, spitzte sie an beiden Enden und legte sie über zwei Boote. Mit seinen drei Brüdern fuhr er nun auf dem Floß ins Meer hinaus. Sie sangen ein Lied. Als sie es zweimal gesungen hatten, sank das Wasser gewaltig, der Wal tauchte auf und verschlang das Boot. Der Held rief seinen Brüdern zu, dasselbe gerade den Schlund hinabzusteuern.
Sobald sie im Magen angelangt waren, zerschnitten sie die Eingeweide des Wales mit Muscheln und schnitten zuguterletzt auch das Herz ab. Da starb der Wal. Bald trieb er ans Ufer. Die kleinen Vögel und die anderen Tiere kamen alle zum Strand und schnitten den Wal auf – und heraus kamen der Held und seine Brüder. Als sie einander sahen, lachten sie sich an.
Einer der Brüder hatte alle Haare in dem Bauche verloren, so heiß war es darin gewesen.

Im Inneren Nordamerikas verwandelt sich der Walfisch in einen Bär, einen Elch, einen Fisch, einen Bison oder einen Drachen. Auf dem eurasischen Kontinent ist dieses verschlingende Ungeheuer oft ein nicht genauer beschriebenes Ungeheuer, ein Drache oder aber ein Tiger oder Wolf.
Bei den Schor[8] heißt es in der Mythe:

Die Heldin trat den Kampf mit dem Schlangenfürsten an: Dort ist des Schlangenfürsten Maul, eine Lippe am Himmel, eine Lippe an der Erde. Wenn Wild und Vögel kommen, treten sie alle in das Maul hinein.
Die Heldin kam und trat ins Maul hinein. Menschen und Vögel befanden sich dort alle am Leben. Sie trat vor bis zum Herzen des Schlangenfürsten, nahm ihr Schwert, schwang es und tötete den Schlangenfürsten.

Dann schritt das Weib aus dem Leib wieder heraus, heraus flogen die Vögel, und heraus lief das Wild.

In der Täktäbäi-Märgän-Mythe der Altejar-Mongolen[9] heißt es:

Der Jüngling trat in den Mund des Ker Jupta (Ungeheuer). Seine Unterlippe befestigte er mit einem Nagel fest an die Erde, seine Oberlippe fest an den Himmel. Den Bauch des Ker Jupta zertrat er. Wieviel unzählbares Volk kam da heraus!

Bei den Kirgisen[10] ist das Ungeheuer ein siebenköpfiger Dschalmaus, ein Drache:

Der Drache kam an die Oberfläche der Erde und verschlang die Frau des Kan Schentäis, seine sechzig buntköpfigen Kamele, die vierzig Mädchen und vierzig Jünglinge und all seinen Reichtum. Er schnappte und verschwand wieder unter der Erde.

Kan Schentäi sann auf Rache. Er band einen Strick um seine Hüften und sprach zu seinen drei Helfern: «Ich will mich in die Erde hinunterlassen. Ihr erfaßt das eine Ende des Strickes! Wenn ich das andere Ende bewege, zieht!»

Kan Schentäi ließ sich am Seil unter die Erde hinab. Dort war ebenso eine Welt. Den Strick ließ er dort und ging dem Sonnenuntergang zu. Eines Tages kam er zu zahlreichem Vieh. Es stand dort ein Haus wie ein Berg, in dem der siebenköpfige Dschalmaus, der Drache, schlief. Neben ihm sah er sein Weib.

Sie sagte: «O mein Gemahl, du wirst sterben!» – Doch Kan Schentäi erwiderte: «Wenn ich diesen nicht töte, kann ich dich nicht fortführen.» Er zog sein Schwert und hieb nach einem Kopf des Drachen.

Da sprang der Drache auf. Miteinander kämpften sie sieben Tage und sieben Nächte, bis ein weißbärtiger Mann Kan Schentäi zu Hilfe kam und mit einem eisernen Stock die sieben Köpfe zertrümmerte.

Kan Schentäi schnitt den Leib des Drachen auf. Da waren alle verschluckten Menschen in seinem Innern noch lebendig. Lärmend kamen sie heraus. Kan Schentäi führte Volk und Vieh zum Schacht, riß am Seil, doch die Helfer vermochten sie nicht emporzuziehen.

Verzweifelt zog Kan Schentäi in der Unterwelt umher. Da hörte er drei junge Adler auf einer Espe weinen, weil ein Drache sie bedrohte. Er zog sein Schwert und tötete den Drachen. Zum Dank versprach ihm die Adlermutter Rettung. Kan Schentäi, sein Weib, sein Volk und sein Vieh, stiegen auf den Adler und flogen empor. Als die Nahrung für den Adler ausging, schnitt Kan Schentäi Fleisch von seinen eigenen Schenkeln. So erreichten sie die Erdoberfläche.

Der Adler spie das Fleisch von den Schenkeln wieder aus und gab es Kan Schentäi zurück. «Lege dieses Fleisch an deine Schenkel!» sagte er – und es wuchs wieder an. Kan Schentäi kam nach Hause, fand dort seine Eltern und regierte das Volk.

Im nordeuropäischen Raum scheint der Wolf[11] die Rolle der Urschlange übernommen zu haben. Darauf deutet ein anderes Wort für Midgardschlange, nämlich Jörmundgandr (Gandr heißt Wolf), was soviel bedeutet wie «allgemeiner Wolf». Umgekehrt ist im Wort Fenris-Wolf die Bedeutung des Meeres noch enthalten, denn Fen heißt ursprünglich «Meer». Die Götterdämmerung beginnt dadurch, daß der Fenris-Wolf loskommt, beziehungsweise die Urschlange loskommt und das Meer das Land überflutet. Dann heißt es, daß der Fenris-Wolf mit klaffendem Rachen einherstürzt, daß sein Oberkiefer den Himmel, sein Unterkiefer die Erde berührt und daß er seinen Rachen noch weiter aufsperren würde, wenn noch mehr Raum vorhanden wäre. Da setzt Widar dem Wolf den Fuß auf den Unterkiefer, und mit der Hand greift er nach dem Oberkiefer und reißt ihm den Rachen entzwei.

Wenn die Metamorphose der Urschlange in den Wolf stimmt, dann sind auch die Märchen von Rotkäppchen, von den sieben Geißlein mit dem gefräßigen Wolf, der die Kinder wieder hergeben muß, von Daumesdick auch hier anzusetzen[12]. Das Füllen des Bauches mit Steinen ist dann wieder das weltbekannte Motiv, wie das Ungeheuer getötet wird.

Im gleichen Zusammenhang steht die griechische Mythe vom Kampf des Herakles vor Troja[13]. Dort war die Tochter Laomedons, Hesione, nackt bis auf die Juwelen als Sühneopfer an den Meeresgott Poseidon an einen Felsen der Küste gekettet worden. Poseidon hatte in seinem Zorn ein Meerungeheuer gegen Troja geschickt, das mit seinem Wasserschwall die Felder ruinierte und Menschen verschlang. Herakles löste das Mädchen von den Fesseln und nahm den Kampf mit dem Ungeheuer auf. Er sprang ihm mit voller Rüstung in den Rachen. Drei Tage verbrachte er im Bauch des Ungeheuers, kam aber siegreich wieder hervor. Der Aufenthalt im Drachenbauch hatte auch ihn jedes Haar seines Kopfes gekostet.

Daneben gibt es Versionen der Perseus-und-Andromeda-Sage[14], in der Perseus vom Ungeheuer (Ketos) verschlungen wurde, Perseus aber dessen Leber zerhackte, dann wieder aus dem Rachen sprang und Andromeda rettete.

Vogel und Schlange

Das umfassendste Bild der Einheit wie des Kampfes von Kosmos und Chaos, von Licht und Dunkel, von Oben und Unten, ist die Gegenüberstellung von Vogel und Schlange[1]. Der Vogel, der schwere- und mühelos durch die Lüfte fliegt, und die Schlange, die unbeholfen über den Erdboden kriecht, sind schon durch ihre Lebensweise Antipoden. Der Vogel ist der Sonne und dem Licht zugesellt, die Schlange gehört der Erde und dem Dunkel an. Der Phönix – als Exponent der Vogelwelt – verbrennt im Feuer und ersteht zu neuem Leben, die Schlange häutet sich und erlangt Unsterblichkeit. Nach den Paiwan auf Taiwan sind Vögel und Schlange Tsemas – geistige Wesen – und erscheinen als Boten höherer Geister.

In der germanischen Mythologie[2] sitzt der Adler, der Vielwisser, auf der Weltenesche Yggdrasil, und an den Wurzeln des Baumes nagt der Drache Nidhögg, bis dereinst der Baum stürzen wird. Ein Eichhörnchen rennt am Stamm auf und ab und meldet die Beschimpfungen, die sich Adler und Drache gegenseitig antun.

Die Gründungs-Sage der Stadt Tyrus[3] berichtet von einem Adler, der auf dem Ölbaum (Weltenbaum) sitzt, und von einer Schlange, die den Stamm umringelt.

Die Sumerer[4] kannten einen Baum, der am Ufer des Euphrats wuchs. Doch der Wind riß ihn aus, und der Fluß schwemmte ihn fort. Inanna (Ishtar) sah es, nahm ihn aus dem Fluß und pflanzte ihn in ihren Garten zu Uruk, damit sie später aus seinem Holz ein Bett und einen Stuhl machen könne. Doch als der Baum groß geworden war, vermochte sie ihn nicht umzuhauen. In seinen Wurzeln nistete die Schlange, «die über jeden Zauber erhaben ist», und in seiner Krone nistete der Vogel Zu.

In der Schöpfungsmythe der Ngadju-Dajak auf Borneo[5] sitzen zwei Nashornvögel in den Zweigen des Weltenbaumes, während sich die Wasserschlange am Fuß des Baumes befindet.

In den Mythen Ostneuguineas gelingt es einzig den Vögeln Papagei und Kasuar, die Riesenschlange aus dem Schoß der Frau zu locken. Erst dann kann die Schlange getötet werden. Aus ihrem Leib entstehen die Bodenfrüchte.

Von Alexander dem Großen[6] hieß es, daß er der Sohn einer menschlichen Mutter und eines Schlangenvaters sei. Sein weltbeherrschender Aufstieg wurde offenbar mit der Einung von Adler und Schlange verglichen. Denn es hieß bei seinem Tode: Ein Adler und eine feurige Schlange fielen vom Himmel ins Meer.

Der älteste Bericht eines Kampfes zwischen Adler und Schlange stammt aus dem sumerischen Etana-Mythos:

In jener Zeit lebten ein Adler und eine Schlange. Zunächst lebten sie in Frieden und Eintracht miteinander, dann aber trat Feindschaft zwischen sie, und der Adler sprach zur Schlange: «Ich werde deine Jungen fressen!» Ein Adlerjunges warnte ihn: «Tu es nicht, denn Schamasch wird dich dafür bestrafen!» Doch der Adler fraß die Schlangenbrut.

Da beklagte sich die Schlange bei Schamasch und flehte ihn um Vergeltung an. Schamasch erhörte ihr Flehen und riet ihr, in die Berge zu ziehen, wo sie auf einen toten Wildochsen stoßen werde. In den solle sie hineinschlüpfen; bald danach würden sich allerlei Raubvögel auf dem Aas niederlassen, darunter der Adler. Sobald er sich anschicke, von dem toten Ochsen zu fressen, solle sie ihn bei seinen Flügeln fassen und sie ihm abreißen, damit er nicht entfliehen könne und vor Hunger und Durst umkomme, nachdem sie ihn auch noch in eine Grube geworfen habe.

Die Schlange folgte dem Rate Schamaschs. Sie fand den toten Wildochsen, verbarg sich in ihm, und wirklich kamen alsbald allerlei Vögel. Auch der Adler kam und sagte zu seinem Jungen: «Wohlan, laß uns hinfliegen und vom Fleische dieses Ochsen fressen!» Und abermals warnte das hochgescheite Adlerjunge und sprach: «Hüte dich, mein Vater, fliege nicht hinzu! Vielleicht lauert im Leib dieses Wildochsen die Schlange!» Doch der Adler schlug die Warnung in den Wind.

Er ließ sich auf dem Aas nieder und machte sich daran, von dem Fleisch zu kosten. Da packte ihn die Schlange bei den Flügeln, riß sie ihm ab und warf ihn, ohne auf sein Jammern zu achten, in eine Grube, damit er darin vor Hunger und Durst umkomme. Mochte er auch noch so sehr um Erbarmen flehen, die Schlange blieb unerbittlich[7].

Anders endet der Kampf zwischen Vogel und Schlange in der indischen Mythe von Garuda[8]:

Der adlerhafte Garuda ist der König der Vögel. An Schnelligkeit übertrifft er den Wind und genießt große Verehrung als Reittier Vishnus, der in seiner erhobenen Hand den scharfrandigen Kampfdiskus hält, die feurige Sonnenscheibe, das Rad mit tausend Speichen, das er siegreich gegen seine Widersacher schleudert.

Er stammt wie die Schlange vom weisen Kasyapa ab. Seine Mutter heißt Vinata, die ihn als Ei gelegt. Er hat den Kopf, die Flügel, die Schwanzfedern und den Schnabel eines Adlers, jedoch den Leib und die Gliedmaßen eines Menschen. Sein Gesicht ist weiß, die Flügel sind rot, der Körper ist goldfarben. Bei seiner Geburt glänzte er so sonnenhaft hell, daß man ihn für den Feuergott Agni hielt und ihn anbetete.

Garuda haßt das Böse und verschlingt die Sünder. Sein Haß gegen Schlangen kennt keine Grenzen, denn Vinata, seine Mutter, war mit Kadru, der Hauptfrau Kasyapas und Mutter des Schlangenkönigs Vritra, eine Wette eingegangen. Kadru behauptete, die Pferde am Sonnenwagen seien schwarz, Vinata sagte, sie seien weiß.

Kadrus Schlangensöhne spritzten Gift auf die Pferde, daß sie Vinata schwarz erschienen. Durch diesen Betrug verlor Vinata die Wette und wurde Kadrus Sklavin, die sie zu den Schlangen in die Unterwelt sperrte.

Garuda erhielt Kunde, trat vor Kadru und bat um Freilassung seiner Mutter. Die Nāgas waren einverstanden unter der Bedingung, daß Garuda für die Schlangen das Amrita, den himmlischen Nektar, hole. Garuda flog zum Himmel hinauf und durchquerte unbeschadet die mächtigen Flammen, die von heftigen Winden geschürt wurden. Er hatte zuvor das Wasser von neunmalneunundneunzig Flüssen leergetrunken und löschte damit die Flammenglut.

Das nächste Hindernis war ein Rad, das sich schnell drehte und tödlich scharfe Speichenblätter hatte. Garuda machte sich schmal und schlüpfte hindurch. Als drittes Hindernis drohten zwei feuerspeiende Schlangen. Garuda warf ihnen Staub in die Augen und hieb sie in Stücke. Dann zerbrach er das Rad und floh mit dem Becher Amrita.

Die Götter verfolgten ihn, und Indra traf ihn mit dem Donnerkeil. Beide fochten, doch Indra unterlag, und seine Waffe zerbrach. Garuda brachte den Nektar zu den Nāgas und setzte den Becher auf einen Grasteppich, worauf die Nāgas seine Mutter freiließen.

In diesem Moment stach Indra hernieder und trug den Becher wieder weg, bevor die Nāgas ihn ergreifen konnten, denn sie waren daran, sich durch reinigende Abwaschungen auf den Genuß des Nektars vorzubereiten. Gierig leckten sie die paar Tropfen, die Indra verschüttet hatte. Daher kommt es, daß die Schlangen unsterblich sind. Doch der Trank war so stark, daß er ihre Zungen spaltete.

Von jener Zeit an herrschte Feindschaft zwischen Garuda und den Schlangen. Wann immer es ihm beliebte, stach er auf Schlangen hernieder und verzehrte sie. Die Schlangen schwanden schnell an Zahl. Vāsuki, der Schlangenkönig, fürchtete den Untergang des Nāga-Geschlechts. Darum sprach er zu Garuda: «Jeden Tag will ich dir zur Nahrung eine Nāga senden, dafür suche unser Reich Pātāla nicht weiter heim! Denn der Untergang des Nāga-Geschlechts wäre auch dein großer Verlust.»

Eines Tages war die Reihe an Śankhachūda[9]. Schon brachte ihn ein Soldat an die Küste. Seine Mutter begleitete ihn unter Tränen. Da kam der Eremit Jīmūtavāhana vorbei, ein Königssohn voll Erbarmen mit der Kreatur, und war entschlossen, sich selbst für Śankhachūda zu opfern.

Als Śankhachūda angesichts des baldigen Todes schnell noch in den nahen Shiva-tempel trat, um Shivas Segen zu erbitten, trat Jīmūtavāhana an seiner Stelle auf den Opferaltar. Da erzitterte die Erde von dem Flügelschlag Garudas, und hernieder stach der große Vogel, schnappte mit seinem Schnabel die edle Beute und flog mit ihr davon auf einen hohen Berg.

Als Śankhachūda aus dem Tempel trat, fand er nur noch Blutspuren um den Altar. Er folgte ihnen auf den hohen Berg und bot sich an Jīmūtavāhanas Stelle als Opfer an. Garuda erkannte sein großes Unrecht, holte zur Sühne Nektar vom Himmel und heilte damit die Wunden, die er Jīmūtavāhana bereits zugefügt hatte, und belebte die Knochen jener Schlangen, die er bis dahin verzehrt hatte.

Durch das Opfer also wurde die Harmonie des Kosmos wieder hergestellt.

Auch aus den beiden amerikanischen Kontinenten ließen sich viele Beispiele für den Kampf zwischen Vogel und Schlange aufreihen. Die Harmonie des Kosmos drückten die Maya[10] durch den Schlangenvogel aus, der auf der Wölbung der zweiendköpfigen Schlange sitzt, oder durch den Weltenbaum, auf dem – gemäß dem Sarkophagrelief eines Fürstengrabes – der Schlangenvogel sitzt, während sich um seinen Stamm der Himmelsdrache windet. Der Baum erhebt sich über (oder hinter) dem Leibe eines geopferten Menschen.

Diese Harmonie fand in der minoischen Kultur[11] Ausdruck, in dem die Muttergottheit bald als Schlange, bald als Vogel dargestellt wurde. Nietzsche gab ihr dichterischen Ausdruck in «Also sprach Zarathustra»:

Ein Adler zog in weiten Kreisen durch die Luft, und an ihm hing eine Schlange, nicht einer Beute gleich, sondern einer Freundin: Denn sie hielt sich um seinen Hals geringelt. «Es sind meine Tiere», sagte Zarathustra und freute sich von Herzen. «Das stolzeste Tier unter der Sonne und das klügste Tier unter der Sonne – sie sind ausgezogen auf Kundschaft.»[12]

ANHANG

Die Schlange im Traum

TRAUMDEUTUNG IM DORF

Der Stamm der Paiwan hat in jedem Dorf seine Traumdeuter. Wer nachts einen besonderen Traum träumt, geht morgens zu den alten Leuten im Dorf, die von den Vorfahren die Kunst des Traumdeutens übernommen haben. Man sitzt zusammen, bespricht den Trauminhalt und deutet seine Symbole.

Ich habe nicht herausgebracht, wie sie den Traum, der schlicht Vortagserlebnisse verarbeitet, vom zukunftsträchtigen Traum unterscheiden. Ich war zu sehr fasziniert von ihrem Traumschlüssel. Dieser wurde seit je tradiert. Entsprechend sind auch die Traumsymbole altgewohnt und entsprechen der Kultur dieses Stammes. Das bedeutet offensichtlich, daß jede Kulturstufe sich ihre eigenen Traumsymbole schafft und darum auch einen eigenen Traumschlüssel benötigt.

So bedeutet etwa der Traum, man verliere einen Zahn, daß Vater oder Mutter bald sterben werden. Wenn man im Traum ein neues Haus baut – vor allem wenn dieses neue Haus kleiner wird als das alte –, bedeutet es, daß jemand in der Familie sterben wird. Wenn man von einem lustigen Fest träumt, bedeutet es baldige Totenklage in der Familie – das Freudsche Prinzip der Verstellung beziehungsweise Umkehrung des latenten Trauminhaltes ist hier bei den Traumexperten dieser «primitiven» Gesellschaft schon längst erkannt.

Über die Schlangen haben sie sehr klare Vorstellungen. Wenn eine Frau von einer Schlange träumt, bedeutet es, daß sie ein männliches Kind gebären wird. Dieser Traum gehört in die Reihe der Träume vom Buschmesser, Gewehr, Speer oder ähnlichem. Sie alle deuten auf die Geburt eines männlichen Kindes. Träumt eine Frau hingegen vom Kopf-, Arm- oder Brustschmuck oder von einer Uhr, dann wird sie sicher ein Mädchen gebären. Andererseits bedeutet der Verlust des Schmuckes im Traum, daß eine der Töchter bald sterben wird, wie der Verlust von Buschmesser, Gewehr oder Speer auf den Tod eines der Söhne hindeutet.

Daß diese Traumdeutung keineswegs willkürlich ist und isoliert dasteht, zeigen die chinesische und die indische Traumdeutung[1]. In verschiedenen Gegenden Festlandchinas deutet die Schlange im Traum auf die Geburt eines Sohnes oder einer Tochter hin[2]. Im Ch'ing-hai-Gebiet, Nordwestchina, deutet der Traum von einer schwarzen Schlange auf die Geburt eines Mädchens, von einer grauweißen auf die Geburt eines Knaben[3]. Auch in Indien wird die Erscheinung der Nāga im Traum als Hinweis auf Kindersegen gedeutet[4].

DIE VERSCHLÜSSELTE SPRACHE DES TRAUMES

Die fernöstliche Traumdeutung hat seit je eine der grundsätzlichen Erkenntnisse Freuds vorweggenommen: Die Entstellung im Traume[5]. Sie bedeutet, daß sich der manifeste Trauminhalt – was wir vom Traum wissen – und der latente – was hinter dem Traum verborgen liegt – nicht decken. Der latente ist vielmehr entstellt, wenn er nicht gar das Gegenteil bedeutet von dem, was er darstellt.

In China bedeutet der Traum sehr oft – aber nicht immer – genau das Gegenteil von dem, was er auszusagen scheint. Die Traumwelt ist, wie die Unterwelt im Chinesischen, eine «umgekehrte» Welt. Die Dinge stehen kopf[6]. So besagt im Traum etwa ein Sarg kommenden Reichtum[7]. Im Examen durchfallen, bedeutet Erfolg[8].

Dasselbe gilt von der Schlange. Für den Chinesen ist die Begegnung mit einer Schlange etwas ungemein Schreckliches, und doch hat die Schlange in seinem Traum meist eine positive Bedeutung. Die Schlange deutet auf Reichtum oder Glück hin. Viele Schlangen im selben Traum bedeuten viel Glück[9]. Bei einer verheirateten Frau kann dieses Glück von der Schwangerschaft her verstanden werden.

Die Schlange wirft ihre Haut ab, vermag sich also zu verändern.

Schlangenträume bedeuten darum Veränderung. Alle Kümmernis und Besorgnis werden sich auflösen[10]. Der chinesische Traumschlüssel Chou Kung Chien Meng sagt: Wenn Schlangen einen beißen, erhält man großen Reichtum[11].

Im indischen «Traumschlüssel des Jagaddeva»[12] hat der Traum von einer Schlange eine schlechte Bedeutung, wenn man die Schlange bloß sieht oder wenn man sie tötet. Wird der Träumer von der Schlange gebissen – besonders wenn es eine weiße ist –, oder ergreift und bändigt der Träumer die Schlange, dann bedeutet es Glück.

DAS TRAUMBUCH DES GRIECHEN ARTEMIDOR

Der Grieche Artemidor, der im zweiten Jahrhundert nach Christus sein Traumbuch Oneirokritika[13] schrieb, hat eine ganze Reihe wertvoller Kriterien für die Traumdeutung im allgemeinen wie für die Deutung von Schlangenträumen im besonderen aufgestellt.

So hat er Freuds These vom manifesten und latenten Trauminhalt um 1700 Jahre vorausgenommen, sagt er doch: «Die Unterscheidung zwischen dem Traum einerseits und dem Traumgesicht andererseits ist nicht unwesentlich... Es unterscheidet sich das Traumgesicht vom Traum dadurch, daß jenes die Zukunft voraussagt, dieser die Gegenwart andeutet[14].» Man sieht hier deutlich die Ausrichtung der Traumdeutung auf das Geschäftliche, weswegen die prospektive Bedeutung in den Vordergrund rückte und die Assoziation mit Komplexen des Persönlichkeitskerns vernachlässigt wurde.

Aber auch schon die Freudsche These vom entstellten Trauminhalt hat Artemidor weitsichtig vorausgenommen, weitsichtig auch, weil er ihn in einen großen Zusammenhang stellt. Er unterscheidet zwischen theorematischen und allegorischen Traumgesichten. Die theorematischen «entsprechen vollkommen der Wirklichkeit, wie sie ist», die allegorischen geben der Wirklichkeit «in verschlüsselter Form» Ausdruck[15].

Bei den Tieren, sagt er, muß man von ihren Charaktereigentümlichkeiten ausgehen. Großgesinnte, freiheitsliebende Tiere wie der Löwe, der Elefant oder der Adler deuten auf eine entsprechende Seelenvorstellung des Träumers. Stumpfsinnige, faule und hinterlistige Tiere deuten auf Menschen des gleichen Charakters. Die furchtbaren, sehr großen und kraftvollen giftigen Tiere wie der Drache – im Griechischen heißt Drache soviel wie Schlange –, der Basilisk und die Kreuzotter umgeben uns mit mächtigen Männern. Hingegen die mit einer Menge Gift versehenen – wie die Aspis, die Viper, die Seps – mit reichen Männern und Frauen. Jene aber, die mehr schrecklich erscheinen als wirklich mächtig sind, wie die Aeskulapschlange und die Blindschleiche, deuten auf Schmeichler und unzuverlässige Menschen in unserer Umgebung[16].

Ein anderes wichtiges Kriterium der Traumdeutung ist der Träumer selbst. Wenn eine Frau träumt, sie habe eine Schlange zur Welt gebracht, so deutet das auf einen Knaben hin. Eine reiche Frau träumte diesen Traum. Bei ihr bedeutete dieser Traum, daß der Sohn ein berühmter Redner werde. Denn Reichtum ist der Zehrpfennig für Bildung. Die Gattin eines Priesters träumte denselben Traum. Das heißt, daß der Sohn ein Hierophant – oberster Kultusbeamter – werde. Die Tochter eines Wahrsagers träumte ebenfalls denselben Traum. Darum wurde ihr Sohn ein vorzüglicher Wahrsager. In dieser Art bietet Artemidor acht Fälle zur Illustration des Schlangentraumes einer Schwangeren[17].

Von den verschiedenen Erscheinungsformen der Schlange deutet Artemidor auf den Inhalt des Schlangentraumes. Da die Schlange ein heiliges Tier ist, kann sie Symbol der Götter wie Zeus, Sabazius, Helios, Demeter, Kore sein. Wenn sich die Schlange im Traum in einen Mann verwandelt, stellt sie einen Heroen dar, wenn sie sich in eine Frau verwandelt, eine Heroin.

Die Schlange bedeutet wegen ihrer Kraft den Kaiser oder den leitenden Beamten. Da ihr Körper lang und schmal ist und sie ihre Haut ablegt und sich verjüngt, ist sie ein Symbol der Zeit. Sie ist aber auch ein Symbol des Reichtums und der Güter, denn sie bewacht Schätze.

Aus der Art und Weise, wie sich die Schlange gibt, kann Artemidor vieles deuten. Wenn sie sich nähert, etwas spricht oder gibt und durch das Züngeln der Zunge zeigt, daß sie nicht böse ist, verkündet sie großes Glück. Wenn sie sich anders gibt, bedeutet es Schlimmes.

Umschlingt sie oder fesselt sie jemanden, so bedeutet das Verwicklungen und Kerkerhaft. Für einen Kranken bedeutet es Verderben und Tod, denn die Schlange ist auch ein Kind der Erde, kommt aus der Erde und verschwindet in der Erde. Wie die Schlange den Träumer zurichtet, so richtet in Wirklichkeit die Krankheit den Träumer zu. Die Giftigkeit der Schlange bedeutet Geld und infolgedessen auch reiche Frauen. Ihr Angriff und ihr Biß wie ihre Umschlingung bedeuten nach der eigenen Beobachtung Artemidors Gutes – im Widerspruch zu dem, was er vorher gesagt hat.
Träumt einer von seiner Frau, sie trage eine Schlange im Busen und habe ihr Vergnügen daran, dann deutet das auf Ehebruch. Hat die Frau dabei aber Angst, wird sie krank werden; und sollte sie zur Zeit des Traumes schwanger sein, heißt das, daß sie das Kind nicht lebend gebären wird[18].

FREUDS STANDARDWERK «DIE TRAUMDEUTUNG»

Bei der überragenden Bedeutung, die Sigmund Freuds Buch «Die Traumdeutung» zukommt, möchte man erwarten, daß Freud sich eingehend mit der Schlange im Traum beschäftigt hat, zumal er typische Träume wie den «Verlegenheitstraum der Nacktheit»[19], den «Traum vom Fliegen», den «Traum vom Herunterfallen», den «Prüfungstraum» eingehend behandelt. Das Schlangensymbol müßte ihm bei seiner Tendenz, allem eine sexuelle Deutung zu geben[20], höchst willkommen erscheinen. Umso mehr überrascht, daß in diesem ganzen Werk nicht mehr zu finden ist als die kurze Stelle: «Von den Tieren, die in Mythologie und Folklore als genitale Symbole verwendet werden, spielen mehrere auch im Traum eine Rolle: der Fisch, die Schnecke, die Katze, die Maus (der Genitalbehaarung wegen), vor allem aber das bedeutsamste Symbol des männlichen Gliedes, die Schlange.»[21]

DIE SCHLANGE – SYMBOL DES UNBEWUSSTEN

Ganz anders ist das Verhältnis C. G. Jungs zum Schlangensymbol. Die geradezu zahllosen Stellen in seinen Schriften beweisen, daß sich Jung intensiv und immer wieder neu mit der Schlange im Traum beschäftigt hat. War für Freud der Traum rückwärts gerichtet auf Erlebnisse, die vorausgingen und auf die der Assoziationstest hinführte – oder im besten Falle Erfüllung der Wünsche des Träumers, so war für Jung der Traum vornehmlich zukunftsgerichtet mit einer erzieherischen Botschaft an den Träumer.

In diesem Sinne sieht Jung auch das Schlangensymbol. Versucht man es ganz allgemein zu formulieren, ist die Schlange im Traum Ausdruck des Unbewußten. Das Unbewußte ist die Komplementärseite des Bewußten. Will sich dieses Unbewußte im Traum sichtbar machen, nimmt es – neben anderen Möglichkeiten – die Form der Schlange an.

Wie die Schlange mit ihrem kriechenden Gang zu den unteren Stufen der Tierwelt gehört und wie sie sich meist im Innern der Erde aufhält und dann ganz plötzlich und unerwartet dem Menschen erscheint, so taucht das Unbewußte, das den tiefsten Schichten des Menschen angehört, plötzlich und unerwartet in das Gesichtsfeld des Träumers. Ganz unerklärlich ist ja, wie Menschen, die kaum einmal etwas von Schlangen gehört oder je eine länger gesehen haben, intensive Schlangenerfahrung im Traum bekunden.

Die Schlange ist das häufigste Symbol für die dunkle chthonische Triebwelt[22]. –
So gehört zum Manne auch das Weibliche, und zwar seine eigene unbewußte Weiblichkeit, die ich als Anima bezeichnet habe. Sie tritt bei Patienten häufig in der Gestalt der Schlange auf[23]. –
Alles, was die Schlange berührt, wird numinos, das heißt unbedingt, gefährlich, tabuiert, magisch. Sie ist die Schlange im Paradies des harmlosen Menschen voll guter Vorsätze und Absichten[24]. –
In der Regel drückt sie (die Schlange) eine abnorme Belebung des Unbewußten (ein konstelliertes Unbewußtes) und die damit verbundenen physiologischen (abdominalen) Symptome aus[25]. –
Sie (die Schlange) ist ein treffliches Symbol des Unbewußten[26]. –
Fisch und Schlange sind nämlich beliebte Symbole zur Bezeichnung von psychischen Bewegungen oder Erlebnissen, die überraschend, erschreckend oder erlösend aus dem Unbewußten auftauchen[27]. –

Die Begegnung mit einem durch ein Loch aus dem Dunkel des Erdinnern kriechenden Reptil ist für die meisten Menschen ein höchst
schreckliches, sämtliche Kräfte lähmendes Erlebnis.
Eine ähnliche Wirkung hat das Schlangenerlebnis im Traum, wenn
die Grundkraft der Seele, die Libido, aus dem Unbewußten aufsteigt
und sich im Bewußten bemerkbar macht. Immer ist es das Zeichen
einer Diskrepanz zwischen Bewußtem und Unbewußtem, wobei das
Unbewußte sich als das Stärkere erweist. Das scheinbare Gleichgewicht zwischen Innen und Außen, zwischen Oben und Unten, zwischen Bewußtem und Unbewußtem ist gebrochen. Aus dem Span-
nungsfeld des Unbewußten fließt ein Strom ins Feld des Bewußten.
Der Individuationsprozeß beginnt und führt erst auf einer höheren
Stufe zum Ausgleich.

Die Schlangenträume, welche bekanntlich häufig vorkommen, weisen immer auf
eine Diskrepanz zwischen der Haltung des Bewußtseins und dem Instinkt hin. Die
Schlange personifiziert die Bedrohlichkeit eines derartigen Konfliktes. Das Erschei-
nen der grünen Viper bedeutet daher etwas wie: «Achtung, Lebensgefahr!»[28] –
Die Schlange spielt als Angstsymbol in den Träumen keine geringe Rolle[29]. –
Letztere (die Schlange im Traum) ist seit alters das Symbol für die Gefahr, um-
schlungen, verschlungen oder vergiftet zu werden[30]. –
Drachen und Schlangen sind die Symbolrepräsentanten der Angst vor den Folgen
der Tabuverletzung, das heißt der Regression zum Inzest. In jungen Jahren ist die
Angst, die Schlangenträume wecken, eine Angst vor dem Unbekannten des Lebens,
im Alter ist sie Ausdruck der Angst vor dem Tode[31]. –
Bedrohend wie eine Schlange, das Symbol der Todesangst[32]. –
Der Jugend bedeutet sie (die Schlange im Traum) Angst vor dem Leben, dem Alter
dagegen Angst vor dem Tod[33]. –
Daß die Schlange in diesem Zusammenhang wirklich ein Todessymbol ist, geht
auch aus dem Umstand hervor, daß die Seelen der Verstorbenen, den chthonischen
Geistern gleich, als Schlangen erscheinen, als Bewohner des Reiches der Todesmut-
ter[34]. –

DIE SEXUELLE BEDEUTUNG DES SCHLANGENTRAUMES

Das Unbewußte ist, schlicht gesagt, das noch nicht gelebte Leben, das
potentielle Leben des Individuums. Die Libido ist der Energie-Aspekt

dieses Lebens. Sie ist der Motor hinter jeglicher menschlichen Ent-
wicklung im Aufstieg des Lebens. Sie wirkt sich darum vornehmlich
auf dem sexuellen Bereich aus, dessen Ziel die Koppelung von Le-
benskräften mit der Wirkung der Fruchtbarkeit, des Reifens neuen
Lebens ist.

Der Schlange als Ausdruck potentiellen Lebens im Menschen kommt
denn auch im Schlangentraum sexuelle Bedeutung zu. Schlangenträume sind dann Hinweis auf noch nicht erfahrene oder gelebte Se-
xualität. Es wäre aber falsch, diesen Teil im Leben des Menschen
hochzuspielen und dadurch den alles überragenden Aspekt des
Schlangensymbols als Ausdruck der gesamten Lebensenergie in den
Hintergrund zu drängen.

Hier wird die Libido zum Feuer, zur Flamme und zur Schlange[35]. –
Viele Traumbilder haben allerdings entweder einen sexuellen Aspekt oder drücken
erotische Konflikte aus. Dies wird besonders deutlich am Motiv der Gewalttat…
Dieses Thema hat unzählige Varianten… die Gefahr wird durch wilde Tiere ver-
anschaulicht… schließlich durch Schlangen in endloser Abwandlung. Bald kriecht
die Schlange in den Mund, bald beißt sie in die Brust wie Kleopatras legendäre
Schlange, bald gefällt sie sich in der Rolle der paradiesischen Schlange[36]. –
Symbol der Schlange…, die im Mysterium in den Gläubigen eintritt, ihn befruchtend und vergeistigend, daneben aber phallische Bedeutung besitzt[37]. –

SCHLANGENTRAUM – SYMBOL DER ERREICHTEN HARMONIE

Am Ende des Individuationsweges steht die Harmonie. Die Osmose
der unbewußten Kräfte durch das Bewußtsein kommt zum Abschluß. Wohl ist das Unbewußte noch da, aber der Kräfteausgleich
hat stattgefunden. Die beiden stehen im Gleichgewicht. Die vier see-
lischen Fähigkeiten sind entwickelt. Eine abschließende Ganzheit füllt
die Seele, die ihr Symbol im Kreise findet.

Dieses genau bedeutet die Uroborosschlange, die sich in den eigenen
Schwanz beißt und somit einen Kreis bildet. Dieselbe Ganzheit ist
ausgedrückt im Bild der Mithrasreligion[38]: ein Mensch von unten bis
oben von einer Schlange umwunden. Kopf liegt an Kopf. Die Hochzeit mit dem Schlangenbräutigam findet statt. Die Conjunctio oppositorum ist erreicht. Die Schlangenträume haben ihren furchterregen-

Das Sonnenkind im Uroboros

den Charakter verloren. Der Träumer nimmt die Schlange in die Hände oder legt sie an den Busen. Kultur und Natur, das Ich und das Selbst haben sich gefunden.

Dieser Prozeß der Einung zur Ganzheit ist grundgelegt in der Symbolik der Schlange als Heilerfigur und in der Symbolik der weisen und prophetischen Schlange.

Die Schlange ist aber keineswegs nur ein nefastes, chthonisches Wesen, sondern, wie schon erwähnt, zugleich ein Symbol der Weisheit und mithin des Lichten, Guten und Heilsamen[39]. –

Es ist wichtig zu wissen, daß im klassischen Altertum, wie auch in anderen Zivilisationen, die Schlange nicht nur ein Tier war, das Furcht hervorrief und Gefahr bedeutete, sondern daß es auch Heilung bedeutete[40]. –

Nach Philo ist sie (die Schlange) von allen Tieren das geistigste, ihre Natur ist die des Feuers, ihre Schnelligkeit gewaltig[41]. –

Schon ganz am Anfang unserer Traumserie erscheint der Kreis. Er nimmt zum Beispiel die Form einer Schlange an, die einen Kreis um den Träumer herum beschreibt. (Anm.: eine Wiederholung des alten Symbols des οὐσοβόσος, des Schwanzfressers)[42] –

Auf dem Höhepunkt der Analyse, mit anderen Worten der Individuation, bricht das Erlebnis des Mandalatraumes durch, in dem sehr oft die Schlange eine integrierende Position einnimmt[43]. –

265

Die Schlange im Paradies

Die Schlange war schlauer als alle Tiere des Feldes, die Gott der Herr gemacht hatte. Sie sagte zur Frau: Hat Gott wirklich gesagt, ihr dürft von keinem Baum dieses Gartens essen? Die Frau entgegnete der Schlange: Von den Früchten des Baumes dürfen wir essen. Nur von den Früchten des Baumes, der in der Mitte des Gartens steht, hat Gott gesagt: Davon dürft ihr nicht essen und daran dürft ihr nicht rühren, sonst werdet ihr sterben.

Darauf sagte die Schlange zur Frau: Nein, ihr werdet nicht sterben. Gott weiß vielmehr: Sobald ihr davon eßt, gehen euch die Augen auf, ihr werdet wie Gott und erkennt Gut und Bös.

Da sah die Frau, daß es köstlich wäre, von dem Baum zu essen, daß der Baum eine Augenweide wäre und dazu verlockte, klug zu werden. Sie nahm von seinen Früchten und aß; sie gab auch ihrem Manne, der bei ihr war, und auch er aß.

...

Gott der Herr sprach zur Frau: Was hast du getan? – Die Frau antwortete: Die Schlange hat mich verführt, und so habe ich gegessen.

Da sprach Gott der Herr zur Schlange: Weil du das getan hast, bist du verflucht unter allem Vieh und allen Tieren des Feldes. Auf dem Bauch sollst du kriechen und Staub fressen alle Tage deines Lebens. Feindschaft stifte ich zwischen dir und der Frau, zwischen deinem Nachwuchs und ihrem Nachwuchs. Er trifft dich am Kopf, und du triffst ihn an der Ferse[1].

Da sprach Gott der Herr: Der Mensch ist geworden wie wir; er erkennt Gut und Bös. Daß er jetzt nicht die Hand ausstreckt, auch vom Baum des Lebens nimmt, davon ißt und ewig lebt!

Gott der Herr schickte ihn aus dem Garten Eden, damit er den Ackerboden bestelle, von dem er genommen war. Er vertrieb den Menschen und ließ östlich des Gartens von Eden die Cherubim lagern und das lodernde Flammenschwert, damit sie den Weg zum Baum des Lebens bewachten[2].

Kaum eine Stelle des Alten Testamentes hat auf den abendländischen Menschen nachhaltigeren Eindruck ausgeübt als die Geschichte vom Sündenfall[3].

In dieser kurzen Geschichte ist das ganze Drama des urzeitlichen Menschen zusammengefaßt. Die Spannung zwischen Himmel und Erde, Heil und Unheil, Glück und Unglück, Leben und Tod, göttlicher Vorsehung und menschlicher Freiheit finden hier ihre katastrophale Auflösung. Wenn wir die Collage theologischer Spekulation ablösen, entdecken wir darunter ein Bild, das weiten Kreisen der früheren Menschheit gemeinsam war. Das Thema, das die Menschen dieser Zeit so immens beschäftigte, war die Frage nach Leben und Tod, genauer gesagt, die Frage nach endlosem Leben oder frühem Sterben. Entweder strebte der Mensch in heroischem Einsatz – wie Gilgamesch – nach der Unsterblichkeit, oder sie wurde ihm als Geschenk von Gott zugedacht – wie in den afrikanischen Mythen von der «mißglückten Botschaft».

HÄUTUNG DER SCHLANGE UND MISSGLÜCKTE BOTSCHAFT

In diesem Drama von Leben und Tod bewirkt die Schlange – oder die ihr ähnliche Eidechse – die entscheidende Wende, indem sie das von Gott den Menschen zugedachte ewige Leben an sich reißt.
Der Grund (Aition) dafür ist die vom frühen Menschen immer wieder mit Bewunderung gemachte Beobachtung, daß sich die Schlange häutet[4]. Bei seiner trotz allem ungenügenden Naturbeobachtung bedeutete Häutung soviel wie Verjüngung und die wiederholte Häutung soviel wie endloses Leben[5]. Daß dieses endlose Leben nicht – wie erwartet – dem Menschen zufiel, sondern der Schlange, wurde nicht dem höchsten Wesen zur Last gelegt, sondern war einzig der Schlauheit der Schlange zuzuschreiben. Denn *nur* sie – oder die mit ihr verwandte Eidechse – wußte sich zu häuten.
Gilgamesch – im babylonischen Epos[6] – geht auf die Suche nach dem Kraut, das den Tod aufhält. Enkidu, sein Gefährte, war gestorben und in das Land ohne Rückkehr, ins Reich der Toten, gegangen. Gilgamesch packte die Angst, demselben Geschick ausgeliefert zu sein. Er brach auf, um bei seinem Ahnen Utnapischtim, der als einziger in der Sintflut nicht umgekommen war und darum mit ewigem Leben bedacht wurde, Auskunft zu erhalten. Lange mußte Gilgamesch wandern, viele Prüfungen mußte er bestehen, und beschwerlich war sein Weg.
Utnapischtim riet Gilgamesch, sieben Tage und sieben Nächte zu wachen, denn ewiges Leben heiße: Ewig wachen, nie müde werden, nie schlafen. Gilgamesch setzte sich in ruhende Stellung und versuchte die Probe zu bestehen. Doch er schlief ein. Das ewige Leben war mit eigener Anstrengung nicht zu erreichen. Gilgamesch hatte diese Chance verpaßt.

Utnapischtim zeigte ihm einen anderen Weg, wie er die Unsterblichkeit erlangen könne: «Ich will dir ein Geheimnis offenbaren: es wächst ein dorniges Kraut, das sticht wie die Dornen einer Rose. Kannst du dich seiner bemächtigen, kehre getrost nach Hause.»

Auf der Rückkehr tauchte Gilgamesch bis auf den Grund des Meeres und fand dort dieses Kraut des Lebens, das heißt «Grau-Bart wird wieder jung»[7]. Gilgamesch wollte das Geschenk des ewigen Lebens mit den Leuten seiner Heimat teilen.

Doch auf dem Weg kam er an einem Teich vorbei. Ihn gelüstete zu baden. So legte er das Kraut mit seinen Kleidern an das Ufer und stieg ins Wasser. Eine Schlange aber roch den Duft des Krautes, kroch herbei und fraß es. Alsbald warf sie ihre Haut ab und verjüngte sich. Den Menschen aber bleibt seither nur das Los des Todes. –

In Afrika kennen viele Völker die Mythe von der «mißglückten Botschaft»[8], worin die Unsterblichkeit als Geschenk Gottes an die Menschen dargestellt wird. So schickt Gott bei den Wute[9] das Chamäleon zu den Menschen mit der Botschaft, daß sie dauernd leben und nie sterben werden. Das kleine, langsame Reptil läßt sich aber vierzehn Tage Zeit und besorgt sich erst einen Kopfputz. Die Schlange hört von diesem Auftrag und macht sich schnell auf zu den Menschen. Sie verdreht die Botschaft und erzählt, Gott habe sie zu ihnen geschickt um zu melden: «Ihr werdet sterben und nicht leben.» – Das Chamäleon kommt mit der guten Botschaft zu spät.

Die Kono in Sierra Leone[10] erzählen: In den alten Zeiten lebten der erste Mann, die erste Frau und ihr kleines männliches Kind. Das höchste Wesen sagte zu ihnen, daß keines der drei sterben werde, sondern sie würden im Alter für ihre Leiber neue Häute bekommen. Er legte die neuen Häute in ein Bündel und gab dem Hund den Auftrag, diese den Menschen zu bringen.

Der Hund machte sich mit dem Bündel auf den Weg. Doch da traf er andere Tiere, die sich an einem Festschmaus aus Reis und Kürbiskernen gütlich taten. Sie luden den Hund ein, am Fest teilzunehmen. Dieser legte darauf seine Bürde nieder und nahm teil. Während des Festes fragten sie ihn, was denn in dem Bündel stecke. Und er erzählte die ganze Geschichte von den neuen Häuten, die er den Menschen bringen müsse.

Das hörte die Schlange, schlich unbemerkt davon, stahl das Bündel und teilte die Häute mit den anderen Schlangen.

Als der Hund bei den Menschen ankam, konnte er nur noch verkünden, daß die neuen Häute gestohlen worden seien. Mensch und Hund gingen darum zu Gott. Doch es war zu spät. Die Schlange behielt die Häute, und seither sterben die Menschen. Zur Strafe wurde die Schlange aus den Städten verbannt, daß sie allein lebe. Wenn immer jemand sie sieht, versucht er sie umzubringen.

Oft wird anstelle der schlauen Schlange die Eidechse[11] gesetzt, denn sie ist mit der Schlange unter anderem auch durch die Häutung verwandt.

Oder Gott selber schickt zwei verschiedene Tiere mit entgegengesetzten Botschaften[12]. Stets aber ist das eine Tier das schlauere.

Die Geschichte von der «mißglückten Botschaft» ist auch in Südostasien bekannt. Immer steht sie im Zusammenhang mit der Häutung und der damit verbundenen Verjüngung.

So sagen die Leute von der Gazelle-Halbinsel auf Neu-Britannien[13], daß das höchste Wesen To Kambinana die Menschen unsterblich machen wollte. Es sandte seinen Bruder To Korvuvu zu den Menschen und ließ ihnen mitteilen, daß sie jedes Jahr ihre Haut wechseln sollten. Den Schlangen aber sollte er sagen, daß sie fortan sterben müßten. To Korvuvu verwechselte die Botschaft. So häuten sich die Schlangen jedes Jahr und sterben nicht. Die Menschen aber sterben.

Eine ganz ähnliche Geschichte wird aus Vietnam berichtet[14].

In all diesen Geschichten – von den südostasiatischen sehen wir ab – geht es um drei Dinge: die Schlauheit der Schlange – beziehungsweise der Eidechse –, ihre Häutung und das endlose Leben. Diese drei Elemente gehören zusammen und lassen sich nicht voneinander trennen. Der Hintergrund der Sündenfallgeschichte zeigt noch deutlich denselben Zusammenhang. Zwar wird die Häutung nicht genannt, dafür ist das Thema des endlosen Lebens gegeben. Die Schlange reißt das Leben nicht an sich, aber sie erscheint immerhin «klüger als alle anderen Tiere»[15] – was auf die Häutung deutet – und verunmöglicht dem Menschen durch List, das ewige Leben zu gewinnen.

Bei Gilgamesch geht es um ein Kraut, bei den Wute um eine Botschaft, bei den Kono um ein Bündel mit Häuten, in der Sündenfallgeschichte um Früchte von zwei verschiedenen Bäumen[16] – der eine ist der Baum des Lebens, der andere ist dessen Privation: statt Leben – Erkenntnis zum Sterben. Unzweifelhaft liegt die älteste Schicht des Sündenfallberichtes im selben Stratum wie die Gilgamesch-Episode und die afrikanischen Mythen von der «mißglückten Botschaft»[17].

WÄCHTER DES SCHATZES

In diesem Zusammenhang gesehen verblaßt die Bedeutung der Paradiesschlange als Wächter des Baumes[18] – ein Requisit im Traditionsgut vieler Völker[19]. Denken wir etwa an die hundertköpfige, vielsprachige Schlange Ladon[20], die die goldenen verjüngenden Äpfel am Baum der Hesperiden bewacht, an die schreckenerregende, unsterbliche Schlange, die im Ares-Hain, «tausendmal» um die Eiche gewunden, das goldene Vlies bewacht[21]; im weiteren Sinne auch an die Weltenschlange am Fuße der Weltenesche[22], wo die drei Quellen entspringen und wo Wodan eines seiner Augen ins Wasser wirft, um daraus Weisheit zu erlangen, an die Schlange, die den Nibelungenhort[23] bewacht, oder an die zahlreichen Geschichten der Sagen- und Märchenwelt von der Schlange (oder dem Drachen), die einen Schatz bewacht[24].

Daß in der Paradiesgeschichte ein Substratum mit dem Motiv des Schatzwächters vorhanden ist, zeigt deutlich das Ende der Geschichte. Nachdem Adam und Eva unrechtmäßig in den Besitz quasi-göttlichen Wissens gelangt sind, vertreibt sie Gott aus dem Paradies und stellt Cherubim als Wächter an den Eingang – im Mesopotamischen Karibu –, geflügelte Wesen in der Art von Greifen, wie sie als Wächter an den Eingängen zu babylonischen und assyrischen Palästen häufig waren. Ihre Bedeutung ist der der Schlange oder des Drachen eng verwandt[25].

URSCHLANGE GEGEN GOTT

Möglicherweise darf hinter all den Mythen von der Häutung der Schlange, ihrer Schlauheit und ihrem Besitz des endlosen Lebens ein

Rest einer sehr frühen Vorstellung von der Ur-Macht der Schlange gesehen werden. Ihre Macht wäre dann durch das neue Gottesbild gebrochen. Noch scheint immerhin die Antagonie zwischen beiden Mächten durch[26].

Der biblische Sündenfall muß auch von dieser Perspektive her gesehen werden. Zwar wird in diesem Bericht nicht von der Tiamat, der babylonischen Urschlange in den Urwassern, geredet, auch nicht vom phönizischen Leviathan in den Urwassern, auch nicht vom ägyptischen Apophis der Unterwelt. (Auch ist hier noch kein Gedanke an Satan, den Widersacher Gottes, festzustellen.) Trotzdem stehen die theologischen Redakteure des Sündenfallberichtes zweifelsohne im Einflußbereich der Vorstellung einer Urschlange, doch scheint diese Vorstellung nur schwach durch[27]. Die Schlange ist bloß eines unter den Geschöpfen Gottes, wenn auch das klügste unter den Tieren[28].

Das Aition der Sündenfallgeschichte ist die Antwort auf die Frage, warum die Menschen das in ihrem Erwartungsbereich liegende, endlose Leben verloren haben. Das Hauptgewicht der Deutung liegt nicht auf der Schlange[29], sondern beim Menschen und seiner Unklugheit. Die Herkunft des Bösen wird nicht erklärt, sondern seine Existenz festgestellt[30].

Und doch zeigt Gen 3,15 das dualistische Denken des Redakteurs der Sündenfallgeschichte: «Feindschaft will ich setzen zwischen dich und das Weib, zwischen deinen Samen und ihren Samen. Er wird dir den Kopf zertreten, du aber wirst ihm die Ferse zertreten»[31].

Die Welt ist also gespalten in Oben und Unten, Licht und Dunkel, Gut und Bös, Heil und Unheil. Das Böse ist da und begleitet den Menschen. Es bedroht das Oben, das Licht, das Gute, das Heil, bis ihm schließlich der Kopf zertreten wird.

Christus wird erhöht am Kreuz wie die Heilsschlange am Stab im Tempel zu Jerusalem, oder wie Moses in der Wüste die eherne Schlange an den Stab heftete und allem Volke zeigte. Christus als die Heilsschlange am Pfahl vernichtet apotropäisch das Böse[32].

Doch das Böse, der Widersacher Gottes, der Drache, wird erst am Ende der Zeiten endgültig in die Schranken gewiesen, wenn die Welt zur Vollendung kommt.

Und ich sah einen Engel vom Himmel herabsteigen, der hatte den Schlüssel des Abgrundes und eine große Kette an seiner Hand. Er ergriff den Drachen, die alte Schlange, die der Teufel und der Satan ist, legte ihn in Fesseln für tausend Jahre, warf ihn in den Abgrund, schloß über ihm zu und legte ein Siegel an, damit er die Völker nicht verführe, bis die tausend Jahre vollendet sind. Dann muß er auf kurze Zeit losgelassen werden...[33]

Und wenn die tausend Jahre vollendet sind, wird der Satan aus seinem Kerker losgelassen werden. Er wird ausziehen, um die Völker zu verführen, die an den vier Ecken der Erde sind, den Gog und den Magog, um sie zum Kriege zu sammeln; ihre Zahl ist wie der Sand am Meere. Und sie zogen herauf über die weite Erde und umzingelten das Lager der Heiligen und die geweihte Stadt. Aber es fiel Feuer vom Himmel herab und verzehrte sie. Der Teufel, ihr Verführer, wurde in den Pfuhl von Feuer und Schwefel geworfen, wo auch das Tier und der Lügenprophet sind. Dort werden sie gepeinigt werden Tag und Nacht von Ewigkeit zu Ewigkeit[34].

Heil denen, die ihre Kleider waschen, damit ihnen das Anrecht auf den Baum des Lebens zuteil wird[35].

Anmerkungen

Abkürzungen

AT   Aarne, Antti: The types of folktales; translated and enlarged by Stith Thompson. FFC 184 Helsinki 1961

BP   Bolte, Johannes und Polívka, Georg: Anmerkungen zu den Kinder- und Hausmärchen der Gebrüder Grimm. 5 Bde. Leipzig (1913–1932)

ERE   Encyclopedia of Religion and Ethics, ed. J. Hastings (1908–1924). Nachdruck 1951

FFC   Folklore Fellows Communications, Helsinki

KHM   Kinder- und Hausmärchen, gesammelt durch die Brüder Grimm

RGG   Die Religion in Gegenwart und Geschichte. 6 Bde. Tübingen 1957

EINLEITUNG

[1] Christinger, R.: La Mythologie de la Suisse ancienne. Genf 1965, S. 133
[2] Diesem Ziel kommt am nächsten die Arbeit von: Fontenrose, Joseph: Python. A study of Delphic myth and its origins. Berkeley 1959

DIE SCHLANGENERFAHRUNG

[1] Zur Straßen, Otto (Hrsg.): Brehms Tierleben, Bd. V, Leipzig 1913, S. 256: «sich häuten…, eines der ersten Geschäfte, welches das eben dem Ei Entschlüpfte vornimmt und eines, das von dem erwachsenen Tiere im Laufe des Jahres mehrmals vorgenommen wird.»
[2] Carr, Archie und Redaktion von LIFE: LIFE – Wunder der Natur: Die Reptilien. N. V. Amsterdam 1964, S. 12, 150
Zur Straßen, Otto (Hrsg.): a. a. O.: S. 230, 232
Schmidt, Karl P. und Inger, Robert F.: Knaurs Tierreich in Farben: Reptilien. München/Zürich 1970, S. 210
Grzimek, Bernhard: Die Riesenschlangen. In: Grzimeks Tierleben, Bd. VI. Zürich 1971, S. 371
Hediger, H.: Kleine Tropen-Zoologie. Acta tropica, Suppl. 1. Basel 1948, S. 152
[3] Zur Straßen, Otto (Hrsg.): a. a. O.: S. 236

273

[4] Koppers, Wilhelm: Geheimnisse des Dschungels. Luzern 1947, S. 80
[5] «Vaterland» v. 8. Mai 1978
Hediger, H.: a. a. O.: S. 141: Hediger berichtet von zwei Fällen, bei denen Menschen verschlungen wurden
Stemmler-Morath, Carl: Schlangen. Basel 1968, S. 78 ff.
Keimer, Louis: Histoires de serpents dans l'Egypte ancienne et moderne. Kairo 1947
Schmidt, Karl P. und Inger, Robert J.: a. a. O.: S. 148
[6] Carr, Archie und Redaktion von LIFE: a. a. O.: S. 14
Hediger, H.: a. a. O.: S. 142
[7] Vogel, J. Ph.: Indian serpent lore. London 1926, S. 7
[8] Ebd.: S. 7
Carr, Archie und Redaktion von LIFE, a. a. O.: S. 229, 231
Zur Straßen, Otto (Hrsg.): a. a. O.: S. 439 ff.
[9] Nach Diodor glaubten auch die Griechen der Antike durch den Genuß von Schlangenfleisch ein hohes Alter zu erreichen. Dieselbe Vorstellung soll heute noch bei den Tirolerbauern vorhanden sein.
Buschan, Georg: Tiere im Kult und im Aberglauben des nordischen Kulturkreises. Ciba Zeitschrift, Jg. 8, 1942, S. 3016
[10] Vogel, J. Ph.: a. a. O.: S. 19
Zur Straßen, Otto (Hrsg.): a. a. O.: S. 439 ff.

DAS SCHLANGENSYMBOL

[1] Mundkur, Balaji: The cult of the serpent in the Americas. Its Asian background. In: Current Anthropology, Jg. 17, 1976, Nr. 3, S. 429
Hediger, Heini: Die Schlangen. In: Grzimeks Tierleben, Bd. VI. Zürich 1971, S. 352: «Immerhin überkriecht die Kreuzotter den Polarkreis bis etwa zum 67. Grad nördlicher Breite und kommt in Teilen des südlichen Sibiriens vor.»
[2] Zur Straßen, Otto (Hrsg.): a. a. O.: S. 258
Kortlandt, A. und Kooij, M.: Prothominid behaviour in primates. Symp. Zool. Soc. London 1963, Jg. 10, S. 61–68 (zitiert bei Burkert, Walter: Homo necans. Berlin/New York 1972, S. 171)
Hediger, Heini: Die Schlangen, a. a. O.: S. 355: findet keine angeborene Schlangenfurcht bei Menschen und Affen
[3] Maringer, Johannes: Vorgeschichtliche Religion. Einsiedeln/Köln 1956, S. 272–274
Maringer, Johannes: Die Schlange in Kunst und Kult der vorgeschichtlichen Menschen. Anthropos, Jg. 72, 1977, S. 881–913
[4] Mohr, Gerd Heinz: Lexikon der Symbole. Düsseldorf/Köln 1971, S. 9 f.
Bertholet, Alfred: Wörterbuch der Religionen. Stuttgart 1962

[5] Jung, C.G.: Gesammelte Werke, Bd. IX/2, Olten/Freiburg 1976, S. 294: Hier redet Jung vom «hypostasieren der Symbole».
[6] Maringer, Johannes: a. a. O.: (Anthropos)
[7] Barth, Auguste: The religions of India. London 1921, S. 266 f.

I. TEIL: DIE SCHLANGENDEUTUNG NEUER ZEIT

A. Die Giftschlange – Symbol der Macht

Die Schlange – ein Geist

[1] Mundkur, Balaji: The cult of the serpent in the Americas. Its Asian background. In: Current Anthropology, Jg. 17, 1976, Nr. 3, S. 435
[2] Vogel, J. Ph.: Indian serpent lore. London 1926, S. 12
[3] Koppers, Wilhelm: Geheimnisse des Dschungels. Luzern 1947, S. 163
[4] Zur Straßen, Otto (Hrsg.): Brehms Tierleben, Bd. V. Leipzig 1913, S. 432 f.
[5] Zur Straßen, Otto (Hrsg.): ebd., S. 433
[6] Zur Straßen, Otto (Hrsg.): ebd., S. 432
[7] Dioszégi, V.: Glaubenswelt und Folklore der sibirischen Völker. Budapest 1963, S. 192
[8] Barbeau, Marius: Hayda Myths. Ottawa 1953, S. 105
[9] Barbeau, Marius: ebd., S. 105
[10] Huber, Gerhard: Die Ainu, ein Volk im Untergang. Fulda 1964, S. 40
Batchelor, John: Ainu life and lore. New York/London 1971, S. 143 f.
[11] Barbeau, Marius: a. a. O.: S. 105
[12] Kees, Hermann: Der Götterglaube im Alten Ägypten. Leipzig 1941, S. 160
Hopfner, Theodor: Der Tierkult der alten Ägypter. In: Denkschriften der kaiserlichen Akademie der Wissenschaften in Wien. Philosophisch-historische Klasse, Bd. 57, 2. Abhandlung, S. 6, 138–141

Die Hundertschrittschlange wohnt im Häuptlingshaus

[1] Informant Qeiper von Duban. Tonband III B
[2] Man stellt sich die Hundertschrittschlange immer männlich vor
[3] Informant Karapai von Danyau, Tonband I B
Vgl. die ähnliche Behandlung der Bärenjungen bei den Keten in Sibirien – Dioszégi, V.: Glaubenswelt und Folklore der sibirischen Völker. Budapest 1963, S. 194

[1] Carter, Howard und Mace, A. C.: Tutenchamun I. Leipzig 1924, S. 212

[2] David, A. Rosalie: Ägypten. In der Reihe: Archäologie in Wort und Bild. Englische Ausgabe: Lausanne 1975. Deutsche Ausgabe: Ex Libris, Zürich, S. 29
Ions, Veronica: Ägyptische Mythologie. Wiesbaden 1968, S. 24, 87, 89

[3] Kees, Hermann: Der Götterglaube im alten Ägypten. Leipzig 1941, S. 239

[4] Kees, Hermann: a. a. O.: S. 39–45

[5] Hopfner, Theodor: Der Tierkult der alten Ägypter. Denkschriften der kaiserlichen Akademie der Wissenschaften in Wien. Philosophisch-historische Klasse, Bd. 57, 2. Abhandlung, Wien 1913, S. 143 f.: «Weil von den Leuten, die von einer Natter gebissen werden, keiner geheilt werden kann, tragen die Könige der Ägypter auf ihrem Diadem bunte Nattern, um so das Unüberwindliche ihrer Herrschaft anzudeuten.» (Aelian VI, 38)

[6] Ions, V.: a. a. O.: S. 133

[7] Kees, H.: a. a. O.: S. 244
Ions, V.: a. a. O.: S. 87

[8] Kees, H.: a. a. O.: S. 244

[9] Vgl. dazu Schmidt, Karl und Inger, Robert F.: Reptilien. (Knaurs Tierreich in Farben) München/Zürich 1970, S. 213: «Einige (Kobra-)Arten können nämlich durch einen Muskeldruck auf die Giftdrüsen ihr Gift auf eine recht weite Entfernung hin dem Gegner mit erstaunlicher Präzision in die Augen speien, was ein fürchterliches Brennen hervorruft. Nur sofortiges Auswaschen schützt vor bleibenden Schäden.»
Ferner: Hediger, H.: Kleine Tropen-Zoologie. Acta tropica, Suppl. 1. Basel 1948, S. 143–147
Carr, Archie und Redaktion von LIFE: Die Reptilien. LIFE – Wunder der Natur 1968, S. 59 f., Foto S. 70 f.
Zur Straßen, Otto (Hrsg.): Brehms Tierleben, Bd. V. Leipzig/Wien 1913, S. 449 ff.

[10] Kees, H.: a. a. O.: S. 54

[11] Ions, V.: a. a. O.: S. 48
Roeder, Günther: Urkunden zur Religion des alten Ägypten. Jena 1915, S. 154 f.

[12] Ions, V.: a. a. O.: S. 87

[13] Durant, Will: Die Geschichte der Zivilisation, Bd. III. Cäsar und Christus. Bern 1949, S. 249
Hopfner, Theodor: a. a. O.: S. 144

[14] Ions, V.: a. a. O.: S. 44

[15] Vgl. Kees, Hermann: Totenglaube und Jenseitsvorstellungen der alten Ägypter. Berlin 1956, S. 69

[16] Joines, Karen Randolph: Serpent symbolism in the Old Testament. Haddonfield/New Jersey 1974, S. 19

[17] Ions, V.: a.a.O.: S.41

[18] Ions, V.: a.a.O.: S.42, 44

[19] Ions, V.: a.a.O.: S.42, 49, 67

[20] Ions, V.: a.a.O.: S.66
Eigentlich war er der oberägyptische Falke. Als «König der Lüfte» wurde er mit dem Himmelsgott assoziiert. Das Ideogramm «Falke» wurde mit der Zeit zum Zeichen für «König».

[21] Kees, H.: Götterglaube. S.242 ff.
Vgl. Ions, V.: a.a.O.: S.24, 38

[22] Sargtext, Lacau TR 80
Kees, H.: Götterglaube. S.244

[23] Kees, H.: Götterglaube. S.419 f.

[24] The mythology of all races, Vol. XII. New York 1964. Müller W. Max: Egyptian. S.101, Fig.96
Hopfner, Theodor: a.a.O.: S.139

[25] Ions, V.: a.a.O.: S.74, 85

[26] Ions, V.: a.a.O.: S.60, 92
Lurker, Manfred: Götter und Symbole der alten Ägypter. Bern/München/Wien 1974, S.148 f.

[27] Ions, V.: a.a.O.: S.96

[28] Ions, V.: a.a.O.: S.46

[29] Ions, V.: a.a.O.: S.95, 102

[30] Ions, V.: a.a.O.: S.109 f.

[31] Ions, V.: a.a.O.: S.133

[32] Ions, V.: a.a.O.: S.90

[33] Ions, V.: a.a.O.: S.120

[34] Joines, Karen Randolph: a.a.O.: S.46

[35] Hopfner, Theodor: a.a.O.: S.140–141
Wiedemann, Alfred: Der Tierkult der alten Ägypter. In: Der Alte Orient, Jg. 14. Leipzig 1912, S.1–31

Die Schlangenbeschwörer

[1] Zur Straßen, Otto (Hrsg.): Brehms Tierleben, Bd. V. Leipzig 1913, S.438

[2] Zur Straßen, Otto (Hrsg.): a.a.O.: S.433
Hediger, H.: Kleine Tropen-Zoologie. Acta tropica, Suppl. 1. Basel 1948, S.152
Carr, Archie: Die Reptilien. LIFE – Wunder der Natur 1968, S.151
Stemmler-Morath, Carl: Schlangen. Basel 1968, S.74

[3] Stemmler-Morath, Carl: a.a.O.: S.71

[4] Zur Straßen, O. (Hrsg.): a.a.O. S.433

[5] Zur Straßen, O. (Hrsg.): a.a.O. S.435
Carr, Archie: a.a.O.: S.150

[6] Zur Straßen, O. (Hrsg.): a.a.O.: S.435

[7] Zur Straßen, O. (Hrsg.): a.a.O.: S.438

[8] Zur Straßen, O. (Hrsg.): a.a.O.: S.437f.

[9] Zur Straßen, O. (Hrsg.): a.a.O.: S.435

[10] Keimer, Louis: Histoires de serpents dans l'Egypte ancienne et moderne. Kairo 1947

[11] Keimer, L.: a.a.O.: S.2f.

[12] Keimer, L.: a.a.O.: S.12, Anm.5

[13] Keimer, L.: a.a.O.: S.15

[14] Keimer, L.: a.a.O.: S.86, 88
Hediger, H.: a.a.O.: S.152: «Zweifellos sind manche dieser Gaukler immun.»

[15] Keimer, L.: a.a.O.: S.86
Hediger, H.: a.a.O.: S.150
Stemmler-Morath, C.: a.a.O.: S.74

[16] Sunday-News. Daressalam 11.2.1979
Carnochan, F.G. und Adamson, Hans Christian: Das Kaiserreich der Schlangen. Zürich/Leipzig 1938

Der Schlangenstab Aarons

[1] Ex 4,2–4

[2] Ex 7,8–12

[3] Greßmann, Hugo: Der Zauberstab des Mose und die eherne Schlange. Zeitschrift für Volkskunde, Jg.23, Berlin 1913, S.18–35

[4] Keimer, L.: a.a.O.: S.18

[5] Keimer, L.: a.a.O.: S.41

[6] Keimer, L.: a.a.O.: S.42

[7] Keimer, L.: a.a.O.: S.61
Zur Straßen, O. (Hrsg.): a.a.O.: S.443

[8] Keimer, L.: a.a.O.: S.63

[9] Keimer, L.: a.a.O.: S.74

[10] Keimer, L.: a.a.O.: S.76

[11] Nötscher, Friedrich (Hrsg.): Echter Bibel, Bd.I. Würzburg 1955, S.182f.

[12] The interpreter's Bible in twelve volumes, Vol.I. New York/Nashville 1952, S.877f.

Der Schlangentanz der Hopi-Indianer

[1] Waters, Frank: Book of the Hopi. New York 1963
Forrest, Earle R.: The snake dance. Los Angeles 1961
Mundkur, Balaji: The cult of the serpent in the Americas. Its Asian background. In: Current anthropology, Vol.17, Nr.3, Sept.1976, S.434f.

[2] Kiva ist die Klanshütte unter dem Erdboden. Man steigt durch ein enges Loch über eine Leiter in die Tiefe.

[3] Talayesva, C.: Sonnenhäuptling Sitzende Rispe. Ein Indianer erzählt sein Leben. Kassel 1964, S. 19, 41
Forrest, E. R.: a. a. O.: S. 48 f.

[4] Heizer Robert F.: The Hopi snake dance. Fact and fancy. In: Jennings, Jesse D. und Hoebel, E. Adamson: Readings in anthropology. New York/London etc. 1955, S. 243–245

[5] Stephen, Alexander M.: Hopi Journal, Part I. New York 1936, S. 585: Die Schlangen beißen in die Peitsche, bis sie kein Gift mehr haben.
Forrest, E. R.: a. a. O.: S. 49, 51: Die Peitschen aus Adler- oder Bussardfedern scheinen die Schlange an ihren Erbfeind zu erinnern, weshalb sie zurückschreckt.

[6] Crane, Leo: Indians of the enchanted desert. Glorieta, New Mexico 1972, S. 269–274
Stephen, Alexander M.: a. a. O.: S. 584 ff.

[7] Crane, Leo: a. a. O.: S. 264: Die Zickzacklinien bedeuten die Blitzstrahlen.
Stephen, Alexander M.: a. a. O.: S. 581 f.
Forrest, Earle R.: a. a. O.: S. 33

[8] Talayesva, C.: a. a. O.: S. 41: Zuerst kommen die Antilopenmänner, erst dann die Schlangenmänner.

[9] Crane, Leo: a. a. O.: S. 262: Der Topf mit den Schlangen wird in das schmale Loch zur Unterwelt gesenkt und ein Brett darüber gelegt. Die oben beschriebene Symbolik ist damit noch durchsichtiger.

[10] Genau diese Haltung zeigen zwei Steinfiguren der Maya in Copan, Honduras. Siehe Forrest, Earle R.: a. a. O.: S. 36
Hagen, Viktor W. von: Sonnenkönigreiche. Zürich/München 1962, S. 177

[11] Crane, Leo: a. a. O.: S. 266: Die Schlangen werden fallen gelassen und müssen von den Antilopenbrüdern eingefangen werden.

[12] Forrest, Earle R.: a. a. O.: S. 93, 103: Der Chef des Schlangenklans macht den Kreis mit den sechs Strahlen der sechs Weltrichtungen: West, Süd, Ost, Nord, Himmel, Unterwelt.

[13] Grzimeks Tierleben, Bd. VI. Kriechtiere. Zürich 1971, S. 483
Forrest, Earle R.: a. a. O.: S. 149: Die Rasselschlange kann nur beißen, wenn sie aus zusammengerollter Stellung angreift.

B. Die Häutung – Symbol des Lebens

Die Häutung und das ewige Leben

[1] Gaster, Theodor H.: Myth, legend and custom in the Old Testament. New York 1969, S. 36–48
Briffault, Robert: The mothers, Bd. II. New York 1927, S. 641 ff.

[2] Berglund, Axel-Ivar: Zulu thought, patterns and symbolism. London 1975, S. 94

[3] Informant: Der Mann der Boshikechan in Guhwa

[4] Eberhard, Wolfram: Typen chinesischer Volksmärchen. Helsinki 1937, S. 115 f.

[5] Herrmann, F.: Symbolik der Religionen der Naturvölker. Stuttgart 1961, S. 140

[6] Fischer, H. Th.: Indonesische Pradiesmythen. In: Zeitschrift für Ethnologie. Jg. 64, Berlin 1931, S. 214 f.

[7] Gaster, Theodor H.: a.a.O.: S. 37 f.

[8] Gaster, Theodor H.: a.a.O.: S. 37

[9] Südseemärchen. MdW, S. 10 f.

[10] Gaster, Theodor H.: a.a.O.: S. 38 f.
Vgl. Meier, Josef: Mythen und Erzählungen der Küstenbewohner der Gazelle-Halbinsel. Münster 1908, S. 36 ff.
Vgl. Aufenanger, Henry: The passing scene in Northeast Newguinea. Anthropos Coll. 2, 1972, S. 44

[11] Thompson, S.: Frühgeschichte Griechenlands und der Ägäis. Berlin 1960, S. 86

[12] Laufer, Carl: Kulapliu oder Kamandukduk. Zur Geschichte der Maskenbünde in Melanesien. In: Jahrbuch des Museums für Völkerkunde zu Leipzig, Bd. 19. 1962, S. 63

[13] Shulmann, David: The serpent and the sacrifice. An anthill myth from Tiruvā-rūr. History of religion, Jg. 18, 1978, No. 2, S. 122–124
Vogel, J. Ph.: Indian serpent lore. London 1926, S. 13 f.

[14] Joines, Karen Randolph: Serpent symbolism in the Old Testament. Haddon-field/New Jersey 1974, S. 33
Gaster, Theodor H.: a.a.O.: S. 37

[15] Thompson, S.: a.a.O.: S. 86

[16] Eusebius: Praeparatio evangelii I, 10, zit. bei Joines, Karen Randolph: a.a.O.: S. 18
Vgl. Renz, Barbara: Der orientalische Schlangendrache. Augsburg 1930, S. 1–3

[17] Thompson, S.: a.a.O.: S. 86

[18] Thomas, Helga: Beispiele der Wandlung. Antaios XII. Stuttgart 1971, S. 50
Briffault, Robert: a.a.O.: S. 648 f.

[19] Thompson, S.: a.a.O.: S. 86
Briffault, Robert: a.a.O.: S. 648

[20] Siehe S. 267 f.
Briffault, Robert: a.a.O.: S. 641

[21] Baumann, Hermann: Schöpfung und Urzeit des Menschen im Mythus der afri-kanischen Völker. Berlin 1936, S. 305

[22] Gaster, Theodor H.: a.a.O.: S. 37

[23] Krickeberg, Walter et al.: Die Religionen des alten Amerika. Stuttgart 1961, S. 288
Lévi-Strauss, Claude: Mythologica, Bd. I. Frankfurt a. M. 1971, S. 205, 207
Wilbert, Johannes: Warao oral literature. Caracas 1964, S. 21 f.
Briffault, Robert: a.a.O.: S. 641

[24] Eliade, Mircea: Die Religionen und das Heilige. Salzburg 1954, S. 196

[1] Ranke-Graves, Robert von: Griechische Mythologie, Hamburg 1960, Nr. 90
Vgl. moderne Märchenversion: Die Prinzessin und die Schlange (Lesbos) – Inselmärchen des Mittelmeeres. MdW, S. 22 ff.
[2] Ranke-Graves, Robert von: a. a. O.: Nr. 50
Strackmann, R.: Asklepios in Epidaurus. In: Materia Medica Nordmark, Jg. 30, Nov./Dez. 1978
[3] Zur Straßen, Otto (Hrsg.): Brehms Tierleben, Bd. V, S. 357 f.
[4] Ranke-Graves, Robert von: a. a. O.: Nr. 50, 6
[5] Ilias II, 731, XI, 518
Ranke-Graves, Robert von: a. a. O.: Nr. 50
[6] Ranke-Graves, Robert von: a. a. O.: Nr. 90
Wunderlich, H. G.: Wohin der Stier Europa trug. Hamburg 1972, S. 53
[7] Joines, Karen Randolph: Serpent symbolism in the Old Testament. Haddonfield/New Jersey 1974, S. 86
[8] Joines, Karen Randolph: a. a. O.: S. 86 f.
[9] Strackmann, R.: a. a. O.
[10] Kerényi, Karl: Der göttliche Arzt. Basel 1948, S. 43 f.

Die eherne Schlange

[1] Joines, Karen Randolph: Serpent symbolism in the Old Testament. Haddonfield/New Jersey 1974, S. 62 ff.
[2] Joines, Karen Randolph: a. a. O.: S. 63 ff.
[3] Joines, Karen Randolph: a. a. O.: S. 74 ff.
Die älteste Darstellung von Schlangen am Stab findet sich an einer Vase des sumerischen Fürsten Gudea von Lagasch. Sie stammt aus der Zeit um 2300 v. Chr. Zwei Schlangen ringeln sich um einen Stab, während sich zu beiden Seiten zwei mischgestaltige Schlangengreife hoch aufrichten. Es dürfte sich um die heiligen Tiere der Schlangengottheit Ningishzida handeln. Siehe Greßmann, Hugo: Der Zauberstab des Moses und die Eherne Schlange. In: Zeitschrift des Vereins für Volkskunde, Jg. 23. Berlin 1913, S. 21
[4] Joines, Karen Randolph: a. a. O.: S. 120 f.
[5] Wunderlich, H. C.: Wohin der Stier Europa trug. Hamburg 1972, S. 260 f.
[6] Num 21,4–9
[7] Joines, Karen Randolph: a. a. O.: S. 90 f.
[8] Haag, Herbert: Bibellexikon. Einsiedeln/Zürich/Köln 1951, Sp. 361 f.
Biblisches Wörterbuch. Herderbücherei Nr. 394, Freiburg 1971, S. 349
Vgl. Joines, Karen Randolph: a. a. O.: S. 90
Baudissin, Wolf Wilhelm: Adonis und Esmun. Leipzig 1911, S. 325: «Die Erzäh-

lung im Buch Numeri von den Ereignissen, wodurch die Herstellung des Schlangenbildes veranlaßt worden sein soll, ist anzusehen als ätiologische Legende.»

[9] The interpreter's Bible. New York/Nashville 1953, Vol. II, S. 242 f.
Joines, Karen Randolph: a. a. O.: S. 86 ff.
[10] Noth, Martin: Das vierte Buch Mose: Numeri. Göttingen 1966, S. 136–138
[11] The interpreter's Bible: a. a. O.: S. 242 f. sagt: Jahwe heilte, um den Aberglauben zu beseitigen.
[12] Joh 3,14–15

Die apotropäische Schlange

[1] Derolex, R. L. M.: Götter und Mythen der Germanen. Wiesbaden 1976, S. 278 f.
Maringer, Johannes: Die Schlange in Kunst und Kult der vorgeschichtlichen Menschen. In: Anthropos, Jg. 72, 1977, No. 5/6, S. 910
[2] Die apotropäische Funktion ist die aktive Form des sympathetischen Zaubers. Siehe Greßmann, Hugo: Der Zauberstab des Moses und die eherne Schlange. In: Zeitschrift des Vereins für Volkskunde, Jg. 23. Berlin 1913, S. 19
Joines, Karen Randolph: Serpent symbolism in the Old Testament. Haddonfield/ New Jersey 1974, S. 87 ff.
[3] Vogel, J. Ph.: Indian serpent lore. London 1926, S. 18
[4] Kees, Hermann: Der Götterglaube im alten Ägypten. Leipzig 1941, S. 53, 57
[5] Kees, Hermann: a. a. O.: S. 57
Ions, Veronica: Ägyptische Mythologie. Wiesbaden 1968, S. 113
[6] Hopfner, Theodor: Der Tierkult der alten Ägypter. In: Denkschriften der kaiserlichen Akademie der Wissenschaften in Wien. Philosophisch-historische Klasse, Bd. 57, 2. Abhandlung 1913, S. 148
[7] ERE: 11, S. 411–419
Glasenapp, H. von: Der Hinduismus. München 1922, S. 72 f.
[8] Ions, Veronica: Indische Mythologie. Wiesbaden, S. 101
Glasenapp, H. von: a. a. O.: S. 137 ff.
[9] Vogel, J. Ph.: a. a. O.: S. 278
[10] Vogel, J. Ph.: a. a. O.: S. 278
Glasenapp, H. von: a. a. O.: S. 137
[11] Ions, Veronica: a. a. O.: S. 101
Glasenapp, H. von: a. a. O.: S. 137
[12] Vogel, J. Ph.: a. a. O.: S. 265
[13] Vogel, J. Ph.: a. a. O.: S. 278
[14] Vogel, J. Ph.: a. a. O.: S. 275–278
[15] Eberhard, Wolfram: Typen chinesischer Volksmärchen. Helsinki 1937, S. 254
[16] Eberhard, Wolfram: Volksmärchen aus Südostchina. FFC 128, S. 216
[17] Eberhard, Wolfram: Volksmärchen aus Südostchina. FFC 128, S. 215 f.
[18] Eberhard, Wolfram: Volksmärchen aus Südostchina. FFC 128, S. 41 f.
Eberhard, Wolfram: Typen chinesischer Volksmärchen. Helsinki 1937, S. 32

A. Die Schlange der Unterwelt

Die Schlangenwelt im Wasser

[1] Locher, G. W.: The serpent in Kwakiutl religion. Leyden 1972, S. 17
Für Afrika: Parrinder, Geoffrey: African mythology. London 1967, S. 83–87
[2] Ikeda, Hiroko: A type of motif index of Japanese folk-literature. FFC 209. Helsinki 1971, 312 B
[3] Coyaud, M.: 180 contes populaires de Japon. Paris 1975, S. 152 f.
Dazu: Adams, Robert J.: Social identity of a Japanese story-teller. Indiana University 1972, S. 153 ff.
[4] Adams, Robert J.: a. a. O.: S. 52
[5] Ikeda, Hiroko: a. a. O.: 312 B
[6] Sälzle, Karl: Tier und Mensch, Gottheit und Dämon. Bayrischer Landwirtschaftsverlag 1965, S. 258–268
[7] Sälzle, Karl: a. a. O.: S. 264 f.
[8] Barnes, R. H.: Kédang. Oxford 1974, S. 46
Zu Indonesien: Schärer, Hans: Der Totenkult der Ngadju-Dajak in Süd-Borneo. 's-Gravenhage 1966, S. 199–205
[9] Barnes, R. H.: a. a. O.: S. 93
[10] Barnes, R. H.: a. a. O.: S. 62
[11] Barnes, R. H.: a. a. O.: S. 149, 217
[12] Barnes, R. H.: a. a. O.: S. 219
[13] Jensen, A. E.: Hochgott und Demagottheit. In Schmitz, C. A.: Religionsethnologie. Frankfurt 1964, S. 97: Das Totenreich liegt nach der Vorstellung dieser Völker (der Demagottheiten) fast ausnahmslos unter der Erde.
Aufenanger, Henry: The passing scene in North-East New Guinea. St. Augustin 1972, S. 82, 95, 144, 179, 181, 228, 265, 343, 413
Landtmann, Gunnar: The folk-tales of the Kiwai Papuans. Helsingfors 1917, Nr. 9, S. 41–43, 58, 67, 70, 71, 72, 169, 190, 273, 423, 431, 448
Aufenanger, Henry: The passing scene in North-East New Guinea. St. Augustin 1972, S. 273 f.
[14] Ritter, Hans: Die Schlange in der Religion der Melanesier. Basel 1945, S. 26, 27, 65, 68, 73, 74
Maui – Südseemärchen. MdW, S. 208
[15] Wilpert, Clara B.: Kosmogonische Mythen der australischen Eingeborenen. München 1970, S. 74, 96, 101, 144
[16] Höltker, Georg: Kollektion nichtpublizierter Mythen aus Ostneuguinea. Der Geist Wadup. Informant: Kabik Thomas; Dorf Bunu

[17] Huber, Gerhard OFM: Die Ainu. Ein Volk im Untergang. Fulda 1964, S. 65, 73, 77
Batchelor, John: Ainu life und lore. New York/London 1971, S. 143, 266

[18] Vgl. Urashimatarō: Novak, M. und Cerna, Z.: Japanische Märchen und Volkserzählungen. Hanau/M. 1970, S. 88 ff.

[19] Jockel, Rudolf: Götter und Dämonen. Wiesbaden, S. 253 f.

[20] Vogel, J. Ph.: Indian serpent lore. London 1926
Ions, Veronica: Indische Mythologie. S. 109, 115
Shulman, David: The serpent and the sacrifice: An anthill myth from Tiruvārūr.
In: History of religion, Jg. 18, 1978, S. 118

[21] Vgl. Vogel, J. Ph.: a. a. O.: S. 123 ff.

[22] Ranke-Graves, Robert von: Griechische Mythologie. Hamburg 1960, Nr. 124

[23] Ranke-Graves, Robert von: a. a. O.: Nr. 21

[24] Ranke-Graves, Robert von: a. a. O.: Nr. 36

[25] KHM 24

[26] KHM 133

[27] KHM 79

[28] KHM 181

[29] Küster, Erich: Die Schlange in der griechischen Kunst und Religion. Gießen
1913, S. 157

[30] Forrest, Earle R.: The snake dance. Los Angeles 1961, S. 28–33

Der Schlangenbräutigam aus dem Wasser

[1] Informant: Häuptling Kui von Gechapungan. Nr. 20

[2] Luvuan heiratet die Schlange und geht ins Meer zum Schlangenhaus. Informant:
Moakai von Gungdzwodi. Tonband 7 A

[3] Tchukutchuku zieht ins Schlangenland – Informant: Dschu Dschen Scheng von
Duban. Tonband 2 A und 2 B. Vgl. Barbeau, Marius: Hayda myths. Ottawa
1953, S. 249 f.

[4] Schärer, Hans: Der Totenkult der Ngadju-Dajak in Süd-Borneo. 's-Gravenhage
1966, S. 199–205
Das Märchen von der Schlange – Schweizer Volksmärchen. MdW, S. 96 ff.
Die Geburt des Delphins – Sacher, Ruth (Hrsg.): Märchen der Khmer. Leipzig
1979, S. 40 ff.
Locher, G. W.: The serpent in Kwakiutl religion. Leyden 1932, S. 16
Barbeau, Marius: a. a. O.: S. 239 f., 248, 249 f.
Mundkur, Balaji: The cult of the serpent in the Americas. Its Asian background.
In: Current anthropology, Vol. 17, 1976, S. 435, über die Cupeo in Brasilien
Mundkur, Balaji: a. a. O.: S. 437, über die St.-Augustin-Kultur, Columbien
Parrinder, Geoffrey: African mythology. London 1967, S. 86
Die Schlange Keng-Kang – Sacher, Ruth: a. a. O.: S. 136 ff.

Der Schlangenknabe – Nowak, Vera (Übers.). Georgische Volksmärchen. Moskau 1977, S. 146 ff.

Briffault, Robert: The mothers, Bd. II. New York 1927, S. 670

L'ainée – Dournes, Jacques: Akhan, contes oraux de la forêt indochinoise. Paris 1977, S. 216–222

La légende de la lagune – Misag, Namuy: Notre peuple, terre, coutumes et croyance des Indiens Guambianos. Popayan 1965, S. 22 f.

Die Frau und die Riesenschlange – Vicedom, Georg F. und Tischler, Herbert: Die Mbowamb. Hamburg 1943, S. 165 f.

Das Schlangenkind Karan als Schlange und Mann – Höltker, Georg: Erzählungen der Nor-Papua im Murik-Gebiet von Nordost-Neuguinea. Rom 1967, S. 373–376, 447

Die Braut der Riesenschlange – Sicard, Harald von: Karangamärchen. Uppsala 1965, S. 39

The snake clan – Barbeau, Marius: Huron Wyandot traditional narratives. Ottawa 1960, S. 12

Vgl. Die phönizische Astarte und Yam (s. S. 199 f.).

Der Bauer und das Krokodil – Märchen aus dem Pandschab. MdW, S. 118–122

Die Gattin der Schlange – (Mundurucu, Süd-Amerika) Lévi-Strauss, Claude: Mythologica, Bd. I. Frankfurt a. M. 1976, S. 167

Die Gattin der Schlange – (Toba-Pilaga, Süd-Amerika) Lévi-Strauss, Claude: a. a. O.: S. 167 f.

5 Ikeda, Hiroko: A type and motif index of Japanese folk-literature. FFC 209, Helsinki 1971, 312 B und 411 C

6 Ozawa, Toshio (Hrsg.): Japanische Märchen. Frankfurt a. M. 1974, S. 46 f.

7 Höltker, Georg: Die Schlange Muin – Nichtpublizierte Mythen aus Bosmun, Ost-Neuguinea
Vgl. dazu das Lindwurmmotiv: Die Frau, die einen großen Wurm zum Manne nahm – Eskimo-Märchen. MdW, S. 139 ff.

Leyen, Friedrich von der: Das Märchen. Leipzig 1917, S. 114

Die Schlange – Südseemärchen. MdW, S. 41 ff.

Die Herkunft des Geldes – Südseemärchen: a. a. O.: S. 109 ff.

Barbeau, Marius: Haida myths. Ottawa 1953, S. 235–240

Frobenius, Leo: Das Zeitalter des Sonnengottes. Berlin 1904, S. 178

8 Vogel, J. Ph.: Indian serpent lore. London 1926, S. 256 f.

9 Moakai und die 120 Schlangenkinder – Informant: Keipele von Duban. Band 2 A

Amor und Psyche

1 Die Schöne und das Tier – Französische Märchen. MdW, S. 47 ff.

2 Die jüngere Schwester heiratet die Schlange – Informant: Karui in Dashi. Tonband 1

[3] «Eines der wichtigsten Beweismittel für die Feststellung der Ursprünglichkeit des Zuges (Motiv) ist dessen Natürlichkeit: das Natürliche ist neben dem Unnatürlichen als ursprünglich zu betrachten.» Aarne, Antti: Leitfaden der vergleichenden Märchenforschung. FFC 13. Hamina 1913, S. 45

[4] Vgl. Ferrel, Raleigh: The Formosan tribes. In: Bulletin of the Institute of Ethnology, Jg. 21. Academia Sinica, Taipeh 1966, S. 97–127
Tsuchida, Shigeru: Reconstruction of Proto-Tsouic Phonology. Tokyo. Gaikokugo Daigaku 1976, S. 1–20
Die Frage der Ankunft der austronesischen Stämme auf Taiwan ist von hervorragender Bedeutung nicht nur für die Märchenforschung, sondern auch für die Linguistik. Die Sprachen der Stämme auf Taiwan bilden den ältesten Ast am Stammbaum der austronesischen Sprachfamilie. Entsprechend gehören auch ihre Mythen und Märchen zum ältesten Traditionsgut dieser Sprachfamilie, was bis jetzt völlig übersehen wurde.
Der Linguist Raleigh Ferrel stellt in einem Aufsatz, der in einer chinesischen Fachzeitschrift erschienen ist, die Hypothese auf, die Paiwan seien vor allem anhand linguistischer Indizien mindestens vor 2000 Jahren vom Festlandchina her eingewandert.

[5] Der Schlangenmann – Eberhard, Wolfram und Alide: Südchinesische Märchen. MdW, S. 31–36 aus dem Gebiet um Kanton

[6] Der Schlangenjüngling – Št'ovičková, D. und M.: Chinesische Volksmärchen. Hanau/M. 1976, S. 22 ff.

[7] Ikeda, Hiroko: A type and motif index of Japanese folk-literature. FFC 209. Helsinki 1971, 312 B
Adams, Robert J.: Social identity of a Japanese story-teller. Indiana University 1972, S. 45–50
Der Affenbräutigam – Ozawa, Toschio (Hrsg.): Japanische Märchen. Frankfurt a. M. 1974, S. 45 f.
Derselbe Schlangenbräutigamtypus scheint auch in Korea vorhanden zu sein: Ikeda, Hiroko: a. a. O.: 425 A
Ebenso auf der Ryukyu-Insel Amami-Oshima. Ikeda, Hiroko: a. a. O.: 425 A
Aus Sibirien stammt: Die drei Schwestern und der Schlangenmann – Sibirische Märchen. MdW, S. 189 ff.
Eine vielleicht verwandte Version stammt aus Samoa: Die Liebe der Schlange – Südsee-Märchen. MdW, S. 160–162
Aus Indonesien: Vom Schlangenkönig Lembayung – Indonesische Märchen. Hanau/M., S. 52 ff.

[8] Amewakahiko – Japanische Volksmärchen. MdW, 1964, S. 13 ff.

[9] Der Schlangenkönig – Hennemann, Annette (Hrsg.): Der Schlangenkönig. Märchen aus Nepal. Kassel 1980, S. 19–33

[10] Immerhin ist das Drei-Töchter-Motiv vorhanden. Thompson, Stith: Indian types of folk-literature. FFC 180. Helsinki 1960, S. 361, 432

Vielleicht ist ein Pandschab-Märchen nahe der Urform: Das Krokodil und die Bauerntochter. Märchen aus dem Pandschab. MdW, S. 118 ff.

[11] Der Schlangenmann – Eberhard, Wolfram: Typen türkischer Volksmärchen. Wiesbaden 1953, Nr. 90

«In der Frühzeit lassen sich kulturell Türken und Mongolen nicht trennen.» – Eberhard, Wolfram: Volksmärchen aus Südost-China. FFC 128. Helsinki, S. 13

«Es bestehen Zusammenhänge zwischen den Märchen der chinesischen Nordkultur und denen der Turkvölker, den Märchen der chinesischen Pa-Kultur mit denen der Tibeter.» – Eberhard, Wolfram: ebd. S. 14

[12] Eberhard, Wolfram: Sinologica I, 1948, S. 149. Eberhard, Wolfram: ebd. S. 14:

«Einige der wesentlichen Themen der türkischen Märchen verbreiteten sich in mittelalterlicher Zeit über ganz Europa.»

Perrault gab seine Märchensammlung, in der das Thema «La belle et la bête» unter dem Titel «Riquet à la houppe» in Westeuropa auftaucht, 1697 heraus. «Daß er dabei aus längst verbreiteten orientalischen Quellen schöpft, dürfte gewiß sein.» – Zitat aus Hentze, Carl: Die zerstückelte Schlange. Antaios IX, 1968, S. 253 ff.

Perrault, Charles: Contes. Paris 1967, S. 167 ff.

[13] Der Bärenhäuter – KHM 101

Die Schlange – Griechische Volksmärchen. MdW (von Samos), S. 209 ff.

Das Marl von den drei Kaufmannstöchtern – Deutsches Märchen aus dem Donauland. MdW, S. 199 ff.

Der Bär und die drei Schwestern – Italienische Volksmärchen. MdW (aus Sardinien), S. 231 ff.

Das Märchen von der Schlange – Französische Märchen. MdW, S. 196 ff.

Die drei Schwestern – Italienische Märchen. MdW, S. 302 ff.

La fille du pellegrilleur – Perbosc, A.: Contes de Gascogne. P. Erasce 1954, S. 29 ff.

Bellindia – Nino, A. de: Usi e costumi abruzzesi. Firenze 1964, S. 11 ff.

Der Sohn der Teriel – Märchen der Kabylen. MdW, S. 171 ff.

Der duftende Zweig – Klaar, Marianne: Tochter des Zitronenbaums. Märchen aus Rhodos. Kassel 1970, S. 105 ff.

Die drei Schwestern – Nowak, Vera (Übers.): Der Schlangenknabe. Georgische Volksmärchen. Moskau 1977, S. 57 ff.

Thompson, Stith: The types of the folktales. FFC 184. Helsinki 1964, 425, 425 A, 425 C

Swahn: The tale of Cupid and Psyche. Lund 1955.

BP II 229 ff., 245 ff.

Megas: Georgios: Das Märchen von Amor und Psyche in der griechischen Volksüberlieferung. Athen 1971 (Fortsetzung der Forschung von Swahn)

[14] Die Schlange – Inselmärchen des Mittelmeeres. MdW, S. 5–8

[15] Bettelhcim, Bruno: Kinder brauchen Märchen. Stuttgart 1977, S. 278 ff.

Apuleius: Fabula de Amore et Psyche – Das Märchen von Amor und Psyche (Übers. August Rode; Hrsg. Curt Loehning). München 1980

[1] Ikeda, Hiroko: A type and motif index of Japanese folk-literature. FFC 209. Helsinki 1971, 413 C

[2] Japanische Volksmärchen. MdW, Nr. 30

[3] Yen, Yuan-Shu: Biography of the white serpent – a Keatsian Interpretation. Fabula, Jg. 1, 1957, S. 227–243

Ting, Nai-Tung: The holy man and the snake-woman. A study of a Lamia story in Asian and European Literature. Fabula, Jg. 8, 1966, S. 145–191

[4] Vgl. dazu das japanische Märchen «Das Storchennest». In: Japanische Volksmärchen. MdW, S. 129 ff.: Am 3.3., 5.5., 9.9. des Jahres war es im alten Japan üblich, Reiswein mit Pfirsichblüten, bzw. Lilienblättern, bzw. Chrysanthemenblättern als Abwehrzauber gegen den bösen Einfluß der Schlangen usw. zu trinken

[5] AT 411

Ting, Nai-Tung: a.a.O.: S. 150 f.

[6] Ting, Nai-Tung: a.a.O.: S. 152

[7] Weitere Schlangenbrautthemen: Sälzle, Karl: Mensch und Tier, Gottheit und Dämon. München 1965, S. 267 f.

Die dankbare Schlange

[1] Oldenberg, H.: Die Religion der Veda. 1917, S. 81: Wir können unsere Ausführungen über die mythische Welt der Tiere nicht schließen, ohne die Beziehungen zwischen tierischer und menschlicher Existenz zu beachten. Die Vorstellung von einer substantiellen Einheit zwischen Tier und Mensch...

Two daughters who became serpents – Dorson, Richard M.: Folk legends of Japan. Rutland/Vermont/Tokyo 1962, S. 124 f.

[2] Die Glocke vom Mii-Tempel – Japanische Volksmärchen. MdW, S. 131 ff. The blind serpent-wife – Dorsan, Richard M.: a.a.O.: S. 118 ff.

[3] Sälzle, Karl: Mensch und Tier, Gottheit und Dämon. München 1965, S. 267 f.

Die Zauberringe – Ulrich Benzel: Kaukasische Märchen. Wiesbaden 1976, S. 70 ff.

[4] S. S. 99

[5] S. S. 100 ff.

[6] Der Knabe und die Schlange – Deutsche Märchen aus dem Donaulande. MdW, S. 315 ff.

Dazu: Schlangenbild und Tatarenstark – Ungarische Volksmärchen. MdW, S. 62 ff.

Schlangenbruder – Ungarische Volksmärchen. MdW, S. 268 ff.

Das Märchen vom Schlangenkönig – Piprek, J.: Polnische Volksmärchen. Wien 1918, S. 16 ff.

The gold-granting snake and the poor Brahmin – Vogel, J.P.: Indian serpent lore. London 1926. S.173

Die enttäuschte Schlange – Arabische Märchen. MdW, S.227

Die Schlange und das Grab – Mazedonische Volksmärchen. MdW, S.55f.

Der faule Glatzkopf und die Schlange – Mazedonische Volksmärchen, MdW, S.186ff.

Hanatarekozô-sama – Japanische Volksmärchen. MdW, S.139ff.

Die Ringelnatter – Bretonische Märchen. MdW, S.284f.

Ikeda, Hiroko: A type and motif index of Japanese folk-literature. FFC 209. Helsinki 1971, 560

[7] The gratitude of the snake – Eberhard, Wolfram: Folktales of China. Chicago/London 1965, S.120–124

Eberhard, Wolfram: Typen chinesischer Volksmärchen. FFC 120. Helsinki 1937, Nr.18

Dazu: Von der Schlange, die für das Mädchen zeugte – Inselmärchen des Mittelmeeres. MdW, S.193ff.

[8] Die Entdeckung des Basilienkrautes – Arabische Märchen. MdW, S.50f.

Tote erscheinen als Schlange

[1] ERE 11, S.405f.

[2] Ranke-Graves, Robert von: Griechische Mythologie. Hamburg 1960, Nr.1

[3] Küster, Erich: Die Schlange in der griechischen Kunst und Religion. Gießen 1913, S.9ff., 35ff.

[4] Küster, Erich: a.a.O.: S.46f.

[5] Küster, Erich: a.a.O.: S.47

[6] Küster, Erich: a.a.O.: S.67ff.

[7] Küster, Erich: a.a.O.: S.70ff.

[8] Küster, Erich: a.a.O.: S.63, 72ff.

[9] Küster, Erich: a.a.O.: S.77f.

[10] Küster, Erich: a.a.O.: S.133–136

[11] Ranke-Graves, Robert von: a.a.O.: S.113

[12] Äneis V, 83ff.

[13] Wunderlich, Hans Georg: Wohin der Stier Europa trug. Ex Libris 1974, S.248

[14] Zu Zypern und Kreta:

Maringer, Johannes: Die Schlange in Kunst und Kult der vorgeschichtlichen Menschen. In: Anthropos, Jg.72, 1977, S.898ff.

Zum Nahen Osten:

Joines, Karen Randolph: Serpent symbolism in the Old Testament. Haddonfield/New Jersey 1974, S.68ff.

In diesen Zusammenhang gehört die mittelalterliche Legende vom fränkischen

König Guntram, dem im Schlafe eine kleine Schlange aus dem Munde kam und den Weg zu einem großen Schatz zeigte – Hartlaub, G. F.: Mythos und Magie der Schlange. In: Atlantis, Jg. 12, 1940, S. 570

[15] Hopfner, Theodor: Der Tierkult der alten Ägypter. Denkschrift der kaiserlichen Akademie der Wissenschaften in Wien. Philosophisch-historische Klasse, Bd. 57, 2. Abhandlung. Wien 1913, S. 142
Gaster, H. Theodor: Myth, legend and custom in the Old Testament. New York 1969, S. 36
Baumann, Hermann: Schöpfung und Urzeit im Mythus der afrikanischen Völker. Berlin 1936, S. 294

[16] Thompson, George: Frühgeschichte Griechenlands und der Ägäis. Berlin 1960, S. 86

[17] Dammann, Ernst: Die Religionen Afrikas. Stuttgart 1963, S. 14

[18] Thompson, George: a. a. O.: S. 87

[19] Frobenius, Leo: Erythrea. Berlin 1931, S. 98 f.

[20] Crooke, W.: Folklore of Northern India. London 1896, S. 125 ff.

[21] Vogel, J. Ph.: Indian serpent lore. London 1926, S. 21

[22] Eberhard, Wolfram: Volksmärchen aus Südostchina. FFC 128, Helsinki 1941, S. 40, 57

Der Schutzgeist des Hauses

[1] Nilsson, Martin P.: The Minoan-Mycenaean religion and its survival in Greek religion. Lund 1950, S. 325 ff.

[2] Sälzle, Karl: Mensch und Tier, Gottheit und Dämon. München 1965, S. 384

[3] Sälzle, Karl: a. a. O.: S. 385
Röhrich, Lutz: Märchen und Wirklichkeit. Wiesbaden 1974, S. 73

[4] Sälzle, Karl: a. a. O.: S. 385
Nilsson, Martin P.: a. a. O.: S. 326

[5] Sälzle, Karl: a. a. O.: S. 385

[6] Sälzle, Karl: a. a. O.: S. 385

[7] Bibby, Geoffrey: Dilmun. Hamburg 1973, S. 178

[8] Maringer, Johannes: Die Schlange in Kunst und Kult der vorgeschichtlichen Menschen. In: Anthropos, Jg. 72, 1977, S. 883

[9] Sälzle, Karl: a. a. O.: S. 386
Maringer, Johannes: a. a. O.: S. 909

[10] Küster, Erich: Die Schlange in der griechischen Kunst und Religion. Gießen 1913, S. 145 f.
Nilsson, Martin P.: a. a. O.: S. 327 f.
Maringer, Johannes: a. a. O.: S. 882
Ranke-Graves, Robert von: Griechische Mythologie. Hamburg 1960, 14,2

[11] Zur Straßen, Otto (Hrsg.): Brehms Tierleben, Bd. V. Leipzig 1913, S. 260

[12] Maringer, Johannes: a.a.O.: S.905
[13] Maringer, Johannes: a.a.O.: S.894
[14] Paulys Real-Encyclopädie, 2.Reihe, 11.Halbband: Tierdämonen Sp.929
[15] Williams, C.A.S.: Outlines of Chinese symbolism and art motives. Tokyo 1974, S.362f.
[16] Mündliche Mitteilung von Frau Nagako Hoffmann-Okada. Zürich
[17] Mündliche Mitteilung
[18] Vogel, J.Ph.: Indian serpent lore. London 1926, S.19
[19] Vgl. Nilsson, Martin P.: The Minoan-Mycenaean religion and its survival in Greek religion. Lund 1950, S.326: Als die Schutzschlange Erichthonios die Akropolis verließ, evakuierten die Athener ihre Stadt.
[20] Abbé Dubois: Hindu manners, customs and ceremonies. Oxford 1924, S.641f.
[21] Bibby, Geoffrey: a.a.O.: S.175ff.
[22] Kees, Hermann: Der Götterglaube im alten Ägypten. Leipzig 1941, S.57
Gray, Louis Herbert: The mythology of all races, Vol.XII, Müller, W.Max: Egyptian. New York 1964, S.166f., 187f.
[23] Laye, Camara: The African child. Fontana Books 1959, S.15
[24] Vernaleken, Theodor: Alpensagen. Salzburg 1938, S.105
Sepp: Altbayerischer Sagenschatz. München 1893, S.616
[25] Vernaleken, Theodor: a.a.O.: S.91
[26] Büchli, Arnold: Mythologische Landeskunde von Graubünden, I.Aarau 1958, S.214
[27] Caminada, Christian: Die verzauberten Täler. Olten 1961, S.123
[28] Caminada, Christian: a.a.O.: S.232
[29] Büchli, Arnold: a.a.O.: S.562

B. Die Schlange – Hüter von Schätzen

Hüter der Quelle

[1] Ranke-Graves, Robert von: Griechische Mythologie. Hamburg 1960, Nr.58g
Eliot, Alexander: Mythen der Welt. Luzern 1976, S.265
[2] Ranke-Graves, Robert von: a.a.O.: Nr.124
[3] Ranke-Graves, Robert von: a.a.O.: Nr.21
[4] Ranke-Graves, Robert von: a.a.O.: Nr.36
[5] Frobenius, Leo: Das Zeitalter des Sonnengottes. Berlin 1904, S.177
Küster, Erich: Die Schlange in der griechischen Kunst und Religion. Gießen 1913, S.153–155
[6] Ninck, Martin: Die Bedeutung des Wassers in Kult und Leben der Alten. Leipzig 1921, S.3ff.

[7] Ninck, Martin: a.a.O.: S. 47 ff.
[8] Ranke-Graves, Robert von: a.a.O.: Nr. 124
[9] Ranke-Graves, Robert von: a.a.O.: Nr. 31
[10] Ranke-Graves, Robert von: a.a.O.: Nr. 36
[11] Ranke-Graves, Robert von: a.a.O.: Nr. 134
[12] Ranke-Graves, Robert von: a.a.O.: Nr. 103
[13] AT 300
[14] Ranke, Kurt: Die zwei Brüder. FFC 114. Helsinki 1934. S. 208
[15] Frobenius, Leo: a.a.O.: S. 117 ff.

Hüter des Baumes

[1] Boetticher, Carl: Der Baumkultus der Hellenen. Berlin 1856, S. 204–211
Vgl. Shulman, David: the serpent and the sacrifice: An anthill myth from Tiru-vārūr. In: History of religion, Jg. 18, No. 2, 1978, S. 121 f., 127
[2] Boetticher, Carl: a.a.O.: S. 205 f.
Küster, Erich: Die Schlange in der griechischen Kunst und Religion. Gießen 1913, S. 83 ff.
[3] Ranke-Graves, Robert von: Griechische Mythologie. Hamburg 1960, Nr. 124
Brommer, Frank: Herakles und Hydra auf attischen Vasenbildern. In: Marburger Winckelmann-Programm 1949, S. 7
[4] Boetticher, Carl: a.a.O.: S. 208
[5] Boetticher, Carl: a.a.O.: S. 206
[6] Nilsson, Martin P.: The Minoan-Mycenaean religion and its survival in Greek religion. Lund 1950, S. 497
[7] Ranke-Graves, Robert von: a.a.O.: Nr. 148, 152
[8] Ranke-Graves, Robert von: a.a.O.: Nr. 133
[9] Nilsson, Martin P.: a.a.O.: S. 627 f.
[10] Gen 3
[11] Greßmann, Hugo: Altorientalische Texte und Bilder, Bd. II. Tübingen 1909, S. 107, Abb. 219
Vgl. Joines, Karen Randolph: Serpent symbolism in the Old Testament. Haddonfield/New Jersey 1974, S. 115–119

Spender des Regens

[1] Visser, M. W. de: The dragon in China and Japan. Leyden 1913.
[2] Visser, M. W. de: a.a.O.: S. 38
Werner, E. T. C.: A dictionary of Chinese mythology. New York 1961, S. 284
[3] Sälzle, Karl: Tier und Mensch, Gottheit und Dämon. München 1965, S. 264

[4] Williams, C. A. S.: Outlines of Chinese symbolism and art motives. Rutland/Vermont/Tokyo 1974, S. 133

[5] Werner, E. T. C.: a. a. O.: S. 286 f.

[6] Werner, E. T. C.: Myths and legends of China. London 1922, S. 227 ff.

[7] Ywan De Hsin: She yu Junggwo wenhwa. In: Junghwa wenhwa. Fuhsing Ywekan (Chinese culture, Renaissance monthly), Vol. 10, Nr. 2, 1977, S. 21–29

[8] Šťovičková, D. und M.: Chinesische Volksmärchen. Hanau/M. 1968, S. 143

[9] Visser, M. W. de: a. a. O.: S. 112

[10] Visser, M. W. de: a. a. O.: S. 47

[11] Vgl. Werner, E. T. C.: A dictionary of Chinese mythology. New York 1961, S. 448

[12] Bredon, Juliet und Mitrophanow, Igor: Das Mondjahr. Wien 1937, S. 315–320 Williams, C. A. S.: a. a. O.: S. 139 f.

[13] Williams, C. A. S.: a. a. O.: S. 106

[14] Visser, M. W. de: a. a. O.: S. 25–34

[15] Vgl. Graham, A. David: Folklore in Southwestchina. Washington 1961, S. 131 ff.

[16] Visser, M. W. de: a. a. O.: S. 119–120, 127

[17] Hayes, L. Newton: The Chinese dragon. Shanghai 1922, S. 40

[18] Visser, M. W. de: a. a. O.: S. 119

[19] Visser, M. W. de: a. a. O.: S. 119 f.

[20] Visser, M. W. de: a. a. O.: S. 119 f.

[21] Visser, M. W. de: a. a. O.: S. 119

[22] Visser, M. W. de: a. a. O.: S. 119

[23] Sälzle, Karl: a. a. O.: S. 264 f.

[24] Graham, A. David: a. a. O.: S. 133/134

[25] Graham, A. David: a. a. O.: S. 133

[26] Bredon, Juliet: a. a. O.: S. 354

[27] Visser, M. W. de: a. a. O.: S. 114

[28] Visser, M. W. de: a. a. O.: S. 114 (aus dem I-Ging)

[29] Visser, M. W. de: a. a. O.: S. 114 (Lyou An: Hwainantsze, Kap. V)

[30] Mundkur, Balaji: The cult of the serpent in the Americas: Its Asian background. In: Current Anthropology, Bd. 17, 1976, S. 434

[31] Mundkur, Balaji: a. a. O.: S. 430 f.

[32] Dukova, Ute: Das Bild des Drachen im bulgarischen Märchen. In: Fabula, Jg. 11, 1971, S. 230

[33] Kees, Hermann: Der Götterglaube im alten Ägypten. Leipzig 1941, S. 56

[34] Joines, Karen Randolph: Serpent symbolism in the Old Testament. Haddonfield/New Jersey 1974, S. 115–119

[35] Büchli, Arnold: Mythologische Landeskunde von Graubünden, Bd. II, Aarau 1966, S. 42

[36] Büchli, Arnold: a. a. O.: S. 42

Spender des Kindersegens

1 Sälzle, Karl: Mensch und Tier, Gottheit und Dämon. München 1965, S. 385
2 Vogel, J. Ph.: Indian serpent lore. London 1926, S. 270 ff.
3 Vogel, J. Ph.: a. a. O.: S. 270 ff.
4 Vogel, J. Ph.: a. a. O.: S. 273
5 Ciba-Zeitschrift, Jg. 8. Basel 1942, S. 302 f.
6 Winthuis, J.: Einführung in die Vorstellungswelt primitiver Völker. Leipzig 1931, S. 168 ff.

Spender des Lebenswassers

1 Der König vom goldenen Berg – KHM 92
2 Der Ursprung der Moxa – Japanische Volksmärchen. MdW, S. 226 f.

Besitzer des Lebenskrautes

1 Jockel, Rudolf: Götter und Dämonen. Mythen der Völker. Wiesbaden S. 46 ff.
2 Ranke-Graves, Robert von: Griechische Mythologie. Hamburg 1960, Nr. 90
3 Ranke-Graves, Robert von: a. a. O.: Nr. 90
4 Die Prinzessin und die Schlange – Inselmärchen des Mittelmeeres. MdW, S. 22 ff.
5 Die drei Schlangenblätter – KHM 16

Hüter von Schätzen

1 Vogel, J. Ph.: Indian serpent lore. London 1926, S. 140
   Barnes, R. H.: Kédang. Oxford 1974, S. 105
2 Ranke-Graves, Robert von: Griechische Mythologie. Hamburg 1960, Nr. 133
3 Ranke-Graves, Robert von: a. a. O.: Nr. 152
4 Eliot, Alexander et al.: Mythen der Welt. Luzern/Frankfurt a. M. 1976, S. 233
5 Christinger, R.: Mythologie de la Suisse ancienne. Genf 1965, S. 122
6 Büchli, Arnold: Mythologische Landeskunde von Graubünden, Bd. II. Aarau, 1966, S. 595, 751 f.
   Guntern, Josef: Walliser Sagen. Olten 1963, Nr. 306
7 Voelter, Gretl: Das große Buch der Alpensagen. Innsbruck 1965, S. 173 ff.
8 Vogel, J. Ph.: a. a. O.: S. 173
9 Vogel, J. Ph.: a. a. O.: S. 176
10 Vogel, J. Ph.: a. a. O.: S. 22
11 Vogel, J. Ph.: a. a. O.: S. 185 ff.
12 Die Drachenprinzessin und Sanlang – Št'oviĉková, D. und M.: Chinesische Volksmärchen. Hanau/M. 1968, S. 44 ff.
13 Uraschimatarō – Novak, M. und Cerna, Z.: Japanische Märchen und Volkserzählungen. Hanau/M. 1970, S. 88 ff.

[1] Bächtold-Stäubli, Hanns: Handwörterbuch des deutschen Aberglaubens Bd. VIII. Berlin/Leipzig 1936/37, S. 942

[2] Bächtold-Stäubli, Hanns: a. a. O.: S. 942
Vogel, J. Ph.: Indian serpent lore. London 1926, S. 139
Eliade, Mircea: Die Religion und das Heilige. Salzburg 1954, S. 197
Vgl. Joines, Karen Randolph: Serpent symbolism in the Old Testament. Haddonfield/New Jersey 1974, S. 21

[3] Ranke-Graves, Robert von: Griechische Mythologie. Hamburg 1955, Nr. 72

[4] Ranke-Graves, Robert von: a. a. O.: Nr. 105

[5] Ranke-Graves, Robert von: a. a. O.: Nr. 167,3

[6] Ranke-Graves, Robert von: a. a. O.: Nr. 119

[7] Ranke-Graves, Robert von: a. a. O.: Nr. 158

[8] Ranke-Graves, Robert von: a. a. O.: Nr. 72

[9] Mongolische Märchen, MdW, S. 191 ff.
Vgl. Die Tiersprache – Mazedonische Märchen. MdW, S. 126 ff.

[10] Bächtold-Stäubli, Hanns: a. a. O.: S. 942
Panzer, Friedrich: Das Nibelungenlied. Stuttgart/Köln 1955, S. 298

[11] Finnische und Estnische Märchen. MdW, S. 196 ff.

[12] Briffault, Robert: The mothers, Vol. II. New York 1927, S. 663

[13] AT 672 D

[14] Rantasalo, A. V.: Einige Zaubersteine und Zauberpflanzen im Volksaberglauben der Finnen. FFC 176 1959, S. 29

[15] KHM 17
AT 673
Die Sprache der Tiere – Italienische Volksmärchen. MdW, S. 174 ff.

[16] Die Sprache der Tiere – Inselmärchen des Mittelmeeres. MdW, S. 145 ff.

[17] AT 670
Die Sprache der Tiere – Gaál, Károly: Die Volksmärchen der Magyaren im südlichen Burgenland. Berlin 1970, S. 144 ff.
Der Schlangenkamm – Finnische und Estnische Märchen. MdW, S. 196 ff.
Vom König, der die Tiersprache verstand – Buddh. Märchen. MdW, S. 198 ff.
Die Tiersprache – Mazedonische Märchen. MdW, S. 126 ff.
Ikeda, Hiroko: A type and motif index of Japanese folk-literature. FFC 209. Helsinki 1971, S. 670
Eberhard, Wolfram: Typen chinesischer Volksmärchen. FFC 120. Helsinki 1937, S. 16 ff.
Aarne, Antti: Der tiersprachenkundige Mann. FFC 15. Helsinki 1914, S. 1–81
Talisman der Tiersprache – Türkische Volksmärchen. MdW, S. 237 ff.
The animal languages – Ranke, Kurt: Folktales of Germany. Chicago 1966, S. 115 ff.

[1] Visser, M. W. de: The dragon in China and Japan. Wiesbaden 1913, S. 88
[2] Vos, Fritz: Die Religionen Koreas. Stuttgart/Berlin/Köln/Mainz 1977, S. 87
[3] Št'ovíčková, D. und M.: Chinesische Volksmärchen. Hanau/M. 1968, S. 70, 141 ff.
Eberhard, Wolfram: Typen chinesischer Volksmärchen. FFC 120. Helsinki 1937. S. 33
Št'ovíčková, D. und M.: Tibetische Märchen. Hanau/M. 1976, S. 28
Williams, C. A. S.: Outlines of Chinese symbolism and art motives. Rutland/Vermont/Tokyo 1974, S. 138
Ting, Nai-Tung: The holy man and the snake woman. Fabiola, Jg. 8, 1966, S. 152
Cosquin, Emmanuel: Les contes indiens et l'occident. Paris 1922, S. 256–281
[4] Vogel, J. Ph.: Indian serpent lore. London 1926, S. 157
[5] Vogel, J. Ph.: a. a. O.: S. 149
[6] Ions, Veronica: Indische Mythologie. Wiesbaden. S. 105
[7] Vogel, J. Ph.: a. a. O.: S. 25
[8] Japanische Volksmärchen. MdW, S. 131 ff.
Ferner: Visser, M. W. de: The dragon in China and Japan. Wiesbaden 1913, S. 140–143
[9] Büchli, Arnold, Mythologische Landeskunde von Graubünden, Bd. II. Aarau 1966, S. 368
[10] La Tarasque–Pézard, André: Contes et légendes de Provence. Paris 1961, S. 32
[11] Lütolf, Alois: Sagen, Bräuche und Legenden aus den fünf Orten Luzern, Uri, Schwyz, Unterwalden und Zug. Luzern 1862 / Hildesheim 1976 (Neudruck), S. 322 f.
[12] Ceresole, Alfred: Légendes des Alpes Vaudoises. Lausanne 1885, S. 155 ff.
Auch die Juwelen auf der mehrköpfigen Haube der indischen Nāga erleuchten das Dunkel. Siehe Ions, Veronica: Indische Mythologie. Wiesbaden, S. 110

Die gekrönte Schlange

[1] Vernaleken, Theodor: Alpensagen. Salzburg 1938, S. 69, 80, 81, 82, 89 f., 91, 92, 97, 104–106
Merkelbach-Pinck, A.: Lothringer Volksmärchen. MdW, S. 291 ff.
Sepp: Altbayerischer Sagenschatz. München 1893, S. 615
Künzig, Johannes: Schwarzwald-Sagen. Düsseldorf 1930, S. 173
[2] Schweizerische Volksmärchen. MdW, S. 24
[3] Sälzle, Karl: Tier und Mensch, Gottheit und Dämon. München 1965, S. 386
[4] Voelter, Gretl: Das große Buch der Alpensagen. Innsbruck 1965, S. 120 f.
Vgl. Künzig, Johannes: Schwarzwald-Sagen. Düsseldorf 1930, S. 173

[5] Glaettli, K. W.: Zürcher Sagen. Zürich 1959, S. 8 f.
[6] Caminada, Christian: Die verzauberten Täler. Olten/Freiburg 1961, S. 120
Vgl. KHM 105, Teil 2
Künzig, Johannes: a. a. O.: S. 172
[7] Das Märchen vom Schlangenkönig – Piprek, J.: Polnische Volksmärchen. Wien 1918, S. 16 ff.
[8] Vgl. Müller, J.: Sagen aus Uri, Bd. III. Basel 1945, S. 177, 183–186
Büchli, Arnold: Mythologische Landeskunde von Graubünden. Aarau 1958 und 1966, Bd. I: S. 146, 547; Bd. II: S. 93 f., 595
Büchli, Arnold: Sagen aus Graubünden. 2. Teil. Aarau 1935, S. 93 f.
Lütolf, Alois: Sagen, Bräuche und Legenden aus den fünf Kantonen Luzern, Uri, Schwyz, Unterwalden und Zug. Luzern 1865, S. 324
Der Drache von Bonstetten – Glaettli, K. W.: a. a. O.: S. 139
Caminada, Christian: a. a. O.: S. 120
Réau, Louis: Iconographie de l'art chrétien. Paris 1958, Bd. I: S. 113 f.: «Der Basilisk heißt ‹kleiner König›, ist ein Mischwesen aus Vogel und Schlange, hat Vogelkopf und -flügel und Schlangenschwanz. Auf seinem Kopf trägt er eine Krone, denn er ist der König der Schlangen.»
Rantasalo, A. V.: Einige Zaubersteine und Zauberpflanzen im Volksaberglauben der Finnen. FFC 176, Helsinki 1959, S. 28–35

Gespielin der Kinder

[1] KHM 105 (Unke bedeutet in Deutschland vielerorts eine Schlange)
AT 285
BP II 459–465
AT 672 C
Büchli, Arnold: Mythologische Landeskunde von Graubünden. Aarau 1958 und 1966, Bd. I: S. 468; Bd. II: S. 432, 499
Sepp: Altbayerischer Sagenschatz. München 1893, S. 615
[2] Liungman, Waldemar: Die schwedischen Volksmärchen. Berlin 1961, S. 34
Röhrich, Lutz: Märchen und Wirklichkeit. Wiesbaden 1974, S. 72
[3] Künzig, Johannes: Schwarzwald-Sagen. Düsseldorf 1930, S. 173
[4] Caminada, Christian: Die verzauberten Täler. Olten/Freiburg 1961, S. 124
Lütolf, Alois: Sagen, Bräuche und Legenden aus den fünf Orten Luzern, Uri, Schwyz, Unterwalden und Zug. Luzern 1862, S. 324
[5] Stemmler-Morath, Carl: Schlangen. Basel 1968, S. 8–10
Carr, Archie und Redaktion von LIFE: LIFE – Wunder der Natur: Die Reptilien. N. V. Amsterdam 1964, S. 149
[6] Stemmler Morath, Carl: a. a. O.: S. 9
[7] Thomas, Helga: Beispiele der Wandlung. In: Antaios XII, 1971, S. 55 f.

[8] Hehn, Johannes: Zur Paradiesesschlange. In: Sebastian Merkle Festschrift. Düsseldorf 1922, S. 145

[9] Vernaleken, Theodor: Alpensagen. Salzburg 1938, S. 69, 80
Schweizer Volksmärchen. MdW, S. 24
BP II 463

[10] Voelter, Gretl: Das große Buch der Alpensagen. Innsbruck 1967, S. 120–122

III. TEIL: DIE SCHLANGENDEUTUNG DER URZEIT

A. Die Urschlange – Schöpfer der Menschen

Die schöpferische Urschlange im Wasser

[1] Die Yaruro in Südamerika berichten: Die Göttin Kuma schuf die Welt mit Hilfe zweier Brüder: der Wasserschlange Puana und des Jaguars Itciai. Diese wiederum erschufen die Erde und das Wasser. Der Stamm ist in zwei exogame Hälften getrennt, die nach der Wasserschlange bzw. dem Jaguar benannt sind. – Krickeberg, Walter et al.: Die Religionen des alten Amerika. Stuttgart 1961, S. 295

[2] Ritter, Hans: Die Schlange in der Religion der Melanesier. Acta tropica, Suppl. 3. Basel 1945
Meier, Josef: A kaja oder der Schlangenaberglaube bei den Eingeborenen der Blanchebucht (Neupommern). Anthropos Bd. 3, 1908, S. 1005–1029

[3] Schärer, Hans: Die Gottesidee der Ngadju-Dajak in Süd-Borneo. Leyden 1945, S. 185

[4] Wilpert, Clara: Kosmogonische Mythen der australischen Eingeborenen. München 1970, S. 191–195
Eliade, Mircea: Australian Religions. An introduction. London 1973, S. 67 ff.

[5] Varhaloval dürfte ein zweiteiliges Wort sein: varha – loval. Loval oder luval entspricht dem austronesischen Wort für Schlange – Malaiisch: ular; Gunantuna: kulap, und bedeutet eine Pythonschlange von etwa drei Metern Länge. Vgl. Laufer, Carl: Kulapliu oder Kamandukduk, Zur Geschichte der Maskenbünde in Melanesien. In: Jahrbuch des Museums für Völkerkunde zu Leipzig, Bd. 19, 1962, S. 59–75
Auf Kédang heißt die Urschlange aus dem Wasser Ara-bora. Barnes, R. H.: Kédang. Oxford 1974, S. 40
Bei den ebenfalls Austronesisch sprechenden Gunantuna auf Neubritannien heißt die Urschlange Val-valir. – Winthuis, H.: Einführung in die Vorstellungswelt primitiver Völker. Leipzig 1931, S. 314
Nach Arndt, Paul: Wörterbuch der Ngada-Sprache. Posieux 1961, heißt auf Flores bala «Eidechse» sowie «kriechen», «sich schlängeln». «Varha-Luval» könnte darum «die sich schlängelnde Schlange» heißen

[6] Tonband 7 B: Informant Sakino, Häuptling von Dwolyang
[7] Tonband 18 A: Informant Moriya
[8] Zöllner, Siegfried: Die Religion der Jalī im Bergland von Irian-Jaya. Theologischer Verlag Rolf Brockhaus, Wuppertal, 1977, S. 475
[9] Barnes, R. H.: a. a. O.: S. 105
[10] Pleyte, C. M.: Die Schlange im Volksglauben der Indonesier. In: Globus, Jg. 65. Braunschweig 1894, S. 95 f.
Meier, Josef: a. a. O.: S. 1019
Aufenanger, Henry: The passing scene in North-East New Guinea. St. Augustin 1972, S. 290
Jockel, Rudolf: Götter und Dämonen. Mythen der Völker. Wiesbaden, S. 188
Frobenius, Leo: Das Zeitalter des Sonnengottes. Berlin 1904, S. 154
[11] Wilpert, Clara: a. a. O.
Buchler, Ira R. und Maddock, Kenneth: The rainbow serpent. The Hague/Paris 1978
[12] Poignant, Roslyn: Ozeanische Mythologie. Wiesbaden, S. 122, 133
Barbeau, Marius: Hayda myths. Ottawa 1953, S. 244
[13] Buchler, Ira R. und Maddock, Kenneth: a. a. O.: S. 50, 57, 61, 62, 64, 65, 69, 86
[14] Informant: Karui von Dahsi
Hentze, Carl: Bronzegerät, Kultbrauch, Religion im ältesten China der Shang-Zeit. Antwerpen 1951
Hentze, Carl: Das Haus als Weltort der Seele. Stuttgart, 1961, S. 75–93
Hentze, Carl: Funde in Alt-China. Göttingen/Zürich/Berlin/Frankfurt 1967, S. 207, Tafel V, XXXVI, Abb. 70 c
Die Schlange mit den zwei Widderhörnern ist eines der auffallendsten Tiere der keltischen Mythologie. Vgl. Paulys Real-Encyclopädie, 2. Reihe, 11. Halbband, Spalte 928 ff.
Hentze, Carl: Die Regenbogenschlange. In: Anthropos, Jg. 61, 1966, S. 258–266
Barbeau, Marius: a. a. O.: S. 242
Maringer, Johannes: Die Schlange in Kunst und Kult der vorgeschichtlichen Menschen. In: Anthropos, Jg. 72, 1977, S. 898 (Zypern)
Šťovíčková, D. und M.: Chinesische Volksmärchen. Hanau/M., S. 70
Die babylonische Tiamat hatte zwei Hörner. Siehe Eisler, Robert: Weltenmantel und Himmelszelt, Bd. II. München 1910, S. 529, Figur 64
Ywan De Hsin: She yu Junggwo wenhua. In: Junggwo wenhua. Fuhsing ywekan, Vol. 10, Nr. 2, 1977, S. 26
Die chinesische Nyugwa hatte zwei Hörner. s. Werner, E. T. C.: A dictionary of Chinese mythology. New York 1961, S. 334
Poignant, Roslyn: a. a. O.: S. 122
Aufenanger, Henry, a. a. O.: S. 455
[15] Buchler, Ira R. und Maddock, Kenneth: a. a. O.: S. 50, 57, 64, 65, 71, 86
[16] Buchler, Ira R. und Maddock, Kenneth: a. a. O.: S. 64, 65, 71

[17] Visser, M. W. de: The dragon in China and Japan. Wiesbaden 1913, S. 138
Radcliffe-Brown, A. R.: The rainbow serpent myth in South-East Australia. In Oceania, Vol. 1, 1930, S. 345
Buchler, Ira R. und Maddock, Kenneth: a. a. O.: S. 64 (vierzig Meilen), 65 (fünfzig Fuß), 73 (Hunderte von Metern)
Barbeau, Marius: a. a. O.: S. 241 f.

[18] Buchler, Ira R. und Maddock, Kenneth: a. a. O.: S. 57, 61, 64, 65, 69, 71, 86

[19] Ions, Veronica: Indische Mythologie: Wiesbaden, S. 25

[20] Ions, Veronica: a. a. O.: S. 28

[21] Ions Veronica: a. a. O.: S. 50 f.

[22] Negelein, Julius: Der Traumschlüssel des Jagaddeva. Gießen 1912, S. 283, Anm. 1
Ions, Veronica: a. a. O.: S. 110
Hierher gehören vermutlich die Darstellungen von Schlangen, die sich in vielfachen Verschlingungen um ein oft rundes Objekt (lingam?) winden und die auch bei den Kelten vorhanden waren. – Collum, V. C. C.: Die schöpferische Muttergöttin der Völker keltischer Sprache, ihr Werkzeug, das mystische Wort, ihr Kult und ihre Kultsymbole. In: Eranos-Jahrbuch 1938. Zürich 1939, S. 308, Tafel IV

[23] Eliade, Mircea: Geschichte der religiösen Ideen, I. Freiburg/Basel/Wien 1978, S. 90

[24] Lurker, Manfred: Götter und Symbole der alten Ägypter. Bern/München/Wien 1974, S. 149
Hopfner, Theodor: Der Tierkult der alten Ägypter. Denkschriften der kaiserlichen Akademie der Wissenschaften in Wien. Philosophisch-historische Klasse, Bd. 57, 2. Abhandlung. Wien 1913, S. 137 f.
Vgl. auch die Schlange im Mithraskult, die sich um den löwenköpfigen Gott schlingt. Cumont, Franz: Die Mysterien des Mithra. Leipzig 1903, S. 81 f.
Parrinder, Geoffrey: African mythology. London 1967, S. 22
Horapollon, Kp. 2

[25] Hopfner, Theodor: a. a. O.: S. 138

[26] Leisegang, Hans: Das Mysterium der Schlange. In: Eranos-Jahrbuch 1939, S. 193 f.
Renz, Barbara: Der orientalische Schlangendrache. Augsburg 1930, S. 9
Joines, Karen Randolph: Serpent symbolism in the Old Testament. Haddonfield/New Jersey 1974, S. 19, 112
Der Schwanz der babylonischen Tiamat war das Band zwischen Himmel und Erde. In Nippur, der heiligen Stadt der Sumerer, wurde dieses Band zum kosmischen Baum. – Christinger, R.: Mythologie de la Suisse ancienne. Genf 1965, S. 122

[27] Derolex, R.: Götter und Mythen der Germanen. Wiesbaden 1976, S. 273 f.

[28] Krickeberg, Walter et al.: Die Religionen des alten Amerika. Stuttgart 1961, S. 288

Siehe auch: Mundkur, Balaji: The cult of the serpent in the Americas: Its Asian background. In: Current Anthropology, Vol. 17, 1976, S. 435, über die Chibcha in Kolumbien
zu Afrika: ERE 11; S. 400
Parrinder, Geoffrey: a. a. O.: S. 22 f.
Chesi, Gert: Voodoo – Afrikas geheime Macht. Wörgl 1979, S. 112–116

Die verschlingende Schlange

[1] Höltker, Georg: Das Geisterhaus bei den Bosugun am unteren Ramu-River, Neuguinea. In: Jahrbuch des Museums für Völkerkunde zu Leipzig, Bd. 22, 1966, S. 27, 34
[2] Derolex, R.: Götter und Mythen der Germanen. Wiesbaden 1976, S. 133
Frobenius, Leo: Das Zeitalter des Sonnengottes. Berlin 1904, S. 179–192
[3] Ions, Veronica: Indische Mythologie. Wiesbaden, S. 96
[4] Piddington, Ralph: The water-serpent in Karadjeri mythology. In: Oceania, Vol. 1, 1930, S. 352 f.
Wilpert, Clara: Kosmogonische Mythen der australischen Eingeborenen. München 1970, S. 174, 194, 223, 237, 240
Poignant, Roslyn: Ozeanische Mythologie. Wiesbaden, S. 89 ff.
Meier, Josef: Mythen und Erzählungen der Küstenbewohner der Gazelle- Halbinsel. Münster 1909, S. 221
[5] Höltker, Georg: Kollektion nichtpublizierter Mythen aus Ostneuguinea: Die Schlange und die Flut. Informant: Kabik, Thoma, Dorf Bunu
[6] Wilpert, Clara: a. a. O.: S. 81, 98, 112, 113, 228, 229, 234 f., 240 f., 241
Radcliffe-Brown, A. R.: The rainbow-serpent myth in South-East Australia. In: Oceania, Vol. 1, 1930, S. 344
McConnel, Ursula: The rainbow-serpent in North Queensland. In: Oceania, Vol. 1, 1930, S. 347 f.
Piddington, Ralph: The rainbow-serpent in Karadjeri mythology. In: Oceania, Vo. 1, 1930, S. 352 ff.
Aufenanger, Henry: The passing scene in North-East New Guinea. St. Augustin 1972, S. 157 f., 277 f., 385 f., 454 f.
Hierher gehört auch das Lindwurmmotiv: The boy and his pet snake – Barbeau, Marius: Huron. Wyandot traditional narratives. Ottawa 1960, S. 23 ff.
Die Schlange – Südseemärchen. MdW, S. 41–43
[7] Pézard, André: Contes et légendes de Provence. Paris 1961, S. 30–43
[8] Derolex, R.: a. a. O.: S. 64
[9] Lurker, Manfred: Götter und Symbole der alten Ägypter. Bern/München/Wien 1974, S. 45
[10] Derolex, R.: a. a. O.: S. 272

[11] Krickeberg, Walter et al.: Die Religionen der alten Amerikaner. Stuttgart 1961, S. 44

Vgl. Mundkur, Balaji: The cult of the serpent in the Americas. Its Asian background. In: Current anthropology, Vol. 17, 1976, S. 439, zur Olmekenkultur ERE 11: S. 401

[12] Laufer, Carl: Kulapliu oder Kamandukduk. Zur Geschichte der Maskenbünde in Melanesien. Jahrbuch des Museums für Völkerkunde zu Leipzig, Bd. 19, 1962, S. 59–75

[13] Wylick, Carla von: Bestattungsbrauch und Jenseitsglaube auf Celebes. 's-Gravenhage 1941, S. 18, 19, 43

Ciba-Zeitschrift, Jg. 8, 1942, S. 3029

[14] Ciba-Zeitschrift, Jg. 8, 1942, S. 3030

[15] Schärer, Hans: Die Gottesidee der Ngadju-Dajak in Süd-Borneo. Leyden 1946, Tafel VIII, XX

[16] Hentze, Carl: Bronzegerät, Kultbrauch, Religion im ältesten China der Shang-Zeit. Antwerpen 1951, S. 175

Hentze, Carl: Das Haus als Weltort der Seele. Stuttgart 1961, S. 73

Hentze, Carl: Funde in Alt-China. Göttingen/Zürich/Berlin/Frankfurt 1967, S. 170 ff.

[17] Hentze, Carl: Funde in Alt-China. Göttingen/Zürich/Berlin/Frankfurt 1967, S. 31 ff.

Vgl. dazu die Vase mit einem zweifüßigen Drachen (Yangshao-Kultur 4000 v. Chr.) – Mundkur, Balaji, a. a. O.: S. 439

[18] Informant: Karui von Dahsi

[19] Maui – Südsee-Märchen. MdW, S. 204–226

Vgl. Briffault, Robert: The Mothers, Bd. II. New York 1927, S. 657 f.

[20] Jockel, Rudolf: Götter und Dämonen. Wiesbaden, S. 55

[21] Nach einer andern Version beißt «die große Frau» plötzlich erwachend zu und schneidet mit ihren Zähnen den Helden entzwei, so daß er stirbt. – Eliade, Mircea: Mythen, Träume und Mysterien. Salzburg 1961, S. 309

Initiation als Verschlungen- und Geborenwerden

[1] Propp, Vladimir Jakovlevič: Le radice storiche dei racconti di fate. Torino 1972, S. 358 ff.

[2] Schärer, Hans: Die Gottesidee der Ngadju-Dajak in Süd-Borneo. Leyden 1946, S. 98–104

[3] Vielleicht ist die richtigste Deutung der Tätowierung die, daß die Muster auf dem Leib den Paß, den Zugehörigkeitsausweis für die Unterwelt, bedeuten. Vgl. Jensen, A. E.: Das religiöse Weltbild einer frühen Kultur. Stuttgart 1948, S. 150 f.

Die Deutung, daß die Tätowierungsmuster die Narben der Wunden darstellen, die

die Zähne des Ungeheuers beim Verschlingen beifügten, ist ebenfalls nicht ganz von der Hand zu weisen. Ist es nicht bezeichnend, daß in der Maui-Mythe aus Neu-Seeland die Tätowierung in dem Moment in Erscheinung tritt, da der Held in den Rachen der Urmutter eintritt? Maui – Südsee-Märchen. MdW, S. 225

[4] Eliade, Mircea: Australian religions. An introduction. London 1972, S. 91, 141

[5] Berndt, Ronald M.: Kunapipi, New York, 1951

Eliade, Mircea: Das Mysterium der Wiedergeburt. Zürich 1961, S. 84 ff.

Eliade, Mircea: Australian religions. An introduction. London 1972, S. 105 ff.

Wilpert, Clara: Kosmogonische Mythen der australischen Eingeborenen. München 1970, S. 219

Bettelheim, Bruno: Die symbolischen Wunden. München 1975, S. 228 ff.

Vgl. Landtmann, Gunnar: The folktales of the Kiwai-Papuans. Helsingfors 1917, S. 457

[6] Eliade, Mircea: Das Mysterium der Wiedergeburt. Zürich 1961, S. 68

[7] Jensen, A. E.: Die drei Ströme. Leipzig 1948, S. 80–100

[8] Gardi, René: Sepik. Mit einführendem Text von Alfred Bühler. Zürich 1958, S. 19

Speiser, Felix: Über Initiationen in Australien und Neu-Guinea. Verhandlungen der naturforschenden Gesellschaft in Basel 1929, S. 120–125, 201–205, 238, 241, 243

[9] Eliade, Mircea: Das Mysterium der Wiedergeburt. Zürich 1961, S. 67–68

[10] Eliade, Mircea: Ebd. S. 68

[11] Eliade, Mircea: Ebd. S. 68

[12] Speiser, Felix: a. a. O.: S. 119–125

[13] Speiser, Felix: a. a. O.: S. 119–120

[14] Eliade, Mircea: Mythen, Träume und Mysterien. Salzburg 1961, S. 308

Das Jonasmotiv

[1] Jonas 1,1 ff.

In diesen Zusammenhang gehört vermutlich die griechische Darstellung «Iason und die Schlange», bei der Iason aus dem Rachen der Schlange im Areshain mit dem Goldenen Vlies ausgespien wird. Pinsent, John: Griechische Mythologie Wiesbaden, S. 78

[2] Der Knabe und die Schlange – Deutsche Märchen aus dem Donauland MdW, S. 315–323

Vgl. auch das italienische Märchen «Nennillo und Nennella». In: Frobenius, Leo: Das Zeitalter des Sonnengottes. Berlin 1904, S. 188–190

[3] Der Schlangenbruder – Ungarische Volksmärchen. MdW, S. 268–280

[4] Schlangenhold und Tatarenstark – Ungarische Volksmärchen. MdW, S. 62–74

Vgl. Die Kan-Schentäi-Mythe der Kirgisen. In: Frobenius, Leo: Das Zeitalter des Sonnengottes. Berlin 1904, S. 144

[5] Briffault, Robert: The Mothers, Bd. II. New York 1927, S. 643, 643 Anm. 2
[6] Briffault, Robert: a. a. O.: S. 642
[7] Briffault, Robert: a. a. O.: S. 642

Die Regenbogenschlange

[1] Für die Ungarinyin ist Ungud bald die Schlange der Urzeit, bald eine Person, bald ein Wassergeist, bald ist sie der Regen, bald die Steine, die sie hinterlassen hat, bald der Regenbogen, bald eine fette Python, die gegessen wird, bald die Urzeit selbst – Elkin, A. P.: Rock-paintings of North-West Australia. In: Ozeania, Vol. 1, 1930, S. 257–279
Locher, G. W.: The serpent in Kwakiutl religion. Leyden 1932, S. 7
[2] Buchler, Ira. R. und Maddock, Kenneth: The rainbow-serpent. The Hague/Paris 1978, S. 67, 68 ff., 79
Maringer, Johannes: Die Schlange in Kunst und Kult der vorgeschichtlichen Menschen. In: Anthropos, Jg. 72, 1977, S. 882
Mundkur, Balaji: The cult of the serpent in the Americas. Its Asian background. In: Current anthropology, Vol. 17, 1976, S. 434
Rousselle, Erwin: Drachen und Stute–Gestalten der mythischen Welt. In: Eranos-Jahrbuch 1934, S. 18
Batchelor, John: Ainu life and lore. New York/London 1971, S. 142
Meier, Josef: Mythen und Erzählungen der Küstenbewohner der Gazelle-Halbinsel. Münster 1908, S. 229
[3] Vgl. Radcliffe-Brown, A. R.: The rainbow-serpent myth on South-East Australia. In: Oceania, Vol. 1, 1930, S. 342–347
[4] Vogel, J. Ph.: Indian serpent lore. London 1926, S. 29
[5] Barnes, R. N.: Kédang. Oxford 1974, S. 62, 105
[6] Vogel, J. Ph.: a. a. O.: S. 30
Sepp: Altbayerischer Sagenschatz. München 1893, S. 614 f.
[7] Pleyte, C. M.: Die Schlange im Volksglauben der Indonesier. Globus, Jg. 65. Braunschweig 1894, S. 97 f.
[8] Pleyte, C. M.: a. a. O.: S. 98
[9] Bader, Hermann: Der Regenbogen in der Auffassung der Florinesen. Anthropos, Jg. 66, 1971, S. 950
[10] Thomas, Helga: Beispiele der Wandlung. Antaios XII. Stuttgart 1971, S. 53
[11] Mentsch, Sabine und Buchen, Margitta. Der Regenbogen in Indonesien. Seminararbeit bei Prof. Thiel, Bonn, S. 6, 7, 9
Zu Neuguinea: Aufenanger, Henry: The passing scene in North-East New Guinea. In: Anthropos, Coll. 2, 1972, S. 184, 243, 299, 406, 432
Vicedom, Georg F. und Tischler, Herbert: Die Mbowamb Bd. III. Hamburg 1943, S. 9

[12] Wilpert, Clara: Kosmogonische Mythen der australischen Eingeborenen. München 1970

[12a] Jenkins, Jesse D. (ed.) The prehistory of Polynesia. Canberra 1979. S. 10

[13] Radcliffe-Brown, A. R.: The rainbow-serpent myth in Australia. In: Journal of the Royal Anthropological Institute 1926
Poignant, Roslyn: Ozeanische Mythologie. Wiesbaden, S. 122 f.

[14] Herrmann, F.: Volkskunde Australiens. Mannheim 1967, S. 5

[15] Wilpert, Clara: a. a. O.: S. 49, 223, 229
Buchler, Ira R. und Maddock, Kenneth: a. a. O.: S. 71
Elkin, A. P.: The rainbow-serpent myth in North-West Australia. In: Oceania, Vol. 1, 1930, S. 349

[16] Elkin, A. P.: Rockpaintings of North-East Australia. In: Oceania Vol. 1, 1930, S. 276
Piddington, Ralph: The water-serpent in Karadjeri mythology. In: Oceania, Vol. 1, 1930, S. 354

[17] Wilpert, Clara: a. a. O.: S. 194
Buchler, Ira R. und Maddock, Kenneth: a. a. O.: S. 78, 94

[18] Wilpert, Clara: a. a. O.: S. 175
Buchler, Ira, R. und Maddock, Kenneth: a. a. O.: S. 78, 94

[19] Wilpert, Clara: a. a. O.: S. 191–192
Elkin, A. P.: The rainbow-serpent myth in North-West Australia. In: Oceania, Vol. 1, 1930, S. 351

[20] Wilpert, Clara: a. a. O.: S. 229
Elkin, A. P.: The rainbow-serpent myth in North-West Australia. In: Oceania, Vol. 1, 1930, S. 351

[21] Locher, G. W.: a. a. O.: S. 10
Wilpert, Clara: a. a. O.: S. 54–55, 223
Nevermann, H., Worms, E. A. und Petri, Helmut: Die Religionen der Südsee und Australiens. Stuttgart/Berlin/Köln/Mainz 1968, S. 233

[22] Vgl. Radcliffe-Brown, A. R.: The rainbow-serpent in South-East Australia: a. a. O.: S. 344
Locher, G. W.: a. a. O.: S. 30

[23] Nevermann, H., Worms, E. A. und Petri, Helmut: a. a. O.: S. 246

[24] Deutet das nicht daraufhin, daß vor der Entdeckung des Goldes die Menschen die Quarzsteine als Kostbarkeit schätzten? Radcliffe-Brown, A. R.: The rainbow- serpent in South-East Australia: a. a. O.: S. 342

[25] Elkin, A. P.: The rainbow-serpent myth in North-West Australia: a. a. O.: S. 349 f.

[26] Granet, Marcel: La pensée Chinoise. Paris 1950, S. 145
Granet, Marcel: Fêtes et chansons anciennes de la Chine. Paris 1919, S. 272 f.

[27] Köster, H.: Symbolik des Universismus. Stuttgart 1958, S. 30

[28] Wilpert, Clara: a. a. O.: S. 175

²⁹ Nevermann, H., Worms, E. A. und Petri, Helmut: a. a. O.: S. 256
³⁰ Nevermann, H., Worms, E. A. und Petri, Helmut: a. a. O.: S. 245 f.
³¹ Nevermann, H., Worms, E. A. und Petri, Helmut: a. a. O.: S. 233
Zu Afrika: Parrinder, Geoffrey: African mythology. London 1967, S. 93
³² Mundkur, Balaji: The cult of the serpent in the Americas. Its Asian background.
In: Current anthropology, Jg. 17, 1976, S. 435

Die fliegenden Drachen

¹ Dukova, Ute: Das Bild des Drachen im bulgarischen Märchen. In: Fabula, Jg. 11,
1971, S. 227, 248
² Christie, Anthony: Chinesische Mythologie. Wiesbaden, S. 86 f.
³ Williams, C. A. S.: Outlines of Chinese symbolism and art motives. Rutland/
Vermont/Tokyo 1974, S. 133
Coyaud, M.: 180 contes Japonaises. Paris 1975, S. 152 f.
Visser, M. W. de: The dragon in China and Japan. Wiesbaden 1913 S. 47, 164 f.
Rottauscher, Anna: Altchin. Tiergeschichte. Wien/Berlin/Stuttgart 1955, S. 164 f.
⁴ Williams, C. A. S.: a. a. O.: S. 136
⁵ Barbeau, Marius: Haida myths. Ottawa 1953, S. 231
⁶ Dukova, Ute: a. a. O.: S. 209–252
Bulgarische Volksmärchen, MdW, S. 130, 186
Mazedonische Volksmärchen, MdW, S. 189
⁷ Geflügelt ist ebenfalls der Drache im spätantiken Märchen Amor und Psyche
⁸ Bulgarisches Volksmärchen, MdW, S. 130
⁹ Lütolf, Alois: Sagen, Bräuche und Legenden aus den fünf Orten Luzern, Uri,
Schwyz, Unterwalden und Zug. Luzern 1862, S. 315, 320, 321, 322
¹⁰ Lütolf, Alois: a. a. O.: S. 322
¹¹ Büchli, Arnold: Sagen aus Graubünden, 2. Teil. Aarau 1935, S. 95 f.
Büchli, Arnold: Mythologische Landeskunde von Graubünden, Bd. II. Aarau
1966, S. 673 f.
Vernaleken, Theodor: Alpensagen. Salzburg 1938, S. 72
¹² Guntern, Josef: Walliser Sagen. Olten 1963, S. 168
¹³ Ceresole, Alfred: Légendes des Alpes vaudoises. Lausanne 1885, S. 155–158
¹⁴ Derolex, R.: Götter und Mythen der Germanen. Wiesbaden 1976, S. 64
¹⁵ Fontenrose, Joseph: Python. Berkeley 1959, S. 532
¹⁶ Ranke, Kurt: Die zwei Brüder. FFC 114. Helsinki 1934, S. 23
¹⁷ Buschan, G.: Tiere im Kult und im Volksaberglauben des nordischen Kulturkreises. Ciba-Zeitschrift, Jg. 8, Basel 1942, S. 3017
¹⁸ KHM 129
Vgl. Afanasev, Aleksandr: Russian fairy tales. New York 1975, S. 569–575
¹⁹ Ions, Veronica: Ägyptische Mythologie. Wiesbaden, S. 60

1 Nilsson, Martin P.: The Minoan-Mycenaean religion and its survival in Greek religion. Lund 1950, S. 311–329
Maringer, Johannes: Die Schlange in Kunst und Kult der vorzeitlichen Menschen. In: Anthropos, Jg. 72, 1977, S. 898 ff.
Hentze, Carl: Die Göttin mit dem Haus auf dem Kopf. In: Antaios Bd. VII, 1966, S. 47–67
2 Joines, Karen Randolph: Serpent symbolism in the Old Testament. Haddonfield/New Jersey 1974, S. 119–122
3 Yadin, Yigael: Hazor. Hamburg 1976, S. 55
4 Yadin, Yigael: a. a. O.: S. 56
5 Joines, Karen Randolph: a. a. O.: S. 18
Greßmann, Hugo: Der Zauberstab des Moses und die eherne Schlange. In: Zeitschrift des Vereins für Volkskunde, Jg. 23. Berlin 1913, S. 23
6 Ranke-Graves, Robert von: Griechische Mythologie. Hamburg 1960, Nr. 3
7 Ranke-Graves, Robert von: a. a. O.: Nr. 36
8 Ranke-Graves, Robert von: a. a. O.: Nr. 133
9 Ranke-Graves, Robert von: a. a. O.: Nr. 34
10 Dukova, Ute: Das Bild des Drachen im bulgarischen Märchen. In: Fabula, Jg. 11, 1971, S. 231
11 Ranke-Graves, Robert von: a. a. O.: Nr. 33
12 Ranke-Graves, Robert von: a. a. O.: Nr. 73
13 Ranke-Graves, Robert von: a. a. O.: Nr. 8
14 Ranke-Graves, Robert von: a. a. O.: Nr. 25
Knell, Heiner: Das Erechtheion. In: Antaios, Bd. VII, 1966, S. 68–75
15 Thompson, George: Frühgeschichte Griechenlands und der Ägäis. Berlin 1960, S. 84
16 Thompson, George: a. a. O.: S. 85 f.
Vgl. Ronge, Herbert (Übersetzer): Apuleius: Amor und Psyche; Musaios: Hero und Leander. München 1939, S. 73: bei deinem drachenbespannten Wagen
17 Pinsent, John: Griechische Mythologie. Wiesbaden, S. 31
18 Ranke-Graves, Robert von: a. a. O.: Nr. 28
19 Ranke-Graves, Robert von: a. a. O.: Nr. 31
20 Greßmann, Hugo: a. a. O.: S. 22
21 Küster, Erich: Die Schlange in der griechischen Kunst und Religion. Gießen 1913, S. 146 ff.
22 Burkert, Walter: Homo necans. Berlin/New York 1972, S. 297
23 Küster, Erich: a. a. O.: S. 148 ff.
ERE 11: S. 404, 406
Bei den Gnostikern wurde das «Wort» als die «Schlange» bezeichnet. S. Baudissin: Adonis und Esmun. Leipzig 1911, S. 338 f.

Hierher gehört die Schlangenvorstellung der Orphiker und des Mithra-Kultes. Siehe Leisegang, Hans: Das Mysterium der Schlange. Eranos Jahrbuch 1939, S. 151–250;

Eisler, Robert: Weltenmantel und Himmelszelt, Bd. II. München 1910, S. 392 ff., 399 ff., 409 ff.

Cumont, Franz: Die Mysterien der Mithra. Leipzig 1903, S. 81 ff.

24 Thompson, George: a. a. O.: S. 82
25 Paulys Realencyclopädie, 2. Reihe, 3. Halbband: Schlange Sp. 510
26 Küster, Erich: a. a. O.: S. 140

Chinas Kaiser auf dem Drachenthron

1 Williams, C. A. S.: Outlines of Chinese symbolism and art motives, Tokyo 1974, S. 139
2 Christie, Anthony: Chinesische Mythologie. Wiesbaden, S. 47
3 Christie, Anthony: a. a. O.: S. 47
4 Williams, C. A. S.: a. a. O.: S. 314
5 Visser, M. W. de: The dragon in China and Japan. Amsterdam 1913, S. 64
6 Werner, E. T. C.: A dictionary of Chinese mythology. New York 1961, S. 334 f.
Eichhorn, W.: Die alte chinesische Religion und das Staatskultwesen. Leyden/Köln 1976, S. 15 f.
Eliot, Alexander: Mythen der Welt. Luzern/Frankfurt a. M. 1976, S. 64
Christie, Anthony: a. a. O.: S. 83 ff.
7 Christie, Anthony: a. a. O.: S. 79 f., 87, 89
Ywan De Hsin: She yu Junggwo wenhwa. In: Junghwa wenhwa. Fuhsing Ywekan (Chinese culture. Renaissance monthly) 1977, Vol. 10, Nr. 2, S. 21–29
8 Eichhorn, W.: a. a. O.: S. 17
9 Batchelor, John: Ainu life and lore. New York/London 1971, S. 270 f.
Mundkur, Balaji: The cult of the serpent in the Americas: Its Asian background. In: Current anthropology, Vol. 17, Nr. 3, 1976, S. 440
10 Christie, Anthony, a. a. O.: S. 24
11 Visser, M. W. de: a. a. O.: S. 38, 75
Ywan De Hsin: a. a. O.: S. 22 f.
12 Fontenrose, Joseph: Python. Berkeley/Los Angeles 1959, S. 492
13 Bredon, Juliet: Das Mondjahr. Leipzig/Berlin 1937, S. 349 f.
Sälzle, Karl: Tier und Mensch, Gottheit und Dämon. München 1965, S. 261
14 Sälzle, Karl: a. a. O.: S. 264 f.
15 Bredon, Juliet: a. a. O.: S. 348
16 Christie, Anthony: a. a. O.: S. 56
17 Hierse, Wolfgang: Das Ausschneiden der Drachenzunge und der Roman von Tristan. Dissertation der Universität Tübingen 1969, S. 15 f.

Paulys Realencyclopädie, Bd. 5, Sp. 1634

Dukova, Ute: Das Bild des Drachen im bulgarischen Märchen. Fabula, Jg. 11, 1970, S. 228 f.

Bächtold-Stäubli, Hanns: Handwörterbuch des deutschen Aberglaubens, Bd. 1. Berlin/Leipzig 1929/30, S. 367

Lütolf, Alois: Sagen, Bräuche und Legenden aus den fünf Orten Luzern, Uri, Schwyz, Unterwalden und Zug. Luzern 1862. Hildesheim 1976 (Neudruck), S. 319

Die beid-end-köpfige Schlange

[1] Mitzuko von Gungdzwodi

Vgl. Locher, G. W.: The serpent in Kwakiutl religion. Leyden 1932, S. 15, 25

Barbeau, Marius: Hayda myths. Ottawa 1953, S. 244

[2] Stemmler-Morath, Carl: Schlangen. Basel 1968, S. 29

[3] Stemmler-Morath, Carl: a. a. O.: S. 30

Ritter, Hans: Die Schlange in der Religion der Melanesier. Acta tropica, Suppl. 3. Basel 1945, S. 17

Barbeau, Marius: a. a. O.: S. 239–252

[4] Hentze, Carl: Funde in Altchina. Göttingen/Zürich/Berlin/Frankfurt 1967, S. 184

Hentze, Carl: Bronzegerät, Kultbrauch, Religion im alten China der Shangzeit. Antwerpen 1951, S. 255

Hentze, Carl: Die Regenbogenschlange. Alt-China und Alt-Amerika. In: Anthropos, Jg. 61, 1966, S. 258–266

[5] Ywan De Hsin: She yu Junggwo wenhwa. In: Junggwo wenhwa. Fuhsing Ywekan, Vol. 10, 1977, Nr. 2, S. 26 ff.

[6] Negelein, Julius von: Der Traumschlüssel von Jagaddeva. Gießen 1912, S. 283 Anm.

[7] Derolex, R.: Götter und Mythen der Germanen. Wiesbaden 1959, S. 64

[8] Noelle, Hermann: Die Kelten. Wiesbaden 1974, S. 173

[9] Maringer, Johannes: Die Schlange in Kunst und Kult der vorgeschichtlichen Menschen. In: Anthropos, Jg. 72, 1977, S. 882, 909

[10] The mythology of all races, Vol. XII. New York 1964. Müller, W. Max: Egyptian, S. 26

Lurker, Manfred: Götter und Symbole der alten Ägypter. Bern/München/Wien 1974, S. 148

Dazu vgl. Eisler, Robert: Weltenmantel und Himmelszelt, Bd. II. München 1910, S. 435, Anm. 5

[11] Parrinder, Geoffrey: African mythology. London 1967, S. 31

[12] Bader, Hermann: Der Regenbogen in der Auffassung der Florinesen. In: Anthropos, Jg. 66, 1971, S. 950

[13] Ritter, Hans: a.a.O.: S.13, 15
Laade, Wolfgang: Oral traditions and written documents on the history and ethnography of the Northern Torres Strait Islands. Wiesbaden 1971, S.57f.
[14] Die Urzeit – Märchen der Azteken und Inkaperuaner. MdW, S.7
[15] Locher, G.W.: The serpent in Kwakiutl religion. Leyden 1932.
Boas, Fr.: Kwakiutl ethnography. Chicago 1966, S.316
Boas, Fr.: Kwakiutl tales, Vol.2. New York 1910 (1969), S.3, 53, 315, 451
[16] Boas, Fr.: Tsimshian mythology. Reprint. New York/London 1970, S.1002, 1021
[17] Frobenius, Leo: Das Zeitalter des Sonnengottes. Berlin 1904, S.99f.
[18] Barbeau, Marius: a.a.O.: S.244
[19] Krickeberg, Walter et al.: Die Religionen des alten Amerika. Stuttgart 1961, S.65f., 85, 307
[20] Mundkur, Balaji: The cult of the serpent in the Americas. Its Asian background. In: Current Anthropology, Jg.17, 1976, S.434
[21] Locher, G.W.: a.a.O.: S.6
[22] Locher, G.W.: a.a.O.: S.15
[23] Locher, G.W.: a.a.O.: S.16, 18f.
[24] Locher, G.W.: a.a.O.: S.18
[25] Locher, G.W.: a.a.O.: S.19
[26] Locher, G.W.: a.a.O.: S.52ff.
[27] Locher, G.W.: a.a.O.: S.10
[28] Locher, G.W.: a.a.O.: S.15
[29] Locher, G.W.: a.a.O.: S.35
[30] Locher, G.W.: a.a.O.: S.35
[31] Locher, G.W.: a.a.O.: S.36
[32] Locher, G.W.: a.a.O.: S.8–12, 41
[33] Locher, G.W.: a.a.O.: S.42, 76–89
[34] Locher, G.W.: a.a.O.: S.42

B. Der Drachenkampf

Der Kampf mit dem kosmischen Drachen

[1] Fontenrose, Joseph: Python. Berkeley/Los Angeles 1959, S.146–176
Frobenius, Leo: Das Zeitalter des Sonnengottes. Berlin 1904, S.161–167
Gray, John: Mythologie des Nahen Ostens. Wiesbaden, S.29–33
Eliade, Mircea: Geschichte der religiösen Ideen I. Freiburg/Basel/Wien, S.74–77
Renz, Barbara: Der orientalische Schlangendrache. Augsburg 1930, S.34–56
Die Schöpfungsmythen. Darmstadt 1977, S.140–142

[2] Garelli, P. und Leibovici, M.: Akkadische Schöpfungsmythen. In: Die Schöpfungsmythe. Einsiedeln 1964, S. 140 ff.

[3] Fontenrose, Joseph: a. a. O.: S. 152

[4] Fontenrose, Joseph: a. a. O.: S. 154
Gray, John: a. a. O.: S. 19

[5] Fontenrose, Joseph: a. a. O.: Figur 19

[6] Fontenrose, Joseph: a. a. O.: S. 129–145
Gray, John: a. a. O.: S. 78–80
Eliade, Mircea: a. a. O.: S. 146–148

[7] Eliade, Mircea: a. a. O.: S. 377

[8] Is 27,1
Job 26,13

[9] Job 40,19

[10] Fontenrose, Joseph: a. a. O.: S. 121–125
Eliade, Mircea: a. a. O.: S. 139 f.

[11] Ranke-Graves, Robert von: Griechische Mythologie. Hamburg 1960, Nr. 1

[12] Ranke-Graves, Robert von: a. a. O.: Nr. 1

[13] Fontenrose, Joseph: a. a. O.: S. 70–93
Pinsent, John: Griechische Mythologie. Wiesbaden, S. 23
Eliade, Mircea: a. a. O.: S. 232
Ranke-Graves, Robert von: a. a. O.: Nr. 36

[14] Ranke-Graves, Robert von: a. a. O.: Nr. 35

[15] Frobenius, Leo: a. a. O.: S. 179
Jockel, Rudolf: Götter und Dämonen. Wiesbaden, S. 569
Bolther: Germanische Mythologie. Leipzig 1895, S. 270 f.

[16] Ions, Veronica: Ägyptische Mythologie. Wiesbaden, S. 37
Kees, Hermann: Der Götterglaube im alten Ägypten. Berlin 1941, S. 55
Zum ganzen vgl. Renz, Barbara: Der orientalische Schlangendrache. Augsburg 1930, S. 3–33

[17] Ägyptisches Totenbuch, Kap. 175

[18] Ions, Veronica: a. a. O.: S. 30 f.

[19] Ions, Veronica: a. a. O.: S. 39–42, 64
Fontenrose, Joseph: a. a. O.: S. 186–189
Clark, R. T. Rundle: Myth and symbol in ancient Egypt. London 1959, S. 239–245

[20] Müller, W. Max: Egyptian. In: The mythology of all races, Vol. XII. New York 1964, S. 104 f.

[21] Der Kampf der Sonne mit dem Drachen, ihr einstweiliges Verschlungen- und Wiederausgespienwerden ist auch Thema der chinesischen Drachenvorstellung. Der Drachentanz mit einer über zehn Meter langen Papierschlange stellt die Verfolgungsjagd des Drachen nach dem Sonnenball dar, wobei sicher der Doppelaspekt des Verschlingens wie Ausspeiens dargestellt wird. Diese Darbietung findet

vor allem zur Zeit des chinesischen Neujahrs, also zur Zeit des Frühlingsbeginns, da die Sonne wieder höher steigt, statt. Die Drachen mit der Perle wurden in der Kunst zahllos dargestellt.

In der mexikanischen Tradition ist Quetzalcoatl der Gott, der aus der Schlange auftaucht, also der Morgenstern oder die Sonne. Eine Kalksteinfigur im Nationalmuseum zu Mexico-City zeigt das Gesicht des Gottes im Rachen der Schlange, wie er sich bei Sonnenuntergang zurückzieht. Es gibt auch eine Jade-Statue im Britischen Museum, die den Gott darstellt, wie er aus der Schlange steigt, so wie sich die Sonne aus der Morgendämmerung erhebt. Siehe Cottie Burland: Gefiederte Schlange und rauchender Spiegel. Freiburg 1975, S.45

[22] Ions, Veronica: a.a.O.: S.42
[23] Hierse, Wolfgang: Das Ausschneiden der Drachenzunge und der Roman von Tristan. Dissertation der Universität Tübingen 1969, S.10
Ions, Veronica: Indische Mythologie. Wiesbaden, S.113
[24] Ions, Veronica: a.a.O.: S.24, 28, 50f.
[25] Vogel, J.Ph.: Indian serpent lore. London 1926, S.91
[26] Ions, Veronica: a.a.O.: S.46, 54f., 113f.
[27] Barth, A.: The religions of India. London 1921, S.266
[28] Ions, Veronica: a.a.O.: S.15f.
Fontenrose, Joseph: a.a.O.: S.194–202
[29] Ions, Veronica: a.a.O.: S.68f.

Menschenopfer an den Drachen im Wasser

[1] Ranke, Kurt: Die zwei Brüder. FFC 114. Helsinki 1934, S.209
ERE 11: S.401, 402, 413
[2] Ranke-Graves, Robert von: Griechische Mythologie. Hamburg 1960, Nr.91
[3] Pausanias: Beschreibung Griechenlands, Vol.VI: 6, 7–11
Hierse, Wolfgang: Das Ausschneiden der Drachenzunge und der Roman von Tristan. Dissertation der Universität Tübingen 1969, S.76
[4] Derolex, R.L.M.: Götter und Mythen der Germanen. Wiesbaden 1976, S.104
[5] Hierse, Wolfgang: a.a.O.: S.50 Anm.
[6] Dukova, Ute: Das Bild des Drachen im bulgarischen Märchen. Fabula, Bd.11, 1970, S.229–230
[7] Werner, E.T.C.: Myths and legends of China. London 1922, S.225–227
Frobenius, Leo: Das Zeitalter des Sonnengottes. Berlin 1904, S.147f.
Visser, M.W. de: The dragon in China and Japan. Amsterdam 1913, S.138f.
Wie das Heiraten des Flußgottes aufhörte. – Chinesische Märchen. MdW, S.249f.
Christie, Anthony: Chinesische Mythologie. Wiesbaden, S.75–79

Perseus und Andromeda

1 Ranke-Graves, Robert von: Griechische Mythologie. Hamburg 1960, Nr. 73
Fontenrose, Joseph: Python. Berkeley/Los Angeles 1959, S. 303–306
2 Morenz, Siegfried: Die orientalische Herkunft der Perseus-Andromeda-Sage. In: Religion und Geschichte des alten Ägypten. Köln/Wien 1975, S. 441–447
3 Frobenius, Leo: Das Zeitalter des Sonnengottes. Berlin 1904, S. 177
4 Ranke-Graves, Robert von: a. a. O.: Nr. 137
5 Ronge, Herbert: Amor und Psyche. München 1939
Leyen, Friedrich von der: Das Märchen. Leipzig 1917, S. 107
6 Brommer, Frank: Herakles und Hydra auf attischen Vasenbildern. In: Marburger Winckelmann-Programm 1949, S. 3–8
7 Schmidt, Leopold: Sichelheld und Drachenzunge. In: Fabula, Jg. 1, 1958, S. 21
8 Morenz, Siegfried: a. a. O.: S. 19–24

Das Drachentötermärchen

1 Schmidt, Leopold: Sichelheld und Drachenzunge. In: Fabula, Jg. 1, 1958, S. 24: Daß der Held mit der Frau auch das Reich erhält, deutet auf matriarchale, vorgriechische, d. h. mediterrane Kulturstufe hin.
2 Der siebenköpfige Drache. Inselmärchen des Mittelmeeres, MdW, S. 85–88
3 Burkert, Walter: Homo necans. Berlin/New York 1972, S. 151
4 Ranke-Graves, Robert von: Griechische Mythologie. Hamburg 1960, Nr. 21
5 Ranke-Graves, Robert von: a. a. O.: Nr. 58
Pinsent, John: Griechische Mythologie. Wiesbaden, S. 54, 56
6 Meuli, Karl: Griechische Opferbräuche. In: Phyllobolia für Peter von der Mühll. Basel 1946, S. 246, 269 f.
Röhrich, Lutz: Märchen und Wirklichkeit. Wiesbaden 1974, S. 79
KHM 60
Nahodil, O.: Mutterkult in Sibirien. In: Diószegi, V.: Glaubenswelt und Folklore der sibirischen Völker. Budapest 1963, S. 504
7 Ranke-Graves, Robert von: a. a. O.: Nr. 81
8 Schmidt, Leopold: a. a. O.: S. 22
9 Hierse, Wolfgang: Das Ausschneiden der Drachenzungen und der Roman von Tristan. Dissertation der Universität Tübingen 1969, S. 156–157
10 Aarne, Antti und Thompson, Stith: The types of folktales, FFC 184. Helsinki 1961, Nr. 300
Liungmann, Waldemar: Die schwedischen Volksmärchen. Berlin 1961, S. 38–43
Vgl. Die Schlange-Südsee-Märchen, MdW, S. 41–43

[1] Apk. 12,1–4,7–9,17; 20,1–3
[2] Leben Konstantins, III, 3
[3] Jung, C.G.: The symbolic life. Bollingen series XX. The collected works of C. G. Jung, Bd. XVIII. S. 258
Jung, C. G.: Symbole der Wandlung. Gesammelte Werke, Bd. 5. Olten/Freiburg 1973, S. 573 f.
[4] Lexikon für Theologie und Kirche. St. Georg
RGG: St. Georg
Hierse, Wolfgang: Das Ausschneiden der Drachenzungen und der Roman von Tristan. Dissertation der Universität Tübingen 1969. S. 89
Benz Richard: Die Legenda aurea des Jacobus de Voragine. Aus dem Lateinischen übersetzt. Heidelberg 1917, S. 300–306
Eliot, Alexander: Mythen der Welt. Luzern/Frankfurt a. M. 1976, S. 264 f.
[5] Réau, Louis: Iconographie de l'art chrétien, Bd. III/1. Paris 1958, S. 190 (z. B.: St. Beat)
[6] Benz, Richard: a. a. O.: S. 513–517
Pézard, André: Contes et légendes de Provence. Paris 1961, S. 30–43

Die geraubte Prinzessin im Drachenloch

[1] AT 301
Liungman, Waldemar: Die schwedischen Volksmärchen. Berlin 1961, S. 43–47
Mudrak, Edmund: Das Dreibrüdermärchen. In: Spieß, Karl von und Mudrak, Edmund: Deutsche Märchen – Deutsche Welt. Berlin 1939, S. 376–384
Ting, Nai-Tung: AT type 301 in China and some countries adjacent to China: a study of a regional group and its significance on world tradition. In: Fabula Bd. 11, 1970, S. 54–125
Ting, Nai-Tung: More Chinese versions of AT 301. In: Fabula, Bd. 12, 1971, S. 65–76
Eberhard, Wolfram: Typen chinesischer Volksmärchen. FFC 120. Helsinki 1937, S. 175 f., 179 ff.
Ting, Nai-Tung: A type index of Chinese folktales. FFC 223. Helsinki 1978, S. 47–51
Ikeda, Hiroko: A type and motif index of Japanese folktales. FFC 209. Helsinki 1971, S. 68–71
KHM 91, 166
Der junge Held und die Drachenmutter. Zigeunermärchen. MdW, S. 168 ff.
Hierse, Wolfgang: Das Ausschneiden der Drachenzunge und der Roman von Tristan. Dissertation der Universität Tübingen 1969, S. 104–110
[2] Der Bärensohn – Sibirische Märchen. MdW, S. 260–265

Massangs Abenteuer – Mongolische Märchen. MdW, S. 217–223

Das Kirgisenmärchen von Kan-Schentäi – Frobenius, Leo: Das Zeitalter des Sonnengottes. Berlin 1904, S. 139–144

Der neunköpfige Vogel – Chinesische Märchen. MdW, S. 15–18

Das geraubte Mädchen – Chinesische Märchen. MdW, S. 219–221

Vgl. die europäische Variante: Slaveijko, der Drachentöter – Bulgarische Volksmärchen. MdW, S. 130–135

Die älteste Version, die im Zusammenhang mit diesem Märchen steht, findet sich bei Konon – 1. Jh. v. Chr.: Ein Hirt wird von einem Gefährten in eine Höhle mit einem Schatz hinuntergelassen, jedoch treulos verlassen. Er wird von einem Vogel hinausgeführt und bestraft seinen Freund.

Siehe Liungman, Waldemar: a. a. O.: S. 45

Kriemhild wird von einem Drachen geraubt. Seyfrid befreit Kriemhild aus der Gewalt des Drachens. Siehe Hierse, Wolfgang: a. a. O.: S. 109, Anm. 3

Bolte-Polivka: Anmerkungen zu den Kinder- und Hausmärchen der Brüder Grimm, Bd. II, Leipzig 1915, S. 315

Die älteste europäische Version dieses Märchentyps findet sich im Roman Torec aus dem 13. Jahrhundert. Siehe Ting, Nai-Tung: AT type 301..., S. 119

[3] Thompson, Stith: The folktales. New York 1946, S. 438

[4] The great flood – Eberhard, Wilhelm: Folktales of China. Chicago/London 1965, S. 161–173

[5] AT 672 D

Ting, Nai-Tung: AT type 301..., S. 91, 98, 116, 117

Der Küfer in der Drachenschlucht. In: Die Greifenfeder. Die schönsten Märchen und Sagen aus der Schweiz. Zürich 1978, S. 95–96

Aarne, Antti: Der sprachenkundige Mann. FFC 15. Hamina 1914, S. 78

Rantasalo, A. V.: Einige Zaubersteine und Zauberpflanzen im Volksglauben der Finnen. FFC 176. Helsinki 1959, S. 26–28

Lütolf, Alois: Sagen, Bräuche und Legenden aus den fünf Orten Luzern, Uri, Schwyz, Unterwalden und Zug. Luzern 1862, S. 317–319

[6] Zum sogenannten Dublettenmotiv: Liungman, Waldemar: a. a. O.: S. 44

Schärer, Hans: Die Gottesidee der Ngadju-Dajak in Süd-Borneo. Leyden 1945, S. 226

Vgl. dazu den möglichen Einfluß des sumerischen Etana-Mythos: Jockel, Rudolf: Götter und Dämonen. Mythen der Völker. Wiesbaden, S. 58 ff.

[7] Frobenius, Leo: a. a. O.: S. 139–144

Der vielköpfige Drache

[1] Freuler, Kaspar und Thürer, Hans: Glarner Sagen. Glarus 1953, S. 46, 82

Das Natternloch – Guntern, Josef: Walliser Sagen. Olten 1963, S. 107

Der grüne Reiter auf der Schlange – Wahlen, Hermann: Emmentaler Sagen. Bern 1941, S. 24 f.

Büchli, Arnold: Mythologische Landeskunde von Graubünden, Bd. I, Aarau 1958, S. 282; Bd. II, Aarau 1966, S. 42, 158 (siebenköpfig)

Lütolf, Alois: Sagen, Bräuche und Legenden aus den fünf Orten Luzern, Uri, Schwyz, Unterwalden und Zug. Luzern 1862, S. 311 ff.

Sepp: Altbayerischer Sagenschatz. München 1893, S. 112–117, 368 f.

² Vgl. Hierse, Wolfgang: Das Ausschneiden der Drachenzunge und der Roman von Tristan. Dissertation der Universität Tübingen 1969, S. 111

³ Ranke-Graves, Robert von: Griechische Mythologie. Hamburg 1960, Nr. 124

Eliot, Alexander: Mythen der Welt. Luzern/Frankfurt a. M. 1976, S. 181

⁴ Ranke-Graves, Robert von: a. a. O.: Nr. 124

Brommer, Frank: Herakles und Hydra auf attischen Vasenbildern. In: Marburger Winckelmann-Programm 1949, S. 5

⁵ Ions, Veronica: Indische Mythologie. Wiesbaden, S. 105

Moeller, Volker: Symbolik des Hinduismus und des Jainismus. Stuttgart 1974, S. 79

Wening, R.: Angkor. Zürich 1965, S. 77, 81, 100

⁶ Apk 12

⁷ Mannhart, Wilhelm: Germanische Mythen, S. 213 ff. Zitiert bei Lütolf, Alois: a. a. O.: S. 314

Sepp: Altbayerischer Sagenschatz. München 1893, S. 115

⁸ Réau, Louis: Iconographie de l'art chrétien, Bd. III, Teil 2, 1958

⁹ Ranke, Kurt: Die zwei Brüder. FFC 114. Helsinki 1934, S. 311, 314

¹⁰ Hierse, Wolfgang: a. a. O.: S. 121

¹¹ Ranke, Kurt: a. a. O.: S. 204 f.

¹² Im Kabylenmärchen. Siehe Frobenius, Leo: Das Zeitalter des Sonnengottes. Berlin 1904, S. 117–120

Im philippinischen Märchen von Kanlaon. In: Ganzor, Jozef: Philippinische Märchen. Hanau/Main 1978, S. 17 ff.

Im malaiischen Märchen: Michal und die Schlange mit den sieben Köpfen. In: Malaiische Märchen. MdW, S. 160 ff.

Im Kirgisenmärchen von Kan Schentäi. In: Frobenius, Leo: a. a. O.: S. 139–144

Im chinesischen Märchen: The great flood. In: Eberhard, Wolfram: Folktales of China. Chicago/London 1965, S. 161–173

¹³ Kojiki Kap. 19

Frobenius, Leo: a. a. O.: S. 150–152

Vgl. dazu das chinesische Märchen, in dem einer Schlange nacheinander neun Mädchen geopfert werden. Das zehnte Mädchen bringt die Schlange um. In: Frobenius, Leo: a. a. O.: S. 147–148

Die achtköpfige Schlange. Südchinesische Märchen. MdW, S. 62

Nach alter chinesischer Tradition kämpfte Yü, der Begründer der vorgeschichtli-

chen Hsia-Dynastie mit dem Hsiang-Yao, dem Vasallen des Urdrachen Kung-Kung. Es war ein neunköpfiges Ungeheuer mit einem Schlangenleib.
Siehe Christie, Anthony: Chinesische Mythologie. Wiesbaden, S. 88
[14] Vgl. zur Bedeutung des Sake-Getränkes: Batchelor, John: Ainu life and lore. New York/London 1971, S. 270

Die zerstückelte Schlange

[1] Hentze, Carl: Die zerstückelte Schlange. In: Antaios, Vol. IX, Stuttgart 1968, S. 253 ff.
Vgl. Batchelor, John: Ainu life and lore. New York/London 1971, S. 146
[2] Ions, Veronica: Ägyptische Mythologie. Wiesbaden, S. 98 f.
Müller, W. Max: Egyptian. In: Herbert, Louis: Mythology of all races, Vol. 12. New York 1964, S. 106
[3] Hentze, Carl: a. a. O.: S. 253 ff.
[4] Hierse, Wolfgang: Das Ausschneiden der Drachenzunge und der Roman von Tristan. Dissertation der Universität Tübingen 1969, S. 146 f.
[5] Hentze, Carl: a. a. O.: S. 253
[6] Krickeberg, Walter et al.: Die Religionen des alten Amerika. Stuttgart 1961, S. 306
Vgl. Der Ursprung des Tabaks – Lévi-Strauss, Claude: Mythologica, Bd. I. Frankfurt a. M. 1964, S. 141 f.
Vgl. Das kurze Leben – Lévi-Strauss, Claude: a. a. O.: S. 206 f.
[7] Höltker, Georg: Unveröffentlichtes Manuskript von Mythen aus Bosmun, Neuguinea, S. 45–49
Vicedom, Georg F. und Tischner, Herbert: Die Mbowamb, Bd. III. Hamburg 1943, S. 51, 141 ff.
Vgl. dazu die afrikanischen Vorstellungen: Der Verschlinger und der Heilbringer. Jockel, Rudolf: Götter und Dämonen. Wiesbaden, S. 490 ff.
Das Ungeheuer Umbusania. Fünf Mädchen auf seinem Rücken. Ostafrikanische Mythen und Märchen der Burungi. Kassel 1969, S. 19–24

Der Schlangenbann

[1] Büchli, Arnold: Sagen aus Graubünden, Bd. 2. Aarau 1935, S. 89 f.
Vernaleken, Theodor: Alpensagen. Salzburg 1938, S. 80, 85
Büchli, Arnold: Mythologische Landeskunde von Graubünden, Bd. I. Aarau 1958, S. 231, 246, 384, 430, 433, 469, 560
Röhrich, Lutz: Die Sagen vom Schlangenbann. In: Sage und Märchen. Freiburg 1976, S. 195–209
Dvorák, Karel: Zur Sage vom Schlangenbann. Fabula, Bd. 18, 1977, S. 256–258

Caminada, Christian: Die verzauberten Täler. Olten/Freiburg 1961, S. 123
AT 672B
Guntern, Joseph: Walliser Sagen. Olten 1963, S. 196, 269
Christiansen, Reidar Th.: The migratory legends. FFC 175. Helsinki 1958,
S. 48–52
Golowin, Sergius: Menschen und Mächte. Zürich 1970, S. 126
Lütolf, Alois: Sagen, Bräuche und Legenden aus den fünf Orten Luzern, Uri,
Schwyz, Unterwalden und Zug. Luzern 1862, S. 245, 325
[2] Röhrich, Lutz: a. a. O.: S. 197
[3] Röhrich, Lutz: a. a. O.: S. 201–203
[4] Röhrich, Lutz: a. a. O.: S. 207
[5] Vogel, J. Ph.: Indian serpent lore. London 1926, S. 69 ff.

Der Heldenkampf im Drachenschlund

[1] Frobenius, Leo: Das Zeitalter des Sonnengottes. Berlin 1904
Eliade, Mircea: Mythen, Träume und Mysterien. Salzburg 1961, S. 306–311
Aufenanger, Henry: The passing scene in North-East New Guinea. St. Augustin
1972, S. 149, 150, 277, 304 f., 330 f.
[2] Nevermann, H., Worms, E. A. und Petri, Helmut: Die Religionen der Südsee
und Australiens. Stuttgart/Berlin/Köln/Mainz 1968, S. 248
[3] Frobenius, Leo: a. a. O.: S. 62
[4] Frobenius, Leo: a. a. O.: S. 63–66
[5] Frobenius, Leo: a. a. O.: S. 65 f.
[6] Barbeau, Marius: Haida myths. Ottawa 1953, S. 338–371
[7] Frobenius, Leo: a. a. O.: S. 82 f.
[8] Frobenius, Leo: a. a. O.: S. 137 ff.
[9] Frobenius, Leo: a. a. O.: S. 135
[10] Frobenius, Leo: a. a. O.: S. 139 ff.
[11] Frobenius, Leo: a. a. O.: S. 179 f.
Hierse, Wolfgang: Das Ausschneiden der Drachenzungen und der Roman von
Tristan. Dissertation der Universität Tübingen 1969, S. 55
[12] Frobenius, Leo: a. a. O.: S. 184–192
[13] Ranke-Graves, Robert von: Griechische Mythologie. Hamburg 1960, Nr. 137
[14] Fontenrose, Joseph: Python. Berkeley/Los Angeles 1959, S. 298

Vogel und Schlange

[1] Thomas, Helga: Beispiele der Wandlung: Adler und Schlange als Natursymbole.
In: Antaios, Jg. XII. Stuttgart 1971, S. 48–57

[2] Derolex, R.: Götter und Mythen der Germanen. Wiesbaden 1976, S. 272
[3] Wolff-Windegg, Ph.: Die Gekrönten. Sinn und Sinnbilder des Königtums. Stuttgart 1958, S. 186
[4] Fontenrose, Joseph: Python. Berkeley/Los Angeles 1959, S. 172
[5] Schärer, Hans: Die Gottesidee der Ngadju-Dajak in Süd-Borneo. Leyden 1945, S. 82
[6] Thomas, Helga: a. a. O.: S. 55
[7] Jockel, Rudolf: Götter und Dämonen. Wiesbaden, S. 59
[8] Chevalier, Jean und Gheerbrant, Alain: Dictionnaire des symboles, Paris 1969, Vol. I, S. 22. Vol. II, S. 368
Ions, Veronica: Indische Mythologie. Wiesbaden, S. 104 f.
Sälzle, Karl: Mensch und Tier, Gottheit und Dämon. München 1965, S. 372
[9] Vogel, J. Ph.: Indian serpent lore. London 1926, S. 179–184
[10] Krickeberg, Walter et al.: Die Religionen des alten Amerika. Stuttgart 1961, S. 67
[11] Nilsson, Martin P.: The Minoan-Mycenaean religion and its survival in Greek religion. Lund 1950, S. 498
[12] Nietzsche, Friedrich: Also sprach Zarathustra. Zarathustras Vorrede. Kap. 10

ANHANG

Die Schlange im Traum

[1] Eberhard, Wolfram: Chinesische Träume und ihre Deutung. In: Akademie der Wissenschaften und der Literatur. Mainz. Abhandlungen der Geistes- und Sozialwissenschaftlichen Klasse, Jg. 1971, Nr. 14, S. 663 ff.
Negelein, Julius von: Der Traumschlüssel der Jagaddeva. Gießen 1912
[2] Granet, M: Danses et légendes. Paris 1926, S. 156
[3] Frick, J.: In: Anthropos, Jg. 50, 1955, S. 662 Anm. 9
[4] Negelein, Julius von: a. a. O.: S. 282 Anm. 1
[5] Freud Sigmund: Die Traumdeutung. Leipzig und Wien 1900. (s. Ex-Libris-Ausgabe, Zürich)
[6] Eberhard, Wolfram: a. a. O.: S. 687
[7] Eberhard, Wolfram: a. a. O.: S. 688
[8] Eberhard, Wolfram: a. a. O.: S. 671
[9] Diese Deutung findet sich mehrfach im chinesischen Traumschlüssel Chou Kung Chieh Meng; siehe Eberhard, Wolfram: a. a. O.: S. 667
[10] Eberhard, Wolfram: a. a. O.: S. 666
[11] Eberhard, Wolfram: a. a. O.: S. 667
[12] Übersetzung und Kommentar durch Julius von Negelein: Der Traumschlüssel des Jagaddeva. Gießen 1912, S. 281

[13] Artemidor von Daldis: Traumbuch. Übertragen von F.S.Krauß. Bearbeitet und ergänzt von Martin Kaiser. Basel/Stuttgart 1965
[14] Artemidor I, 1
[15] Artemidor I, 2
[16] Artemidor IV, 56
[17] Artemidor IV, 68
[18] Artemidor II 13 und IV 79
[19] Freud, Sigmund: a.a.O.: S.247 ff.
[20] Coxhead, David und Hiller, Susan: Les Rêves, visions de la nuit. Paris 1976, S.15: Freud zu Jung: «Mon cher Jung, promettez-moi de ne jamais abandonner la théorie sexuelle. C'est le plus essentiel. Voyez-vous, nous devons en faire un dogme, une bastion inébranlable.»
[21] Freud, Sigmund: a.a.O.: S.351 (Frankfurt 1972)
[22] Jung, C.G.: Gesammelte Werke. Olten/Freiburg, Bd.IX/2, 385
[23] Jung, C.G.: a.a.O.: Bd.V, 678
[24] Jung, C.G.: a.a.O.: Bd.IX/1, 59
[25] Jung, C.G.: a.a.O.: Bd.V, 681
[26] Jung, C.G.: a.a.O.: Bd.V, 580
[27] Jung, C.G.: a.a.O.: Bd.IX/2, 291
[28] Jung, C.G.: a.a.O.: Bd.V, 615
[29] Jung, C.G.: a.a.O.: Bd.V, 681
[30] Jung, C.G.: a.a.O.: Bd.XVII, 219
[31] Jung, C.G.: a.a.O.: Bd.V, 395
[32] Jung, C.G.: a.a.O.: Bd.V, 473
[33] Jung, C.G.: a.a.O.: Bd.V, 681
[34] Jung, C.G.: a.a.O.: Bd.V, 578
[35] Jung, C.G.: a.a.O.: Bd.V, 146
[36] Jung, C.G.: a.a.O.: Bd.V, 8
[37] Jung, C.G.: a.a.O.: Bd.V, 584
[38] Cumont, Franz: Die Mysterien des Mithra. Leipzig 1903, S.81 f.
[39] Jung, C.G.: a.a.O.: Bd.IX/2, 385
[40] Jung, C.G.: a.a.O.: Bd.XVII, 257
[41] Jung, C.G.: a.a.O.: Bd.V, 580
[42] Jung, C.G.: a.a.O.: Bd.XI, 109
[43] Jung, C.G.: a.a.O.: Bd.IX/1, 667

Die Schlange im Paradies

[1] Gen 3,1–6, 13–15
[2] Gen 3,22–24
[3] Westermann, Claus: Schöpfung. Stuttgart/Berlin 1971, S.127.
The interpreter's Bible in twelve volumes, Vol.I. New York/Nashville 1952,

S. 501: «In the entire range of the World's writing it would be difficult to find any passage so brief which has had such immense influence upon human thought as ch. 3»

4 Siehe S. 16
5 Siehe S. 58 ff.
6 Jockel, Rudolf: Götter und Dämonen. Mythen der Völker. Wiesbaden, S. 46 ff.
7 Gaster, Theodor H.: Myth, legend and custom in the Old Testament. New York/Evanston 1969, S. 36 ff.
8 Baumann, Hermann: Schöpfung und Urzeit des Menschen im Mythus der afrikanischen Völker. Berlin 1936, S. 268 ff.
9 Gaster, Theodor H.: a. a. O.: S. 39–48
10 Parrinder, Geoffrey: African mythology. London 1967, S. 54
11 So bei den Zulu, Kaffern, Nord-Suto, Süd-Suto, Tschwana, Ronga, Subiya, Lamba, Bemba, Ngoni, Sania, Pangwe, Yaunde, Bulu, Koko, Limba, Hausa (Baumann, Hermann, S. 270 f.)
12 So bei den Venda, Luyi, Lamba, Ekoi (Baumann, S. 270 f.); Mende, (Parrinder, S. 54), A-Louyi, Baronga, Bechuana, Zulu, Ashanti, Wa-Saniya, Bastuto, Akamba (Gaster, S. 42 ff.)
Die Variationsbreite ist noch weit größer. So geht bei den Tschwana, Calabar, Kratschi, Dagomba die Botschaft von den Menschen zu Gott.
Bei den Nama-Hottentotten, Buschmännern, Nandi steht anstelle Gottes der Mond.
Auf dem Mond mit seinem monatlichen Neubeginn als Analogon deuten die Mythen der Nandi, Buschmänner, Nama-Hottentotten.
Bei den Galla kündet ein Vogel anstelle von Menschen einer Schlange die Botschaft, daß sie im Alter die Haut wechseln könne und wieder jung werde. (Baumann, Hermann, S. 270 ff.)
13 Gaster, Theodor H.: a. a. O.: S. 47
Zöllner, Siegfried: Lebensbaum und Schweinekult. Die Religion der Jali im Bergland von Irian-Jaya. Theologischer Verlag Rolf Brockhaus. Wuppertal 1977, S. 505 f.
14 Gaster, Theodor H.: a. a. O.: S. 48
15 Gen 3,1
16 Die größte Unebenheit in der Sündenfallgeschichte liegt bei den zwei Bäumen. Schon von den verschiedenen Mythen eines Baumes mit Schlangenwächter her würde man nur einen Baum erwarten. Eva kennt nur den einen Baum in der Mitte des Gartens, von dem Gott verboten hat zu essen. Am Schluß der Geschichte wird aber noch von einem zweiten Baum – dem Baum des Lebens – geredet. Damit die Menschen nicht auch von ihm essen, stellt Gott Cherubim an den Eingang des Paradieses. Nach Westermann (a. a. O.: S. 289) handelt es sich nur um einen Baum. Die Unterscheidung in Baum des Lebens und Baum der Erkenntnis ist spätere Zutat (S. 289 f.) – Das Motiv vom Lebensbaum ist ange-

klebt und stammt von einer anderen Erzählung (ebenda). Ursprünglich war einfach die Rede vom Baum in der Mitte des Gartens. Westermann, Claus: Biblischer Kommentar. Altes Testament. Genesis, 1. Teilband. Gen 1–11. Neukirchen -Vluyn 1974

[17] Das letztere hat schon James G. Frazer in seinem dreibändigen Werk «Folklore in the Old Testament», London 1919, festgehalten.
Westermann, a. a. O.: S. 324, weist ebenfalls auf die afrikanischen Erzählungen hin.

[18] Joines, Karen Randolph: Serpent symbolism in the Old Testament. Haddonfield/New Jersey 1974, S. 31: The Yahwist has treated some now lost and archaic story involving a serpent in a primeval garden.

[19] Boetticher, Carl: Der Baumkultus der Hellenen. Berlin 1856, S. 204–211

[20] Siehe S. 121 f.

[21] Ranke-Graves, Robert von: Griechische Mythologie. Quellen und Deutung. Hamburg 1960, Bd. II, Nr. 152: Das Musée lapidaire in Arles besitzt ein Mosaik aus römischer Zeit mit der Darstellung: Jason und Medea und das Goldene Vlies am Eichenbaum. Die Schlange ist um den Baum gewunden.

[22] Derolex, R. L. M.: Götter und Mythen der Germanen. Wiesbaden 1976, S. 271

[23] Frenzel, Elisabeth: Stoffe der Weltliteratur, Stuttgart 1970, S. 539–546

[24] Vgl. Thompson, Stith: Motif-index of folk-literature: B 11,6,2: Dragon guards treasure; N 511,4: Treasure found in snakehole; N 582: Serpent guards treasure
Gaster, Theodor: a. a. O.: S. 35

[25] Gaster, Theodor: a. a. O.: S. 48

[26] Heinisch, Paul: Das Buch Genesis. In der Reihe: Die Heilige Schrift des Alten Testaments. Bonn 1930, S. 123: «Schon die Art, wie sie (die Schlange) Eva betört, zeigt, daß der Verfasser nicht an eine gewöhnliche Schlange denkt, sondern an ein dämonisches, gottfeindliches Wesen.»
S. 125: «Jahwe und Schlange stehen sich gegenüber wie gut und bös. Absage an die Schlange bedeutet Freundschaft Gottes.»

[27] Gunkel, Hermann: Genesis. In der Reihe: Göttinger Handkommentar zum Alten Testament. Göttingen 1922, S. 15: «Die spätere, jüdisch-christliche Erklärung, die Schlange sei der Teufel, ist unrichtig, aber, wie in ähnlichen Fällen sehr häufig, auf richtiger Fährte.»

[28] Westermann, Claus: a. a. O.: S. 324: «Hätte der Jahwist mit der Schlange wirklich eine Verkörperung einer Jahwe feindlichen Macht oder einer Jahwe feindlichen Vorstellung gemeint, dann hätte er nicht im gleichen Atemzug sagen können, Jahwe habe sie erschaffen.»
Joines, Karen Randolph: a. a. O.: S. 26: «The serpent is neither the incarnation of, nor under the direction of a superhuman and demonic power in opposition to man and God; it is ‹kein böses Prinzip, (das) ihm (God) gegenüberstand, von dem das Böse seinen Ausgang haben konnte.› (Hehn, Johannes: Zur Paradiesesschlange. In: Sebastian Merkle Festschrift, Düsseldorf 1922).»

Gunkel, Hermann: a.a.O.: S.20: «Aus den Worten (Gen 3,14f.) geht mit aller Deutlichkeit hervor, daß die Schlange für den Erzähler ein Tier und nichts weiter ist.»

Vgl. Joines, Karen Randolph: a.a.O.: S.38: Nr.70: «but here it is merely another animal.»

[29] Rad, Gerhard von: Das erste Buch Mose. Genesis. Göttingen 1949, S.70: «Die Erwähnung der Schlange hat hier fast etwas Beiläufiges.»

[30] Zimmerli, W.: Kommentar zu St., zitiert bei Westermann, a.a.O.: S.325: «Die Verführung steht als etwas absolut Unerklärliches plötzlich da innerhalb der guten Schöpfung Gottes. Sie wird als Rätsel stehengelassen.»

Westermann, a.a.O.: S.325: «Das Böse bleibt in seiner Herkunft absolut rätselhaft. Diese für (den) Jahwist äußerst wichtige Aussage: für die Herkunft des Bösen gibt es keine Aitiologie...»

[31] Heinisch, Paul: a.a.O.: S.126: «Sollen Eva und ihre Nachkommen auf der einen Seite stehen, so stehen auf der anderen der Teufel und seine ‹Brut›, die Dämonen.»

In der christlichen Kunst wird sehr oft Maria mit einer Schlange dargestellt, der sie mit dem Fuß auf den Kopf tritt.

[32] Siehe S.64ff.

[33] Apk 20,1–3

[34] Apk 20,7–10

[35] Apk 22,14

Bildnachweis

Antikenmuseum, Basel 248
Archivi Alinari, Florenz 43, 178
Benziger-Verlag, Zürich 48, 195, 196, 198, 201, 206, 234, 265
Böhi, Willy, Taipeh 18, 19, 229
British Museum, London 190 unten
Bulloz, Paris 230/231
Hamlyn Group, Feltham 207
Hirmer Fotoarchiv, München 42, 44, 134
Holford, Michael, Loughton 232
Institut d'Ethnologie, Paris 187, 192
Israel Department of Antiquities and Museums, Jerusalem 110
Lehnert & Landrock, Kairo 41
Mansell Collection, London 133
von Matt, Leonard, Buochs 17, 20, 109, 111, 152, 246, 247
Melchior, André, Uitikon 189
Musée Calvet, Avignon 151
Musée Guimet, Paris 208
Nationales Archäologisches Museum, Athen 177
Nationalmuseum, Kopenhagen 190 oben
Rast, Dr. Josef, Olten 112
Seattle Art Museum, Seattle 179
Silva-Verlag, Zürich 245
SIPA/Dukas, Paris, Zürich 180